村镇常用建筑材料与施工便携手册

村镇道路工程

张　亚　主编

中国铁道出版社

2012年·北京

内 容 提 要

本书主要内容包括：村镇道路工程常用材料、道路基本知识与施工图识读、村镇道路测量、村镇道路路基施工、村镇道路路面基层施工、村镇道路沥青面层施工、村镇道路水泥混凝土面层施工及村镇道路养护等。

本书既可为广大农民、农村基层领导干部和农村科技人员提供新农村建设的具有实践性、指导性的技术参考资料，也可作为社会主义新型农民、工程技术人员的培训教材。

图书在版编目(CIP)数据

村镇道路工程/张亚主编．—北京：中国铁道出版社，2012.12
(村镇常用建筑材料与施工便携手册)
ISBN 978-7-113-15756-2

Ⅰ.①村… Ⅱ.①张… Ⅲ.①农村道路—道路工程—工程施工—技术手册 Ⅳ.①U415.6-62

中国版本图书馆 CIP 数据核字(2012)第 292343 号

书　　名：村镇常用建筑材料与施工便携手册
村镇道路工程
作　　者：张　亚

策划编辑：江新锡　曹艳芳
责任编辑：徐　艳　　**电话：**010-51873193
封面设计：郑春鹏
责任校对：王　杰
责任印制：郭向伟

出版发行：中国铁道出版社(100054，北京市西城区右安门西街 8 号)
网　　址：http://www.tdpress.com
印　　刷：航远印刷有限公司
版　　次：2012 年 12 月第 1 版　2012 年 12 月第 1 次印刷
开　　本：787mm×1092mm　1/16　印张：15　字数：371 千
书　　号：ISBN 978-7-113-15756-2
定　　价：37.00 元

前　言

国家“十二五”规划提出改善农村生活条件之后，党和政府相继出台了一系列相关政策，强调“加强对农村建设工作的指导”，并要求发展资源型、生态型、城镇型新农村，这为我国村镇的发展指明了方向。同时，这也对村镇建设工作者及其管理工作者提出了更高的要求。为了推进社会主义新农村建设，提高村镇建设的质量和效益，我们组织编写了《村镇常用建筑材料与施工便携手册》丛书。

本丛书依据“十二五”规划和《国务院关于推进社会主义新农村建设的若干意见》对建设社会主义新农村的部署与具体要求，结合我国村镇建设的现状，介绍了村镇建设的特点、基础知识，重点介绍了村镇住宅、村镇道路以及园林等方面的内容。编写本书的目的是为了向村镇建设的设计工作者、管理工作者等提供一些专业方面的技术指导，扩展他们的有关知识，提高其专业技能，以适应我国村镇建设的不断发展，更好地推进村镇建设。

《村镇常用建筑材料与施工便携手册》丛书包括七分册，分别为：

《村镇建筑工程》；

《村镇电气安装工程》；

《村镇装饰装修工程》；

《村镇给水排水与采暖工程》；

《村镇道路工程》；

《村镇建筑节能工程》；

《村镇园林工程》。

本系列丛书主要针对村镇建设的园林规划，道路、给水排水和房屋施工与监督管理环节，系统地介绍和讲解了相关理论知识、科学方法及实践，尤其注重基础设施建设、新能源、新材料、新技术的推广与使用，生态环境的保护，村镇改造与规划建设的管理。

参加本丛书的编写人员有张亚、魏文彪、王林海、孙培祥、栾海明、孙占红、宋迎迎、张正南、武旭日、白宏海、孙欢欢、王双敏、王文慧、彭美丽、张婧芳、李仲杰、李芳芳、乔芳芳、张凌、蔡丹丹、许兴云等。在此一并表示感谢！

由于我们编写水平有限，书中的缺点在所难免，希望专家和读者给予指正。

编　者

2012 年 11 月

目　　录

第一章　村镇道路工程常用材料

第一节　水　　泥

一、通用硅酸盐水泥

1.定义与分类

通用硅酸盐水泥的定义与分类见表 1-1。

表 1-1　通用硅酸盐水泥的定义与分类

项　　目	内　　容
定义	通用硅酸盐水泥是以硅酸盐水泥熟料和适量的石膏以及规定的混合材料制成的水硬性胶凝材料
分类	通用硅酸盐水泥按混合材料的品种和掺量分为硅酸盐水泥、普通硅酸盐水泥、矿渣硅酸盐水泥、火山灰质硅酸盐水泥、粉煤灰硅酸盐水泥和复合硅酸盐水泥

2.组分

通用硅酸盐水泥的组分和代号见表 1-2。

表 1-2　通用硅酸盐水泥的组分和代号

品　　种	代　　号	组　　分(%)				
		熟料＋石膏	粒化高炉矿渣	火山灰质混合材料	粉煤灰	石灰石
硅酸盐水泥	P·Ⅰ	—	—	—	—	—
	P·Ⅱ	≥95	≤5	—	—	—
		≥95	—	—	—	≤5
普通硅酸盐水泥	P·O	≥80 且<95	>5 且≤20			—
矿渣硅酸盐水泥	P·S·A	≥50 且<80	>20 且≤50	—	—	—
	P·S·B	≥30 且<50	>50 且≤70	—	—	
火山灰质硅酸盐水泥	P·P	≥60 且<80	>20 且≤40	—	—	—
粉煤灰硅酸盐水泥	P·F	≥60 且<80	—	>20 且≤40	—	—
复合硅酸盐水泥	P·C	≥50 且<80	>20 且≤50			

3.强度等级

水泥的强度等级见表 1-3。

表 1-3 水泥的强度等级

名　　称	强度等级
硅酸盐水泥	分为 42.5、42.5R、52.5、52.5R、62.5、62.5R 六个等级
普通硅酸盐水泥	分为 42.5、42.5R、52.5、52.5R 四个等级
矿渣硅酸盐水泥、火山灰质硅酸盐水泥、粉煤灰硅酸盐水泥、复合硅酸盐水泥	分为 32.5、32.5R、42.5、42.5R、52.5、52.5R 六个等级

4. 技术要求

通用硅酸盐水泥的技术要求见表 1-4。

表 1-4 通用硅酸盐水泥的技术要求

(%)

项　　目	要　　求
化学指标	通用硅酸盐水泥的化学指标应符合表 1-5 的规定
碱含量	水泥中碱含量按 $Na_2O+0.658K_2O$ 计算值表示。若使用活性集料，用户要求提供低碱水泥时，水泥中的碱含量应不大于 0.60%或由买卖双方协商确定
凝结时间	硅酸盐水泥初凝时间不得早于 45 min，终凝时间不得迟于 390 min。 普通硅酸盐水泥、矿渣硅酸盐水泥、火山灰质硅酸盐水泥、粉煤灰硅酸盐水泥和复合硅酸盐水泥初凝时间不早于 45 min，终凝时间不迟于 600 min
安定性	沸煮法合格
强度	不同品种不同强度等级的通用硅酸盐水泥，其不同龄期的强度应符合表 1-6 的规定
细度	硅酸盐水泥和普通硅酸盐水泥的细度以比表面积表示，其比表面积不小于300 m^2/kg；矿渣硅酸盐水泥、火山灰质硅酸盐水泥、粉煤灰硅酸盐水泥和复合硅酸盐水泥的细度以筛余表示，其 80 μm 方孔筛筛余不大于 10%或 45 μm 方孔筛筛余不大于 30%

表 1-5 通用硅酸盐水泥的化学指标

品　　种	代　　号	不溶物（质量分数）	烧失量（质量分数）	三氧化硫（质量分数）	氧化镁（质量分数）	氯离子（质量分数）
硅酸盐水泥	P·Ⅰ	≤0.75	≤3.0	≤3.5	≤5.0①	≤0.06③
	P·Ⅱ	≤1.50	≤3.5			
普通硅酸盐水泥	P·O	—	≤5.0			
矿渣硅酸盐水泥	P·S·A	—	—	≤4.0	≤6.0②	
	P·S·B	—	—		—	
火山灰质硅酸盐水泥	P·P	—	—	≤3.5	≤6.0②	
粉煤灰硅酸盐水泥	P·F	—	—			
复合硅酸盐水泥	P·C	—	—			

①如果水泥压蒸试验合格，则水泥中氧化镁的含量（质量分数）允许放宽至 6.0%。

②如果水泥中氧化镁的含量（质量分数）大于 6.0%时，需进行水泥压蒸安定性试验并合格。

③当有更低要求时，该指标由买卖双方确定。

表 1-6　通用硅酸盐水泥的要求　　(单位:MPa)

品　种	强度等级	抗压强度		抗折强度	
		3 d	28 d	3 d	28 d
硅酸盐水泥	42.5	≥17.0	≥42.5	≥3.5	≥6.5
	≥42.5R	≥22.0		≥4.0	
	52.5	≥23.0	≥52.5	≥4.0	≥7.0
	≥52.5R	≥27.0		≥5.0	
	62.5	≥28.0	≥62.5	≥5.0	≥8.0
	≥62.5R	≥32.0		≥5.5	
普通硅酸盐水泥	42.5	≥17.0	≥42.5	≥3.5	≥6.5
	≥42.5R	≥22.0		≥4.0	
	52.5	≥27.0	≥42.5	≥4.0	≥7.0
	≥52.5R	≥27.0		≥5.0	
矿渣硅酸盐水泥 火山灰质硅酸盐水泥 粉煤灰硅酸盐水泥 复合硅酸盐水泥	32.5	≥10.0	≥32.5	≥2.5	≥5.5
	≥32.5R	≥15.0		≥3.5	
	42.5	≥15.0	≥42.5	≥3.5	≥6.5
	≥42.5R	≥19.0		≥4.0	
	52.5	≥21.0	≥52.5	≥4.0	≥7.0
	≥52.5R	≥23.0		≥4.5	

5. 交货与验收

(1)交货时,水泥的质量验收可抽取实物试样,以其检验结果为依据,也可以生产者同编号水泥的检验报告为依据。采取何种方法验收由买卖双方商定,并在合同或协议中注明。卖方有告知买方验收方法的责任。当无书面合同或协议,或未在合同、协议中注明验收方法的,卖方应在发货票上注明"以本厂同编号水泥的检验报告为验收依据"的字样。

(2)以抽取实物试样的检验结果为验收依据时,买卖双方应在发货前或交货地共同取样和签封。取样方法按《水泥取样方法》(GB/T 12573—2008)的规定进行,取样数量为 20 kg,缩分为两等份。一份由卖方保存 40 天,一份由买方按《通用硅酸盐水泥》(GB 175—2007)规定的项目和方法进行检验。

在 40 天内,买方检验认为产品质量不符合《通用硅酸盐水泥》(GB 175—2007)要求,而卖方又有异议时,则双方应将卖方保存的另一份试样送省级或省级以上国家认可的水泥质量监督检验机构进行仲裁检验。水泥安定性仲裁检验时,应在取样之日起 10 天内完成。

(3)以生产者同编号水泥的检验报告为验收依据时,在发货前或交货时买方在同编号水泥中取样,双方共同签封后由卖方保存 90 天,或认可卖方自行取样、签封并保存 90 天的同编号水泥的封存样。

在 90 天内,买方对水泥质量有疑问时,则买卖双方应将共同认可的试样送省级或省级以上国家认可的水泥质量监督检验机构进行仲裁检验。

6.包装、标志、运输与储存

水泥的包装、标志、运输与储存见表1-7。

表1-7　水泥的包装、标志、运输与储存

项　目	内　容
包装	水泥可以散装或袋装,袋装水泥每袋净含量为50 kg,且应不少于标志质量的99%;随机抽取20袋总质量(含包装袋)应不少于1 000 kg。其他包装形式由供需双方协商确定,但有关袋装质量要求,应符合上述规定。水泥包装袋应符合《水泥包装袋》(GB 9774—2010)的规定
标志	水泥包装袋上应清楚标明:执行标准、水泥品种、代号、强度等级、生产者名称、生产许可证标志(QS)及编号、出厂编号、包装日期、净含量。包装袋两侧应根据水泥的品种采用不同的颜色印刷水泥名称和强度等级:硅酸盐水泥和普通硅酸盐水泥采用红色;矿渣硅酸盐水泥采用绿色;火山灰质硅酸盐水泥、粉煤灰硅酸盐水泥和复合硅酸盐水泥采用黑色或蓝色。 散装发运时应提交与袋装标志相同内容的卡片
运输与储存	水泥在运输与储存时不得受潮和混入杂物,不同品种和强度等级的水泥在储运过程中避免混杂

二、其他品种水泥

1.铝酸盐水泥

(1)组成。铝酸盐水泥是以矾土和石灰石作为原料,按适当比例配合进行烧结或熔融,得到以铝酸钙为主的铝酸盐水泥熟料,磨细制成的水硬性胶凝材料,由于水泥中Al_2O_3含量较高,通常又叫做高铝水泥,代号为CA。

(2)分类。根据《铝酸盐水泥》(GB 201—2000)的规定,铝酸盐水泥按Al_2O_3含量百分数分为4类:CA－50　$50\% \leqslant Al_2O_3 < 60\%$;CA－60　$60\% \leqslant Al_2O_3 < 68\%$;CA－70　$68\% \leqslant Al_2O_3 < 77\%$;CA－80　$Al_2O_3 \geqslant 77\%$。

(3)技术性能。铝酸盐水泥的技术性能见表1-8。

表1-8　铝酸盐水泥的技术性能

项　目	内　容
细度	比表面积不小于300 m^2/kg或0.045 mm筛余不大于20%,由供需双方商订,在无约定的情况下发生争议时以比表面积为准
凝结时间(胶砂)	类型为CA－50、CA－70、CA－80的铝酸盐水泥,初凝时间不得早于30 min,终凝时间不得迟于6 h;类型为CA－60的铝酸盐水泥,初凝时间不得早于60 min,终凝时间不得迟于18 h
强度	各类型水泥各龄期强度值不得低于表1-9规定的数值

表 1-9　铝酸盐水泥各龄期强度要求

水泥类型	抗压强度(MPa)				抗折强度(MPa)			
	6 h	1 d	3 d	28 d	6 h	1 d	3 d	28 d
CA－50	20	40	50	—	3.0	5.5	6.5	—
CA－60	—	20	45	85	—	2.5	5.0	10.0
CA－70	—	30	40	—	—	5.0	6.0	—
CA－80	—	25	30	—	—	4.0	5.0	—

注:当用户需要时,生产厂应提供结果。

(4)特性及应用。铝酸盐水泥的特性及应用见表 1-10。

表 1-10　铝酸盐水泥的特性及应用

项　目	内　容
特性	(1)凝结速度快,早期强度高。1 d 强度可达极限强度的 80%以上。铝酸盐水泥的水化产物主要是含水铝酸一钙($CaO\cdot Al_2O_3\cdot 10H_2O$,简写为 CAH_{10})、含水铝酸二钙(C_2AH_8)和铝胶(AH_3)。水化产物 CAH_{10} 与 C_2AH_8 为针状或板状结晶,能相互交织成坚固的结晶共生体,析出的氢氧化铝凝胶($Al_2O_3\cdot 3H_2O$)难溶于水,填充于晶体骨架的空隙中,形成比较致密的结构,使水泥石获得很高的强度。经 5～7 d 后,水化物的数量就很少增加,因此,铝酸盐水泥的早期强度增长很快,1 d 即可达到极限强度的 80%左右,后期强度增长则不显著。 (2)长期强度降低,一般会降低 40%～50%。CAH_{10} 与 C_2AH_8 都是亚稳定体,在温度高于 30℃的潮湿环境中,会逐渐转化为比较稳定的含水铝酸三钙($3CaO\cdot Al_2O_3\cdot 6H_2O$,简写为 C_3AH_6)。转化过程随着温度升高而加快。转化结果使水泥石内析出游离水,增大了孔隙体积,同时由于晶体本身缺陷较多,强度较低,晶体间的结合比较差,因而会降低水泥石的强度,使铝酸盐水泥制品的长期强度有降低的趋势。 (3)水化热大,且放热量集中。最初 1 d 内的放热量为总放热量的 70%～80%以上。 (4)抗硫酸盐腐蚀性较强,其主要原因是水化产物中没有 $Ca(OH)_2$。 (5)耐热性好,能承受 1 300℃～1 400℃高温
应用	宜用于要求早期强度高的特殊工程,也可用于寒冷地区冬季施工的混凝土工程。 铝酸盐水泥在高温时,水化物产生固相反应,以烧结结合逐步代替水化结合,使制品在高温下,仍能保持较高的强度。如果采用耐火的粗、细集料,可以制成使用温度达 1 300℃～1 400℃的耐热混凝土。 铝酸盐水泥不宜用于大体积混凝土工程及长期承重的结构和高温潮湿环境中的工程。不得用于接触碱性溶液的工程。在施工中,不能与硅酸盐水泥或石灰等能析出氢氧化钙的胶凝物质混合,以防止凝结时间失控。 使用铝酸盐水泥时,未经试验,不得加入任何外加物。若用蒸汽养护时,其养护温度不得高于 50℃。不得与未硬化的硅酸盐水泥混凝土接触使用,可以与具有脱模强度的硅酸盐水泥混凝土接触使用,但接槎处不应长期处于潮湿状态

2. 膨胀型水泥

膨胀型水泥的定义、分类及适用范围见表 1-11。

表 1-11　膨胀型水泥的定义、分类及适用范围

项　目		内　容
定义		在水化硬化过程中产生体积膨胀的水泥，称为膨胀型水泥
分类	根据在约束条件下所产生的膨胀量(自应力值)和用途	根据在约束条件下所产生的膨胀量(自应力值)和用途，可分为收缩补偿型膨胀水泥(简称膨胀水泥)及自应力型膨胀水泥(简称自应力水泥)两大类。前者表示水泥水化硬化过程中的体积膨胀，在实用上具有补偿收缩的性能，其自应力值小于 2.0 MPa，通常为 0.5 MPa，因而可减少和防止混凝土的收缩裂缝，并增加其密实度；后者表示水泥水化硬化后的体积膨胀，能使砂浆或混凝土在受约束条件下产生可应用的化学预应力的性能，其自应力水泥砂浆或混凝土膨胀变形稳定后的自应力值不小于 2.0 MPa
	根据膨胀水泥的基本组成	(1)硅酸盐膨胀水泥。以硅酸盐水泥为主，外加铝酸盐水泥和石膏配制而成。 (2)明矾石膨胀水泥。以硅酸盐水泥熟料为主，外加天然明矾石、石膏和粒化高炉矿渣(或粉煤灰)配制而成。 (3)铝酸盐膨胀水泥。由铝酸盐水泥熟料和二水石膏配制而成。 (4)铁铝酸盐膨胀水泥。由铁铝酸盐水泥熟料加入适量石膏，磨细而成。 (5)硫铝酸盐膨胀水泥。由硫铝酸盐水泥熟料加入适量石膏，磨细而成
适用范围		适用于补偿收缩混凝土结构工程、防渗抗裂混凝土工程、补强和防渗抹面工程、梁柱和管道接头等

3.白色硅酸盐水泥

(1)组成。由氧化铁含量少的硅酸盐水泥熟料、适量石膏及其他混合材料，磨细制成的水硬性胶凝材料，称为白色硅酸盐水泥(简称“白水泥”)，代号 P·W。磨制水泥时，允许加入不超过水泥质量 10%的石灰石或窑灰作为外加物。水泥粉磨时允许加入不损害水泥性能的助磨剂，加入量不得超过水泥质量的 1%。适用于配制白色或彩色砂浆、混凝土。

(2)技术要求。白色硅酸盐水泥的技术要求见表 1-12。

表 1-12　白色硅酸盐水泥的技术要求

项　目	技术要求
三氧化硫(SO_3)	水泥中三氧化硫(SO_3)的含量应不超过 3.5%
细度	80 μm 方孔筛筛余应不超过 10%
凝结时间	初凝时间应不早于 45 min，终凝时间应不迟于 10 h
安定性	用沸煮法检验必须合格
水泥白度	水泥白度值应不低于 87
强度	各龄期强度应不低于表 1-13 所列数值

强度等级	抗压强度(MPa)		抗折强度(MPa)	
	3 d	28 d	3 d	28 d
32.5	12.0	32.5	3.0	6.0
42.5	17.0	42.5	3.5	6.5
52.5	22.0	52.5	4.0	7.0

4.砌筑水泥

(1)组成。凡由一种或一种以上的水泥混合材料,加入适量硅酸盐水泥熟料和石膏,经磨细制成的和易性较好的水硬性胶凝材料,称为砌筑水泥,代号 M。水泥中混合材料掺加量按质量百分比计应大于 50%。允许掺入适量的石灰石或窑灰。

(2)技术要求。砌筑水泥的技术要求见表 1-14。

表 1-14 砌筑水泥的技术要求

项　目	内　容
三氧化硫(SO_3)	水泥中三氧化硫(SO_3)含量不应大于 4.0%
细度	80 μm 方孔筛筛余不大于 10%
凝结时间	初凝时间不早于 60 min,终凝时间不迟于 12 h
安定性	用沸煮法检验,应合格
强度	各龄期强度不得低于表 1-15 中的数值

表 1-15 砌筑水泥强度要求

强度等级	抗压强度(MPa)		抗折强度(MPa)	
	7 d	28 d	7 d	28 d
12.5	7.0	12.5	1.5	3.0
22.5	10.0	22.5	2.0	4.0

第二节 混凝土

一、混凝土的组成、分类及特点

1.组成

混凝土是工程建设的主要材料之一。广义的混凝土是指由胶凝材料、细集料(砂)、粗集料(石)和水按适当比例配制的混合物经硬化而成的人造石材。目前普通混凝土使用最为广泛,普通混凝土是由水泥、水、砂、石及根据需要掺入的各类外加剂与矿物混合材料组成的。

在普通混凝土中,砂、石起骨架作用,称为集料,它们在混凝土中起填充作用和抵抗混凝土在凝结硬化过程中的收缩作用。水泥与水形成水泥浆,包裹在集料表面并填充集料间的空隙。在硬化前,水泥浆起润滑作用,赋予拌和物一定的和易性,便于施工;水泥浆硬化后,则将集料胶结成一个坚实的整体,并具有一定的强度。

2.分类

混凝土的分类见表1-16。

表1-16 混凝土的分类

分类依据	分类
按表观密度	混凝土按表观密度分为重混凝土、普通混凝土和轻混凝土。 重混凝土:表观密度大于2 600 kg/m^3的混凝土,是用特别密实和特别重的集料制成的。 普通混凝土:表观密度为1 950~2 600 kg/m^3,是用天然的砂、石作集料配制成的。 轻混凝土:表观密度小于1 950 kg/m^3,又可以分为轻集料混凝土(表观密度为800~1 500 kg/m^3,采用轻集料如浮石、火山渣、膨胀珍珠岩等配制而成)、多孔混凝土(表观密度为300~1 000 kg/m^3,如加气混凝土及泡沫混凝土等)、大孔混凝土(在混凝土组成中不加或少加细集料制成的混凝土)
按所用胶凝材料	混凝土按胶凝材料分为无机胶凝材料混凝土和有机胶凝材料混凝土
按施工工艺	混凝土按施工工艺可分为泵送混凝土、预拌混凝土(商品混凝土)、喷射混凝土、压力灌浆混凝土(预填集料混凝土)、造壳混凝土(裹砂混凝土)、离心混凝土、振实挤压混凝土、真空混凝土、热拌混凝土、太阳能养护混凝土等多种
按性能和用途	混凝土按性能和用途分为结构混凝土、耐热混凝土、耐火混凝土、不发火混凝土、防水混凝土、绝热混凝土、耐油混凝土、耐酸混凝土、耐碱混凝土、防护混凝土、补偿收缩混凝土、装饰混凝土、道路混凝土、水下浇筑混凝土等多种
按掺和料	混凝土按掺和料可分为粉煤灰混凝土、硅灰混凝土、碱矿渣混凝土、纤维混凝土等多种
按流动性(稠度)	混凝土按流动性(稠度)分为干硬性混凝土、塑性混凝土、流动性混凝土、大流动性混凝土
按配筋情况	混凝土按配筋情况可分为素混凝土、钢筋混凝土、劲性混凝土、纤维混凝土、预应力混凝土等

3.特点

(1)易于加工成型。新拌混凝土有良好的可塑性和浇筑性,可满足设计要求的形状和尺寸。

(2)可调整性强。混凝土的性能决定于其组成材料的质量和组合情况,因此可通过调整各组成材料的品种、质量和组合比例,达到所要求的性能。即可根据使用性能的要求与设计来配制相应的混凝土。

(3)热膨胀系数与钢筋相近,且与钢筋有牢固的黏结力,二者可结合在一起共同工作,制成钢筋混凝土。

(4)经久耐用,维修费用低。

混凝土的缺点是自重大、比强度小、抗拉强度低、变形能力差和易开裂。

建筑工程中使用的混凝土，一般要满足以下4项要求：

1)各组成材料经拌和后形成的拌和物应具有一定的和易性，以便于施工；

2)混凝土应在规定龄期达到设计要求的强度；

3)硬化后的混凝土应具有适应其所处环境的耐久性；

4)经济合理，在保证质量的前提下，节约造价。

二、混凝土的主要性能

1.混凝土拌和物的和易性

(1)混凝土拌和物的和易性的定义及性能见表1-17。

表1-17 混凝土拌和物的和易性的定义及性能

项　目	内　容
定义	是指混凝土拌和物在拌和、运输、浇筑、振捣等过程中，不发生分层、离析、泌水等现象，并获得质量均匀、密实的混凝土的性能
性能	和易性反映了混凝土拌和物拌和均匀后，在各施工环节中各组成材料能较好地一起流动的特性，是一项综合技术性能，包括流动性、黏聚性和保水性。 流动性：是指混凝土拌和物在自重或机械振动作用下能产生流动，并均匀、密实地填满模板的性能。流动性的大小反映了拌和物的稠稀程度，影响施工难易及混凝土结构质量。 黏聚性：是指混凝土拌和物中各种组成材料之间有较好的黏聚能力，在运输和浇筑过程中，不致产生分层离析，使混凝土保持整体均匀的性能。 保水性：是指混凝土拌和物保持水分，不易产生泌水的性能

(2)和易性的测定和选择。混凝土拌和物的流动性可采取坍落度法和维勃稠度法测定。对于流动性大的塑性混凝土用坍落度法测定，坍落度小于10 mm的干硬性混凝土拌和物采用维勃稠度法测定，然后再根据流动性经验观察、评定黏聚性和保水性，从而最终确定和易性好坏。

混凝土拌和物根据其坍落度大小分为5级见表1-18。

表1-18 混凝土坍落度分级

等　级	S1	S2	S3	S4	S5
坍落度(mm)	10～40	50～90	100～150	160～210	≥220

《混凝土质量控制标准》(GB 50164—2011)规定混凝土拌和物稠度允许偏差(坍落度设计值允许偏差)见表1-19。

表1-19 混凝土拌和物稠度允许偏差(坍落度设计值允许偏差)

坍落度设计值(mm)	≤40	50～90	>100
允许偏差(mm)	±10	±20	±30

(3)混凝土拌和物的选择。选择混凝土拌和物的坍落度时,要根据构件截面大小、钢筋疏密程度和捣实方法来确定。当构件截面尺寸较小或钢筋较密或采用人工振捣时,坍落度可选择大些;反之,如构件截面尺寸较大或钢筋较疏或采用振捣器振捣时,坍落度可选择小些。具体数值可参考表1-20所规定的坍落度值选用。

表1-20 混凝土浇筑时的坍落度

项次	结构种类	坍落度(mm)
1	(1)基础或地面等的垫层。 (2)无配筋的厚大结构(挡土墙、基础或厚大的块体等)或配筋稀疏的结构	10～30
2	板、梁和大型及中型截面的柱子等	30～50
3	配筋密列的结果(薄壁、斗仓、筒仓、细柱等)	50～70
4	配筋特密的结构	70～90

注:本表系指采用机械振捣的坍落度,采用人工捣实可适当增大。

(4)影响和易性的因素。影响和易性的因素见表1-21。

表1-21 影响和易性的因素

项目	内容
用水量	用水量是决定混凝土拌和物流动性的主要因素。分布在水泥浆中的水量,决定了拌和物的流动性。拌和物中,水泥浆应填充集料颗粒间的空隙,并在集料颗粒表面形成润滑层以降低摩擦,由此可见,为了获得要求的流动性,必须有足够的水泥浆。试验表明,当混凝土所用粗、细集料一定时,即使水泥用量有所变动,为获得要求的流动性,所用水量基本是一定的。流动性与用水量的这一关系称为恒定用水量法则。这给混凝土配合比设计带来很大方便。 注意:增加用水量虽然可以提高流动性,但用水量过大又使拌和物的黏聚性和保水性变差,影响混凝土的强度和耐久性。因此,必须在保持水胶比,即水与水泥的质量比不变的条件下,在增加用水量的同时,增加水泥的用量
砂率	砂率是指混凝土中砂的用量占砂、石总量的质量百分率,按下式计算: $$砂率=\frac{砂重}{砂重+石重}\times100\%$$ 当砂率过大时,由于集料的空隙率与总表面积增大,在水泥浆用量一定的条件下,包覆集料的水泥浆层减薄,流动性变差;若砂率过小,砂的体积不足以填满石子的空隙,要用部分水泥浆填充,使起润滑作用的水泥浆层减薄,混凝土变得粗涩,和易性变差,出现离析、溃散现象。而在合理砂率下,在水泥浆量一定的情况下,使混凝土拌和物有良好的和易性。或者说,当采用合理砂率时,在混凝土拌和物有良好的和易性条件下,使水泥用量最少。可见合理砂率,就是保证混凝土拌和物有良好黏聚性和保水性的最小砂率
其他影响因素	水泥品种和细度,集料的总表面积、空隙率和集料间的摩擦力大小,外加剂,时间和温度等

(5)混凝土拌和物的凝结时间。混凝土拌和物的凝结时间与其所用水泥的凝结时间是不

相同的。水泥的凝结时间是水泥净浆在规定的温度和稠度条件下测得的，混凝土拌和物的存在条件与水泥凝结时间测定条件不一定相同。混凝土的水胶比、环境温度和外加剂的性能等均会对混凝土的凝结速度产生很大影响。水胶比增大，则水泥水化产物间的间距增大，水化产物粘连及填充颗粒间隙的时间延长，从而导致凝结时间变长。环境温度升高，则水泥水化和水分蒸发加快，导致凝结时间缩短。缓凝剂会明显延长凝结时间，速凝剂会显著缩短凝结时间。

混凝土拌和物的凝结时间通常用贯入阻力仪来测定。先用 5 mm 的圆孔筛从混凝土拌和物中筛取砂浆，按一定的方法装入规定的容器中，然后每隔一定时间测定砂浆贯入到一定深度的贯入阻力。绘制贯入阻力与时间的关系曲线。以贯入阻力 3.5 MPa 和 280 MPa 画两条平行于时间坐标的直线，直线与曲线交点的时间分别为混凝土拌和物的初凝时间和终凝时间。

2.混凝土强度

(1)混凝土立方体抗压强度(f_{cu})。根据《普通混凝土力学性能试验方法标准》(GB/T 50081—2002)的规定，混凝土立方体抗压强度是指按标准方法制作的，标准尺寸为 150 mm×150 mm×150 mm 的立方体试件，在标准养护条件下[(20±2)℃，相对湿度为 95%以上的标准养护室或(20±2)℃的不流动的 $Ca(OH)_2$ 饱和溶液中]，养护到 28 d 龄期，以标准试验方法测得的抗压强度值。

非标准试件尺寸为 200 mm×200 mm×200 mm 和 100 mm×100 mm×100 mm。当施工涉外工程或必须用圆柱体试件来确定混凝土力学性能等特殊情况时，也可用 ϕ150 mm×300 mm的圆柱体标准试件或 ϕ200 mm×400 mm 的圆柱体非标准试件。

测定混凝土试件的强度时，试件的尺寸和表面状况等会对测试结果产生较大影响。下面以混凝土受压为例，来分析这两个因素对检测结果的影响。

当混凝土立方体试件在压力机上受压时，在沿加荷方向发生纵向变形的同时，也按泊松比效应产生横向变形。但是由于压力机上下压板(钢板)的弹性模量比混凝土大 5～15 倍，而泊松比则不大于混凝土的 2 倍，所以在压力的作用下，钢压板的横向变形小于混凝土的横向变形，因而上下压板与试件的接触面之间产生摩擦阻力。这种摩擦阻力分布在整个受压接触面，对混凝土试件的横向膨胀起约束限制作用，使混凝土强度检测值提高。通常称这种作用为“环箍效应”，如图 1-1 所示。离试件端部愈远环箍效应作用愈小，大约在距离$\sqrt{3}a/2$(a 为立方体试件边长)以外消失，所以受压试件正常破坏时，其上下部分各呈一个较完整的棱锥体，如图 1-2所示。如果在压板和试件接触面上涂上润滑剂，则环箍效应大大减小，试件出现直裂破坏，如图 1-3 所示。如果试件表面凹凸不平，环箍效应小，并有明显应力集中现象，测得的强度值会显著降低。

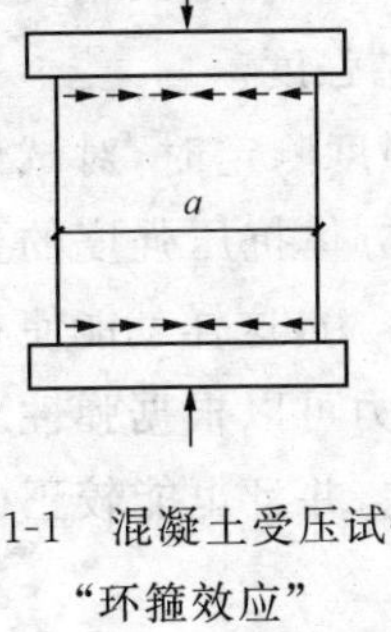

图 1-1 混凝土受压试件“环箍效应”

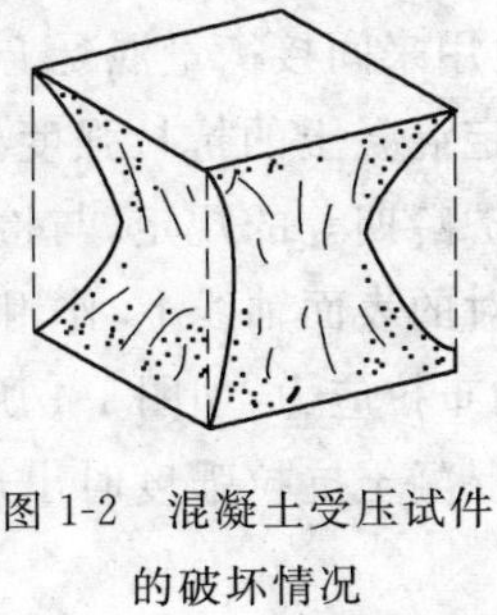

图 1-2 混凝土受压试件的破坏情况

图 1-3 混凝土受压试件不受残存的棱锥体约束时的破坏情况

混凝土立方体试件尺寸较大时，环箍效应的作用相对较小，测得的抗压强度偏低；反之，测得的抗压强度偏高。另外，由于混凝土试件内部不可避免地存在一些微裂缝和孔隙等缺陷，这些缺陷处易产生应力集中。大尺寸试件存在缺陷的概率较大，使得测定的强度值也偏低。

为了使混凝土抗压强度测试结果具有可比性，《普通混凝土力学性能试验方法标准》(GB/T 50081—2002)规定，混凝土强度等级小于C60时，用非标准试件测得的强度值均应乘以尺寸换算系数，换算成标准试件强度值。200 mm×200 mm×200 mm试件换算系数为1.05，100 mm×100 mm×100 mm试件换算系数为0.95。当混凝土强度等级大于或等于C60时，宜采用标准试件。使用非标准试件时，尺寸换算系数应由试验确定。

需要说明的是，混凝土各种强度的测定值，均与试件尺寸、试件表面状况、试验加荷速度、环境(或试件)的湿度和温度等因素有关。在进行混凝土各种强度测定时，应按《普通混凝土力学性能试验方法标准》(GB/T 50081—2002)等标准规定的条件和方法进行检测，以保证检测结果的可比性。

(2)混凝土强度等级。按照《混凝土强度检验评定标准》(GB/T 50107—2010)的规定，普通混凝土的强度等级按其立方体抗压强度标准值划分为C10、C15、C20、C25、C30、C35、C40、C45、C50、C55、C60、C65、C70、C75、C80、C85、C90、C95和C100。混凝土强度等级是混凝土结构设计时强度计算取值、混凝土施工质量控制和工程验收的依据。

(3)混凝土轴心抗压强度(f_{cp})。确定混凝土强度等级是采用立方体试件，但在实际结构中，钢筋混凝土受压构件多为棱柱体或圆柱体。为了使测得的混凝土强度与实际情况接近，在进行钢筋混凝土受压构件(如柱子、桁架的腹杆等)计算时，都是采用混凝土的轴心抗压强度。

《普通混凝土力学性能试验方法标准》(GB/T 50081—2002)规定，混凝土轴心抗压强度是指按标准方法制作的，标准尺寸为150 mm×150 mm×150 mm的棱柱体试件，在标准养护条件下养护到28 d龄期，以标准试验方法测得的抗压强度值。

非标准试件尺寸为100 mm×100 mm×300 mm和200 mm×200 mm×400 mm。当施工涉外工程或必须用圆柱体试件来确定混凝土力学性能等特殊情况时，也可用ϕ150 mm×300 mm的圆柱体标准试件或ϕ100 mm×200 mm和ϕ200 mm×400 mm的圆柱体非标准试件。

轴心抗压强度比同截面面积的立方体抗压强度要小，当标准立方体抗压强度在10～50 MPa范围内时，两者之间的比值近似为0.7～0.8。

(4)混凝土抗拉强度(f_t)。混凝土是脆性材料，拉压比为1/20～1/10，因此，抗拉强度很低，拉压比随着混凝土强度等级的提高而降低。因此在钢筋混凝土结构设计时，不考虑混凝土承受拉力而仅考虑钢筋承受拉应力，但抗拉强度对混凝土抗裂性具有重要作用，是结构设计时确定混凝土抗裂度的重要指标，有时也用来间接衡量混凝土与钢筋的黏结强度。

目前我国采用劈裂抗拉试验来测定混凝土的抗拉强度。劈裂抗拉强度测定时，对试件前期制作方法、试件尺寸、养护方法及养护龄期等的规定，与检验混凝土立方体抗压强度的要求相同。该方法的原理是在试件两个相对的表面轴线上，作用均匀分布的压力，这样就能使在此外力作用下的试件竖向平面内，产生均布拉应力，如图1-4所示。该拉应力可以根据弹性理论计算得出。这个方法克服了过去测试混凝土抗拉强度时出现的一些问题，并且也能较正确反映试件的抗拉强度。

混凝土劈裂抗拉强度按下式计算：

$$f_{ts}\frac{2p}{\pi A}=0.637\frac{P}{A}$$

式中　f_{ts}——混凝土劈裂抗拉强度(MPa)；

P——破坏荷载(N)；

A——试件劈裂面积(mm^2)。

混凝土劈裂抗拉强度较轴心抗拉强度低，试验证明两者的比值为 0.9 左右。

(5)混凝土抗折强度(f_d)。混凝土道路工程的结构设计、质量控制与验收等环节，须检测混凝土的抗折强度。

《普通混凝土力学性能试验方法标准》(GB/T 50081—2002)规定，混凝土抗折强度是指按标准方法制作的，标准尺寸为 150 mm×150 mm×600 mm(或 550 mm)的长方体试件，在标准养护条件下养护到 28 d 龄期，以标准试验方法测得的抗折强度值。按三分点加荷，试件的一端为铰支支座，另一端为滚动支座，如图 1-5 所示。

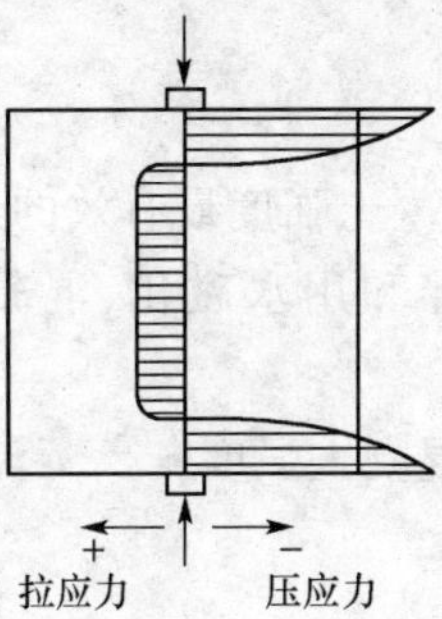

图 1-4　劈裂试验时垂直受力面的应力分布

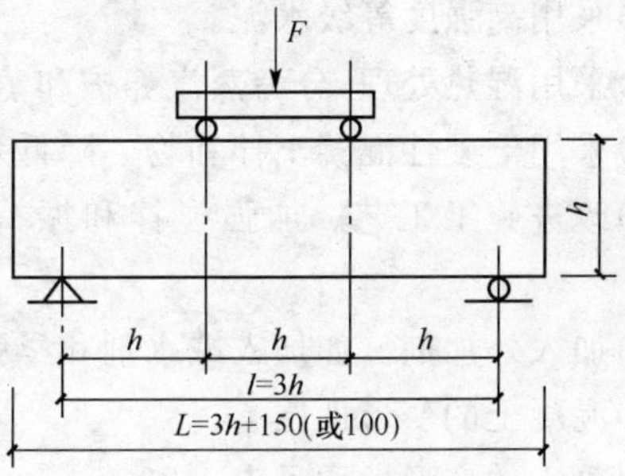

图 1-5　混凝土抗折强度试验装置

抗折强度按下式计算：

$$f_{cf}=\frac{PL}{bh^2}$$

式中　f_{cf}——混凝土抗折强度(MPa)；

P——破坏荷载(N)；

L——支座之间的距离(mm)；

b、h——试件截面的宽度和高度(mm)。

当采用试件尺寸为 100 mm×100 mm×400 mm 的非标准试件时，应乘以尺寸换算系数 0.85；当混凝土强度等级≥C60 时，宜采用标准试件；使用非标准试件时，尺寸换算系数应由试验确定。

(6)影响混凝土强度的主要因素见表 1-22。

表 1-22　影响混凝土强度的主要因素

主要因素	内　　容
水泥强度和水胶比	混凝土强度主要取决于水泥石与粗集料界面黏结的黏结强度，而黏结强度又取决于水泥石强度。水泥石强度愈高，水泥石与粗集料界面黏结强度也愈高。至于水泥石强度，则取决于水泥强度和水胶比。这是因为：水泥强度愈高，水泥石强度愈高，黏结力愈强，混凝土强度愈高。在水泥强度相同的情况下，混凝土强度则随水胶比的增大有规律地降低。但水胶比也不是愈小愈好，当水胶比过小时，水泥浆过于干稠，混凝土不易被振捣密实，反而导致混凝土强度降低

续上表

主要因素	内　容
龄期	混凝土在正常情况下，强度随着龄期的增加而增长，最初的7～14 d内较快，以后增长逐渐缓慢，28 d后强度增长更慢
养护温度和湿度	混凝土浇捣后，必须保持适当的温度和足够的湿度，使水泥充分水化，以保证混凝土强度的不断发展。一般规定：在自然养护时，对硅酸盐水泥、普通水泥、矿渣水泥配制的混凝土，浇水保湿养护日期不少于7 d；火山灰水泥、粉煤灰水泥、掺有缓凝型外加剂或有抗渗性要求的混凝土，则不得少于14 d
施工质量	施工质量是影响混凝土强度的基本因素。若发生计量不准、搅拌不均匀、运输方式不当造成离析、振捣不密实等现象时，均会降低混凝土强度。因此必须严把施工质量关

(7)提高混凝土强度措施。

1)采用高强度等级水泥。

2)采用湿热处理，分为蒸汽养护和蒸压养护。

3)采用干硬性混凝土拌和物。降低水胶比是提高混凝土强度最有效的途径。

4)改进施工工艺。加强搅拌和振捣，采用混凝土拌和用水磁化、混凝土裹石搅拌等新技术。

5)加入外加剂。如加入减水剂和早强剂等，可提高混凝土强度。

3.混凝土的变形性质

混凝土的变形性质见表1-23。

表1-23　混凝土的变形性质

项　目	内　容
化学收缩	混凝土在硬化过程中，水泥水化后的体积小于水化前的体积，致使混凝土产生收缩，这种收缩称为化学收缩
干湿变形	当混凝土在水中硬化时，会引起微小膨胀，当在干燥空气中硬化时，会引起干缩。干缩变形对混凝土危害较大，它可使混凝土表面开裂，造成混凝土的耐久性严重降低。影响干湿变形的因素主要有：用水量(水胶比一定的条件下，用水量越大，干缩越大)、水胶比(水胶比大，干缩大)、水泥品种及细度(火山灰干缩大、粉煤灰干缩小；水泥细度大，干缩大)、养护条件(采用湿热处理，可减小干缩)
温度变形	混凝土的温度变形系数为1×10^{-5} m/℃，即温度每改变1℃，每米胀缩0.01 mm温度变形对大体积混凝土极为不利。在混凝土硬化初期，放出较多的水化热，当混凝土较厚时，散热缓慢，致使内外温差较大，因而变形较大
荷载作用下的变形	混凝土的变形分为弹性变形和塑性变形。混凝土在持续荷载作用下，随时间增长的变形称为徐变。徐变变形初期增长较快，然后逐渐减慢，一般持续2～3年才逐渐趋于稳定。徐变可消除钢筋混凝土内的应力集中，使应力较均匀地重新分布，对大体积混凝土能消除一部分由于温度变形所产生的破坏应力。但在预应力混凝土结构中，徐变将使混凝土的预加应力受到损失。一般条件下，水胶比较大时，徐变较大；水胶比相同，用水量较大时，徐变较大；集料级配好，最大粒径较大，弹性模量较大时，混凝土徐变较小；当混凝土在较早龄期受荷时，产生的徐变较大

4. 混凝土的耐久性

混凝土的耐久性见表1-24。

表1-24 混凝土的耐久性

项 目	内 容
抗渗性	抗渗性是指混凝土抵抗水、油等流体在压力作用下渗透的性能。抗渗性是混凝土的一项重要性质，它直接影响混凝土的抗侵蚀性和抗冻性。 我国采用抗渗等级表示混凝土的抗渗性。抗渗等级按标准试验方法进行试验，根据混凝土试件在抗渗试验时所能承受的最大水压力，混凝土的抗渗性可划分为P4、P6、P8、P10、P12、>P12 6个等级，相应表示混凝土能抵抗0.4 MPa、0.6 MPa、0.8 MPa、1.0 MPa、1.2 MPa、>1.2 MPa的水压而不渗透
抗冻性	抗冻性是指混凝土在水饱和状态下能经受多次冻融循环而不破坏，且也不严重降低强度的性能。 混凝土抗冻性一般以抗冻等级表示。抗冻等级是采用龄期28 d的试块在吸水饱和后，承受反复冻融，以抗压强度下降不超过25%，而且质量损失不超过5%时所能承受的最大冻融循环次数来确定的。 《混凝土质量控制标准》(GB 50164—2011)将混凝土划分为以下抗冻等级：D50、D100、D150、D200及>D200，分别表示混凝土能承受的反复冻融循环次数为50次、100次、150次、200次及>200次。 混凝土的密实度和孔隙特征是决定抗冻性的重要因素，提高混凝土抗冻性的有效法是掺用引气剂，但引气剂的掺入量以4%～6%为宜。还可掺用减水剂和防冻剂
抗腐蚀性	抗腐蚀性是指混凝土在含有侵蚀性介质环境中遭受到化学侵蚀、物理作用而不破坏的能力。混凝土的抗腐蚀性主要取决于水泥的抗侵蚀性。 混凝土抗腐蚀性与所用水泥品种、混凝土密实度和孔隙特征有关。提高混凝土抗腐蚀性的措施主要是合理选择水泥品种、降低水胶比、改善孔隙结构等
抗碳化性	抗碳化性是指混凝土能够抵抗空气中的二氧化碳与水泥石中氢氧化钙作用，生成碳酸钙和水的能力。碳化又叫中性化。碳化使混凝土的碱度降低，导致钢筋锈蚀。碳化还将显著增加混凝土的收缩，使混凝土的抗压和抗拉强度降低。影响混凝土抗碳化性的因素如环境条件，包括二氧化碳的浓度和相对湿度。二氧化碳浓度高，碳化速度快。相对湿度在50%时碳化速度最快。其他因素还有水泥品种、水胶比、外加剂及施工、养护等
混凝土的碱—集料反应	混凝土碱—集料反应是指混凝土内水泥中的碱($Na_2O+0.658K_2O$)与集料中的活性SiO_2反应，在集料表面生成碱—硅酸凝胶(Na_2SiO_3)，并从周围介质中吸收水分而膨胀，导致混凝土开裂破坏的现象。 混凝土发生碱—集料反应必须具备以下3个条件： (1)水泥中碱含量大于0.6%； (2)活性集料占集料总量的比例大于1%(目前已被确定的活性集料有安山石、蛋白石、方石英等)；

续上表

项　目	内　容
混凝土的碱—集料反应	(3)充分的水存在。 但是具备了上述3个条件并不一定都会发生膨胀破坏，此时必须做砂浆或混凝土试验，以鉴别有无膨胀开裂现象。 碱—集料反应很慢，其引起的破坏往往经过若干年后才会出现。当确认集料中含有活性 SiO_2 又非用不可时，可采用碱含量小于0.6%的水泥
干缩	混凝土因毛细孔和凝胶体中水分蒸发与散失而引起的体积缩小称为干缩，当干缩受到限制时，混凝土会出现干缩裂缝而影响耐久性。在一般工程设计中，采用的混凝土线收缩量为0.000 15～0.000 2。混凝土收缩过大，会引起变形开裂，缩短使用寿命，因而在可能条件下，应尽量降低水胶比，减少水泥用量，正确选用水泥品种，采用洁净的砂石集料，并加强早期养护
耐磨性	混凝土抵抗机械磨损的能力称为耐磨性，它与混凝土强度有密切的关系。提高水泥熟料中硅酸三钙和铁铝酸四钙的含量，提高石子的硬度，有利于提高混凝土的耐磨性。对耐磨性要求一般的混凝土，其强度等级应在C20级以上，而耐磨性要求较高时应采用不低于C30的混凝土，并把表面做得平整光滑；对于磨损比较严重的部位，则应采用环氧砂浆、环氧混凝土、钢纤维混凝土、钢屑混凝土或聚合物浸渍混凝土等做成耐冲磨的面层；对煤仓或矿石料斗等则需用铸石镶砌

5.拌和物的离析和泌水

拌和物的离析和泌水见表1-25。

表1-25　拌和物的离析和泌水

项　目	内　容
离析	拌和物的离析是指拌和物各组成材料分离而造成不均匀和失去连续性的现象。其形式有两种：一种是集料从拌和物中分离；另一种是稀水泥浆从拌和物中淌出。虽然拌和物的离析是不可避免的，尤其是在粗集料最大粒径较大的混凝土中，但选择适当的配合比、掺外加剂可尽量使离析减小。 离析会使混凝土拌和物均匀性变差，硬化后混凝土的整体性、强度和耐久性降低
泌水	拌和物泌水是指拌和物在浇筑后到开始凝结期间，固体颗粒下沉，水上升，并在混凝土表面析出水的现象。泌水将造成以下后果。 (1)块体上层水多，水胶比增大，质量必然低于下层拌和物；引起块体质量不均匀，易于形成裂缝，降低了混凝土的使用性能。 (2)部分泌水挟带细颗粒一直上升到混凝土顶面，再沉淀下来的细微物质称为乳皮，使顶面形成疏松层，降低了混凝土之间的黏结力。 (3)部分泌水停留在石子下面或绕过石子上升，形成连通的孔道，水分蒸发后，这些孔道成为外界水分侵入混凝土内部的捷径，降低了混凝土的抗渗性和耐久性。 (4)部分泌水停留在水平钢筋下表面，形成薄弱的间隙层，降低了钢筋与混凝土的黏结力。

续上表

项　　目	内　　容
泌水	(5)由于泌水和其他一些原因,使混凝土在终凝以前产生少量的“沉陷”。 由此可见,泌水作用对于混凝土的质量有很不利的影响,必须尽可能减小混凝土的泌水。通常采用掺加适量混合材料、外加剂,尽可能降低混凝土水胶比等有效措施来提高混凝土的保水性,从而减少泌水现象

三、集料和水

1.集料

(1)集料的分类。普通混凝土所用集料,按其粒径大小不同分为细集料和粗集料。粒径在0.16～4.75 mm之间的称为细集料;粒径大于4.75 mm的称为粗集料。粗、细集料的总体积占混凝土体积的70%～80%,因此集料的性能对所配制的混凝土性能有很大影响。

混凝土的细集料主要采用天然砂或人工砂。

天然砂是由自然风化、水流搬运和分选、堆积作用形成的粒径小于4.75 mm的岩石颗粒,但不包括软质岩、风化岩石的颗粒。按其产源不同可分为河砂、海砂和山砂。河砂和海砂由于长期受水流的冲刷作用,颗粒表面比较圆滑、洁净,但海砂中常含有贝壳及其碎片,且氯盐含量较高;山砂颗粒多具棱角,表面粗糙,石粉含量较多。建筑工程中一般都采用河砂作细集料。

人工砂为经除土处理的机制砂和混合砂的统称。机制砂是由机械破碎、筛分制成的,粒径小于4.75 mm的岩石颗粒,但不包括软质岩、风化岩石的颗粒;混合砂是由机制砂和天然砂混合制成的,它执行人工砂的技术要求和试验方法。

根据国家现行标准《建设用砂》(GB/T 14684—2011)的规定,砂按细度模数大小分为粗(3.7～3.1 mm)、中(3.0～2.3 mm)、细(2.2～1.6 mm)3种规格;按技术要求分为Ⅰ类、Ⅱ类、Ⅲ类3种类别。Ⅰ类宜用于强度等级大于C60的混凝土;Ⅱ类宜用于强度等级C30～C60及有抗冻、抗渗或其他要求的混凝土;Ⅲ类宜用于强度等级小于C30的混凝土和建筑砂浆。

普通混凝土通常所用的粗集料有碎石和卵石两种。

卵石是由天然岩石经自然风化、水流搬运和分选、堆积作用形成的粒径大于4.75 mm的颗粒。按其产源可分为河卵石、海卵石、山卵石等几种。其中河卵石应用较多。碎石大多是由天然岩石经破碎、筛分制成,也可将大卵石轧碎筛分制得。卵石、碎石的规格按其粒径尺寸分为单粒粒级和连续粒级。也可根据需要,采用不同单粒级卵石、碎石混合成特殊粒级的卵石、碎石。

国家现行标准《建筑用卵石、碎石》(GB/T 14685—2011)规定,卵石、碎石按技术要求分为Ⅰ类、Ⅱ类、Ⅲ类3种类别。Ⅰ类宜用于强度等级大于C60的混凝土;Ⅱ类宜用于强度等级C30～C60及抗冻、抗渗或其他要求的混凝土;Ⅲ类宜用于强度等级小于C30的混凝土。

(2)普通混凝土用砂、石的技术质量要求有以下几个方面。

1)含泥量和泥块含量。含泥量是指集料中粒径小于75 μm的颗粒含量。泥块含量是指砂中原粒径大于1.18 mm,经水浸洗、手捏后小于600 μm的颗粒含量;在粗集料中则是指粒径大于4.75 mm,经水浸洗、手捏后小于2.36 mm的颗粒含量。

根据国家标准,集料中含泥量和泥块含量必须符合表1-26的规定。

表 1-26　砂、石中含泥量和泥块含量

类　别	Ⅰ类	Ⅱ类	Ⅲ类
含泥量(按质量计)(%)	≤0.5	≤1.0	≤1.5
泥块含量(按质量计)(%)	0	≤0.2	≤0.5

2)有害物质含量。混凝土用粗、细集料中不应混有草根、树叶、树枝、塑料、炉渣、煤块等杂物,并且集料中硫化物、硫酸盐和有机物等的含量要符合表 1-27 的规定。对于砂,除了上面两项外,还要考虑云母、轻物质(指密度小于 2 000 kg/m^3的物质)、氯盐的含量。

表 1-27　集料中有害物质含量限值

类　别	Ⅰ类	Ⅱ类	Ⅲ类
有机物	合格	合格	合格
硫化物及硫酸盐(折算成 SO_3,按质量计)(%)	≤0.5	≤1.0	≤1.0

3)坚固性。集料的坚固性,按标准规定用硫酸钠溶液检验,试样经 5 次循环后,其质量损失应符合表 1-28 的规定。

表 1-28　集料坚固性指标

类　别	Ⅰ类	Ⅱ类	Ⅲ类
质量损失(%)	≤5	≤8	≤12

4)碱活性。水泥、外加剂等混凝土组成物及环境中的碱与集料中碱活性矿物在潮湿环境下会缓慢发生导致混凝土开裂破坏的膨胀反应,所以,集料应进行碱—集料反应试验。经碱—集料反应试验后,由砂、石制备的试件应无裂缝、酥裂、胶体外溢等现象,并在规定的试验龄期内膨胀率应小于 0.10%。

5)级配和粗细程度。集料的级配是指集料中不同粒径颗粒的分布情况。良好的级配应能使集料的孔隙率和总表面积均较小,从而不仅使所需水泥浆量较少,而且还可以提高混凝土的密实度、强度及其他性能。若集料的粒径分布全在同一尺寸范围内,则会产生很大的孔隙率,如图 1-6(a)所示;若集料的粒径分布在两种尺寸范围内,孔隙率就减小,如图 1-6(b)所示;若集料的粒径分布在更多的尺寸范围内,则孔隙率就更小了,如图 1-6(c)所示。由此可见,只有适宜的集料粒径分布,才能达到良好级配的要求。

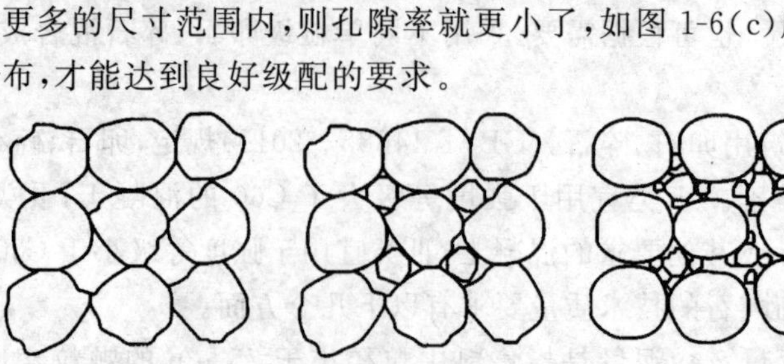

(a)　(b)　(c)

图 1-6　集料的颗粒级配

集料的粗细程度是指不同粒径的颗粒混在一起的平均粗细程度。相同质量的集料,粒径大，总表面积小；粒径小，总表面积大。因而，大粒径的集料所需包裹其表面的水泥浆量就少。即相同的水泥浆量，包裹在大粒径集料表面的水泥浆层就厚，便能减小集料间的摩擦。

6)集料的形状和表面特征。集料的颗粒形状近似球形或立方体形，且表面光滑时，表面积较小，对混凝土流动性有利，然而表面光滑的集料与水泥石的黏结较差。砂的颗粒较小，一般较少考虑其形貌，但石子必须考虑其针、片状颗粒的含量。石子中的针状颗粒是指长度大于该颗粒所属相应粒级平均粒径的 2.4 倍者，而片状颗粒是指其厚度小于平均粒径 0.4 倍者。针、片状颗粒不仅受力时易折断，而且会增加集料间的空隙，对针、片状颗粒含量的限量要求见表 1-29。

表 1-29　卵石和碎石的针、片状颗粒含量的限值

类　别	Ⅰ类	Ⅱ类	Ⅲ类
针、片状颗粒(按质量计)(%)	≤5	≤10	≤15

7)强度。集料的强度是指粗集料的强度。为了保证混凝土的强度，粗集料必须致密并具有足够的强度。碎石的强度可用岩石抗压强度和压碎指标值表示，卵石的强度可用压碎指标值表示。碎石的抗压强度测定：将其母岩制成边长为 50 mm 的立方体(或直径与高均为 50 mm的圆柱体)试件，在水饱和状态下测定其极限抗压强度值。碎石抗压强度一般在混凝土强度等级大于或等于 C60 时才检验，其他情况如有怀疑或必要时，也可进行抗压强度检验。通常，要求岩石抗压强度与混凝土强度等级之比不应小于 1.5，火成岩强度不宜低于 80 MPa，变质岩强度不宜低于 60 MPa，水成岩强度不宜低于 30 MPa。

碎石和卵石的压碎指标值测定：将一定气干状态下粒径为 9.50～19.0 mm 的石子装入标准圆模内，放在压力机上均匀加荷至 200 kN，并持荷 5 s，然后卸荷。卸荷后称取试样质量 G_1，然后用孔径为 2.36 mm 的标准筛除被压碎的细粒，称出剩余在筛上的试样质量 G_2，按下式计算压碎指标值 Q_e：

$$Q_e = \frac{G_1 - G_2}{G_1}$$

压碎指标值越小，说明粗集料抵抗受压破碎能力越强。根据标准，石子压碎指标值的限值见表 1-30。

表 1-30　石子的压碎指标

类　别	Ⅰ类	Ⅱ类	Ⅲ类
碎石压碎指标(%)	≤10	≤20	≤30
卵石压碎指标(%)	≤12	≤14	≤16

8)集料的表观密度、堆积密度、孔隙率。集料的表观密度、堆积密度、孔隙率应符合如下规定：表观密度大于 2 600 kg/m^3；松散堆积密度大于 1 350 kg/m^3；孔隙率小于 47%。

9)集料的含水状态。集料的含水状态可分为干燥状态、气干状态、饱和面干状态和湿润状态 4 种，如图 1-7 所示。干燥状态的集料含水率等于或接近于零；气干状态的集料含水率与大气湿度相平衡，但未达到饱和状态；饱和面干状态的集料，其内部孔隙含水达到饱和，而其表面干燥；湿润状态的集料，不仅内部孔隙含水达到饱和，而且表面还附着一部分自由水。计算普通混凝土配合比时，一般以干燥状态的集料为基准，而一些大型水利工程，常以饱和面干状态的集料为基准。

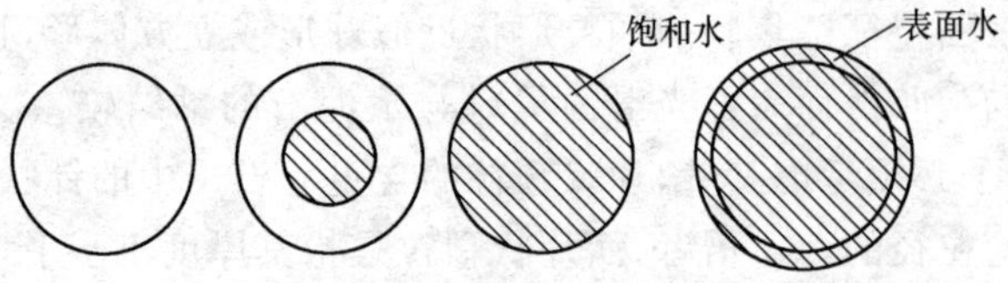

(a)干燥状态 (b)气干状态 (c)饱和面干状态 (d)湿润状态

图 1-7 集料的含水状态

2.水

拌和用水所含物质、凝结时间、抗压强度及水的 pH 值见表 1-31。

表 1-31 拌和用水所含物质、凝结时间、抗压强度及水的 pH 值

项 目	内 容
拌和用水所含物质	拌和用水所含物质对混凝土、钢筋混凝土和预应力混凝土不应产生以下有害作用： (1)影响混凝土的和易性及凝结； (2)污染混凝土表面； (3)有损于混凝土强度发展； (4)降低混凝土的耐久性，加快钢筋腐蚀及导致预应力钢筋脆断
凝结时间	采用待检验水配制的水泥和用蒸馏水或符合国家标准的生活饮用水配制的水泥，试验所得的水泥初凝时间差及终凝时间差均不得大于 30 min
抗压强度	采用待检验水配制的水泥砂浆或混凝土的 28 d 抗压强度不得低于用蒸馏水或符合国家标准的生活饮用水拌制的对应砂浆或混凝土抗压强度的 90%，若有早期抗压强度要求时需增加 7 d 抗压强度试验
水的 pH 值	水的 pH 值、不溶物、可溶物、氯化物、硫酸盐、碱的含量应符合表 1-32 的规定

表 1-32 混凝土拌和用水的物质含量限值

项 目	预应力混凝土	钢筋混凝土	素混凝土
pH 值	≥5.0	≥45	≥45
不溶物(mg/L)	≤2 000	≤2 000	≤5 000
可溶物(mg/L)	≤2 000	≤5 000	≤10 000
Cl^-(mg/L)	≤500	≤1 000	≤3 500
SO_4^{2-}(mg/L)	≤600	≤2 000	≤2 700
碱含量(rag/L)	≤1 500	≤1 500	≤1 500

注：碱含量按 $Na_2O+0.658K_2O$ 计算值来表示。采用非碱活性集料时，可不检验碱含量。

四、混凝土外加剂

1.减水剂

(1)减水剂的分类见表 1-33。

表 1-33 减水剂的分类

分类依据	种类
按其化学成分	可分为木质素系、萘系、水溶性树脂类、糖蜜类和复合型减水剂等
按减水效果	可分为普通减水剂和高效减水剂
按是否引气	可分为引气型和非引气型两种
按凝结时间	可分为标准型、早强型、缓凝型三种

(2)木质素系减水剂。木质素系减水剂的种类、制成、适宜掺量及适用范围见表1-34。

表 1-34 木质素系减水剂的种类、制成、适宜掺量及适用范围

项目	内容
种类	木质素系减水剂包括木质素磺酸钙(木钙)、木质素磺酸钠(木钠)、木质素磺酸镁(木镁)等。其中,木钙减水剂(又称 M 型减水剂)使用较多
制成	木钙减水剂为棕黄色粉末,是以生产纸浆或纤维浆剩余的亚硫酸浆废液为原料,采用石灰乳中和,经生物发酵除糖、蒸发浓缩、喷雾干燥而制得
适宜掺量	木钙减水剂的适宜掺量一般为水泥质量的 0.2%~0.3%,其减水率为 10%~15%,混凝土28 d抗压强度提高 10%~20%。若不减水,混凝土坍落度可增大 80~100 mm。若保持混凝土的抗压强度和坍落度不变,可节约水泥用量 10%左右。木钙减水剂对混凝土有缓凝作用,掺量过多或在低温下,其缓凝作用更为显著,而且还可能使混凝土强度降低,使用时应注意
适用范围	木钙减水剂适用于大体积混凝土浇筑、滑模施工、泵送混凝土及夏季施工等。木钙减水剂不宜单独用于冬季施工,在日最低气温低于 5℃时,应与早强剂或防冻剂复合使用。木钙减水剂也不宜单独用于蒸养混凝土及预应力混凝土,以免蒸养后混凝土表面出现酥松现象

(3)萘系减水剂。萘系减水剂的定义、种类、适宜掺量及适用范围见表 1-35。

表 1-35 萘系减水剂的定义、种类、适宜掺量及适用范围

项目	内容
定义	萘系减水剂,是用萘或萘的同系物经磺化与甲醛缩合而成
种类	目前,我国生产的主要有 NNO、NF、FDN、UNF、MF、建Ⅰ型等减水剂,其中大部分品牌为非引气型减水剂
适宜掺量	萘系减水剂的适宜掺量为水泥质量的 0.5%~1.0%,减水率为 10%~25%,混凝土 28 d 强度提高 20%以上。在保持混凝土强度和坍落度相近时,可节约水泥 10%~20%。掺入萘系减水剂后,混凝土的其他力学性能及抗渗性、耐久性等均有所改善,且对钢筋无腐蚀作用
适用范围	萘系减水剂的减水增强效果好,对不同品种水泥的适应性较强。适用于配制早强、高强、流态、蒸养混凝土

(4)水溶性树脂系减水剂。它是将三聚氰胺与甲醛反应制成三羟甲基三聚氰胺,然后用亚硫酸钠磺化,反应生成以三聚氰胺甲醛树脂磺酸盐为主要成分的一类减水剂。树脂系减水剂属早强、非引气型高效减水剂,其减水及增强效果比萘系减水剂更好。掺量为水泥质量的0.5%～1.0%,减水率为10%～24%。1 d强度提高30%～100%,7 d强度提高30%～70%,28 d强度提高30%～50%,混凝土其他性能也有所改善。该种减水剂对混凝土蒸养工艺适应性好,蒸养出池强度可提高20%～30%。树脂系减水剂适用于高强混凝土、早强混凝土、蒸养混凝土及流态混凝土等。

2.引气剂

(1)引气剂的定义及应用见表1-36。

表1-36　引气剂的定义及应用

项　目	内　容
定义	引气剂是指在混凝土搅拌过程中,能引入大量分布均匀的微小气泡,以减少混凝土拌和物的泌水、离析,改善和易性,并能显著提高硬化混凝土抗冻性、耐久性的外加剂
应用	目前,应用较多的引气剂为松香热聚物、松香皂、烷基苯磺酸盐等。松香热聚物是松香与石炭酸、硫酸、氢氧化钠以一定配比经加热缩聚而成。松香皂是由松香经氢氧化钠皂化而成。松香热聚物的适宜掺量为水泥质量的0.005%～0.02%,混凝土的含气量为3%～5%,减水率为8%左右

(2)引气剂的主要作用见表1-37。

表1-37　引气剂的主要作用

作　用	内　容
改善混凝土拌合物的和易性	由于大量微小封闭球状气泡在混凝土拌和物内形成,如同滚珠一样,减少了颗粒间的摩擦阻力,使混凝土拌和物流动性增加。同时,由于水分均匀分布在大量气泡的表面,使能自由移动的水量减少,混凝土拌和物的保水性、黏聚性也随之提高
显著提高混凝土的抗渗性、抗冻性	大量均匀分布的封闭气泡切断了混凝土中的毛细管渗水通道,改变了混凝土的孔结构,使混凝土抗渗性显著提高。同时,封闭气泡有较大的弹性变形能力,对由水结冰所产生的膨胀应力有一定的缓冲作用,因而混凝土的抗冻性得到提高
降低混凝土强度	混凝土内部大量的气泡存在,减少了混凝土的有效受压面积,因此,掺入引气剂使混凝土的强度和弹性模量有所下降。一般混凝土的含气量每增加1%,其抗压强度将降低4%～6%,抗折强度下降2%～3%。为了使混凝土的强度不致明显降低,要严格控制引气剂的掺量;可根据需要减少拌和用水量5%左右,以补偿由于引气造成的强度损失;同时要使用优质的引气剂,使气泡微小、分布均匀;施工时尽量密实成型

(3)引气剂可用于抗渗混凝土、抗冻混凝土、抗硫酸盐侵蚀混凝土、泌水严重的混凝土、轻混凝土,以及对饰面有要求的混凝土等,但引气剂不宜用于蒸养混凝土及预应力混凝土。引气剂的主要性能指标是掺引气剂混凝土的含气量,要大于3%。由于引气将造成强度下降,因此

要检验掺引气剂的混凝土 3 d、7 d、28 d 的抗压强度比必须满足规定的指标。

3. 早强剂

(1)定义及分类。早强剂是指加速混凝土早期强度发展，并对后期强度无显著影响的外加剂。早强剂适用于蒸养混凝土及常温、低温和最低温度不低于－5℃环境中施工的有早强要求的混凝土工程，多用于冬季施工和抢修工程。早强剂主要有无机盐类(氯盐类、硫酸盐类)、有机胺及有机－无机的复合物 3 大类。

(2)技术性能指标。早强剂最主要的技术性能指标是 1 d 和 28 d 抗压强度比。按照国家标准规定，掺入早强剂的混凝土与基准混凝土 1 d 抗压强度之比不能低于 125%，28 d 抗压强度比不低于 95%。

(3)早强剂的品种、原理与使用注意事项见表 1-38。

表 1-38　早强剂的品种、原理与使用注意事项

名　称	品　种	原　理	使用注意事项
氯盐类早强剂	氯盐类早强剂主要有氯化钙、氯化钠、氯化钾、氯化铝及三氯化铁等，其中以氯化钙应用最广。氯化钙为白色粉状物，其适宜掺量为水泥质量的 0.5%～1.0%，能使混凝土 3 d 强度提高 50%～100%，7 d 强度提高 20%～40%，同时能降低混凝土中水的冰点，防止混凝土早期受冻	氯化钙对混凝土产生早强作用的主要原因，一般认为是它能与水泥中的 C_3A 作用，生成不溶性水化氯铝酸钙($C_3A \cdot CaCl_2 \cdot 10H_2O$)，并与 C_3S 水化析出的氢氧化钙作用，生成不溶性氧氯化钙[$CaCl_2 \cdot 3Ca(OH)_2 \cdot 12H_2O$]。这些复盐的形成，增加了水泥浆中固相的比例，有助于水泥石结构的形成。同时，由于氯化钙与氢氧化钙的迅速反应，降低了液相中的碱度，使 C_3S 水化反应加快，也有利于提高水泥石早期强度	采用氯化钙作早强剂，最大的缺点是含有 Cl^- 离子，会使钢筋锈蚀，并导致混凝土开裂。因此，《混凝土结构工程施工质量验收规范》(GB 50204—2002)(2011 年版)规定，在钢筋混凝土中，氯化钙的掺量不得超过水泥质量的 1%，在无筋混凝土中掺量不得超过水泥质量的 3%，在使用冷拉和冷拔低碳钢丝的混凝土结构及预应力混凝土结构中，不允许掺用氯化钙。同时还规定，在下列结构的钢筋混凝土中不得掺用氯化钙和含有氯盐的复合早强剂：在高湿度空气环境中、处于水位升降部位、露天结构或经受水淋的结构；与含有酸、碱或硫酸盐等侵蚀性介质相接触的结构；使用过程中经常处于环境温度为 60℃ 以上的结构；直接靠近直流电源或高压电源的结构等。 为了抑制氯化钙对钢筋的锈蚀作用，常将氯化钙与阻锈剂亚硝酸钠($NaNO_2$)复合使用

续上表

名　称	品　种	原　理	使用注意事项
硫酸盐类早强剂	硫酸盐类早强剂，主要有硫酸钠、硫代硫酸钠、硫酸钙、硫酸铝、硫酸铝钾等，其中硫酸钠应用较多。硫酸钠为白色粉状物，一般掺量为水泥质量的 0.5%～2.0%，当掺量为水泥质量的1%～1.5%时，达到混凝土设计强度70%的时间，可缩短一半左右	硫酸钠掺入混凝土后产生早强的原因，一般认为是硫酸钠与水泥水化产物 $Ca(OH)_2$ 作用，生成高分散性的硫酸钙，均匀分布在混凝土中，而它与 C_3A 的反应比外掺石膏的作用快得多，能使水化硫铝酸钙迅速生成，大大加快了水泥的硬化。同时，由于上述反应的进行，使得溶液中 $Ca(OH)_2$ 浓度降低，从而促使 C_3S 水化加速，使混凝土早期强度提高	硫酸钠对钢筋无锈蚀作用，适用于不允许掺用氯盐的混凝土。但由于它与 $Ca(OH)_2$ 作用生成强碱 NaOH。为防止碱一集料反应，硫酸钠严禁用于含有活性集料的混凝土。同时，应注意不能超量掺加，以免导致混凝土产生后期膨胀开裂破坏，并防止混凝土表面产生“白霜”
有机胺类早强剂	有机胺类早强剂，主要有三乙醇胺、三异丙醇胺等，其中早强效果以三乙醇胺为佳。 三乙醇胺为无色或淡黄色油状液体，呈碱性，能溶于水。掺量为水泥质量的0.02%～0.05%，能使混凝土早期强度提高。与其他外加剂（如氯化钠、氯化钙、硫酸钠等）复合使用，效果更加显著	—	三乙醇胺对混凝土稍有缓凝作用，掺量过多会造成混凝土严重缓凝和混凝土强度下降，故应严格控制掺量

4.缓凝剂

(1)定义及分类。缓凝剂的定义及分类见表1-39。

表1-39　缓凝剂的定义及分类

项　目	内　容
定义	缓凝剂是一种能延缓混凝土凝结时间，并对混凝土后期强度发展没有不利影响的外加剂。兼有缓凝和减水作用的外加剂，称为缓凝减水剂。缓凝剂与缓凝减水剂在净浆及混凝土中均有不同的缓凝效果。缓凝效果随掺量增加而愈发明显，超量掺加会引起水泥水化完全停止
分类	缓凝剂分为有机物缓凝剂和无机物缓凝剂两大类。许多有机物缓凝剂兼有减水、塑化作用，两类性能不可能截然分开。 缓凝剂按材料成分可分为以下几类：

项目	内容
分类	(1)无机盐类:硼酸盐、磷酸盐、氟硅酸钠、亚硫酸钠、硫酸亚铁、锌盐等; (2)木质素磺酸盐类:有较强减水增强作用,而缓凝性能较温和,一般列入普通减水剂; (3)羧基羧酸类:酒石酸、乳酸、柠檬酸、酒石酸钾钠、水杨酸、醋酸等; (4)多元醇及其衍生物,如多元醇、胺类衍生物、纤维素、纤维素醚; (5)糖类及碳水化合物:葡萄糖、糖蜜、蔗糖等。 缓凝减水剂主要有糖蜜减水剂、低聚糖减水剂等。 随着气温升高,羧基羧酸及其盐类的缓凝效果明显降低,而在气温降低时,缓凝时间会延长,早期强度降低也更加明显。羧基羧酸盐缓凝剂会增大混凝土的泌水,尤其会使大水胶比低水泥用量的贫混凝土产生离析。 各种缓凝剂和缓凝减水剂主要是延缓、抑制C_3A矿物和C_3S矿物组分的水化,对C_2S影响相对小得多,因此不影响水泥浆的后期水化和长龄期强度增长

(2)品种及掺量。缓凝剂及缓凝减水剂的品种及其掺量,应根据混凝土的凝结时间、运输距离、停放时间、强度等要求来确定。常用掺量可按表1-40的规定采用。

表1-40　缓凝剂及缓凝减水剂常用掺量

类别	掺量(占水泥质量)(%)
糖类	0.1～0.3
木质素磺酸盐类	0.3～0.5
羧基羧酸盐类	0.03～0.1
无机盐类	0.1～0.2

(3)应用。缓凝剂及缓凝减水剂,应以溶液形式掺加,使用时加入拌和水中,溶液中的水量应从拌和水量中扣除。难溶或不溶物较多的缓凝剂和缓凝减水剂,使用时必须充分搅拌均匀。缓凝剂和缓凝减水剂,可以与其他外加剂复合使用,配制溶液时,如产生絮凝或沉淀等现象,应分别配制溶液并分别加入搅拌机内。

5.速凝剂

速凝剂的定义、分类及应用见表1-41。

表1-41　速凝剂的定义、分类及应用

项目	内容
定义	速凝剂是指能使混凝土迅速凝结硬化的外加剂
分类	速凝剂主要有无机盐类(硅酸钠、铝酸钠、磺酸盐)和有机物类(聚丙烯酸、聚甲基丙烯酸、羟基胺)两大类。我国常用的速凝剂多为无机盐类,主要由以$NaAlO_2$为主要成分的铝氧熟料+碳酸钠+生石灰或铝氧熟料+无水石膏组成
应用	速凝剂掺入混凝土后,能使混凝土在5 min内初凝,10 min内终凝,1 h产生强度,1 d强度提高2～3倍,但后期强度会下降,28 d强度约为不掺时的80%～90%。速凝剂的速凝早强作用机理,是使水泥中的石膏变成Na_2SO_4,失去缓凝作用,从而促进C_3A迅速水化,并在溶液中析出其水化产物晶体,导致水泥浆迅速凝固

6.防冻剂

防冻剂是能使混凝土在负温下硬化，并在规定养护条件下达到预期性能的外加剂。常用的防冻剂有氯盐类、氯盐阻锈类、无氯盐类。

氯盐类防冻剂适用于无筋混凝土；氯盐阻锈类防冻剂，以氯盐与亚硝酸钠阻锈剂复合而成，可用于钢筋混凝土；无氯盐类防冻剂以硝酸盐、亚硝酸盐、碳酸盐、乙酸钠或尿素复合而成，可用于钢筋混凝土工程和预应力钢筋混凝土工程。硝酸盐、亚硝酸盐、碳酸盐易引起钢筋的应力腐蚀，故此类防冻剂不适用于预应力混凝土及与镀锌钢材相接触部位的钢筋混凝土结构。含有六价铬盐、亚硝酸盐等有毒成分的防冻剂，严禁用于饮水工程及与食品接触的部位。

7.泵送剂

泵送剂是能改善混凝土拌和物泵送性能的外加剂。泵送性能是指混凝土拌和物顺利通过输送管道，不阻塞、不离析、黏塑性良好的性能。超缓凝泵送剂用于大体积混凝土，含防冻组分的泵送剂适用于冬季施工混凝土。

泵送剂是硫化剂中的一种，它除了能大大提高拌和物流动性以外，还能使新拌混凝土在60～180 min内保持其流动性，剩余坍落度应不低于原始的55%。此外，它不是缓凝剂，如无特殊要求，缓凝时间不宜超过120 min。

泵送混凝土是在泵压作用下，经管道实行垂直及水平输送的混凝土，是流态混凝土的一种，不是所有的流态混凝土都适合泵送。掺泵送剂的混凝土黏聚性、流动性较好，泌水率较低。坍落度试验时，坍落度扩展后的混凝土试样中心部分不能有粗集料堆积，边缘部分不能有明显的浆体和游离水分离出来。将坍落度筒倒置并装满混凝土试样，提起30 cm后计算样品从筒中流空时间，短者为流动性好。

8.脱模剂与养护剂

脱模剂与养护剂见表1-42。

表1-42　脱模剂与养护剂

项　目	内　容
脱模剂	用于减小混凝土与模板黏着力，易于使二者脱离而不损坏混凝土或渗入混凝土内的外加剂即为脱模剂。脱模剂主要用于大模板施工、滑模施工、预制构件成型模具等。国内常用的脱模剂有以下几种： (1)海藻酸钠1.5 kg，滑石粉20 kg，洗衣粉1.5 kg，水80 kg，将海藻酸钠先浸泡2～3 d，再与其他材料混合，调制成白色脱模剂。常用于涂刷钢模。缺点是只涂一次不能多次使用，在冬期、雨期施工时，缺少防冻防雨的有效措施。 (2)乳化机油(又名皂化石油)50%～55%，水(60℃～80℃)40%～45%，脂肪酸(油酸、硬脂酸或棕榈脂酸)1.5%～2.5%，石油产物(煤油或汽油)2.5%，磷酸(85%浓度)0.01%，苛性钾0.02%，按上述质量比，先将乳化机油加热到50℃～60℃，并将硬脂酸稍加粉碎后倒入已加热的乳化机油中，加以搅拌，使其溶解(硬脂酸熔点为50℃～60℃)，再加入一定量的热水(60℃～80℃)，搅拌至成为白色乳液为止。最后将一定量的磷酸和苛性钾溶液倒入乳化液中，并继续搅拌，改变其酸度或碱度。使用时用水冲淡，按乳液与水的质量比为1∶5用于钢模，按1∶5或1∶10用于木模
养护剂	用来代替洒水、铺湿砂、湿麻布对刚成型混凝土进行保持潮湿养护的外加剂称作养护剂。养护剂(或称养护液)在混凝土表面形成一层薄膜，防止水分蒸发，达到较长期养护的效果。尤其是工程构筑物的立面，无法用传统办法实现潮湿养护，喷刷养护剂就会起到不可代替的作用。

续上表

项　　目	内　　容
养护剂	常用的养护剂有氯偏、水玻璃、乙烯基二氧乙烯共聚物、沥青乳剂、过氯乙烯浮液等。养护剂的技术质量标准有待制定

9.外加剂的选择与检验

外加剂的选择与检验见表1-43。

表1-43　外加剂的选择与检验

项　　目	内　　容
选择	(1)外加剂的品种应根据工程设计和施工要求选择,通过试验及技术经济比较确定。 (2)掺外加剂混凝土所用水泥,宜采用硅酸盐水泥、普通硅酸盐水泥、矿渣硅酸盐水泥、火山灰质硅酸盐水泥、粉煤灰硅酸盐水泥和复合硅酸盐水泥,并应检验外加剂对水泥的适应性,符合要求后方可使用。 (3)掺外加剂混凝土所用材料如水泥、砂、石、掺和料,均应符合国家现行的有关标准的要求。试配外加剂混凝土时,应采用工程使用的原材料、配合比及与施工相同的环境条件,检测项目根据设计及施工要求确定,当工程所用原材料或混凝土性能要求发生变化时,应再进行试配试验。 (4)外加剂掺入混凝土中,不得对人体产生危害,不得对环境产生污染。 (5)不同品种外加剂复合使用时,应注意其相容性及对混凝土性能的影响,使用前应进行试验,满足要求方可使用
检验	(1)选用的外加剂应由供货单位提供产品说明书,出厂检验报告及合格证,掺外加剂混凝土性能检验报告。 (2)外加剂运到工地(或混凝土搅拌站)必须立即取代表性样品进行检验,进货与工程试配时一致方可使用,若发现不一致时,应停止使用。 (3)外加剂应按不同供货单位、不同品种、不同牌号分别存放,标志应清楚。 (4)外加剂配料控制系统标志应清楚,计量应准确,计量误差为±2%。 (5)粉状外加剂应防止受潮结块,如有结块,经性能检验合格后,应粉碎至全部通过0.63 mm筛后方可使用。液体外加剂应放置于阴凉干燥处,防止日晒、受冻、污染、进水或蒸发,如有沉淀等现象,经性能检验合格后方可使用

五、混凝土掺和料

1.粉煤灰

(1)组成。粉煤灰是火力发电厂煤粉燃烧后排放出来的废料,属于火山灰质活性混合材料,其主要成分是硅、铝和铁的氧化物,具有潜在的化学活性,粉煤灰单独与水拌和不具有水硬活性,但在有$Ca(OH)_2$存在的条件下,能够与水反应生成类似于水泥凝胶体的胶凝物质,并具有一定的强度。由于煤粉微细,且在高温燃烧过程中形成玻璃微珠,因此粉煤灰颗粒多数呈球形。粉煤灰粒径多在45 μm以下,可以不用粉磨直接用作混凝土的掺和料。

(2)技术指标和分类。粉煤灰作为混凝土掺和料时要检测其细度、烧失量、需水量比等主要技术指标。国家标准根据这些技术指标将粉煤灰划分为Ⅰ级、Ⅱ级、Ⅲ级(表1-44)。工程中使用粉煤灰时要取样进行性能检测，确定粉煤灰的等级。

表 1-44　粉煤灰的技术指标和分类

序号	指　　标	粉煤灰级别		
		Ⅰ	Ⅱ	Ⅲ
1	细度[0.045 mm 方孔筛筛余(%)]	≤12	≤20	≤45
2	需水量比(%)	≤95	≤105	≤115
3	烧失量(%)	≤5	≤8	≤1 5
4	三氯化硫(%)	≤3		
5	含水量(%)	≤1	≤1	不规定

(3)技术性质。粉煤灰的技术性质见表 1-45。

表 1-45　粉煤灰的技术性质

技术性质	内　　容
细度	粉煤灰的细度用 0.045 mm 方孔筛的筛余百分率表示。粉煤灰的颗粒越细，其活性作用和填充作用发挥得越好。为了提高粉煤灰的细度，也可以将粉煤灰再度粉磨，但是由于原灰中含有的颗粒大部分呈球形，对改善混凝土拌和物的和易性极为有利，粉磨后不能保证颗粒形状，所以如不是特殊需要，粉煤灰应尽量使用原灰，既节省再度粉磨加工的费用，又可充分发挥粉煤灰的粒形效应
需水量比	需水量比是指按照规定的试验方法，测定砂浆流动性基本相同时，掺粉煤灰后的砂浆需水量与不掺粉煤灰的砂浆需水量之比。该值反映了粉煤灰的掺入对混凝土流动性的改善能力。试验砂浆按照硅酸盐水泥：粉煤灰：标准砂＝210 g：90 g：750 g，对比砂浆按照硅酸盐水泥:标准砂＝300 g：750 g，分别拌制砂浆，按照水泥胶砂流动度试验方法测定砂浆流动度达到 125～135 mm 时各自所加水量，试验砂浆需水量与对比砂浆需水量之比即为该粉煤灰的需水量比
烧失量	烧失量是指将干燥的粉煤灰试样在高温下(950℃～1 000℃)反复灼烧至恒重后，所损失的质量占试样原质量的百分比

(4)粉煤灰掺入混凝土中的作用。粉煤灰中具有潜在的化学活性，颗粒微细，且含有大量玻璃微珠，掺入混凝土中可以发挥以下 3 种效应，即活性效应、形态效应和微粒填充效应。

1)活性效应。活性 SiO_2、Al_2O_3、Fe_2O_3 等活性物质的含量超过 70%，尽管这些活性成分单独不具备水硬性，但在水泥水化析出 $Ca(OH)_2$ 后，能够与这些活性物质发生二次水化反应，生成水化硅酸钙、水化铁酸钙等凝胶体，具有胶结能力。

2)形态效应。粉煤灰中含有大量的玻璃微珠体，呈球形，掺入混凝土中可减少混凝土拌和物的内摩擦阻力，提高流动性或减少用水量，改善拌和物的工作性能。

3)微粒填充效应。粉煤灰粒径大多数小于 45 μm，尤其是Ⅰ级灰，总体上比水泥颗粒还细，所以可以填充在水泥凝胶体的毛细孔和气孔之中，使水泥凝胶体更加密实。

因此，粉煤灰作为混凝土的矿物掺和料，既有一定的活性效应，不至于使混凝土的强度降低过多，同时微细、球形的颗粒能改善拌和物的和易性，降低混凝土的早期水化热，减少温度裂缝，并且能够使硬化后的混凝土更加密实，提高混凝土的渗透性，改善耐久性。

2.硅灰

硅灰是在冶炼硅铁合金和工业硅时产生的 SiO_2 和 Si 气体与空气中的氧气迅速氧化并冷凝而形成的一种超细硅质粉体材料。硅灰中无定形 SiO_2 的含量在 90%以上，其化学成分随所生产的合金或金属的品种不同而异，一般其化学成分为，SiO_2：85%～92%；Fe_2O_3：2%～3%；MgO：1%～2%；Al_2O_3：0.5%～1.0%；CaO：0.2%～0.5%。

硅灰颗粒极细，平均粒径为 0.1～0.2 μm，比表面积 20 000～25 000 m^2/kg，密度 2.2 g/cm^3，堆积密度 250～300 kg/m^3。由于硅灰单位质量很轻，包装、运输均很方便。

硅灰活性极高，火山灰活性指标高达 110%，其中的 SiO_2 在水化早期就可与 $Ca(OH)_2$ 发生反应，可配制出 100 MPa 以上的高强混凝土。硅灰取代水泥后，其作用与粉煤灰类似，可改善混凝土拌和物的和易性，降低水化热，提高混凝土抗化学侵蚀性、抗冻性、抗渗性，抑制碱一集料反应，且效果比粉煤灰好得多。另外，硅灰掺入混凝土中，可使混凝土的早期强度提高。

硅灰需水量比为 134%左右，若掺量过大，将会使水泥浆变得十分黏稠。在土建工程中，硅灰取代水泥量常为 5%～15%，且必须同时掺入高效减水剂。

3.磨细矿渣粉

磨细矿渣粉是将粒化高炉矿渣经磨细而成的粉状掺和料。其主要化学成分为 CaO、SiO_2、Al_2O_3，三者的总量占 90%以上，另外含有 Fe_2O_3 和 MgO 等氧化物及少量 SO_3。其活性较粉煤灰高，掺量也可比粉煤灰大。磨细矿渣粉可以等量取代水泥，使混凝土的多项性能得以显著改善，如大幅度提高混凝土强度、提高混凝土耐久性和降低水泥水化热等。

根据《用于水泥和混凝土中的粒化高炉矿渣粉》(GB/T 18046—2008)的规定，矿渣粉根据 28 d 活性指数(%)分为 S105、S95 和 S75 三个级别，相应的技术要求见表 1-46 所列。

表 1-46 矿渣粉的技术要求

级别		S105	S95	S75
密度(g/cm^3)		2.8		
比表面积(m^2/kg)		≥500	≥400	≥300
活性指数(%)	7 d ≥95	≥75	≥55	
	28 d	≥105	≥95	≥75
流动度比(%)		≥95		
含水量(质量分数)(%)		≤1.0		
三氯化硫(质量分数)(%)		≤4.0		
氯离子(质量分数)(%)		≤0.06		
烧失量(质量分数)(%)		≤3.0		
玻璃体含量(质量分数)(%)		≥85		
放射性		合格		

4.沸石粉

沸石是火山熔岩形成的一种架状结构的铝硅酸盐矿物。沸石粉是指以天然沸石岩为原料，经破碎、磨细制成的粉状物料，属于火山灰类混合材料。天然沸石岩的主要品种有斜发沸石岩和丝光沸石岩。与粉煤灰、矿渣、硅粉等掺和料不同，沸石是一种天然的、多孔结构的微晶矿物，掺入混凝土中不仅节省水泥用量，而且能够改善混凝土拌和物的均匀性与和易性，降低水化热，提高混凝土的强度、抗渗性，抑制碱一集料反应，提高混凝土的耐久性。适用于泵送混凝土、大体积混凝土、抗渗防水混凝土、抗硫酸盐和抗软水侵蚀混凝土及高强混凝土。沸石是火山熔岩形成的一种架状结构的铝硅酸盐矿物。沸石粉是指以天然沸石岩为原料，经破碎、磨细制成的粉状物料，属于火山灰类混合材料。

沸石粉的技术性质见表1-47。

表1-47 沸石粉的技术性质

技术性质	内容
沸石含量	沸石粉的活性与沸石含量有关，沸石含量以吸铵值表示。为确定沸石含量，可以采用铵离子交换试验以测定其吸铵值，吸铵值是目前测定沸石岩中沸石含量的主要依据。沸石中的碱金属和碱土金属很容易被铵离子交换，所以吸铵值是沸石特有的理化性能。按照吸铵值的大小将沸石粉分为Ⅰ级、Ⅱ级、Ⅲ级，吸铵值越大，表明沸石含量越高，我国大多数天然沸石岩的沸石含量在50%以上
细度	细度对沸石粉活性的发挥影响很大。如果沸石粉的细度比水泥还细，则掺入少量的沸石粉，可以填充水泥凝胶体的孔隙，获得更加密实的混凝土结构，提高密实度。由于沸石粉内部为多孔结构，所以不适用负压筛和透气法，而是采用简便易行的水筛法，参照水泥细度检验方法中的水筛法测量，以80 μm方孔筛的筛余量控制细度。通常沸石粉的细度达到0.080 mm方孔筛筛余百分率小于5%
需水量比	需水量比反映沸石粉需水量的大小。由于沸石粉颗粒比表面积大，需水量值偏高，以10%的沸石粉置换水泥的混凝土，坍落度比基准混凝土小20 mm左右。所以，掺入沸石粉的混凝土可适当加大减水剂的掺量
活性指标	同矿渣粉的活性指标测定

第三节 沥 青

一、定 义

沥青材料是以沥青为主要成分的一种有机结合律，它是由一些非常复杂的高分子碳氢化合物及其非金属元素（氧、氮、硫）的衍生物所组成。它们几乎能完全溶于二氧化碳、苯等有机溶剂，颜色呈黑色乃至黑褐色，常温时可为液态、半固态或固态，具有高度非牛顿液体、复合粘弹性的力学性质。另外，沥青材料具有不透水性，不导电，耐酸、碱、盐的腐蚀等特性，还具有良好的粘结性。

二、石油沥青的性质

1. 元素组成

主要包括：碳（82%～88%）、氢（8%～11%）、硫（<6%）、氧（<15%）、氮（<1%）。

2. 四组分法

主要包括:沥青质、胶质、饱和分、芳香分。

3. 胶体结构

沥青中各个组分的数量及胶体芳香分得程度,决定了胶体的结构类型。通常分为溶胶型、溶一凝胶型、凝胶型三种。沥青材料的组分结构与材料性能有十分密切的关系,材料性能是微观组成的反映。道路用沥青材料有一定性能要求,符合一定组分结构的沥青才能用于道路材料。

三、石油沥青的路用性能

(1)黏性。流变学特征,物体抵抗剪切变形的能力。剪应力与剪切速率的比值为黏性系数,通常称黏度。黏度大小与物质组成和温度有关,黏度小,流动性好,黏度大表明物质流动时内摩擦力大或材料内部结合力强。沥青材料的使用温度在很大范围内变化,黏度是沥青的力学指标,与沥青混合料抗车辙能力和稳定度有密切关系。

沥青黏度的测量方法:

1)绝对黏度;

2)条件黏度(标准黏度计法、针入度、软化点法);

3)滑板黏度计;

4)流出型黏度计(恩格拉、赛式黏度计)。

(2)感温性。沥青的感温性及温度敏感性,指沥青的粘性和塑性随温度升降而变化的性质,主要指高温稳定性和低温抗裂性,不同温度下沥青的针入度或粘度的变化代表沥青的感温性。软化点和脆点一定程度反映沥青的高温稳定性和低温抗裂性,针入度指数也是反映沥青温度敏感性的一个重要参数。沥青的组分结构决定着温度敏感性,通过改性可使温度敏感性得到较大改变。

(3)延性与塑性。延性是沥青在外力作用下发生拉伸变形而不破坏的能力。延性是分子位移和延伸的结果。塑性是沥青在外力作用下,产生变形,除去外力后保持变形后形状的性质。塑性是和弹性相反的性质。延性与塑性可用延度来衡量。道路用沥青材料希望低温下仍能保持一定延性与塑性。

(4)黏附性。沥青材料的黏附性是指沥青与石料之间作用所产生物理吸附和化学吸附的能力。道理沥青的主要功能之一是作为黏结剂将集料黏结成为一个整体,沥青对石料黏附性的优劣,直接影响沥青路面的使用质量,对沥青路面的强度、水稳性及耐久性都有很大影响。

(5)耐久性。实际应用中,人们要求沥青的老化速度应尽可能小一些,因而提出了耐久性的要求。老化速度与沥青化学组成和老化条件有关,芳香分含量较大的氧化作用较强,热、光、氧是导致老化的主要外界因素。

第二章　道路基本知识与施工图识读

第一节　道路平面及其施工图的识读

一、道路平面线形

道路是一个三维空间实体，它是由路基、路面、桥梁、涵洞、隧道和沿线设施所组成的线形构造物。线形是指道路中线的空间位置。道路在水平面上的投影称作道路的平面图；沿中线竖直剖切再行展开则是道路的纵断面图；中线上任一点法向切面是道路在该点的横断面图。道路的平面、纵断面和各个横断面是道路的几何组成要素。线形设计是指确定路线空间位置和各部分几何尺寸的工作。设计一条道路，对于平、纵、横 3 个方面，既要综合考虑，又需定出各自的特征。

1. 平面线形要素

道路平面线形一般由直线、圆曲线和缓和曲线组成，在行车速度不是很高的道路上，曲线部分只由圆曲线组成，而对于车速要求较高的道路，为使车辆能从直线至圆曲线产生平稳过渡，需插入一段缓和曲线。此时，曲线部分即由缓和曲线和圆曲线两部分构成。缓和曲线能使行车平稳安全，主干道的弯道，一般尽可能地设置缓和曲线。

道路中直线是常用的线形，这种线形布设简单、视距良好、方向明确、行车安全感高，但如果干道直线太长又会产生一些不利因素，如视力疲劳、由于街景单调司机注意力容易分散而会引发事故等。所以设计时一定要结合实际对直线的长度进行合理的布设。

2. 平面线形组合

道路平面设计中合理的平面线形组合是实现车辆安全、迅速、经济、舒适地行驶的重要环节。道路平面线形组合主要有以下 4 种形式：

(1)长直线＋短曲线；

(2)长直线＋长曲线；

(3)长曲线＋短直线；

(4)连续的曲线。

由直线和大半径曲线或连续曲线所组成的线形，从交通、安全、舒适和美观等方面看，是一种较为理想的平面线形。

二、道路平面图的内容及表示方法

道路平面图的设计要考虑交通组织，沿街建筑，地上、地下管线布置，各种道路交叉口的形式等因素的影响，根据道路系统规划的大致走向，以道路中线为准，结合道路性质、交通要求、交叉口形式等，经过现场勘察和详细测量来确定。

一般道路平面图要显示道路的走向、平面线形、道路中线及路线两侧的地形、地物、水系、植被与道路交通和工程施工有关的原有的和将建造的各种设施。

(1)方位。为了表示地区的方位和路线的走向，平面图上需画出坐标网或指北针。如“X300 Y200”符号，是方位的坐标网表示法，其 X 轴为南北方向(上为北)，Y 轴为东西方向(右为东)，表示某点坐标为距坐标网原点北 300、东 200(单位 m)。平面图的方位则用“⊕”符号或“⊕”符号表示指北针，箭头所指为正北方向，标注在图幅的醒目处。

(2)绘图比例尺和测绘范围。道路相对于公路，长度较短而宽度较大，选用的绘图比例尺一般比公路大。在作技术设计时，可采用(1∶500)～(1∶1 000)的比例尺绘制。绘图的范围，视道路等级而定，等级高的范围应大些，等级低的可小些。通常在道路两侧红线以外各 20～50 m，或中线两侧各 50～150 m，特殊情况则在任务书中有具体说明。

(3)地形。道路所在地带的地势起伏情况用等高线来表示，如图 2-1 所示。图中两等高线的高差为 1 m，等高线的间距代表两点之间的水平距离。地势平坦的道路平面图上不绘等高线，其地势可从道路横断面图中表示出来。

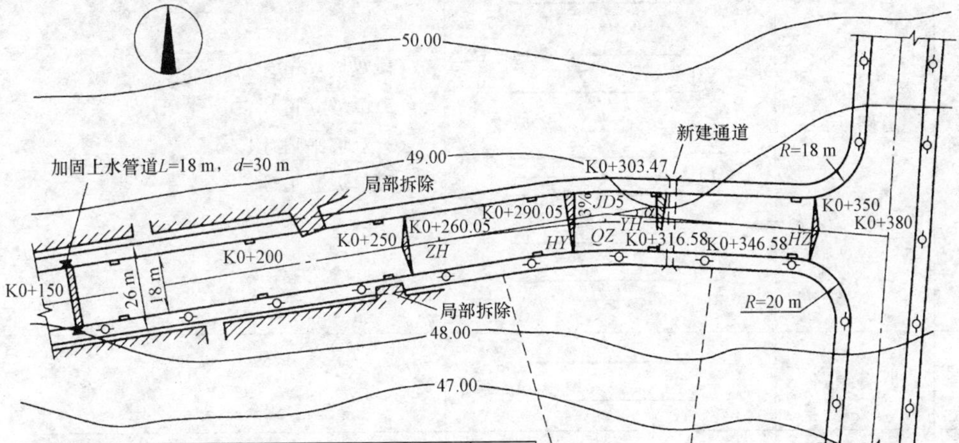

JD	α	R(m)	L_s(m)	T(m)	L(m)	E(m)
K0+303.47	13°30′(右)	240	30	43.42	86.54	1.83

图 2-1　道路平面图示例

(4)平面图的线条区分方法。

1)道路中线采用细点画线表示。

2)规划红线采用粗双点画线表示；规划道路中线采用细双点画线表示。

3)中央分隔带边缘线采用细实线表示。

4)路基边缘线采用粗实线表示。

5)导线边坡线、护坡道边缘线、边沟线及原有道路边线等，采用细实线表示。

(5)桩号。道路的长度用里程表示，里程桩号标注在道路中线前进方向的左侧上方，从道路起点到终点，按从小到大、从左往右的顺序排列。用符号“◑”表示桩位，用“K×××”表示其公里数；百米桩则标注在路线前进方向的右侧(也可以在左侧)，用垂直于路线的短细线表示桩位，用阿拉伯数字表示百米数等。

(6)平曲线。道路的平面线形有直线形和曲线形，而曲线又包含圆曲线和缓和曲线。对于曲线形路线的道路转弯处，在平面图中是用道路设计中线的交点“JD”来表示，并沿前进方向按顺序将交点编号。

(7)地物。地物如河流、农田、房屋、桥梁、铁路等是用图例来表示的。表示地物的常用图例见表 2-1。

表 2-1　工程中常用图例

序号	名称	图例	备　注
1	新建的道路	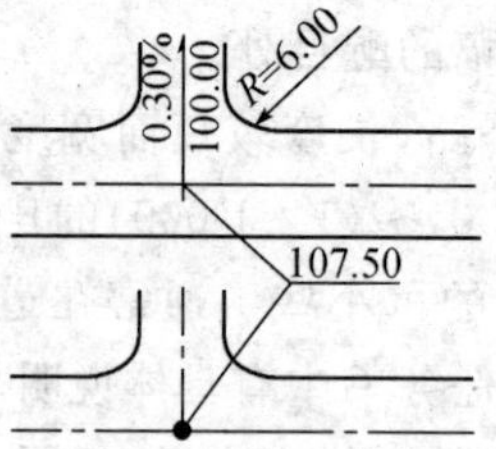	“R＝6.00”表示道路转弯半径；“107.50”为道路中心线交叉点设计标高，两种表示方式均可，同一图纸采用一种方式表示；“100.00”为变坡点之间距离，“0.30%”表示道路坡度，→表示坡向
2	道路断面	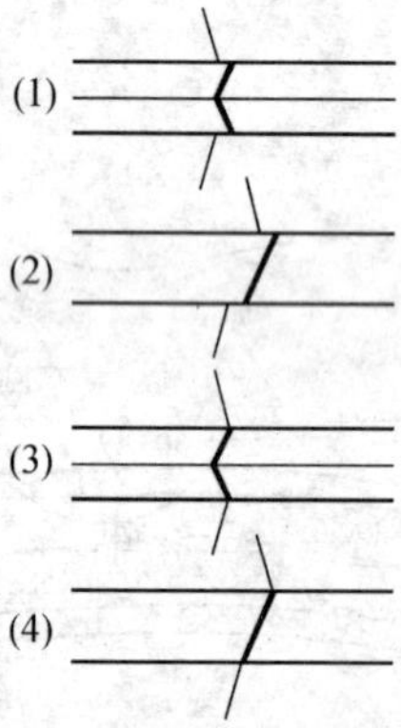	(1)双坡立道牙； (2)单坡立道牙； (3)双坡平道牙； (4)单坡立道牙
3	原有道路		—
4	计划扩建的道路		—
5	拆除的道路	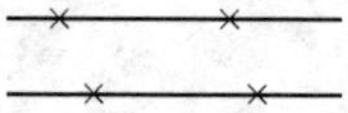	—
6	人行道	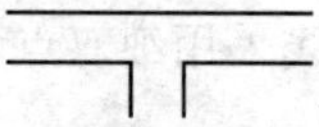	—
7	道路曲线段	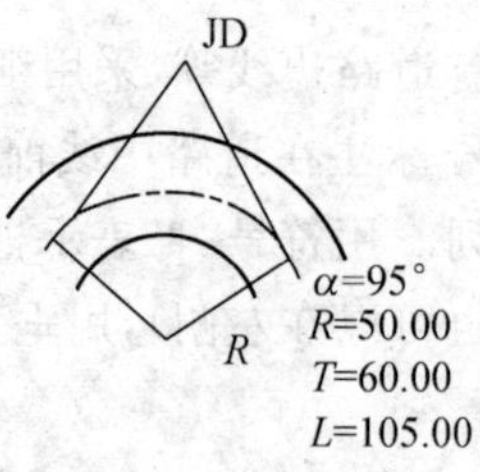	主干道宜标以下内容： JD 为曲线转折点，编号应标坐标，α 为交点，T 为切线长，L 为曲线长，R 为中心线转弯半径； 其他道路可标转折点、坐标及半径
8	道路隧道	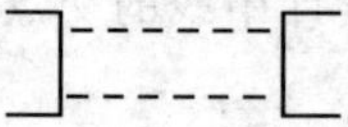	—

续上表

序号	名称	图例	备　注
9	汽车衡	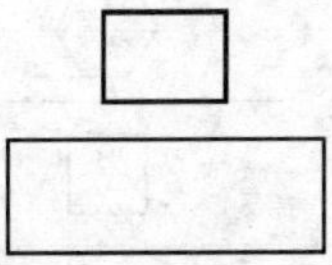	—
10	汽车洗车台		上图为贯通式； 下图为尽头式
11	运煤走廊	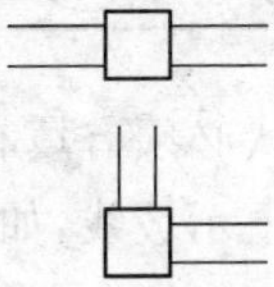	—
12	新建的标准轨距铁路		—
13	原有的标准轨距铁路		—
14	计划扩建的标准轨距铁路		—
15	拆除的标准轨距铁路		—
16	原有的窄轨铁路		"GJ762"为轨距(以"mm"计)
17	拆除的窄轨铁路		
18	新建的标准轨距电气铁路		—

(8)结构物和控制点。在平面图中还须标示出道路沿线的工程构造物和控制点，如桥涵、三角点和水准点等。工程图中的常用图例见表2-1，结合表可从路线平面图上了解到道路沿线工程构造物的位置、类型和分布情况以及控制点的坐标和高程，如"△S11"表示 S 系列第11号三角点， BM3/742.84 表示第3号水准点，其高程为742.84 m。道路沿线工程构造物均须按类编号，并以引出线的方式标注在平面图上。编号方法见表2-2。

表 2-2　道路沿线构造物编号方法

结构物类型	英文缩写	编号	附注
通道、跨线桥	I	$\frac{I}{N}$	表中“N”为序号
桥梁	Br	$\frac{B}{N}$	
涵洞	C	$\frac{C}{N}$	
防护工程	C	$\frac{G}{N}$	
线外涵洞	CL、CR	$\frac{CL}{N}$	
主线平曲线	L	LN	

(9)坡口、坡脚线。新建道路由于原地面高低起伏必须有填有挖。在平面图中填方路段画出路基的坡脚线；挖方路段画出路基的坡口线，并画上示坡线，如图 2-2 所示。

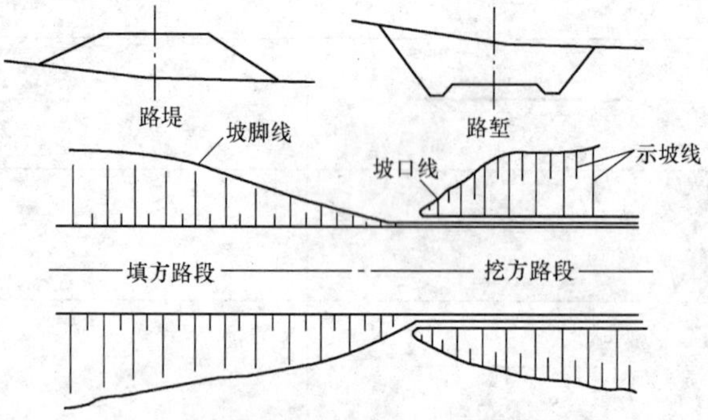

图 2-2　路堤路堑在平面图中的表示方法

(10)车道线。在道路的车道线路幅宽度内，有机动车道、非机动车道。在平面图中绘有各种车道线的位置、宽度以及车道之间的分隔带、路缘带等。

(11)人行道及人行横道线。按设计位置绘制。

(12)地上、地下管线和排水设施。各处地上、地下管线的走向和位置、雨水进水口、窨井、排水沟等都应在图中标出。必要时，需分别另绘排水管线平面图。

(13)交叉口。平面交叉口虽然有专门的交叉口设计图，但在平面设计图中也应该按平面图的比例尺画出并详细注明交叉口的各路去向、交叉角度、曲线元素以及路缘石转弯半径。

一张完整的平面设计图，除了清楚而正确地表达上述设计内容外，还可对某些细部设施或构件画出大样图。最后在图中的空白处做一些简要的工程说明，如工程范围、采用坐标系、引用的水准点位置等。

三、读图顺序

(1)查阅图样的说明、比例。了解该图是哪一段的平面图，采用的比例是多少。

(2)查看图样右上角的角标，了解该平面图有几张，所看的这张图是第几张图。

(3)看清路线平面图中的控制点、坐标网(或指北针方向)。

(4)看地形图,了解路线所处区域的地形、地物分布情况。

(5)看路线中线与规划红线,了解道路平面走向和道路总宽度。

(6)了解平曲线的设置情况及平曲线要素。

(7)看车道线、人行道及人行横道线。

(8)看交叉口。

(9)看地上、地下管线和排水设施。要特别注意从图例中的构筑物地面符号,判断地下管线的位置、走向,结合实地调查(记录这些管线的长短、粗细、埋深等),并把这些资料作为施工设计阶段防止损坏原有地下设施的依据。

第二节　道路断面及其施工图的识读

一、道路纵断面的线形与施工高度

道路纵断面设计图示例(一),如图 2-3 所示。

在纵断面图上有两条主要的线。一条是设计线(图 2-3 中粗线),它由直线和竖曲线所组成。直线(即均匀坡度线)有上坡和下坡,是用坡度和水平长度表示的。直线的坡度和长度影响着汽车的行驶速度和运输经济以及行车的安全,它们的一些临界值和其他必要的限制,是由通行的汽车类型及行驶性能来决定的。在直线的坡度转折处要设置竖曲线保障行车平稳。按坡度转折形式的不同,竖曲线有凹有凸,其大小用竖曲线要素表示。另一条是地面线,它是根据中线上各桩点的高程绘出的一条不规则的折线,反映了沿着中线地面的起伏变化情况。

设计线上各点的标高与地面线上各对应点的标高之差,称为施工高度。施工高度的大小,说明在道路纵断面上需要填土的高度和开挖的深度;纵断面设计线与地面线重合,则该处无填挖要求。道路中线的设计标高,一般指建成后路面的中线高度,在计算路基的填挖高度时,需要加减路面的结构厚度。

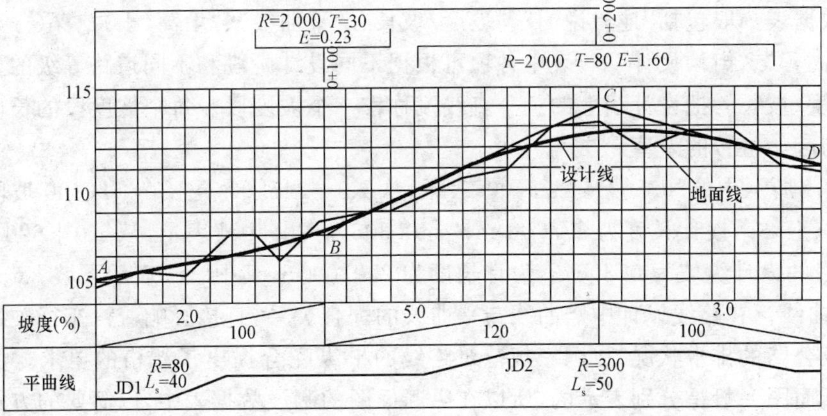

图 2-3　道路纵断面设计图示例(一)

二、道路纵断面图的识读

道路纵断面图是通过道路中心线用假想的铅垂面进行剖切展平后获得的。由于道路中线由直线和曲线所组成,因此剖切的铅垂面既有平面又有曲面。为了能清楚地表达道路纵断面情况,特采用展开的方法将断面展平成一平面,然后进行投影,形成了道路纵断面图。道路纵断面图的作用是表达道路中心纵向线形以及地面地伏、地质和沿线构造物的设置概况。

道路纵断面图内容包括图样、测设数据表和高程标尺三个部分。

道路纵断面图的图样布置在图幅上部，测设数据表布置在图幅的下部，高程标尺布置在测设数据表的上方左侧。

道路纵断面设计图示例(二)，如图 2-4 所示。

1. 图样部分

(1)由于道路纵断面图是用剖切展开方法获得的断面图，因此它的长度就表示了路线的长度。在图样中水平方向表示长度，垂直方向表示高程。

(2)由于设计线和地面的高差相对于道路的长度小得多，为了在路线纵断面图上清晰地显示出高差的变化和设计的处理，竖向宜比横向采用更大的比例(一般扩大 10 倍)。如图 2-4 所示中，水平方向采用 1∶1 000，而垂直方向则采用 1∶100。

(3)图样中不规则的细折线表示设计中心线处的纵向地面线，它是根据一系列中心桩的地面高程连接而成的。

(4)图样中的粗实线为道路中线的纵向设计线形，由若干条坡度不等的直线段和半径不同的竖向曲线构成。在设计线纵坡变化处(变坡点)时，均应按规定设置竖曲线，以利汽车行驶。竖曲线分为凸形和凹形两种，分别用┌┴┐和└┬┘符号表示，并在其上标注竖曲线的半径 R、切线长 T 和外矢距 E 等要素。符号中的水平直线的起讫点，表示了竖曲线的始点和终点；直线段的中点为竖曲线中点，过中点画一铅垂线，铅垂线两侧的数字分别为竖曲线中点的里程桩号和高程。图 2-4 中，在 K0＋620.00 处设有一半径 R＝10 000 m 的凸曲线，其切线长 T＝30.300 m，外矢距 E＝0.046 m，竖曲线中点的高程为 401.460 m。

(5)比较设计线与地面线的相对位置，可了解填、挖地段。

(6)当路线上设有桥涵及通道等人工构造物时，应在其相应设计里程处，按图例绘制并注明结构物的名称、种类、大小和中心里程桩号。

2. 测设数据表部分

测设数据表一般包括“地质说明”、“坡度/坡长”、“平曲线”、“填高(＋)挖深(－)”、“设计高程”、“地面高程”、“街沟设计”等，表中各项可根据不同设计阶段和不同道路等级的要求增减。

(1)坡度/坡长。把设计线上的一个直线段称作一个坡度段。每个坡度段的长度是该段的终止桩号与起始桩号的差值。

如图 2-4 所示中的“0.300％/275.00”表示，从 K0＋345.00 至 K0＋620.00 坡段的设计纵坡为 0.3％(上坡)，设计长度为 275.00 m；“－0.306％/200.00”表示，从 K0＋620.00～K0＋820.00 坡段的设计纵坡为 0.306％，设计长度为 200.00 m，其中“－”表示下坡。

(2)平曲线。在路线设计中竖曲线与平曲线的配合关系，直接影响着汽车行驶的安全性和舒适性以及公路的排水状况，故国家规范对路线的平纵配合提出了严格的要求。由于路线平面图和纵断面图一般是分别表示的，所以在纵断面图的测设数据表中，以简要的方式表示出纵平配合关系。

在平曲线一栏中，以——表示直线段；以╱‾╲和╲_╱或┌─┐和└─┘表示曲线段，前两种表示设置缓和曲线的情况，后两种表示不设置缓和曲线的情况。图样的凹凸表示曲线的转向，上凸表示右转曲线，下凹表示左转曲线，如图 2-3 所示。这样，综合平、纵断面设计图，可想像出该路线的空间状态。

(3)街沟设计。设置了街沟则应分别表示出道路两侧街沟的坡度和距离。

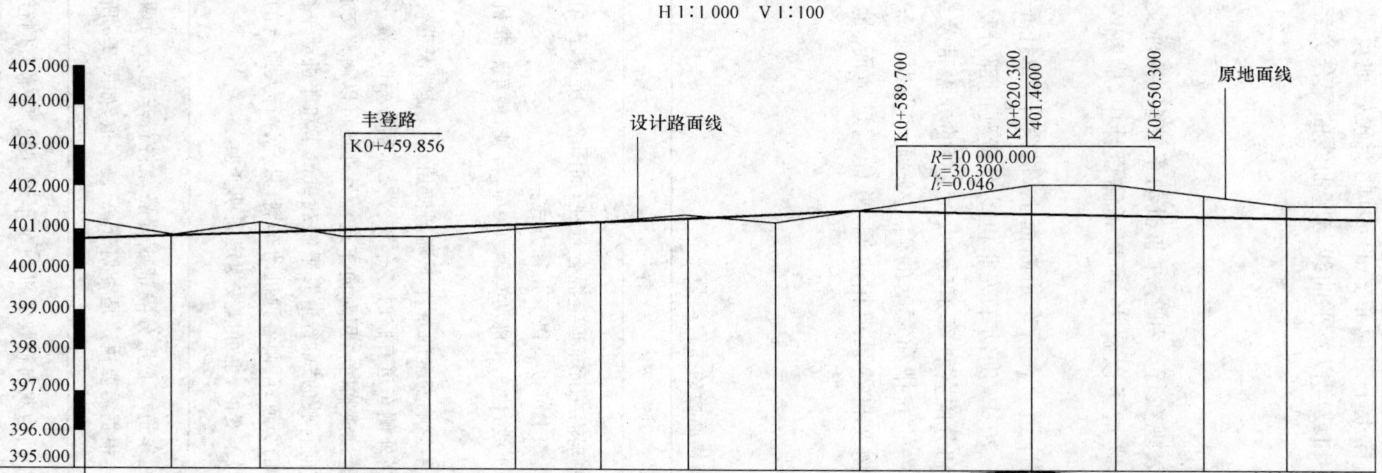

设计路中心线 坡度/坡长	0.300%/275.000															-0.306%200.000
设计路中心线 设计高程	400.800	400.860	400.920	400.980	401.040	401.100	401.160	401.220	401.280	401.340	401.395	401.414	401.393	401.338	401.276	401.215
地面高程	401.200	400.906	400.141	400.815	400.863	401.052	401.232	401.300	401.181	401.421	401.700	402.023	402.068	401.859	401.520	401.434
填(+)挖(−)高度	−0.400	−0.046	−0.221	−0.165	0.177	0.048	−0.072	−0.080	0.099	−0.081	−0.305	−0.609	−0.674	−0.522	−0.244	−0.219
桩号	K0+400.000	K0+420.000	K0+440.000	K0+459.000	K0+480.000	K0+500.000	K0+520.000	K0+540.000	K0+560.000	K0+580.000	K0+600.000	K0+620.000	K0+640.000	K0+660.000	K0+680.000	K0+700.000
直线及平曲线																

图2-4 道路纵断面设计图示例(二)

(4)纵断面图的标题栏。绘在最后一张图或每张图的右下角。每张图样右上角应有角标，注明图样序号及总张数。

由于路线纵断面图的测设数据表是与图样上下对应布置的，因此能较好地反映出纵向设计线在各桩号处的高程、填挖高度、地质条件和坡度以及平曲线与竖曲线的配合关系。

三、道路横断面的布置类型和选用

1.道路横断面的组成

道路的交通性质和组成比较复杂，尤其表现在行人和各种非机动车较多，各种交通工具及行人的交通问题都需要在横断面设计中综合考虑予以解决，所以道路设计中，横断面设计是主要方面。

道路上供各种车辆行驶的部分统称为行车道。在行车道断面上，供汽车、摩托车等机动车行驶的部分称为机动车道；供自行车、三轮车、板车、助动车等非机动车行驶的部分称为非机动车道。此外，还有供行人步行使用的人行道和分隔各种车道(或人行道)的分隔带及绿化带。

道路各组成部分相互联系和影响，其位置的安排和宽度的确定必须首先保证车辆和行人的安全畅通，同时要与道路两侧的各种建筑物及自然景观相协调，并能满足地面、地下排水和各种管线埋设的要求。

2.道路横断面的布置类型

道路横断面的布置类型见表2-3。

表2-3　道路横断面的布置类型

项　目	内　容
单幅路	俗称"一块板"断面，各种车辆在行车道上混合行驶，如图2-5所示，图中符号解释见表2-4。单幅路在交通组织上可以有以下几种方式： (1)画出快、慢车行驶分车线，快车和机动车辆在中间行驶，慢车和非机动车靠两侧行驶。 (2)不画分车线，可以在不影响安全的条件下调剂使用。一般情况下快车靠中线行驶，慢车靠外侧行驶。当外侧车道有临时停车或公交车辆进站时，慢车可临时占用靠中线车道，快车减速通过或临时占用对向车道。另外还可以调整交通组织，如只允许机动车辆沿同一方向行驶的"单行道"；限制载重汽车和非机动车行驶，只允许小客车和公共汽车通行的街道；限制各种机动车辆，只允许行人通行的"步行街"等。上述措施，可以是相对不变的，也可以按规定周期变换
双幅路	俗称"两块板"断面，即在车道中心用分隔带或分隔墩将行车道分为两部分，上、下行车辆分向行驶，各自再根据需要决定是否划分快、慢车道，如图2-5所示
三幅路	俗称"三块板"断面，即中间为双向行驶的机动车车道，两侧为靠右侧行驶的非机动车车道，机动车和非机动车车道之间用分隔带或分隔墩分隔，如图2-5所示
四幅路	俗称"四块板"断面，即在三幅路的基础上，再用中间分车带将中间机动车车道分隔为二，分向行驶，如图2-5所示

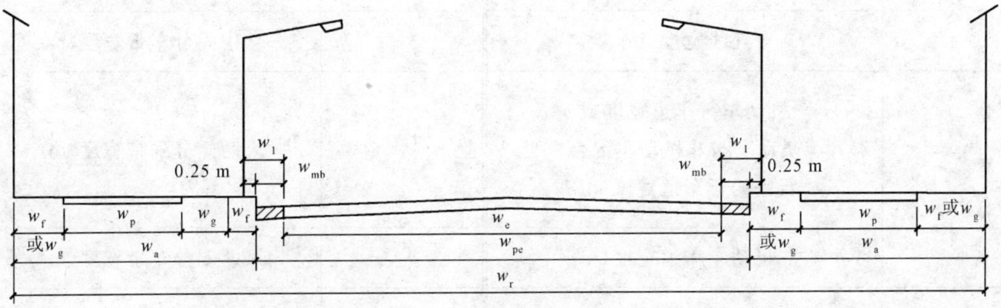

单幅路

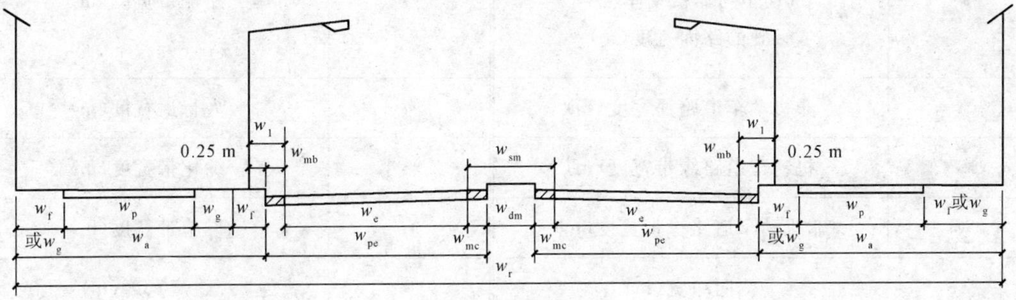

双幅路

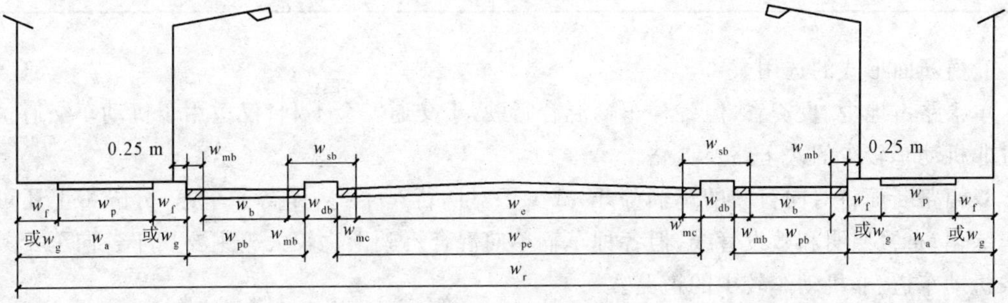

三幅路

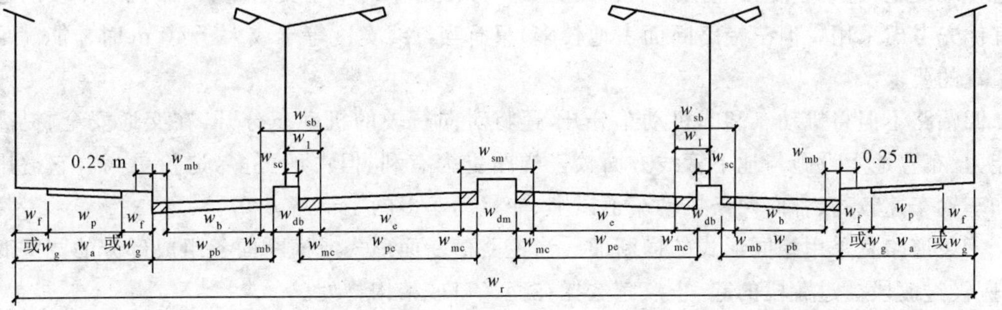

四幅路

图 2-5　道路横断面布置基本形式

表 2-4　图 2-5 中符号示意

符　号	解　释	符　号	解　释
w_r	红线宽度(m)	w_{sm}	中间分车带宽度(m)
w_e	机动车行车道宽度或机动车与非机动车混合行驶的行车道宽度(m)	w_{db}	两侧分隔带宽度(m)
w_b	非机动车车道宽度(m)	w_{sb}	两侧分车带宽度(m)
w_{pe}	机动车道路面宽度或机动车与非机动车混合行驶的路面宽度(m)	w_a	路侧带宽度(m)
w_{pb}	非机动车道路面宽度(m)	w_p	人行道宽度(m)
w_{mc}	机动车道路缘带宽度(m)	w_g	绿化带宽度(m)
w_{mb}	非机动车道路缘带宽度(m)	w_f	设施带宽度(m)
w_1	侧向净宽(m)	w_{sc}	路肩宽度(m)
w_{dm}	中间分隔带宽度(m)	w_{sb}	硬路肩宽度(m)

3. 横断面形式的选用

单幅路占地少，投资省，但各种车辆混合行驶，于交通安全不利，仅适用于机动车交通量不大且非机动车较少的次干路及支路。

双幅路断面将对向行驶的车辆分开，减少了对向行车干扰，提高了车速，分隔带上还可以用作绿化、布置照明和敷设管线，但各种车辆单向混合行驶干扰较大。主要用于各向至少具有两条机动车道、非机动车较少的道路。

三幅路将机动车与非机动车分开，对交通安全有利；在分隔带上可以布置绿化带、照明与交通管理设施，有利于夏天遮阳防晒和减少噪声等。对于机动车交通量大、非机动车多的道路上宜优先考虑采用。但三幅路断面占地较多，只有当红线宽度等于或大于 40 m 时才能满足车道布置的要求。

四幅路不但将机动车和非机动车分开，还将对向行驶的机动车分开，在交通安全、提高通行能力、布置地上设施与地下管线方面较三幅路更为有利，但占地更多，造价更高。它适用于机动车辆车速较高、各向两条机动车道以上、非机动车多的主干路。

一条道路宜采用相同形式的横断面。当道路横断面形式或横断面各组成部分的宽度变化时，应设过渡段。过渡段的起、止点宜选择在交叉口或结构物处。

四、道路横断面图的识读

1. 近、远期横断面设计图

当按照道路的交通性质、地形条件以及近期与远期相结合的原则确定了横断面组成和宽度以后，即可绘制横断面设计图。道路横断面设计图是计算土石方数量和道路施工的主要依据。

道路横断面设计图一般采用1∶100或1∶200的比例尺，在图上绘出红线宽度、车行道、人行道、绿化带、照明、新建或改建的地下管线等各组成部分的位置和宽度，以及排水方向、横坡等。管线表示符号见表2-5。

表2-5　管道表示符号

序号	名称	图例	备　注
1	管线	—— 代号 ——	管线代号按国家现行有关标准的规定标注； 线型宜以中粗线表示
2	地沟管线	═ 代号 ═ ⊢ 代号 ⊣	—
3	管桥管线	—+— 代号 —+—	管线代号按国家现行有关标准的规定标注
4	架空电力、电信线	—○— 代号 —○—	“○”表示电杆； 管线代号按国家现行有关标准的规定标注

2.横断面现状图

应沿道路中线每隔一定距离绘制一幅显示原地面与设计路面线的横断面图即横断面的现状图，图中包括地形、地物、绘有原街道的各组成部分、边沟、路侧建筑等。比例尺为1∶100或1∶200。通常，为了更准确地表现地形和地物高度的变化，也可采用纵、横不同比例尺绘制。

相对于远期横断面设计图来说，近期横断面设计图即为横断面现状图。图2-6中，近期横断面图的路幅宽为40.0～41.5 m，其中机动车道宽为15.0 m，横坡为1.5%，非机动车道宽为6.0 m，横坡为1.5%，东侧有一新建雨水管道，覆土深度为1.7 m，中心距机动车道边缘11.5 m。近期与远期的中心线相距7.0 m。图2-6中还附有施工大样图(路面结构与道牙大样图)和路拱曲线大样图。图2-6是一条或一个路段的横断面设计图，故称为标准横断面图。

3.横断面施工图

在完成道路纵断面设计之后，各中线上的填挖高度则为已知条件。将这一高度点绘在相应的横断面现状图上，然后将横断面设计图以相同的比例尺画于其上。此图反映了各断面上的填挖和拆迁界线，是施工时的主要根据，如图2-7所示。

五、路基横断面图

路基横断面图是在路线中心桩处所作的一垂直于道路中心线的断面图。此图应绘在标准的坐标纸上，用竖向比例为横向10倍的比例尺绘制，以便于用积距法计算工程数量。对于路幅很宽(如100 m)的情况和广场工程，则应在有等高线的地形图上设计方格网平面设计图作为工程量计算和路基施工的依据。

路基横断面图的作用是表达各中心桩处横向地面起伏、设计路基横断面位置，以及两者间的相互关系。工程上要求在每一中心桩处(包括地形变化显著的加桩)，根据测量资料和设计要求顺次画出每一个路基横断面图，用来计算公路的土石方量和作为路基施工的依据。

路基横断面的形式有三种：填方路基、挖方路基和半填半挖路基见表2-6。

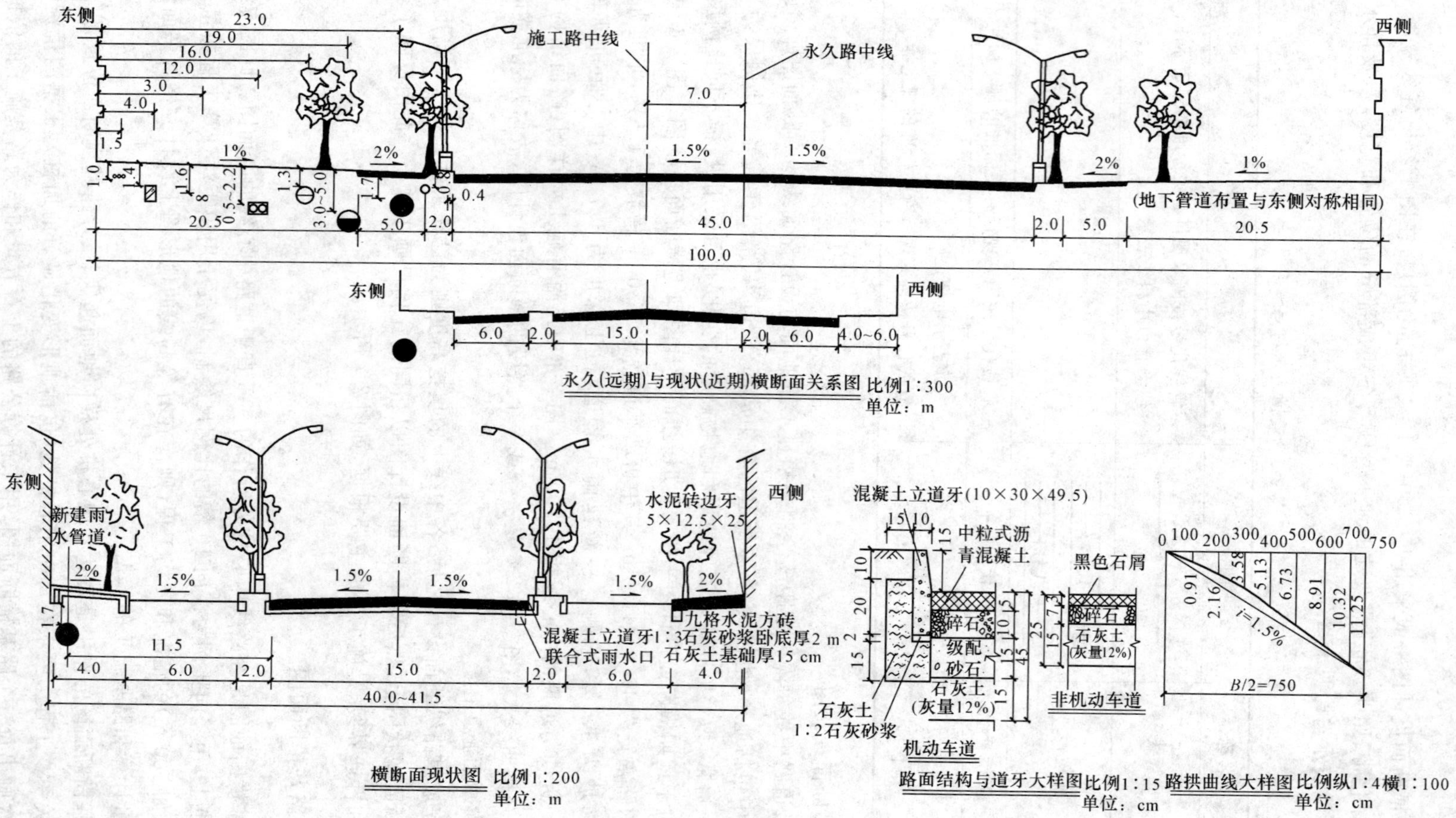

图2-6 道路近、远期横断面设计图

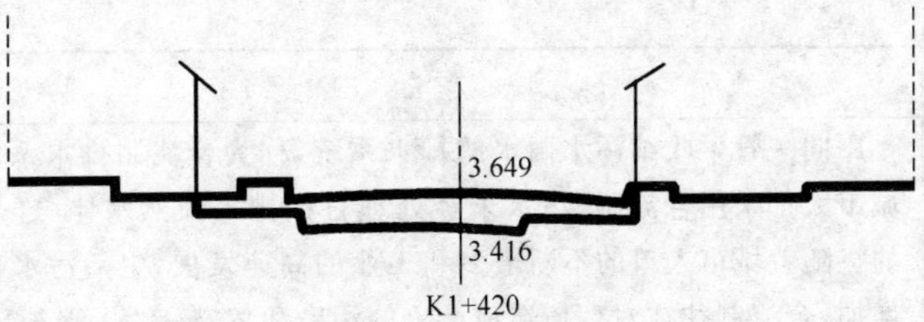

图 2-7　横断面施工图

表 2-6　路基横断面的形式

形　　式	内　　容
填方路基	填方路基也叫路堤，如图 2-8(a)所示，在图下注有该断面的里程桩号，右侧注有中心线处的填方高度 h_T(m)以及该断面的填方面积 A_T(m^2)
挖方路基	挖方路基也叫路堑，如图 2-8(b)所示，在图下注有该断面的里程桩号，右侧注有中心线处挖方高度 h_w(m)以及该断面的挖方面积 A_w(m^2)
半填半挖路基	半填半挖路基是前两种路基的综合，如图 2-8(c)所示，在图下仍注有该断面的里程桩号，右侧注有中心线处的填(或挖)方高度以及该断面的填方面积和挖方面积

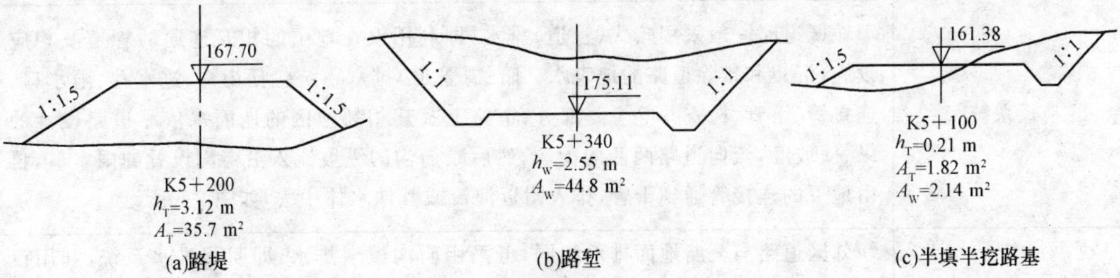

图 2-8　路基横断面的基本形式

第三节　道路排水系统及其施工图的识读

一、道路排水制度及道路雨水排除系统的类型

1. 道路排水制度

道路排水制度见表 2-7。

表 2-7　道路排水制度

排水制度	内　　容
分流制	用不同管渠分别收纳污水和雨水的排水系统，称为分流制排水系统。其中汇集和处理生活污水或工业废水的系统称为污水排水系统；汇集和排泄雨水的系统称为雨水排除系统。分流制排水系统又可分为两种情况：一种是分别设置污水和雨水管道系统；另一种是只设污水管道系统，不设雨水暗管，雨水沿着地面、街道边沟和明渠泄入天然水体。 采用分流制有利于环境的保护和污水的处理与综合利用，便于从废水中回收有用物质，可以做到清浊分流，降低需要处理的废水量

续上表

排水制度	内　　容
合流制	用同一管渠收纳污水雨水的排水系统，称为合流制排水系统。过去我国很多旧城市大都采用合流制，污水未经处理直接排入天然水体，这是由于历史原因造成的。随着城市人口的不断增多和工业的高速发展，生活污水量和工业废水量急剧增加，合流制往往对环境造成严重的污染和危害。为了保护环境，需将混流的雨水和污水流经污水厂处理后，再行排放

排水制度的选择，应根据村镇和工业企业规划、当地降雨情况和排放标准、原有排水设施、污水处理和利用情况、地形和水体等条件，综合考虑确定，达到防止水污染、改善和保护环境、提高人民健康水平的要求。新建地区的排水系统宜采用分流制，同一村镇的不同地区可采用不同的排水制度。

2. 道路雨水排除系统的类型

道路雨水排除系统一般采用管渠形式。根据道路所处地区和构造特点，可分为暗式、明式和混合式三种见表 2-8。

表 2-8　道路雨水排除系统的类型

类　　型	内　　容
暗式系统	城区道路一般采用暗式(管道)排水，即利用设在地下的相互连通的管道及相应设施，汇集和排除道路的地表水。暗式(管道)排水系统包括街沟、进水孔、雨水口、连接管、干管、检查井等主要部分，道路上及其相邻地区的地面水依靠道路设计的纵、横坡度，流向道路两侧的街沟，然后顺街沟的纵坡流入沿街沟设置的雨水口，再由地下的连接管通到干管，排入附近河流或其他水体中去，如图 2-9 所示
明式系统	郊区道路与公路地面排水相同，可采用明沟渠道排水，即明式排水系统，利用设在地面上的渠道及相应设施，汇集和排除道路的地表水。明式排水系统包括边沟、排水沟、截水沟等，在街坊出入口、人行横道处等还会增设一些盖板、涵洞等构造物
混合式系统	即明沟和暗管相结合的一种排水形式

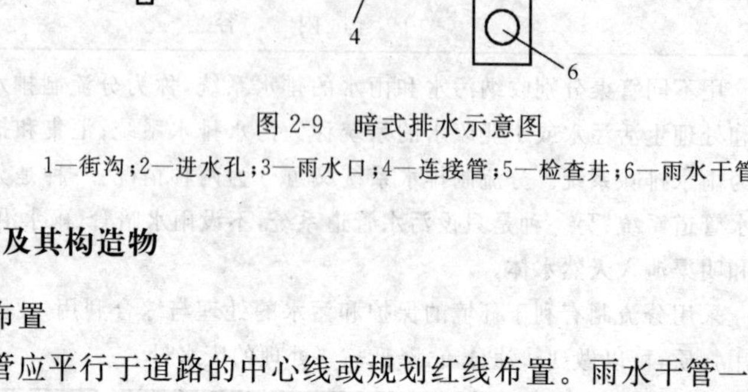

图 2-9　暗式排水示意图

1—街沟；2—进水孔；3—雨水口；4—连接管；5—检查井；6—雨水干管

二、雨水管道及其构造物

1. 雨水管的布置

道路的雨水管应平行于道路的中心线或规划红线布置。雨水干管一般宜尽量设在快车道以外的慢车道或人行道一侧，当道路红线宽度大于 60 m 时，可考虑沿街道两侧布置。

由于雨水管道施工及检修对道路交通干扰很大，因此雨水管应尽可能直接埋设在绿化带或较宽的人行道下，而不布置在主要交通干道的行车道下，并注意与行道树、杆柱、侧石等保持一定的横向距离。此外，雨水管还应尽可能避免或减少与河流、铁路及其他地下管线的交叉，以免造成施工困难。必须交叉时，应尽量正交，并保证相互之间有一定的间距。

管道纵坡尽可能与街道纵坡取得一致。雨水管的最小纵坡不得太小，一般不小于 0.3%。雨水管的最大纵坡也要加以控制。通常道路纵坡大于 4%时，为了不使雨水管纵坡过大，需分段设置跌水井。

管道的最大允许埋深，根据技术经济指标及施工方法决定，一般在干燥土壤中，管道最大埋深不超过 7～8 m，地下水位较高，可能产生流沙的地区不超过 4～5 m。

雨水管的最小埋深等于管直径与管道上面的最小覆土深度之和，如图 2-10 所示。最小覆土深度需结合实际经验确定：在行车道下，管顶最小覆土深度一般不小于 0.7 m；当土的冰冻线很浅，且管道保证不受外部荷载损坏时，最小覆土深度可适当减小。当埋深不能满足最小覆土深度时，需对管道采取加固措施。至于北方冰冻地区，则要根据防冻要求来确定覆土深度。

不同直径的管道在检查井内衔接时，应使上下游管段的管顶等高，称为管顶平接，这样可以避免在上游形成回水，如图 2-11 所示。

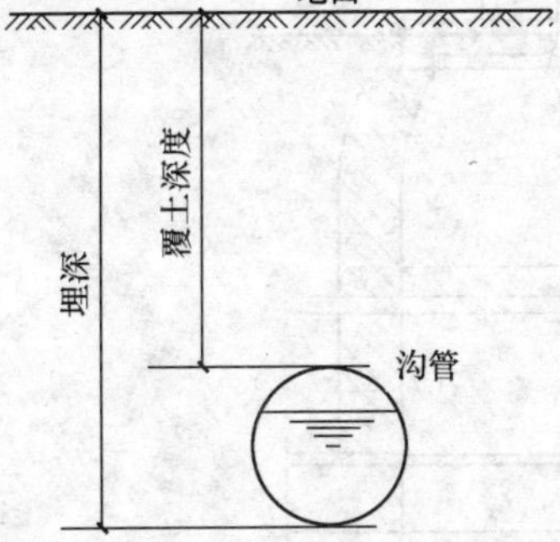

图 2-10　雨水管的埋深

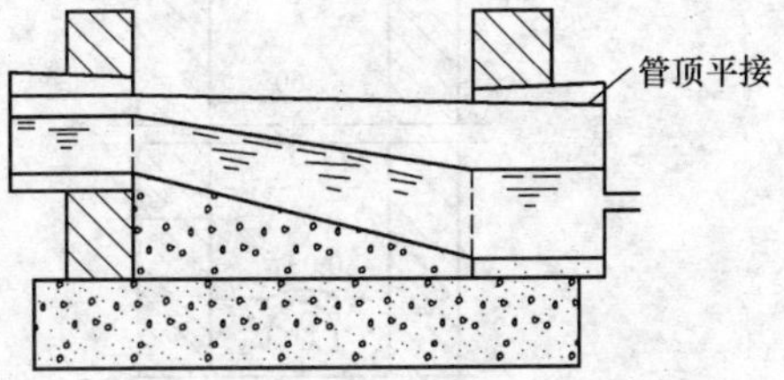

图 2-11　管顶平接

2. 雨水口的构造形式及适用地点

雨水口是在雨水管道或合流管道上汇集地表水的构筑物，由进口篦、井身及连接管组成，如图 2-12 所示。雨水口的构造形式及适用地点见表 2-9。

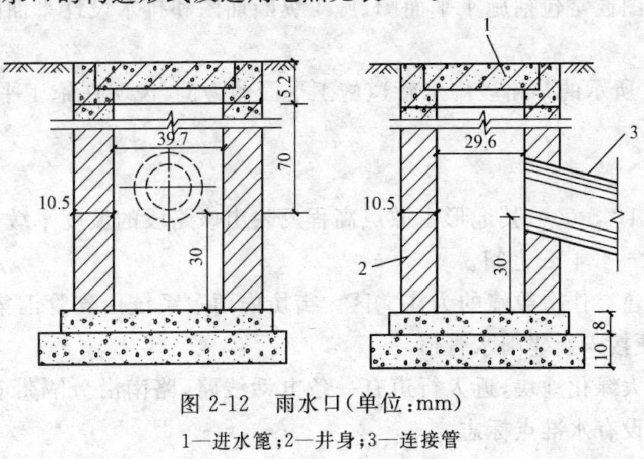

图 2-12　雨水口(单位：mm)

1—进水篦；2—井身；3—连接管

表 2-9　雨水口的构造形式及适用地点

构造形式	适用地点
平篦式雨水口	又分为缘石平篦式及地面平篦式两种。缘石平篦式雨水口，适用于有路缘石的道路，主要排除路面水；地面平篦式适用于无路缘石的路面及地面低洼聚水处等。平篦式雨水口水流通畅，但暴雨时易被树枝等杂物堵塞，影响收水能力
立式雨水口	有立孔式和立篦式两种，适用于有路缘石的道路。其中立孔式适用于篦隙容易被杂物堵塞的地方，边沟需保持一定水深
联合式雨水口	在水平和垂直方向上均有雨水篦子，适用于路面较宽、有缘石、径流集中且有杂物堵塞处

3. 检查井

为了对地下管道进行检查和疏通，管道系统上必须设置检查井，如图 2-13 所示，同时检查井还起连接不同方向和高度沟管的作用。相邻两个检查井之间的管道应在同一直线上，便于检查和疏通操作。检查井一般设置在管道容易沉积污物以及经常需要检查的地方，如管道改变断面处和交汇处。同时，直线管段上每隔一定距离，都应布设检查井。布置在车行道的检查井，不仅疏通时影响交通，井盖破损、挤动时也容易造成交通事故，行车时容易引起噪声，并且井座易被路面伸缩推移造成路面损坏，因此至今仍是设计施工都没有彻底解决的难题。

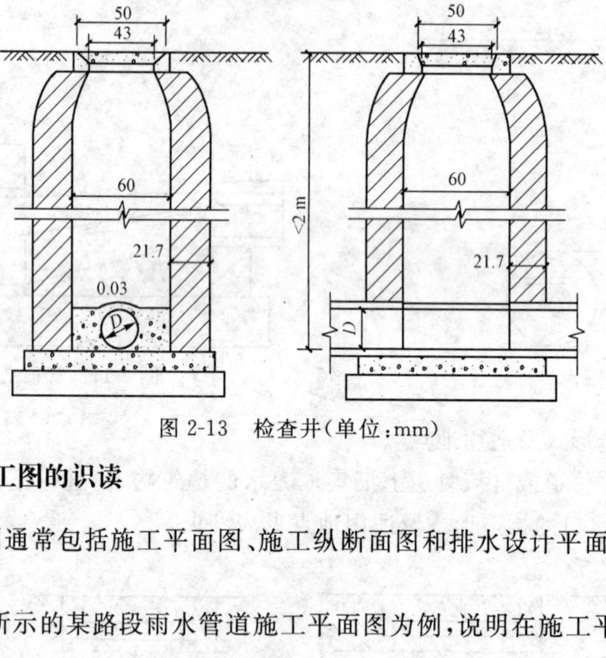

图 2-13　检查井(单位：mm)

三、排水系统施工图的识读

排水系统施工图通常包括施工平面图、施工纵断面图和排水设计平面图。

1. 施工平面图

下面以图 2-14 所示的某路段雨水管道施工平面图为例，说明在施工平面图中需要熟悉识读的主要内容。

(1)地形部分。

1)该图比例为 1∶5 000，其地形由散点高程反映出该路段的坡度平缓，由西向东呈微倾之势，地面高程在 4.2～4.4 m 之间。

2)沿道路两侧建有住房数幢的为住宅区。街坊内雨水系统由支管汇集输送至路口窨井 4 号甲及 5 号甲，以便接入新建雨水管道。

3)路西北有较大绿化地块，近人行道有一条电话线路，路南沿分隔带有一条高压线路(附低压线路)，西路口设有水准点标志。

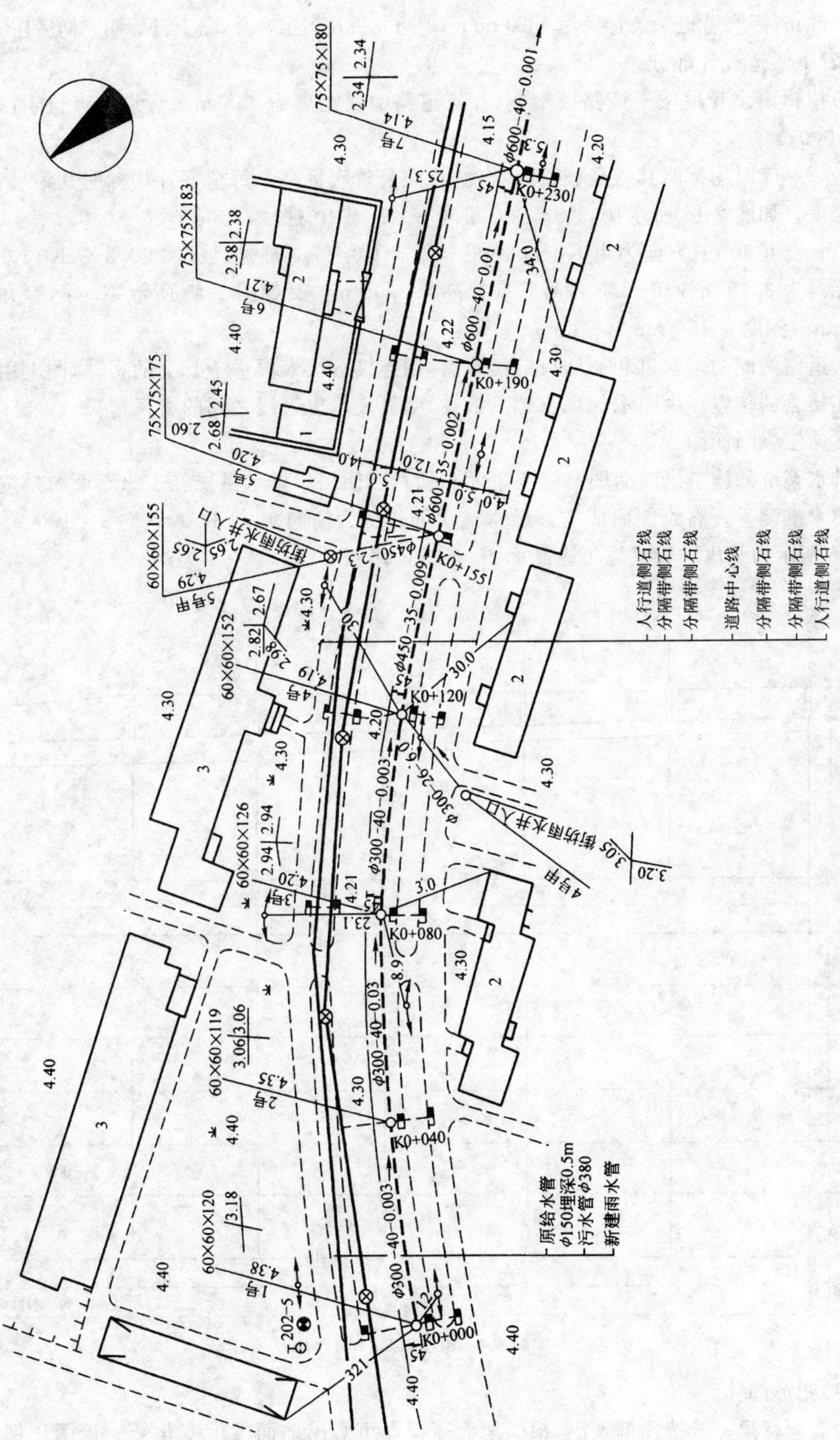

图2-14 雨水管道施工平面图

4)道路全宽为 30 m,设有两条分隔带。路北地下管线有自来水管 φ150 mm 一条,埋设深度为 0.5 m;污水管道一条管径为 φ380 mm。消防龙头及污水窨井,图上已标明它们所在位置。

(2)下水道设计部分。

1)拟建雨水管道位于该路段南侧,靠近道路中线距离为 4.5 m。管道起点位于西端桩号为 0+000。

2)每一管段均标明其管径、长度、坡度、流向及管底标高。每个窨井均标明其编号、窨井尺寸及深度。如图 2-14 所示中,K0+000 桩号~K0+040 桩号,300φ-40-0.003 表示管径为 300 mm,长度 40 m,方向为由 K0+000 桩号流向 K0+040 桩号,坡度为 0.3%,K0+000 桩号管底标高为 3.18 m,K0+040 桩号管底标高为 3.06 m。又如图 2-15 所示中,4 号窨井的半径为 60 mm,深度为 150 mm。

3)道路两侧的雨水口和街坊口的雨水口,用连接管接入雨水干管上的窨井,图上用虚线标明各连接管的位置。由图示的现有地下管线,明显表示出管线之间的交叉情况。

2. 施工纵断面图

排水系统的施工纵断面图与施工平面图须对照使用。排水系统施工纵断面图是按实地定线后的水准测量资料绘制而成的。通常选用的比例为横向 1∶1 000,纵向 1∶100 或 1∶50。图 2-15 所示为某雨水管道施工纵断面图,与图 2-14 配套。

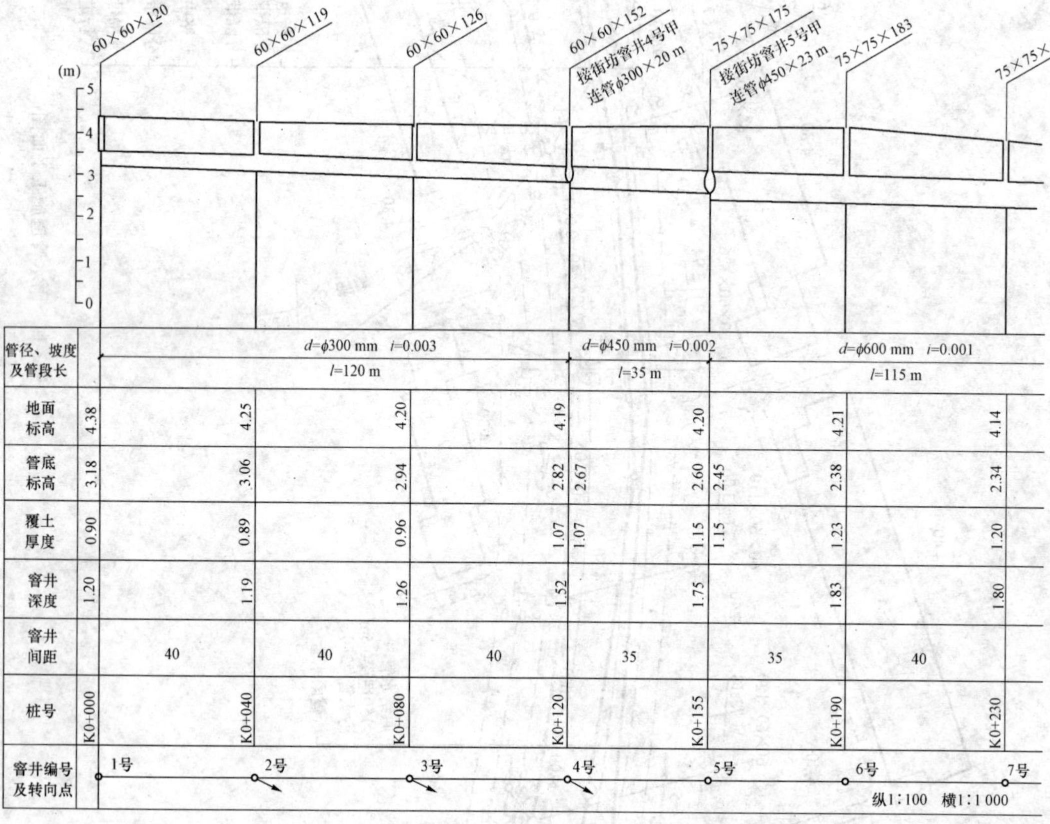

管径、坡度及管段长	d=φ300 mm i=0.003 l=120 m			d=φ450 mm i=0.002 l=35 m	d=φ600 mm i=0.001 l=115 m		
地面标高	4.38	4.25	4.20	4.19	4.20	4.21	4.14
管底标高	3.18	3.06	2.94	2.82 2.67	2.60 2.45	2.38	2.34
覆土厚度	0.90	0.89	0.96	1.07 1.07	1.15 1.15	1.23	1.20
窨井深度	1.20	1.19	1.26	1.52	1.75	1.83	1.80
窨井间距	40	40	40	35	35	40	
桩号	K0+000	K0+040	K0+080	K0+120	K0+155	K0+190	K0+230
窨井编号及转向点	1号	2号	3号	4号	5号	6号	7号

纵1∶100 横1∶1 000

图 2-15 雨水管道纵断面图

(1)图形部分。

1)高程标尺一般按比例画出,根据地面高程点可画出地面坡度变化线。该图比例横向为 1∶1 000;纵向为 1∶100。

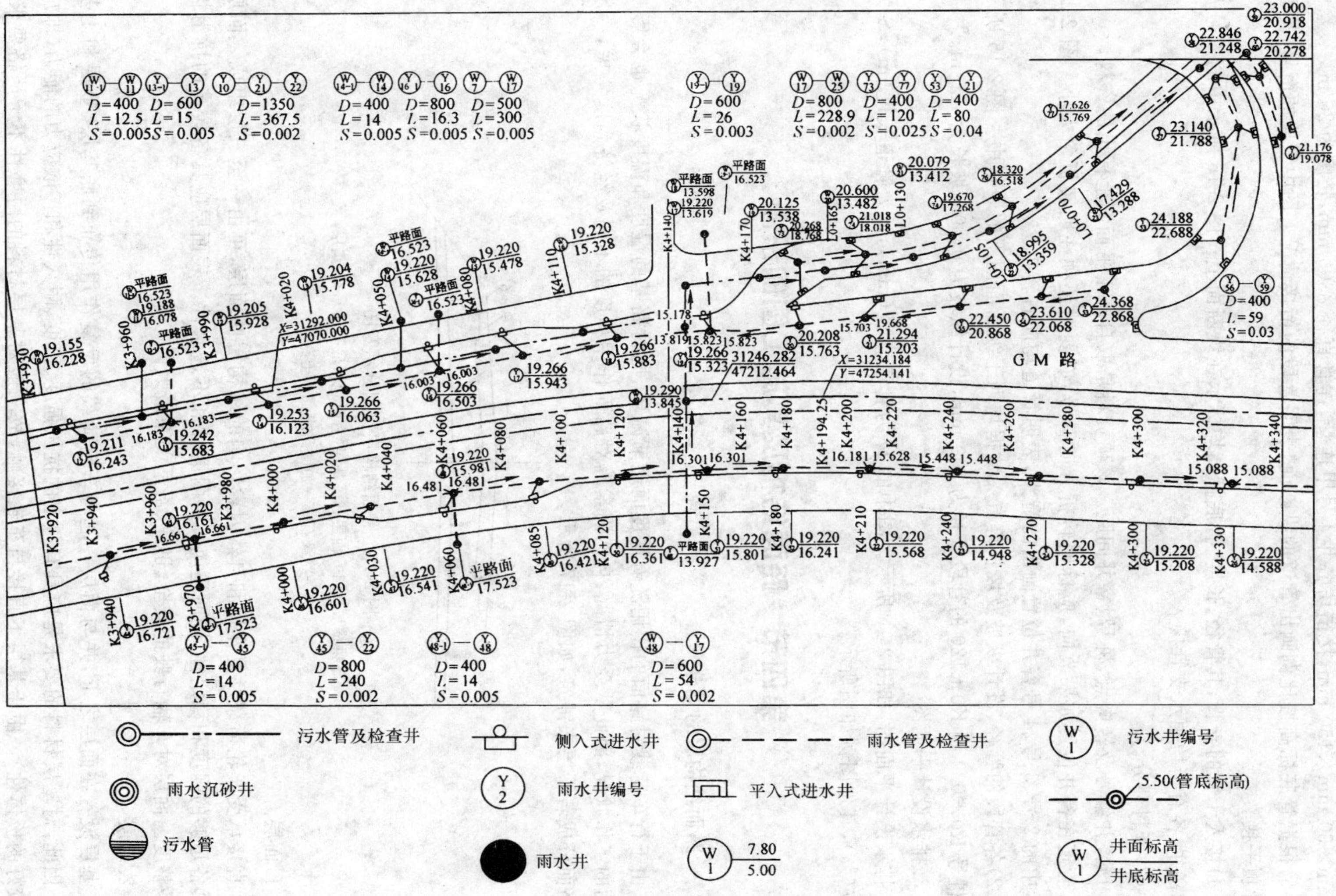

图2-16 排水设计平面图

2)各管段间画出的两根平行竖线(其间距夸大了窨井尺寸),表示每座窨井所在位置,由指示线标明各窨井的设计尺寸和接入支管的管径大小。图 2-15 所示中,4 号窨井设计尺寸为 60 mm×60 mm×150 mm,接街坊窨井 4 号甲连管,连管直径 ϕ300 mm,长度为 20 m。

3)根据管底标高按比例画出管道的纵断面,表明管段的衔接情况。图中管段的衔接,均采用管顶平接。

4)接入干管的支管,其管径、长度、管底标高均标示在纵断面上。图 2-16 所示中的 4 号及 5 号窨井,各有街坊雨水支管接入。

(2)资料部分。

1)窨井编号及转向点、桩号、窨井间距。该项资料是取自施工平面图上标出的资料。

管道在窨井位置如果改向,应标明转折方向符号,必要时还须注明转折角大小。图 2-16 所示中的 2 号、3 号、4 号窨井位置画出的箭头,表明管道均向右转折。

2)各管段的管径、设计纵坡及坡长等有关数据均列于纵断面图下的表格中。图 2-15 所示中,桩号 K0+000 到 K0+120 的管段管径为 300 mm,设计纵坡为 0.003,坡长为 120 m。

3.排水设计平面图

排水设计平面图,如图 2-16 所示。图中的 D 为管道直径(mm),L 为管道长度(m),S 为纵坡(%),其他图例如图所示。

第四节　路面结构及其施工图的识读

一、路面结构层的划分

由于行车荷载对路面的作用随着深度而逐渐减弱,同时路基的湿度和温度状况也会影响路面的工作状况,因此从受力情况、自然因素等对路面作用程度的不同及经济角度考虑,一般将路面分成若干层来铺筑,如图 2-17 所示。

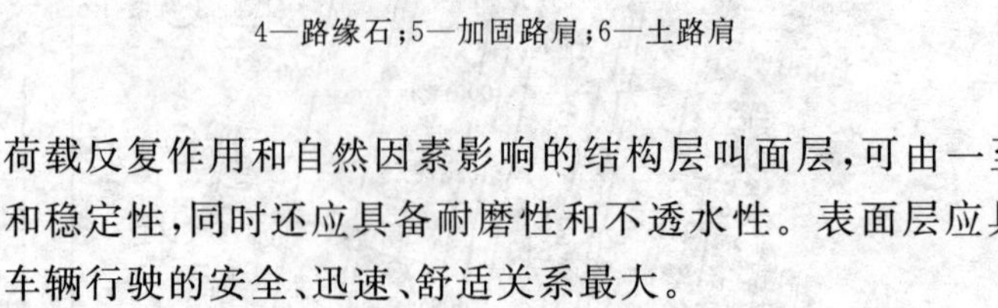

图 2-17　路面结构层次划分示意图

i—路拱横坡度;1—面层;2—基层(有时包括底基层);3—垫层;
4—路缘石;5—加固路肩;6—土路肩

1.面层

直接承受车轮荷载反复作用和自然因素影响的结构层叫面层,可由一至三层组成。面层应具备足够的强度和稳定性,同时还应具备耐磨性和不透水性。表面层应具备较高的抗滑性和平整度。面层对车辆行驶的安全、迅速、舒适关系最大。

2.基层

基层设置在面层之下,并与面层一起将车轮荷载的反复作用传布到底基层、垫层和土基中。因此,对基层材料的要求是应具有一定的抗压强度、密度、耐久性和扩散应力的能力(即应有较好的板体性)。由于基层不直接与车轮接触,故一般对基层材料的耐磨性不予严格要求,但因基层本身不能阻挡地下水和地表水的侵入,所以基层结构应具有足够的水稳定性。底基层设置在基层之下，并与基层一起传递车轮荷载反复作用，起次要承重作用。

基层按所用的材料可分为无机结合料稳定类整体型（也称半刚性型）和粒料类嵌锁型等，各种常用基层分类见表2-10。

当基层或底基层分两层施工时，可分别称为上基层、下基层，或上底基层、下底基层。

3.垫层

垫层是底基层和土基之间的层次，它的主要作用是加强土基、改善基层的工作条件。垫层往往是为蓄水、排水、隔热、防冻等目的而设置的，所以通常设在路基处于潮湿和过湿以及有冰冻翻浆的路段。在地下水位较高地区铺设的垫层能起隔水作用，称隔离层；在冰冻较深地区铺设的垫层能起防冻作用，称防冻层。此外，垫层还能扩散由基层传下来的应力，以减小土基的应力和变形，而且也能阻止路基土挤入基层中，从而保证了基层的结构性能。

表2-10　各种常用基层分类

项　目	内　容		
无机结合料稳定类整体型	水泥稳定类		包括水泥稳定砂粒、砂粒土、碎石土、未筛分碎石、石屑
	石灰稳定类		包括石灰稳定土（石灰土）、天然砂粒土、天然碎石土以及用石灰稳定级配砂粒和级配碎石
	石灰工业废渣类	石灰粉	包括石灰粉煤灰（二灰）、石灰粉煤灰土（二灰土）
		石灰	包括石灰煤渣、石灰煤渣土、石灰煤渣碎石
粒料类嵌锁型	嵌锁型		包括泥结碎石、泥灰结碎石、填隙碎石等
	级配型		包括级配碎石、级配砾石、级配砂砾等

修筑垫层所用的材料，强度不一定很高，但水稳性和隔热性要好，常用材料有两类：

(1)松散粒料，如砂、砾石和炉渣等组成的透水性垫层；

(2)整体性材料，如石灰土或炉渣石灰土等组成的稳定性垫层。

4.联结层

联结层是在面层和基层之间设置的一个层次。它的主要作用是加强面层与基层的共同作用或减少基层的反射裂缝。实践证明，对于交通繁重的道路，不论哪一种基层，一般都要设置联结层才能保证面层有较好的使用效果。否则，路面会出现早期开裂。联结层所用的材料一般是沥青贯入式和沥青碎石。

应当指出，不是任何路面结构都需要上述几个层次，而应根据具体情况设定。而且，层次的划分也不是一成不变的。例如，在道路改建中，旧路的面层可成为新路面的基层。此外，为了保护沥青路面的边缘，一般要求基层较面层每边宽出25 cm，垫层也要较基层每边宽出25 cm，并大于上一层的结构厚度。

二、路面的等级

路面的技术等级主要是按面层的使用品质和材料组成等划分的。目前我国的路面分为四个等级：高级路面、次高级路面、中级路面、低级路面。

表2-11列出了各等级路面所具有的面层类型及其所适用的公路等级。

表 2-11　各等级路面所具有的面层类型及其适用范围

路面等级	面层类型	所适用的公路等级
高级	水泥混凝土、沥青混凝土、厂拌沥青碎石、整齐石块或条石	高速、一级、二级公路及主干道
次高级	沥青贯入碎（砾）石、路拌沥青碎（砾）石、沥青表面处治、半整齐石块	二级、三级公路及次干道
中级	泥结或级配碎（砾）石、水结碎石、不整齐石块、其他粒料	三级、四级公路及支路
低级	各种粒料或当地材料改善土，如炉渣土、砾石土和砂砾土等	四级公路及村镇过渡性路段

三、路面的分类

1. 柔性路面

柔性路面是指刚度较小，抗弯拉强度较低，主要靠抗压、抗剪强度来承受车辆荷载作用的路面。它主要包括用各种基层和各类沥青面层、碎（砾）石面层、块石面层所组成的路面结构。柔性路面的特点是刚度小，在荷载作用下产生的弯沉变形较大。车轮荷载通过各结构层向下传递到土基的压应力较大，因而对土基的强度、均匀性和水温稳定性要求较高。

2. 刚性路面

刚性路面主要是指水泥混凝土作面层或基层的路面结构，刚性路面与柔性路面的主要区别在于路面的破坏状态和它分布荷载到路基上的方式有所不同。刚性路面的特点是刚度与强度很高，弹性模量也大，每个路面板块靠自身的抗弯能力将车轮荷载分布到土基上，由于传递荷载面较大，传递到土基的应力较小。

3. 半刚性路面

用水泥石灰等无机结合料处治的土或碎砾石及含有水硬性结合料的工业废渣修筑的基层，前期强度较低，但随着时间的推移其强度和刚度不断增大。一般把这类基层称做半刚性基层，而把含有这类基层的路面结构称为半刚性路面。

四、路面结构施工图的识读

路面结构施工图是表达各结构层的材料和设计厚度，用以指导路面施工的图样。当路面结构类型单一时，可在标准横断面上用竖直引出线标注，如图 2-18(a)所示；当路面结构类型较多时，可在路段不同的结构分别绘制路面结构图，并标注材料符号（或名称）及厚度，如图 2-18(b)所示。常用路面材料符号见表 2-12。

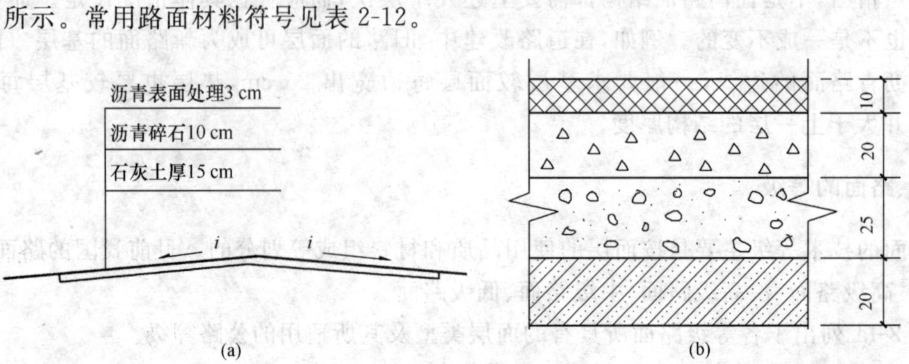

图 2-18　路面结构图

表 2-12 常用路面材料符号

序号	名称	图例	序号	名称	图例
1	细粒式沥青混凝土		13	水泥混凝土	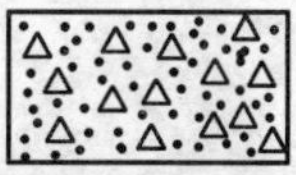
2	钢筋混凝土	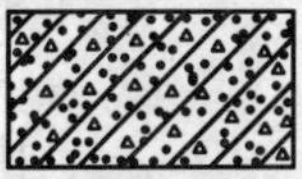	14	石灰粉煤灰土	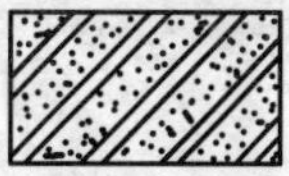
3	中粒式沥青混凝土		15	石灰粉煤灰砂砾	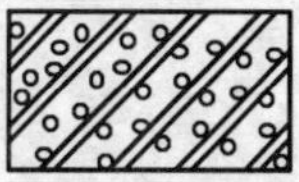
4	水泥稳定土	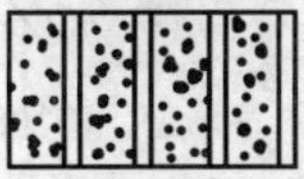	16	级配碎砾石	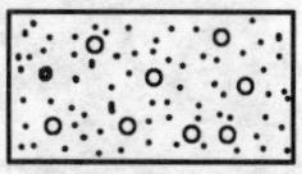
5	粗粒式沥青混凝土		17	石灰粉煤灰碎砾石	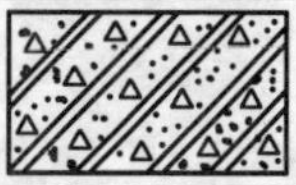
6	水泥稳定砂砾		18	填隙碎石	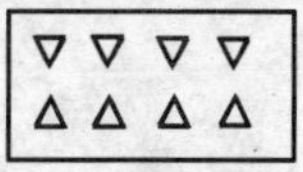
7	沥青碎石		19	泥结碎砾石	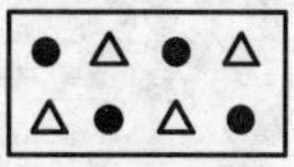
8	水泥稳定碎砾石		20	天然砂砾	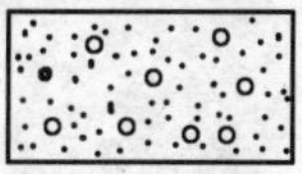
9	沥青贯入碎砾石	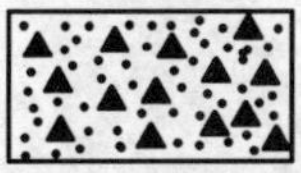	21	泥灰结碎砾石	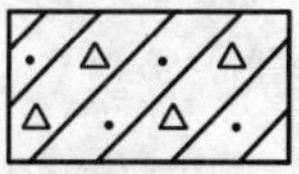
10	石灰土	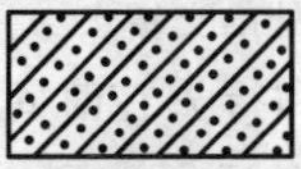	22	干砌片石	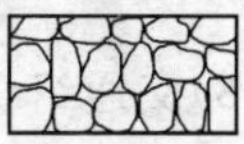
11	沥青表面处治		23	浆砌片石	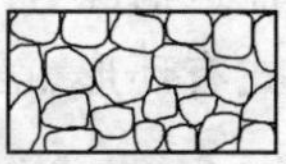
12	石灰粉煤灰	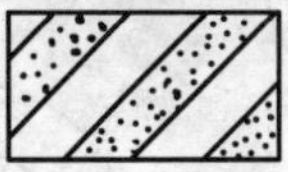	24	浆砌块石	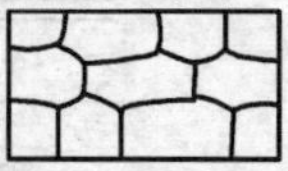

第五节 道路平面交叉口及其施工图的识读

一、平面交叉口的概述

平面交叉口就是将相交各道路的交通流组织在同一平面内的道路交叉形式。

(1)平面交叉口的形式。平面交叉口按相交道路的联结性质可分为十字形、X 字形、T 字形、Y 字形、错位交叉和多路口复合交叉等形式，如图 2-19 所示。

(2)交错点。在平面交叉口处不同方向的行车往往相互干扰，行车路线往往在某些点处相交、分叉或汇集，专业上将这些点分别称为冲突点、分流点和交织点。图 2-20 所示为五路交叉口的交错点情况，图中箭线表示车流，黑点表示冲突点。

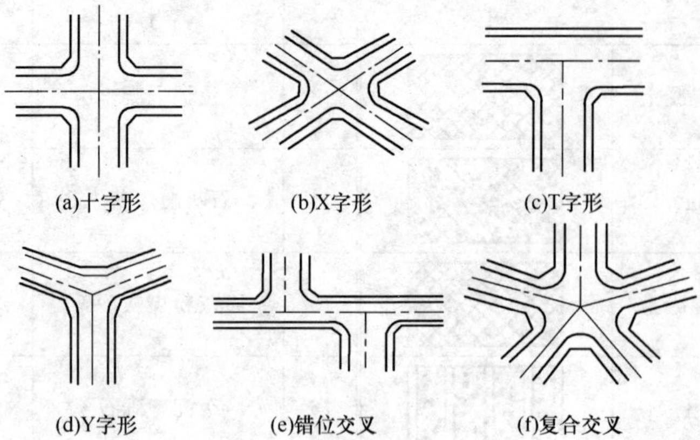

图 2-19　平面交叉口的形式

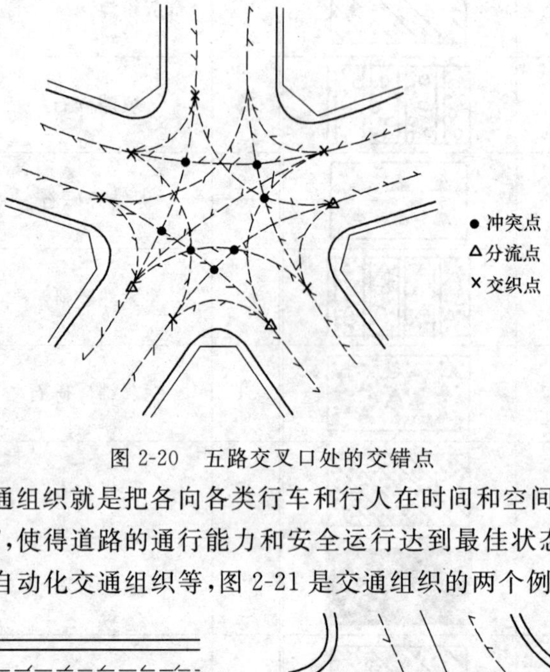

图 2-20　五路交叉口处的交错点

(3)交通组织。交通组织就是把各向各类行车和行人在时间和空间上进行合理安排，从而尽可能地消除“冲突点”，使得道路的通行能力和安全运行达到最佳状态。平面交叉的交通组织形式有环形、渠化和自动化交通组织等，图 2-21 是交通组织的两个例子。

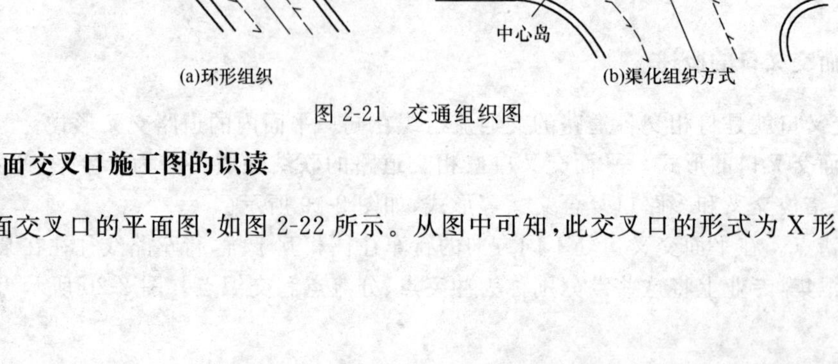

图 2-21　交通组织图

二、平面交叉口施工图的识读

某平面交叉口的平面图，如图 2-22 所示。从图中可知，此交叉口的形式为 X 形，交通组织为环形。

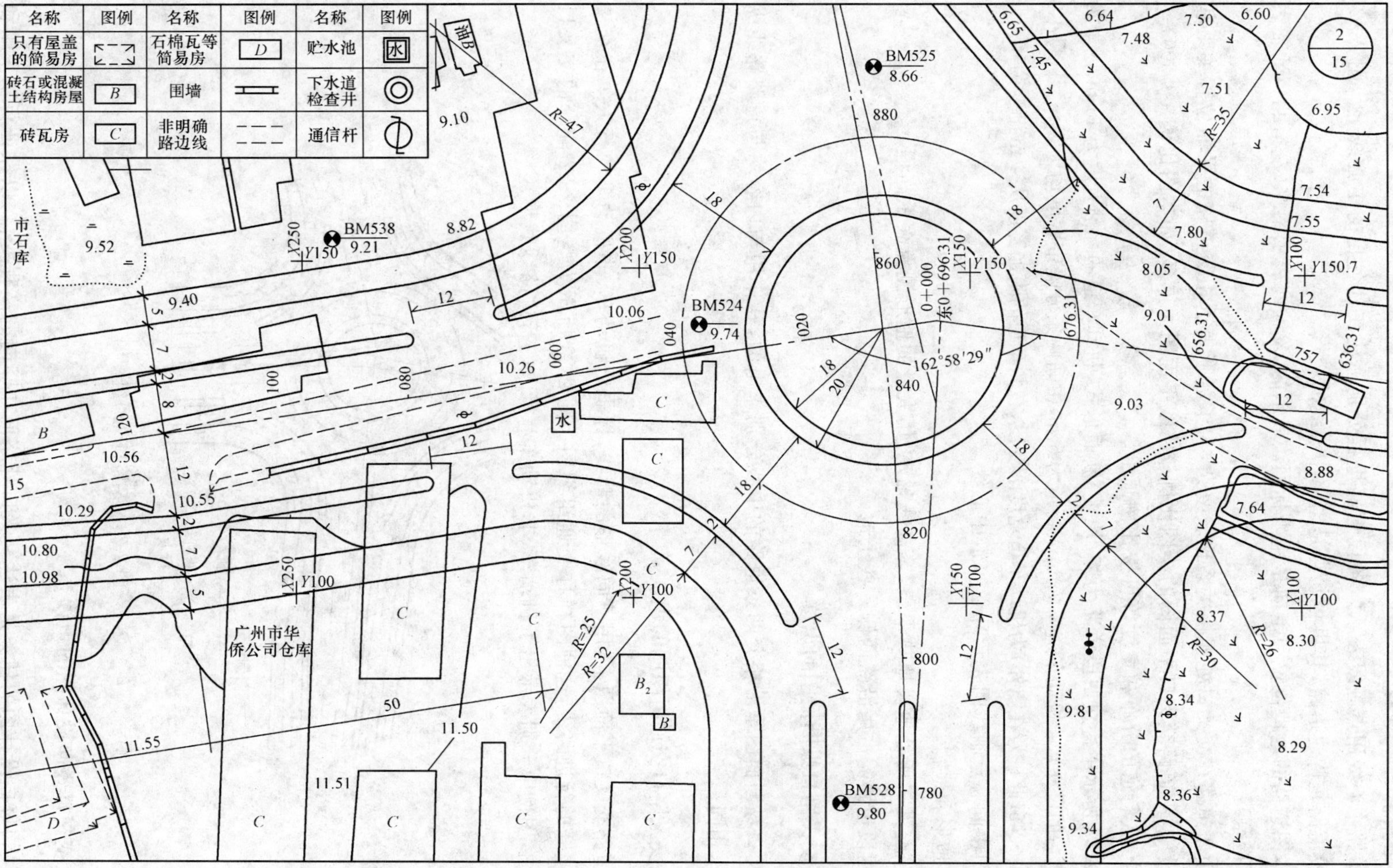

图2-22　某交叉口平面图(比例1:500)

与道路平面图相似，交叉口平面图的内容也包括道路与地形、地物各部分。

(1)道路情况。

1)道路中心线用点画线表示。各段道路里程分别标注在其各自的中心线上。图 2-22 中由于西段道路是待建道路，其里程起点是道路中心线的交点。

2)本图道路的地理位置和走向是用坐标网法表示的，X 轴向表示南北(左指北)，Y 轴表示东西(上指东)。

3)由于道路在交叉口处连接关系比较复杂，为了清晰表达相交道路的平面位置关系和交通组织设施等，道路交叉口平面图的绘图比例较路线平面图大得多(如本图比例 1∶500)。以便车行道、人行道的分布和宽度等可按比例画出。

图 2-22 所示中待建西段道路为"三块板"断面形式，机动车道的标准宽度为 16 m(图中20 m为加宽之后的尺寸)，非机动车道为 7 m，人行道为 5 m，中间两条分隔带宽度均为 2 m。桩号 K0＋195～K0＋245(此桩号在图外)为机动车道宽度渐变段，右侧车道的附加宽度从 4 m 渐变为零。

4)图中同心点画线圆表示环形车道中心线。

(2)地形和地物。

1)该交叉口所处地段地势平坦，等高线稀疏、用大量的地形测点表示高程。

2)西段道路需占用沿路两侧一些土地。

三、交叉路口纵断面图的识读

交叉口纵断面图是沿相交两条道路的中线分别作出的，其作用与内容均与道路路线纵断面图基本相同。

四、交叉路口交通组织图的识读

在道路交叉口平面图上，用不同线形的箭线，标志出机动车、非机动车和行人等在交叉口处必须遵守的行进路线，这种图样称交通组织图。图 2-23 所示为与图 2-22 配套的交叉口交通组织图，图例中分别表示出了机动车、非机动车和行人的行进路线线形。

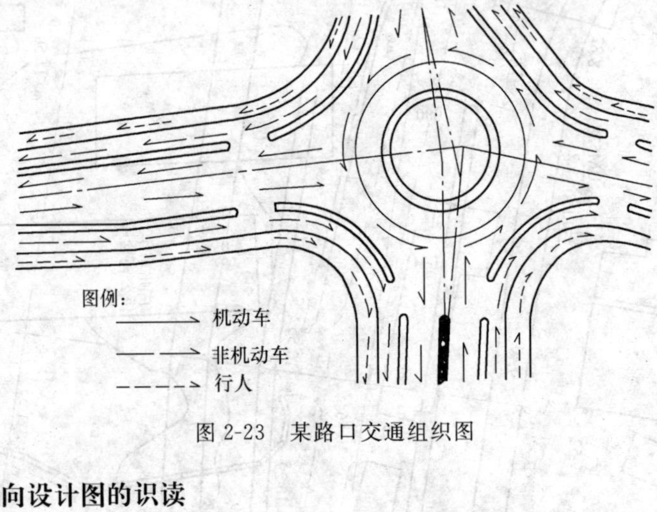

图 2-23　某路口交通组织图

五、交叉口竖向设计图的识读

交叉口竖向设计图的任务是表达交叉口处路面在竖向的高程变化，以保证行车平顺和排水通畅。交叉口竖向设计图上的表示方法见表 2-13。

表 2-13 交叉口竖向设计图上的表示方法

表示方法	内 容
坡度法	较简单的交叉口可仅标注控制点的高程、排水方向及其坡度；排水方向可采用单边箭头表示，如图 2-24(a)所示
等高线法	用等高线表示的平面交叉路口，等高线宜用细实线表示，并每隔四条用中粗实线绘制一条设计等高线曲线，如图 2-24(b)所示
网格法	用网格法表示的平面交叉路口，其高程数值宜标注在网格交点的右上方并加括号。若各测点高程的整数部分相同时可省略整数位，小数点前可不加“0”定位，整数部分在图中注明，如图2—24(c)所示
刚性路面	水泥混凝土路面的设计高程数值应注在板角处，并加注括号。在同一张图样中，当设计高程的整数部分相同时可省略相同部分，但应在图中说明，如图 2-24(d)所示

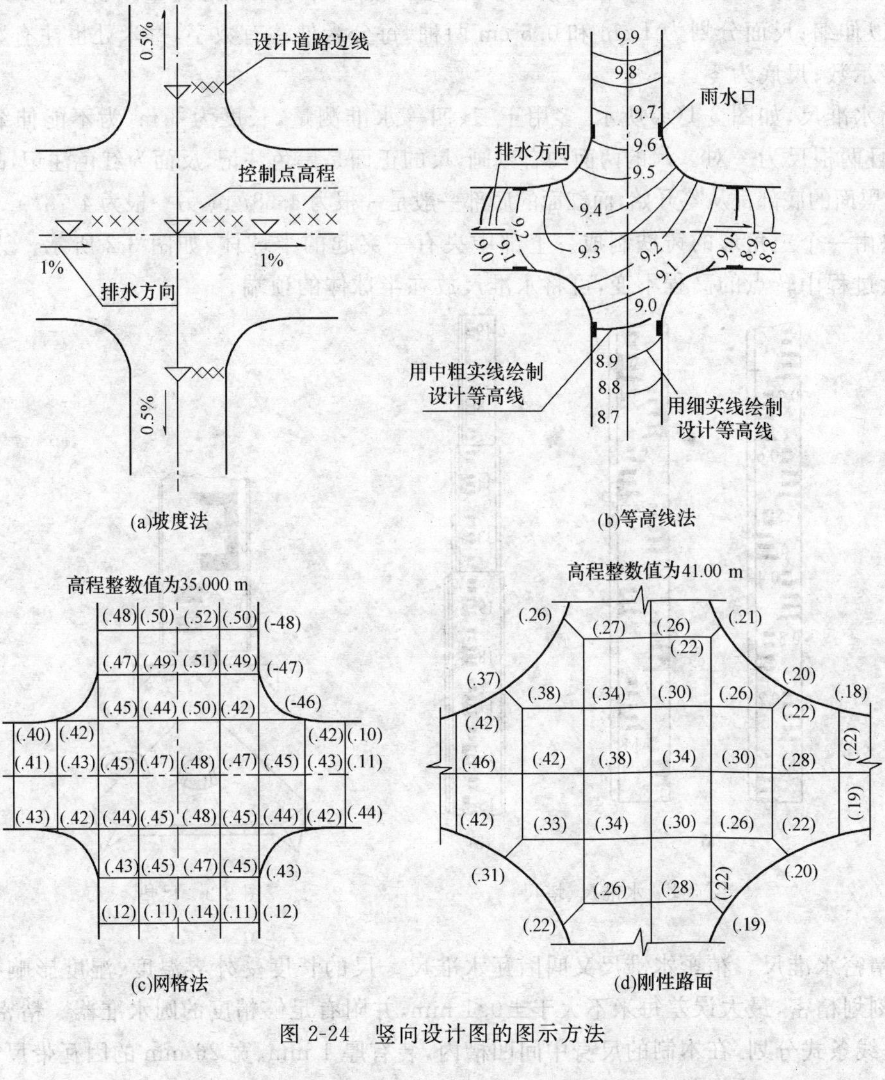

图 2-24 竖向设计图的图示方法

第三章　村镇道路测量

第一节　常用测量仪器

一、水准测量仪器

1. 水准尺

(1)普通水准尺。水准尺是由干燥的优质木材、玻璃钢或铝合金等材料制成。水准尺分为双面尺和塔尺两种，如图 3-1(a)、(b)所示。塔尺一般用于等外水准测量，长度有 2 m 和 5 m 两种，可以伸缩；尺面分划为 1 cm 和 0.5 cm 两种，每分米处注有数字，每米处也注有数字或以红黑点表示数；尺底为零。

双面水准尺，如图 3-1(a)所示，多用于三、四等水准测量，长度为 3 m，为不能伸缩和折叠的板尺，且两根尺为一对。尺的两面均有刻画，尺的正面是黑色注记，反面为红色注记，故又称红黑面尺。黑面的底部都从零开始，而红面的底部一般是一根为 4.687 m，另一根为 4.787 m。

尺垫由一个三角形的铸铁制成。上部中央有一突起的半球体，如图 3-2 所示。为保证在水准测量过程中转点的高程不变，可将水准尺放在半球体的顶端。

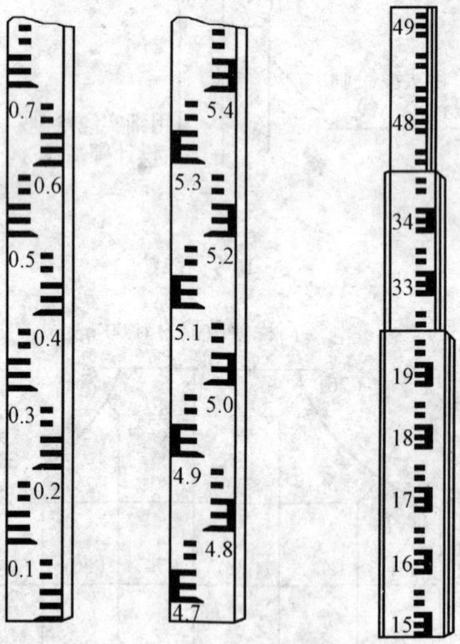

图 3-1　水准尺、塔尺

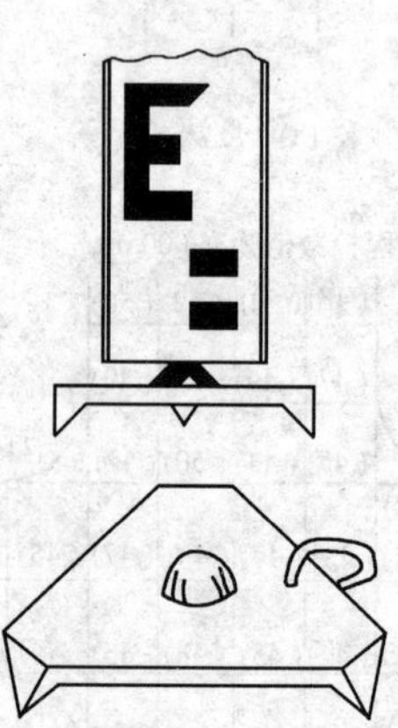

图 3-2　尺垫

(2)精密水准尺。精密水准尺又叫因瓦水准尺。尺的长度受外界温度、湿度影响很小，尺面平直，刻划精密，最大误差每米不大于±0.1 mm，并附有足够精度的圆水准器。精密水准尺一般都是线条式分划，在木制的尺身中间凹槽内，装有厚 1 mm、宽 26 mm 的因瓦带尺，尺底一端固定，另一端用弹簧拉紧，以保持因瓦带尺的平直和不受木质尺身伸缩的变化而变化。因瓦带尺上有左右两排分划，右边为基本分划，左边为辅助分划，彼此相差一个常数 K。相当于双面足以供测量校核之用。

2. 水准仪

(1)DS1 型精密水准仪。

1)DS1 型精密水准仪的构造，如图 3-3 所示，其特点如下：

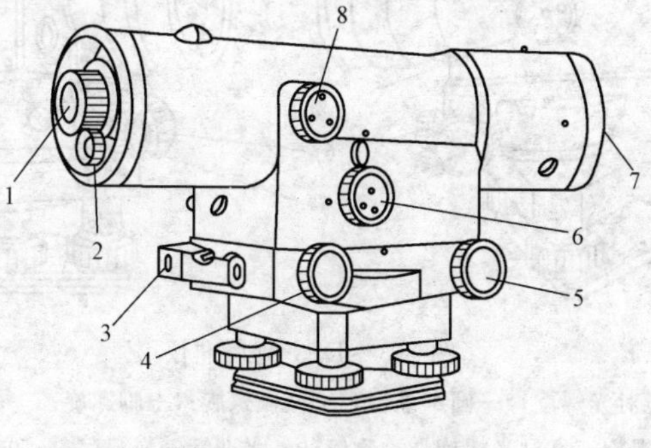

图 3-3 DS1 型水准仪

1—目镜；2—测微读数显微镜；3—十字水准器；4—微倾螺旋；5—微动螺旋；6—测微螺旋；7—物镜；8—对光螺旋

①望远镜性能好，物镜孔径大于 40 mm，放大率一般大于 40 倍；

②望远镜筒和水准器套均用因瓦合金铸件构成，具有结构坚固、水准管轴与视准轴关系稳定的特点；

③采用符合水准器，水准管的分划值为(6″～10″)/2 mm，对于自动安平水准仪，其安平精度一般不低于 0.2″；

④为了提高读数精度，望远镜上装有平行玻璃测微器，最小读数为 0.05～0.1 mm。

2)平行玻璃板测微器。如图 3-4 所示，平行玻璃板测微器由平行玻璃板、测微分划尺、传动杆、测微螺旋和测微读数系统组成。平行玻璃板装在物镜前面，通过有齿条的传动杆与测微分划尺相连接，由测微读数显微镜读数。当转动测微螺旋时，传动杆带动平行玻璃板前后俯仰，而使视线上下平行移动，同时测微分划尺也随之移动。当平行玻璃板铅垂时，光线不产生平移；当平行玻璃板倾斜时，视线经平行玻璃板后则产生平行移动，移动的数值则由测微尺读数反映出来。

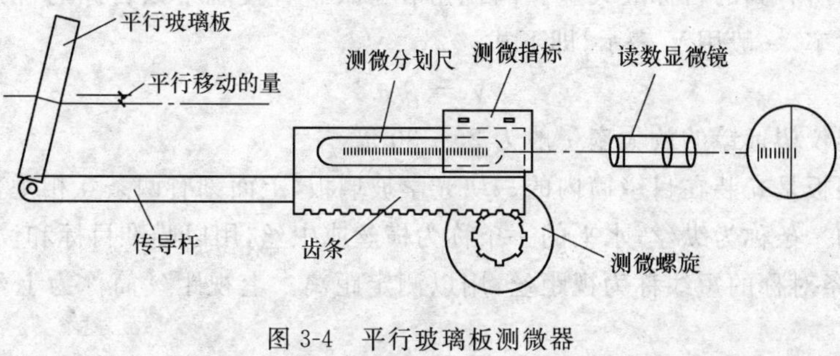

图 3-4 平行玻璃板测微器

3)DS1 型精密水准仪的使用。精密水准仪的操作方法和普通水准仪基本相同，也是粗平、瞄准、精平、读数四个步骤，但读数方法则不同。读数时，先转动微倾螺旋，从望远镜内观察使水准管气泡影像符合。再转动测微螺旋，使望远镜中的楔形丝夹住靠近的一条整分划线。其读散分为两部分：厘米以上的数由望远镜直接在尺上读取；厘米以下的数从测微读数显微镜中读取，估读至 0.01 mm。

(2)DS3 型水准仪。

1)DS3 型水准仪的构造。DS3 型水准仪,如图 3-5 所示,主要由望远镜、水准器和基座三部分组成。

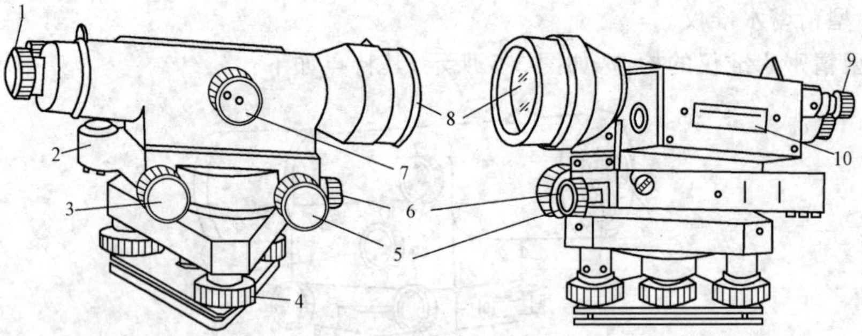

图 3-5　DS3 型水准仪

1—目镜对光螺旋;2—圆水准器;3—微倾螺旋;4—脚螺旋;5—微动螺旋;6—制动螺旋;7—对光螺旋;8—物镜;9—水准管气泡观察窗;10—管水准器

①望远镜。望远镜是用来瞄准不同距离的水准尺并进行读数的,如图 3-6 所示,它由物镜、对光透镜、对光螺旋、十字丝分划板以及目镜等组成。

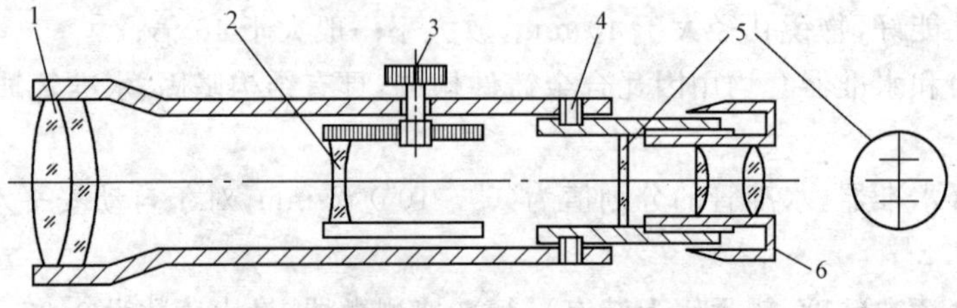

图 3-6　望远镜

1—物镜;2—对光透镜;3—对光螺旋;4—固定螺钉;5—十字丝分划板;6—目镜

物镜是用两片以上的透镜组组成,作用是目标成像在十字丝平面上,形成缩小的实像。旋转对光螺旋,可使不同距离目标的像清晰地位于十字丝分划板上。目镜也是由一组复合透镜组成,作用是将物镜所成的实像连同十字丝一起放大成虚像,转动目镜调焦螺旋,可使十字丝影像清晰,称为目镜调焦。

从望远镜内所看到的目标放大虚像的视角 β 与眼睛直接观察该目标的视角 α 的比值,称为望远镜的放大率,一般用 V 表示,即下式:

$$V = \beta / \alpha$$

DS3 型水准仪望远镜的放大率一般为 25～30 倍。

十字丝分划板是安装在目镜筒内的一块光学玻璃板,上面刻有两条互相垂直的细线,称为十字丝。竖直的一条称为纵丝,水平的一条称为横丝或中丝,用以瞄准目标和读数用。与横丝平行的上、下两条对称的短线称为视距丝,用以测定距离。上视距丝简称为上丝,下视距丝简称为下丝。

物镜光心与十字丝交点的连线称为望远镜的视准轴,观测时的视线即为视准轴的延长线。

②水准器。DS3 型水准仪水准器分为圆水准器(水准盒)和管水准器(水准管)两种,它们都是供整平仪器用的。

a. 管水准器(水准管)。水准管是由玻璃圆管制成,上部内壁的纵向按一定半径磨成圆弧。管内注满酒精和乙醚的混合液,经过加热、封闭、冷却后,管内形成一个气泡。水准管内表

面的中点 O 为零点，通过零点作圆弧的纵向切线 LL 称为水准管轴。从零点向两侧每隔 2 mm 刻一个分划，每 2 mm 弧长所对的圆心角称为水准管分划值(或灵敏度)，即下式：

$$\tau=\frac{2\rho''}{R}$$

$$\rho''=206\ 265''$$

分划值的意义，可理解为当气泡移动 2 mm 时，水准管轴所倾斜的角度，如图 3-7 所示。

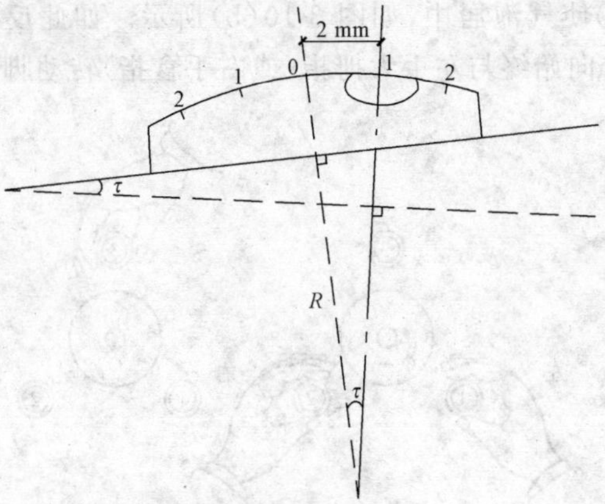

图 3-7　水准管分划值

DS3 型水准仪的水准分划值 20″/2 mm。

为了提高精度，在水准管上方都装有棱镜，如图 3-8(a)所示，这样可使水准管气泡两端的半个气泡影像借助棱镜的反射作用转到望远镜旁的水准管气泡观察窗内。当两端的半个气泡影像错开时如图 3-8(b)所示，表示气泡没有居中，这时旋转微倾螺旋可使气泡居中，直至两端的半个气泡影像对齐，如图 3-8(c)所示。这种具有棱镜装置的水准管又称为符合水准管，它能提高气泡居中的精度。

b. 圆水准器(水准盒)。圆水准器是由玻璃制成，呈圆柱状，如图 3-9 所示，上部的内表面为一个半径为 R 的圆球面，中央刻有一个小圆圈，它的圆心 O 是圆水准器的零点，通过零点和球心的连线(O 点的法线)LL'，称为圆水准器轴。当气泡居中时，圆水准器轴即处于铅垂位置。圆水准器的分划值一般为 5′/2～10′/2 mm，灵敏度较低，只能用于粗略整平仪器。

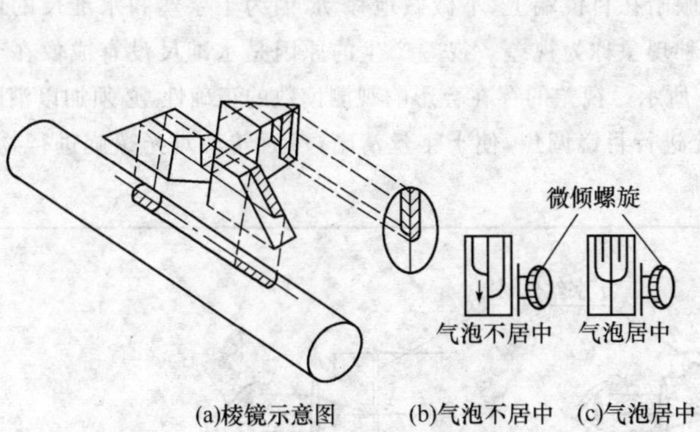

图 3-8　水准管的符合棱镜系统

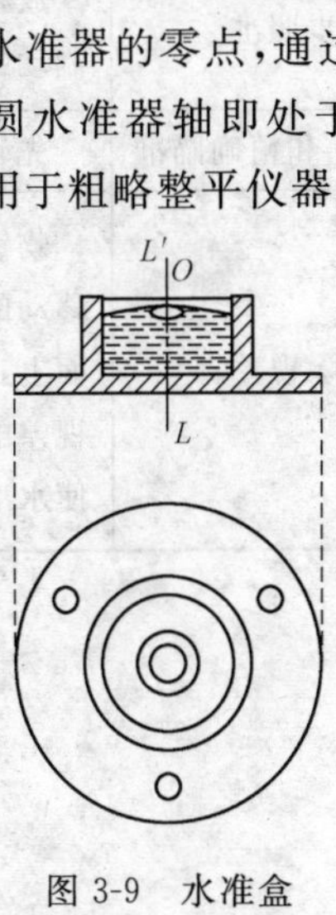

图 3-9　水准盒

2)DS3 型水准仪的使用。

①架设仪器。在架设仪器处，打开三脚架，通过目测，使架头大致水平且高度适中(约在观

测者的胸颈部)，将仪器从箱中取出，用连接螺旋将水准仪固定在三脚架上。然后，根据圆水准器气泡的位置，上，下推拉，左、右微转脚架的第三只腿，使圆水准器的气泡尽可能位于靠近中心圈的位置，在不改变架头高度的情况下，放稳脚架的第三只腿。

②粗平。调节仪器脚螺旋使圆水准气泡居中，以达到水准仪的竖轴近似垂直，视线大致水平。其具体做法是：如图 3-10(a)所示，设气泡偏离中心于 a 处时，可以先选择一对脚螺旋①、②，用双手以相对方向转动两个脚螺旋，使气泡移至两脚螺旋连线的中间 b 处，如图 3-10(b)所示；然后，再转动脚螺旋③使气泡居中，如图 3-10(b)所示。如此反复进行，直至气泡严格居中。在整平中气泡移动方向始终与左手大拇指(或右手食指)转动脚螺旋的方向一致。

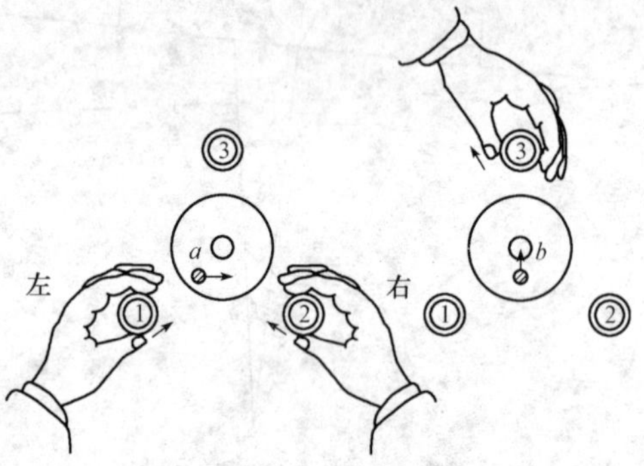

图 3-10　圆水准器整平方法

③瞄准。仪器粗略整平后，即用望远镜瞄准水准尺。其操作步骤见表 3-1。

表 3-1　用望远镜瞄准水准尺的操作步骤

操作步骤	内　容
目镜对光	将望远镜对向较明亮处，转动目镜对光螺旋，使十字丝调至最为清晰为止
初步照准	放松照准部的制动螺旋，利用望远镜上部的照门和准星，对准水准尺，然后拧紧制动螺旋
物镜对光和精确瞄准	先转动物镜对光螺旋使尺像清晰，然后转动微动螺旋使尺像位于视场中央
消除视差	物镜对光后，眼睛在目镜端上、下微微地移动，因为十字丝和水准尺的像有相互移动的现象，这种现象称为视差。视差产生的原因是水准尺没有成像在十字丝平面上，如图 3-11 所示。视差的存在会影响观测读数的正确性，必须加以消除。消除视差的方法是先进行目镜调焦，使十字丝清晰，然后转动对光螺旋进行物镜对光，使水准尺像清晰

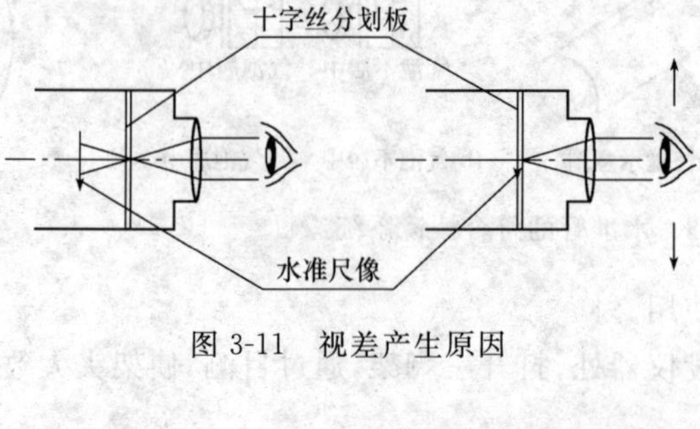

图 3-11　视差产生原因

④精平。精平是在读数前转动微倾螺旋使气泡居中，从而得到精确的水平视线。转动微倾螺旋时速度应缓慢，直至气泡稳定不动而又居中时为止。必须注意，当望远镜转到另一方向观测时，气泡不一定符合，应重新精平，符合气泡居中后才能读数。

⑤读数。当气泡符合后，立即用十字丝横丝在水准尺上读数。读数前要认清水准尺的注记特征。望远镜中看到的水准尺是倒像时，读数应自上而下，从小到大读取，直接读取米、分米、厘米、毫米(为估读数)四位数字，图 3-12 的读数分别为 1.272 m，5.958 m，2.539 m。读数后要立即检查气泡是否仍符合居中，否则重新符合后读数。

(3)自动安平水准仪。

1)自动安平水准仪的构造，如图 3-13 所示。

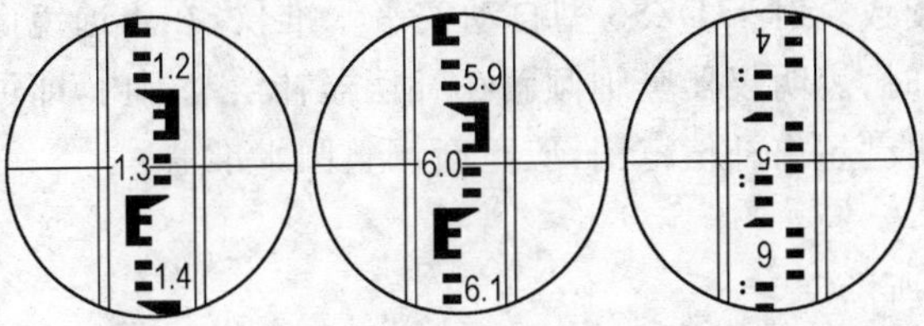

图 3-12　水准尺读数

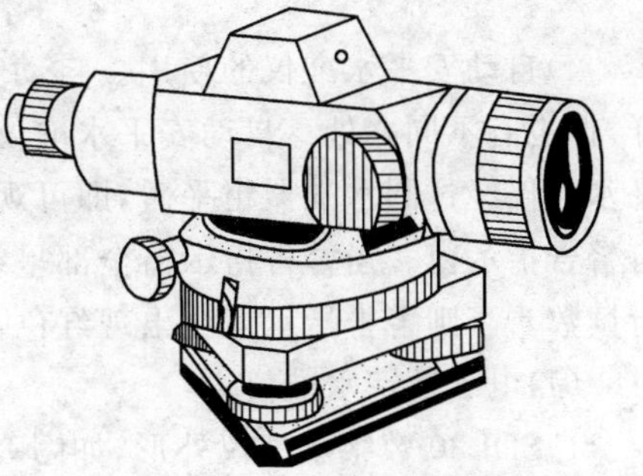

图 3-13　自动安平水准仪

2)原理。如图 3-14 所示，当视准轴水平时，物镜光心位于 O，十字丝交点位于 B，通过十字丝横丝在尺上的正确读数为 a。当视准轴倾斜一个微小角度 α($\alpha<10'$)时，十字丝交点从 B 移至 A，通过十字丝横丝在尺上的读数，A 不再是水平视线的读数 a。为了能使十字丝横丝读数仍为水平视线的读数 a，可在望远镜的光路上加一个补偿器，通过物镜光心的水平视线经过补偿器的光学原件后偏转一个 β 角，这样在 A 点处十字丝横丝仍可读得正确读数 a。由于 α 角和 β 角都是很小的角值，如果下式成立，即能达到补偿的目的。

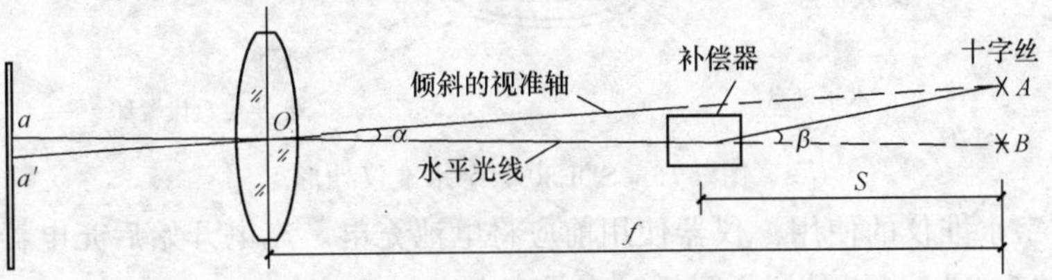

图 3-14　自动安平原理

$$f\alpha=S\beta$$

式中　S——补偿器到十字丝的距离；

f——物镜道十字丝的距离。

3)补偿器。DZS3 型自动安平水准仪的结构剖面图，如图 3-15 所示。

在对光透镜与十字分划板之间安装一个补偿器，这个补偿器由固定在望远镜上的屋脊棱镜以及用金属丝悬吊的两块直角棱镜组成。当望远镜倾斜时，直角棱镜在重力摆作用下，作与望远镜相反的偏转运动，而且由于阻尼器的作用，很快会静止下来。

当视准轴水平时，水平光线进入物镜后经过第一个直角棱镜反射到屋脊棱镜，在屋脊棱镜内作三次反射后，到选另一直角棱镜，再经反射后光线通过十字丝的交点。

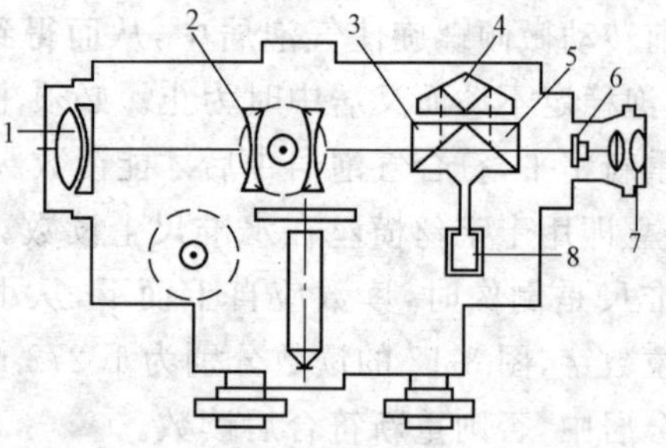

图 3-15 DZS3 型自动安平水准仪结构剖面图

1—物镜；2—调焦镜；3—直角棱镜；4—屋脊棱镜；5—直角镜；
6—十字丝分划板；7—目镜；8—阻尼器

4）自动安平水准仪的使用。自动安平水准仪的使用方法与普通水准仪的使用方法大致一样，但也有不同之处。自动安平水准仪的操作方法与普通水准仪的操作方法不同的是，自动安平水准仪经过圆水准器粗平后，即可观测读数。对于 DZS3 型自动安平水准仪，在望远镜内设有警告指示窗。当警告指示窗全部呈绿色时，表明仪器竖轴倾斜在补偿器补偿范围内，即可进行读数。否则警告指示窗会出现红色，表明已超出补偿范围，应重新调整圆水准器。

（4）电子数字水准仪。

1）SDL30 数字水准仪外形，如图 3-16 所示。

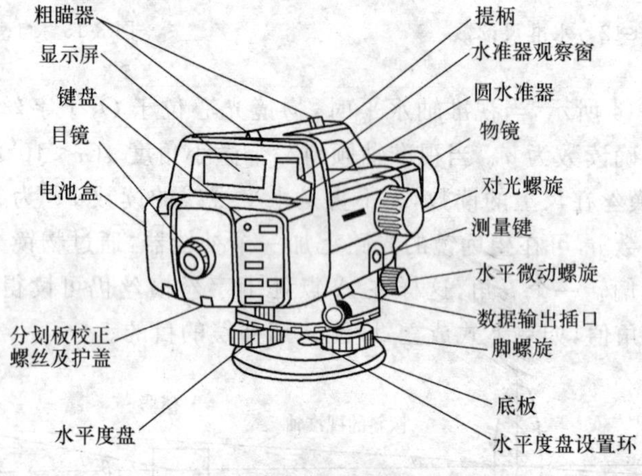

图 3-16 SDL30 数字水准仪外形

2）电子数字水准仪的使用。仪器使用前应将电池充电。充电开始后充电器指示灯开始闪烁，充电时间约为 2 h，当指示灯不闪烁时完成充电。

电子数字水准仪操作步骤与自动安平水准仪基本相同，只是电子数字水准仪使用的是条码尺。当瞄准标尺，消除视差后按“Measure”键，仪器即自动读数。仪器还能将倒立在房间或隧道顶部的标尺识别，并以负数给出。电子数字术准仪也可与因瓦尺配合使用。

二、角度测量仪器

1. 经纬仪

（1）经纬仪的构造。工程上常用的光学经纬仪有 J6、DJ2 两类，如图 3-17、图 3-18 所示。

（2）经纬仪的使用。

1）对中。

①对中的目的是使仪器的中心（竖轴）与测站点位于同一铅垂线上。

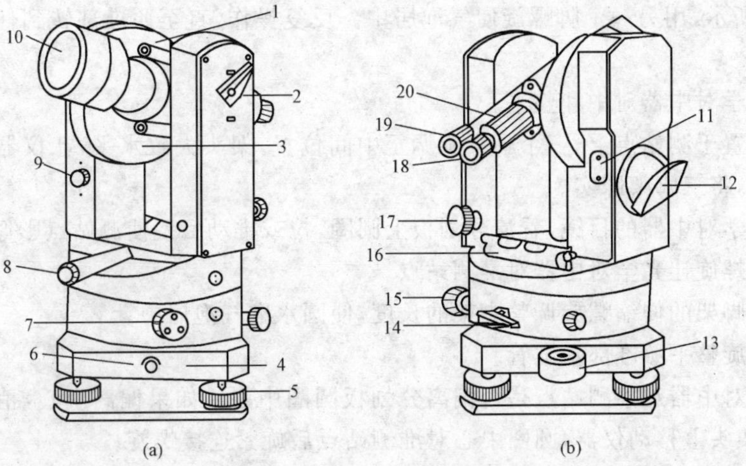

图 3-17 J6 级光学经纬仪

1—粗瞄器；2—望远镜制动螺旋；3—竖盘；4—基座；5—脚螺旋；6—固定螺旋；7—度盘变换手轮；8—光学对中器；9—自动归零旋钮；10—望远镜物镜；11—指标差调位盖板；12—反光镜；13—圆水准器；14—水平制动螺旋；15—水平微动螺旋；16—照准部水准管；17—望远镜微动螺旋；18—望远镜目镜；19—读数显微镜；20—对光螺旋

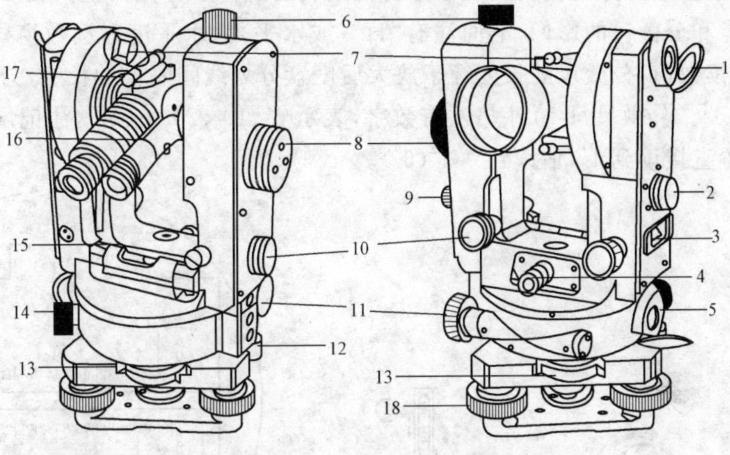

图 3-18 DJ2 级光学经纬仪

1—竖盘反光镜；2—竖盘指标水准管观察镜；3—竖盘指标水准管微动螺旋；4、8—光学对中器目镜；5—水平度盘反光镜；6—望远镜制动螺旋；7—光学瞄准器；9—望远镜微动螺旋；10—换像手轮；11—水平微动螺旋；12—水平度盘变换手轮；13—中心锁紧螺旋；14—水平制动螺旋；15—照准部水准管；16—读数显微镜；17—望远镜反光板手轮；18—脚螺旋

②对中时，应先把三脚架张开，架设在测站点上，要求高度适宜，架头大致水平。然后挂上垂球，平移三脚架使垂球尖大致对准测站点。再将三脚架踏实，装上仪器。同时应把连接螺旋稍微松开，在架头上移动仪器精确对中，误差小于 2 mm 旋紧连接螺旋即可。

2)整平。

①整平的目的是使仪器的竖轴竖直，水平度盘处于水平位置。

②整平时，松开水平制动螺旋，转动照准部，让水准管大致平行于任意两个脚螺旋的连接，如图 3-19(a)所示，两手同时向内或向外旋转这两个脚螺旋使气泡居中。气泡的移动方向与左手大拇指(或右手食指)移动的方向一致。将照准部旋转 90°，水准管处于原位置的垂直位置，

如图 3-19(b)所示,用另一个脚螺旋使气泡居中。反复操作,直至照准部转到任何位置气泡都居中为止。

3)使用光学对中器对中和整平。

①将仪器置于测站点上,三个脚螺旋调至中间位置,架头大致水平,让仪器大致位于测站点的铅垂线上,将三脚架踩实。

②旋转光学对中器的目镜,看清分划板上圆圈,拉或推动目镜使测站点影像清晰。

③旋转脚螺旋让光学对中器对准测站点。

④利用三脚架的伸缩螺旋调整脚架的长度,使圆水准气泡居中。

⑤用脚螺旋整平照准部水准管。

⑥用光学对中器观察测站点是否偏离分划板圆圈中心。如果偏离中心,稍微松开三脚架连接螺旋,在架头上移动仪器,圆圈中心对准测站点后旋紧连接螺旋。

⑦重新整平仪器,直至光学对中器对准测站点为止。

4)读数。

①分微尺测微器及其读数方法。J6 级光学经纬仪采用分微尺测微器进行读数。这类仪器的度盘分划值为 1°,按顺时针方向注记每度的度数。在读数显微镜的读数窗上装有一块带分划的分微尺,度盘上的分划线间隔经显微物镜放大后成像于分微尺上。图 3-20 读数显微镜内所看到的度盘和分微尺的影像,上面注有“H”(或水平)为水平度盘读数窗,注有“V”(或竖直)为竖直度盘读数窗,分微尺的长度等于放大后度盘分划线间隔 1°的长度,分微尺分为 60 个小格,每小格为 1′。分微尺每 10 小格注有数字,表示 0′、10′、20′…、60′,注记增加方向与度盘相反。读数装置直接读到 1′,估读到 0.1′(6″)。

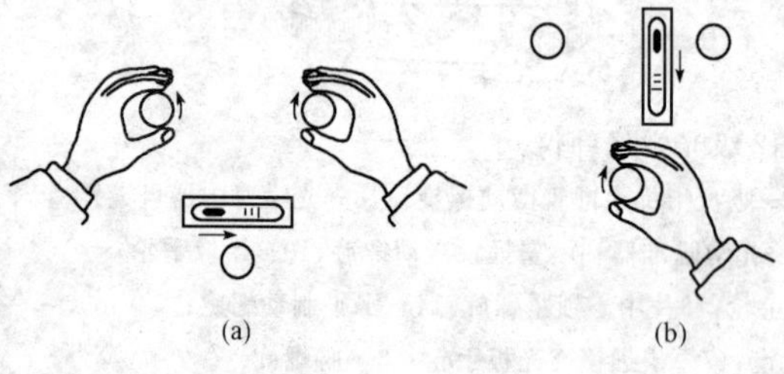

图 3-19　整平

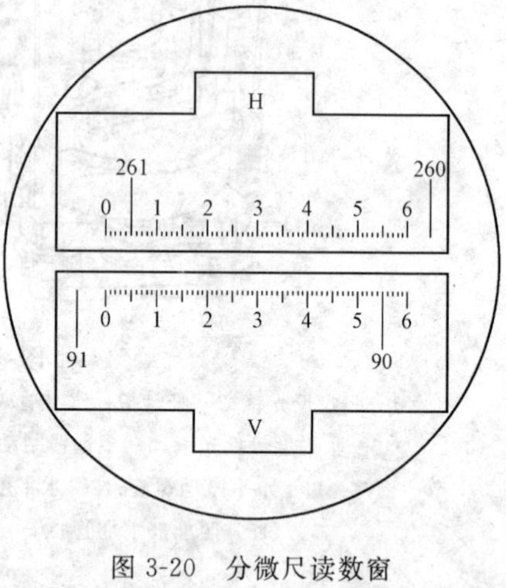

图 3-20　分微尺读数窗

读数时,分微尺上的 0 分划线为指标线,它是度盘上的位置就是度盘读数的位置。如在水平度盘的读数窗中,分微尺的 0 分划线已超过 261°,水平度盘的读数应该是 261°多。多出的数值,再由分微尺的 0 分划线至度盘上 261°分划线之间有多少小格来确定。图中为 4.4 格,故为 04′24″。水平度盘的读数应是 261°04′24″。

②单平板玻璃测微器及其读数方法。它的组成部分主要包括平板玻璃、测微尺、连接机构和测微轮。当转动测微轮时,平板玻璃和测微尺即绕同一轴作同步转动。如图 3-21(a)所示,光线垂直通过平板玻璃,度盘分划线的影像未改变原来位置,与未设置平板玻璃一样,此时测微尺上读数为零,如按设在读数窗上的双指标线读数应为 92°+a。转动测微轮,平板玻璃随

之转动，度盘分划线的影像也就平行移动，当 92°分划线的影像夹在双指标线的中间时，如图 3-21(b)所示，度盘分划线的影像正好平行移动一个 a，而 a 的大小则可由与平板玻璃同步转动的测微尺上读出，其值为 18′20″。所以整个读数为 92°＋18′20″＝92°18′20″。

2. 小平板仪

(1)小平板仪的构造。小平板仪主要由三脚架、平板、照准仪和对点器等组成，如图 3-22 所示。照准仪如图 3-23 所示，由直尺、规孔板和分划板组成。规孔和分划板上的细丝可以照准目标，直尺可在平板上绘方向线。为了置平平板，照准仪的直尺上附有水准器。用这种照准仪测量距离和高差的精度很低，所以常和经纬仪配合使用，进行地形图的测绘。

(2)小平板仪的使用。

1)如图 3-24 所示，先将经纬仪置于距测站点 A 到 2 m 处的 B 点，量取仪器高 i，测出 A、B 两点间的高差，根据 A 点高程，求出 B 点高程。

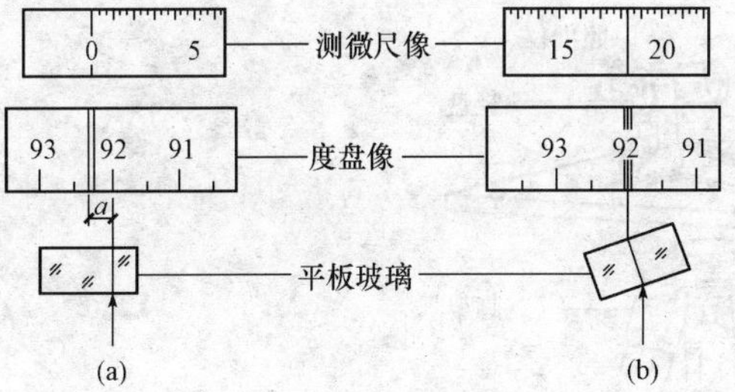

图 3-21　单平板玻璃测微器原理

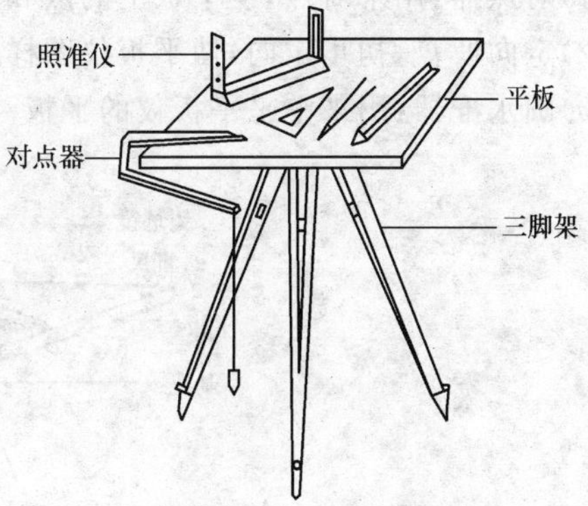

图 3-22　小平板仪

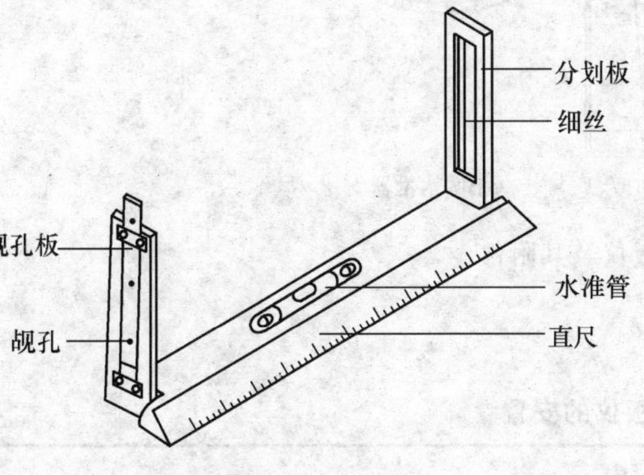

图 3-23　照准仪

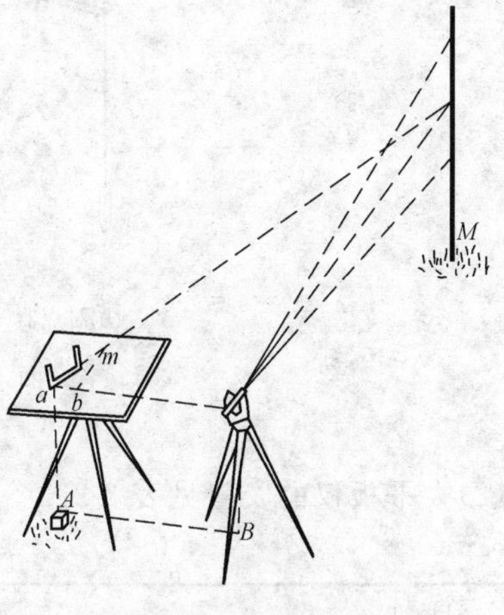

图 3-24　小平板仪与经纬仪联合测图

2)然后将小平板仪安置在 A 点上，经对点、整平、定向后，用照准仪直尺紧贴图上 a 点瞄准经纬仪的垂球线，在图板上沿照准仪的直尺绘出方向线，用尺量出 AB 的水平距离，在图上按测图比例尺从 A 沿所绘方向线定出 B 点在图上的位置 b。

3)测绘碎部点 M 时，用照准仪直尺紧贴 a 点瞄准点 M，在图上沿直尺边绘出方向线 am 用经纬仪按视距测量方法测出视距间隔和竖直角，以此求出 BM 的水平距离和高差。根据 B

点高程，即可计算出 M 点高程。

4)用两脚规按测图比例尺自田上 b 点量 BM 长度与 am 方向线交于 m 点，m 点即是碎部点 M 在同上的相应位置。

5)将尺移到下一个碎部点，以同样方法进行测绘；待测绘出一定数量的碎部点后，即可根据实地的地貌勾绘等高线，用地物符号表示地物。

3.大平板仪

(1)大平板仪的构造，如图 3-25(a)所示，它由平板、三脚架、基座和照准仪及其附件组成。

照准仪主要由望远镜、竖盘、直尺组成。望远镜和竖盘与经纬仪的构造相似，可以用来作视距测量。直尺代替了经纬仪上的水平度盘，直尺边和望远镜的视准轴在同一竖直面内，望远镜瞄准后，直尺在平板上划出的方向线就是瞄准的直线方向。

如图 3-25(b)、(c)、(d)所示，大平板仪的附件有以下几种。

1)对点器：用来对点，使平板上的点和相应地面点在同一条铅垂线上；

2)定向罗盘：初步定向，使平板仪图样上的南北方向和实际南北方向接近一致；

3)圆水准器：用来整平平板仪的平板。

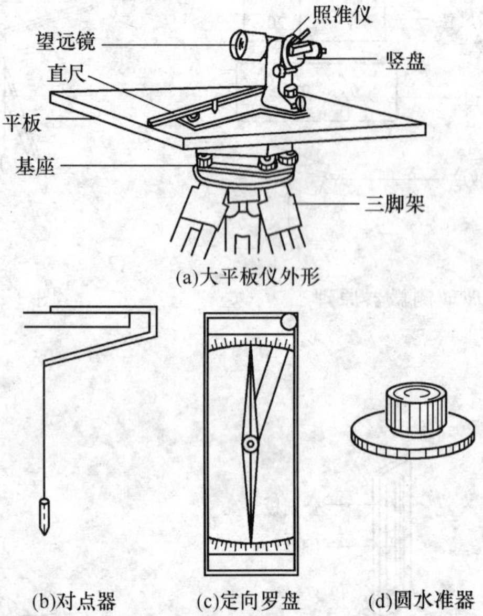

(a)大平板仪外形

(b)对点器　(c)定向罗盘　(d)圆水准器

图 3-25　大平板仪及其附件

(2)大平板仪的安置见表 3-2。

表 3-2　大平板仪的安置

项　目	内　容
初步安置	将球面基座手柄穿入脚架头与螺纹盘连接，并用仪器箱内准备的扳棍拧紧，然后将绘图板通过螺纹与上盘连接可靠。再将图板用目估法大致定向、整平和对点，初步安置在测站点上，随后进行精确安置
对点	将图样上展绘的点置于地面上相应点的铅垂线上。对点时，用对点器金属框尖部对准图板上测站点对应的点，然后移动脚架使垂球尖对准地面上测站点

续上表

项　目	内　　容
整平	置圆水准器于图板中部，松开上手柄约半圈，调整图板使圆水泡居中，轻轻拧紧上手柄
定向	将图板上已知方向与地面上相应方向一致。定向可先用方框罗盘初步定向，再用已知直线精密定向。 (1)罗盘定向：用方框罗盘定向时，将方框罗盘的侧边切于图上坐标格网的纵坐标线，转动图板直到磁针两端与罗盘零指标线对准为止。 (2)用已知直线定向：平板安置在 A 点上，已知直线 AB 定向，可将照准仪的直尺边紧贴在图板上相应的直线 ab 处，转动图板，使照准仪瞄准地面上 B 点，然后固定图板。图板定向对测图的精度影响极大，一般要求定向误差不大于图上的 0.2 mm

(3)大平板仪的使用。测图时，将大平板仪安置在测站点上，量取仪器高，即可测绘碎部点，用照准仪的直尺边紧贴图上的测站点，照准碎部点上所立的尺，沿直尺边绘出方向线(也可使照准仪的直尺边离开图上的测站点少许，照准碎部点上所立的尺，拉开直尺的平行尺使尺边通过图上的测站点，然后沿平行尺绘方向线)，在尺上读取读数，由读数计算视距。然后使竖盘指标水准管气泡居中，读取竖盘读数，计算竖直角。根据视距测量按下式就可计算出碎部点至测站点水平距离及碎部点的高程：

$$D=Kn\cos^2\alpha$$

$$H_P=H_{站}+\frac{1}{2}Kn\sin2\alpha+i-\nu$$

式中　D——碎部点至测站的水平距离；

K——乘常数，等于 100；

n——视距间隔，上、下丝读数之差；

H_P——碎部点高程；

$H_{站}$——测站点高程；

α——竖直角；

i——仪器高；

ν——中丝读数。

三、距离测量仪器

1. 钢尺

钢尺是采用经过一定处理的优质钢制成的带状尺，长度通常有 20 m、30 m 和 50 m 等几种，卷放在金属架上或圆形盒内。钢尺按零点位置分为端点尺和刻线尺。端点尺[图 3-26(a)]是以尺的最外端起始作为尺子的零点，此种尺从建筑物的钢尺的类裂竖直面接触量起较为方便；刻线尺[图 3-26(b)]是以尺上第一条分划线作为尺子的零点，此种尺丈量时，用零点分划线对准丈量的起始点位，较为准确、方便。

有的尺基本分划为厘米，适用于一般量距；有的尺基本分划为毫米，适用于较精密的量距。精密的钢尺制造时有规定的温度和拉力，如在尺端标有 30 m、20℃、10 N 的字样，这表明在规定的标准温度和拉力条件下，该钢尺的标准长度是 30 m。钢尺一般用于精度较高的距离测量工作。由于钢尺较薄，性脆易折，应防止扣结和车轮碾压。钢尺受潮易生锈，应防雨淋、水浸。

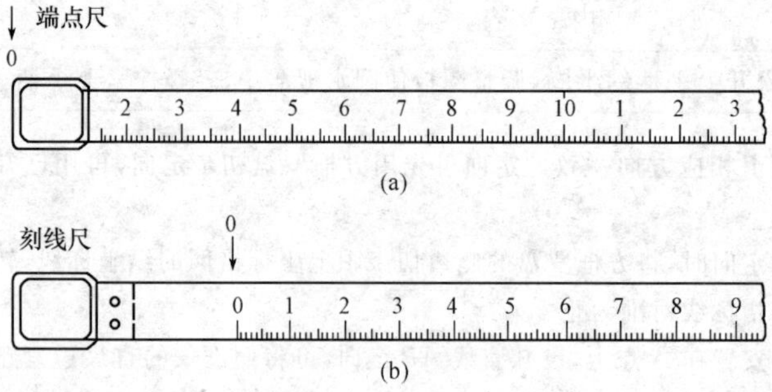

图 3-26　钢尺

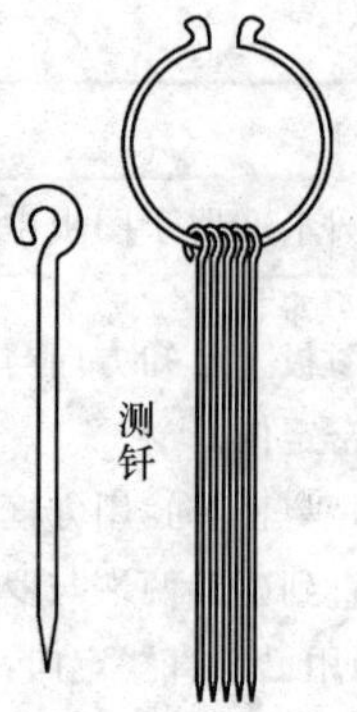

图 3-27　测钎

图 3-28　标杆

2. 测钎

测钎一般用长约 25～35 mm、直径为 3～4 mm 粗的钢丝制成，如图 3-27 所示，一端卷成小圆环，便于套在另一铁环内，以 6 根或 11 根为一串，另一端磨削成尖锥状，以便插入地里。测钎主要用来标定整尺端点位置和计算丈量的整尺数。

3. 标杆

标杆又称花杆，标杆多数用圆木杆制成，也有金属的圆杆。全长 2～3 m，杆上涂以红、白相间的两色油漆，间隔长为 20 cm，如图 3-28 所示。杆的下端有铁制的尖脚，以便插入地内。标杆是一种简单的测量照准标志，在丈量中用于直线定线和投点。

4. 垂球

垂球也称线垂，为铁制圆锥状。距离丈量时利用其吊线为铅垂线之特性，用于铅垂投递点位及对点、标点。此外，在精密丈量距离时，还需用到温度计、弹簧秤等工具。

5. 红外测距仪

(1)DI1000 红外测距仪的构造，如图 3-29 所示。

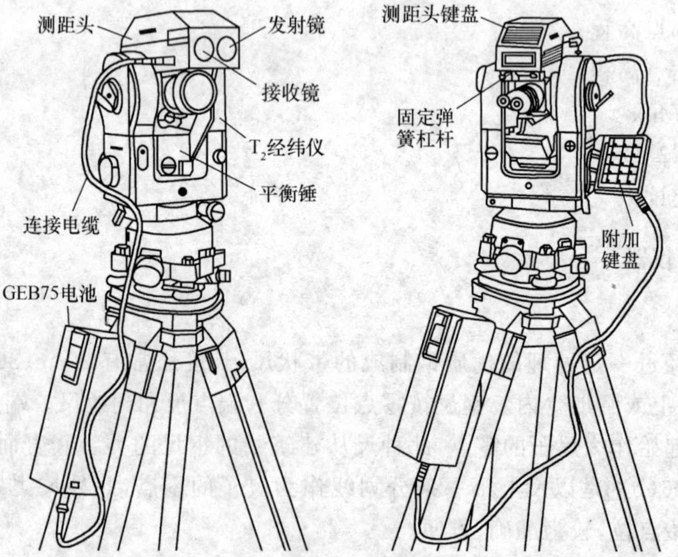

测距头直接连接电池　　测距头经过附加键盘再与电池连接

图 3-29　将 DI1000 红外线测距仪安装在 T_2 光学经纬仪上

(2)红外测距仪的使用见表 3-3。

表 3-3 红外测距仪的使用

项 目	内 容
主机	主机有发射镜、接收镜、显示窗、键盘。键盘上的按键都有双功能或多功能,如图 3-30 所示
反射棱镜	DI 系列测距仪有 1 块、3 块和 11 块共三种反射棱镜架,分别用于不同距离的测量。棱镜架中的圆形棱镜是活动的,可以从架上取下来。测距时,用经纬仪望远镜照准各种反射棱镜的位置,如图 3-31 所示。DI1000 测距仪只用到 1 块和 3 块两种棱镜架,当所测距离小于 800 m 时,使用 1 块棱镜;当所测距离大于 800 m 时,使用 3 块棱镜。圆形棱镜的加常数为 0
附加键盘	DI1000 可以直接连接电池利用主机上的键盘进行测距操作,也可以将图 3-32 的附加键盘串联在测距头与电池之间进行工作。附加键盘上共有 15 个按键,每个按键也具有双功能或多功能

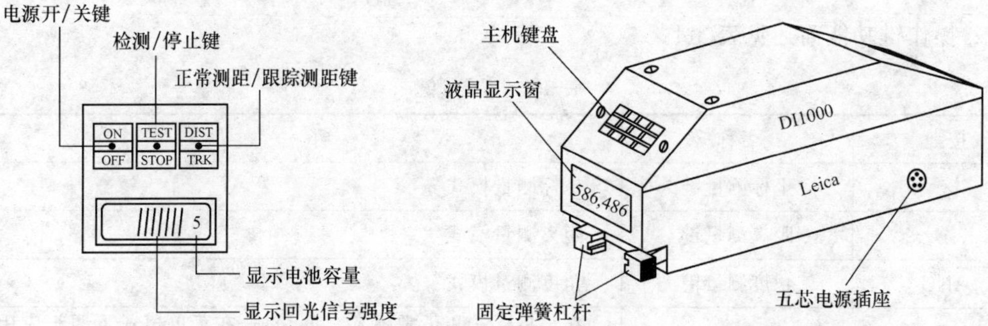

图 3-30 DI1000 的操作面板

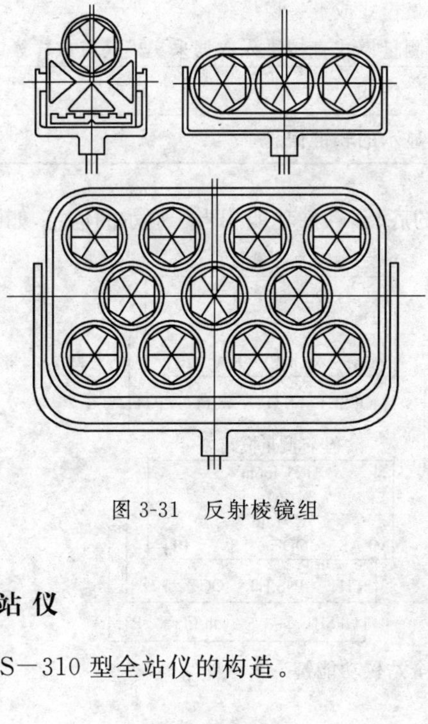

图 3-31 反射棱镜组

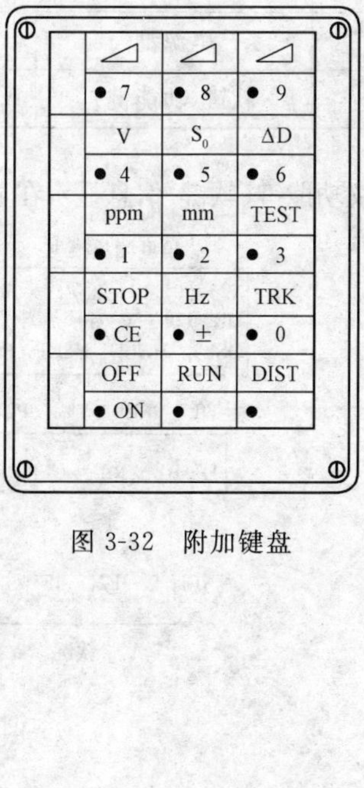

图 3-32 附加键盘

四、全站仪

(1)GTS－310 型全站仪的构造。

1)GTS－310 型全站仪的外貌和结构，如图 3-33 所示，其结构与经纬仪相似。键盘分为两部分，一部分为操作键，在显示屏的右上方，共有 6 个键。另一部分为功能键(软键)，在显示屏的下方，共有 4 个键。

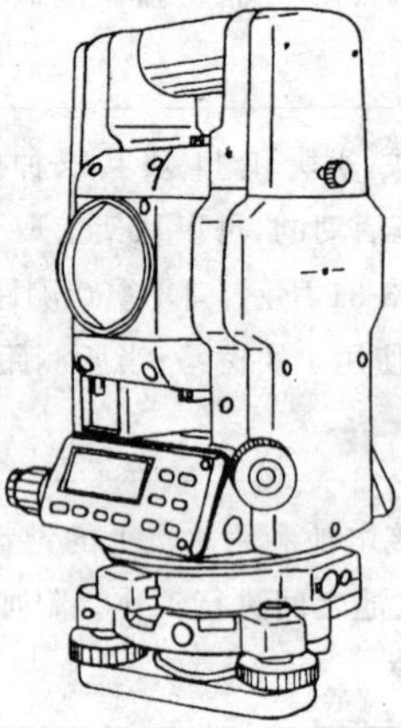

图 3-33　GTS－310 型全站仪

2)操作键功能简述见表 3-4。

表 3-4　操 作 键

按键	名称	功　能
	坐标测量键	坐标测量模式
	距离测量键	距离测量模式
ANG	角度测量键	角度测量模式
MENU	菜单键	在菜单模式和正常模式之间切换，在菜单模式下调车应用测量与照明调节方式
ESC	退出键	返回测量模式或上一层模式； 从正常测量模式直接进入数据采集模式或放样模式
POWER	电源键	坐标测量模式
F1～F4	软键(功能键)	相当于显示的软键信息

3)全站仪功能键(软键)信息显示在显示屏的底行，软件功能相当于显示的信息，如图3-34所示。

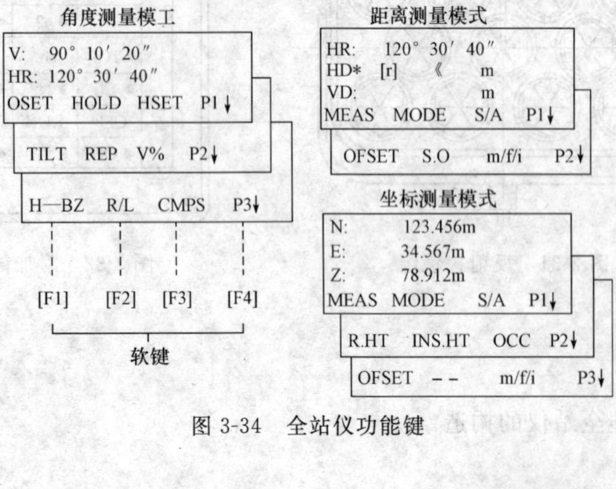

图 3-34　全站仪功能键

4)全站仪角度测量模式、坐标测量模式、距离测量模式的功能简述分别见表 3-5～表3-7。

表 3-5 角度测量模式

页 数	软 键	显示符号	功 能
1	F1	OSET	水平角置为 0°00′00″
	F2	HOLD	水平角读数锁定
	F3	HSET	用数字输入设置水平角
	F4	P1↓	显示第 2 页软键功能
2	F1	TLLT	设置倾斜改正开或关(ON/OFF)(若选择 ON,则显示倾斜改正值)
	F2	REP	重复角度测量模式
	F3	V%	垂直角/百分度(%)显示模式
	F4	P2↓	显示第 3 页软键功能
3	F1	H－BZ	仪器每转动水平角 90°是否要发出蜂鸣声的设置
	F2	R/L	水平角右/左方向计数转换
	F3	CMPS	垂直角显示格式(高度角/天顶距)的切换
	F4	P3↓	显示下一页(第 1 页)软键功能

表 3-6 坐标测量模式

页数	软键	显示符号	功 能
1	F1	MEAS	进行测量
	F2	MODE	设置测距模式,Fine/Tracking(精测/粗测/跟踪)
	F3	S/A	设置音响模式
	F4	P1↓	显示第 2 页软键功能
1	F1	R. HT	输入棱镜高
	F2	INS. HT	输入仪器高
	F3	OCC	输入仪器站坐标
	F4	P2↓	显示第 3 页软键功能
1	F1	OFSET	选择偏心测量模式
	F3	MODE	距离单位米/英尺/英尺、英寸切换
	F4	P1↓	显示下一页(第 1 页)软键功能

表 3-7 距离测量模式

页数	软键	显示符号	功 能
1	F1	MEAS	进行测量
	F2	INS. HT	设置测距模式,Fine/Coarse/Tracking(精测/粗测/跟踪)

续上表

页数	软键	显示符号	功　　能
1	F3	S/A	设置音响模式
	F4	P1↓	显示第2页软键功能
1	F1	OFSET	选择偏心测量模式
	F2	S.O	选择放样测量模式
	F3	m/f/i	距离单位米/英尺/英尺、英寸切换
	F4	P2↓	显示下一页(第1页)软键功能

(2)全站仪的使用。

1)一般操作注意事项。

①使用前应结合仪器,仔细阅读使用说明书。熟悉仪器各功能和实际操作方法。

②望远镜的物镜不能直接对准太阳,以避免损坏测距部的发光二极管。

③在阳光下作业时,必须打伞,防止阳光直射仪器。

④迁站时即使距离很近,也应取下仪器装箱后方可移动。

⑤仪器安置在三脚架上前,应旋紧三脚架的三个伸缩螺旋。仪器安置在三脚架上时,应旋紧中心连接螺旋。

⑥运输过程中必须注意防震。

⑦仪器和棱镜在温度的突变中会降低测程,影响测量精度。要使仪器和棱镜逐渐适应周围温度后方可使用。

⑧作业前检查电压是否满足工作要求。

⑨仪器应存放在温度为－30℃～60℃范围的房间内。

⑩在需要进行高精度观测时,应采取遮阳措施,防止阳光直射仪器和三脚架,影响测量精度。

⑪三脚架伸开使用时,应检查其部件,包括各种螺旋应活动自如。

2)仪器的维护。

①每次作业后,应用毛刷扫去灰尘,然后用软布轻擦。镜头不能用手擦,可先用毛刷扫去浮尘,再用镜头纸擦净。

②无论仪器出现任何现象,切不可拆卸仪器、添加任何润滑剂,而应与厂家或维修部门联系。仪器应存放在清洁、干燥、通风、安全的房间内,并有专人保管。

③电池充电时间不能超过充电器规定的时间。仪器长时间不用,1个月之内应充电1次。仪器存放温度保持在－30℃～60℃以内。

第二节　路基测量

一、中线测量

中线测量就是根据道路控制桩或在道路两旁布设的导线控制点将道路中线恢复,故又称为恢复中线。从道路的踏勘到开始施工这段时间里,常有一部分桩点变位或丢失,为了保证道路中线位置准确，在道路施工测量中，首要任务就是恢复道路中线，即复核原有中桩，把丢失损坏的中桩复原。恢复中线的测量方法与中线测量相同。根据道路控制桩恢复中线：在控制桩上架设经纬仪，用经纬仪拨角度或定方向，用钢尺量距离。利用路线控制桩恢复中线通常采用的方法有偏角法和支距法两种。现在，全站仪已普遍使用，工程测量的效率更高，效果更好。

随着道路建设的发展，对勘测设计和施工测量的精度提出了更高的要求。道路中线都是用交点坐标和曲线元素来标定的。无论是勘测设计还是施工测量都可直接根据这些坐标将中线放样到实地。现在几乎所有的施工单位都有测距仪或全站仪，因此这种方法得到了广泛的应用，成为中线测量的主要手段。

在实际工作中，有时将这两种手段结合起来使用，即先用导线控制点放出道路主要控制桩，再在路线主要控制桩上进行其余中桩的加密，以实现测量仪器和测量手段的合理应用。

经校正恢复的中桩，施工中很难保全。因此，应在施工前根据施工现场的条件，选择不受施工干扰、便于使用、易于保存桩位的地方，测设施工控制桩。其测设方法有平行线法、延长线法和交会法见表 3-8。若采用这三种方法无论在道路施工中均可根据实际情况互相配合使用。但无论使用哪种方法测设控制桩，都要绘出示意图、注明有关数据并做好记录，以便查用。

表 3-8　中线测量的测设方法

测设方法	内　　容
平行线法	平行线法是在路线边 1 m 以外，以中线桩为准测设两排平行于中线的施工控制桩，如图 3-35 所示。该法适用于地势平坦、直线段较长的路段。控制桩间距一般取 10～20 m，桩上应标注被移桩的桩号和移设的距离，用以控制中桩位置和高程
延长线法	延长线法在中线延长线上测设方向控制桩。当转角很小时，可在中线的垂直方向测设控制桩，如图 3-36 所示。此法适用于地势起伏大、直线段较短的路段
交会法	交会法是在中线的一侧或两侧选择适当位置设置控制桩或选择永久地物，如电杆、房屋的墙角等，作为控制点，如图 3-37 所示。此法适用于地势较开阔、便于距离交会的路段

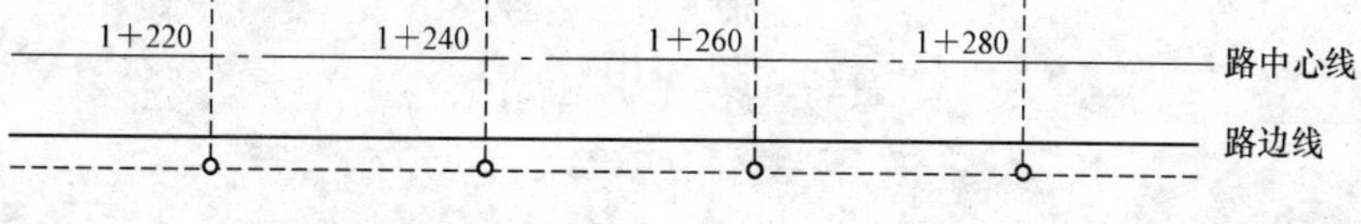

图 3-35　平行线法

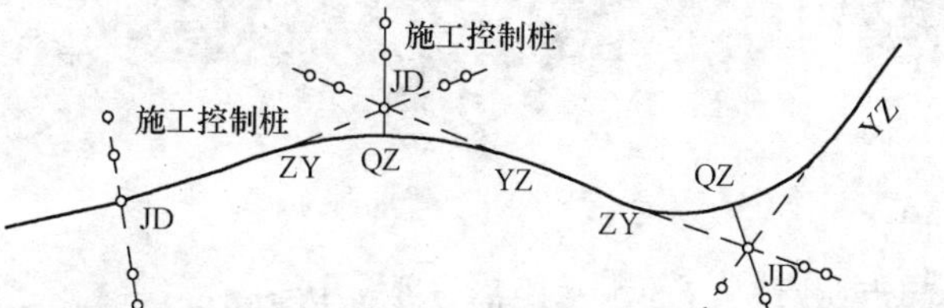

图 3-36　延长线法

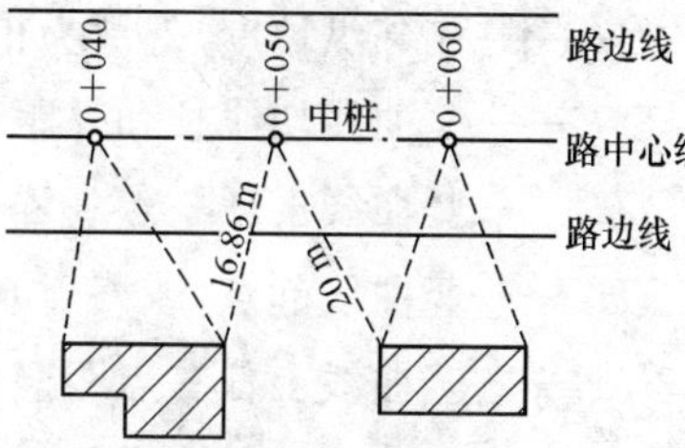

图 3-37　交会法

二、高程测量放样

恢复中线，只是完成了施工测量的第一步，接下来还要进行高程的测量与放样。

道路经过勘测设计以后，往往要经过一段时间才能施工，在这段时间内现场可能出现局部的变化。为了核实土石方工程量，需要复测并加密纵、横断面。因此，施工前应对纵、横断面进行复测与加密。

高程测量采用的基本方法是水准测量和电磁波三角测量。

高程测量放样的依据是勘测设计单位在沿线布设的水准点，这些水准点在使用前需复核。为便于施工和控制精度，在人工结构物附近、高填深挖地段、工程量集中及地形复杂地段需要增加一些水准点，随着路基的不断填筑和开挖，还需要调整水准点的位置，以便于施工放样。增设或调整水准点必须采用附合或闭合水准（或三角高程）路线测量，才能满足精度要求。

在道路路线纵坡变化处的竖曲线，其放样方法如图 3-38 所示。竖曲线各元素按下式计算。

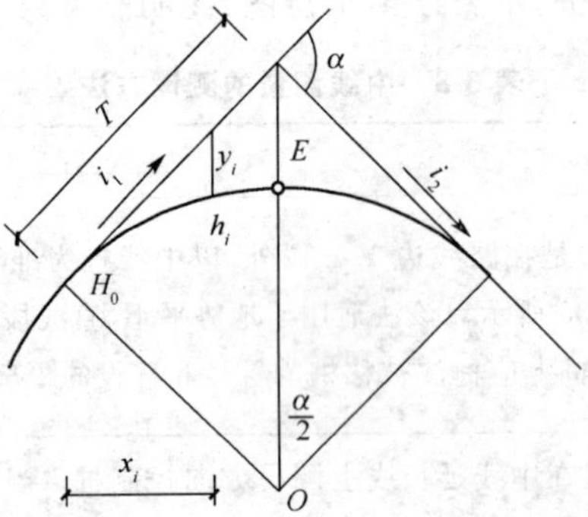

图 3-38　竖曲线

$$\begin{cases} T = R \times \dfrac{i_1 - i_2}{2} \\ E = \dfrac{T^2}{2R} \end{cases}$$

$$\begin{cases} Y_i = \dfrac{x_i^2}{2R} \\ H_i = H_0 + x_i \pm y_i \end{cases}$$

式中　R——竖曲线半径；

i_1、i_2——相邻纵坡度，上坡为正，下坡为负；

T、E——竖曲线切线长和外距；

H_i——竖曲线上任一点高程；

H_0——竖曲线起点（或终点）的高程；

x_i——竖曲线上任一点距竖曲线起点（或终点）的水平距离，i 取 i_1 或 i_2；

y_i——竖曲线上任一点距切线的纵距，凸曲线取"－"，凹曲线取"＋"。

一般将竖曲线分成两半，从两头往中间计算。

三、横断面放样测量

1.路基边桩放样

路基边桩的测设就是在地面上将每一个横断面的路基边坡线与地面的交点用木桩标定出来。边桩的位置由它至中桩的距离来确定。

(1)边桩的测设方法。

1)图解法。从横断面设计图上量出或从路基设计表中查取坡脚点(或坡顶点)与中桩的水平距离,然后用钢尺或皮尺沿横断面方向实地丈量以确定边桩的位置。丈量时尺子要拉平,如横坡较大时,需分段丈量,在量得的点上固定坡脚桩(或坡顶桩),再用石灰标出坡脚(或坡顶)的分界线。施工中如有破坏,应及时补测。在地面较平坦,填挖方量大时,采用此法较多。

2)解析法。即通过计算求得路基边桩至中桩的平距。

平坦地段路基边桩的距离,如图 3-39 所示,其值按下式计算。

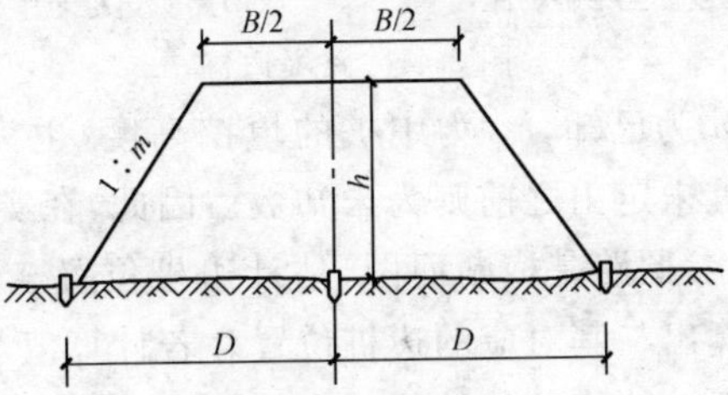

图 3-39　路基边桩

$$D=\frac{B}{2}+mh$$

路堑边桩至中桩的距离,如图 3-40 所示,其值按下式计算。

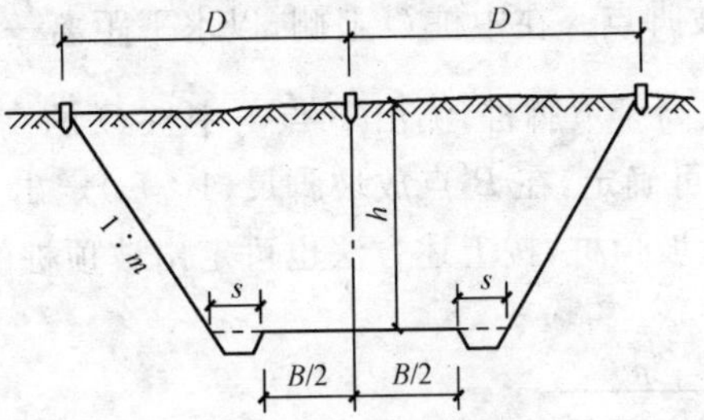

图 3-40　路堑边桩

$$D=\frac{B}{2}+s+mh$$

上面两个公式中,B 为路基设计宽度,m 为边坡的设计坡率,h 为路基中心填土高度或挖土深度,s 为路堑边沟顶宽。

若断面位于曲线上有设计加宽时,按上述方法求出 D 值后,还应在曲线加宽一侧的 D 值中计入加宽值。根据算得的 D 值,沿横断面方向丈量,定出路基边桩。在倾斜地段,计算时应考虑地面横向坡度的影响。路堤边桩至中桩的距离如图 3-41(a)所示,其值按下式计算。

$$\left.\begin{aligned}\text{斜坡上侧 } D_{上}&=\frac{B}{2}+m(h_{中}-h_{下})\\ \text{斜坡下侧 } D_{下}&=\frac{B}{2}+m(h_{中}+h_{下})\end{aligned}\right\}$$

路堑边桩至中桩的距离如图 3-41(b)所示，其值按下式计算。

$$\left.\begin{aligned}\text{斜坡上侧 } D_{上} &= \frac{B}{2}+s+m(h_{中}+h_{下})\\ \text{斜坡下侧 } D_{下} &= \frac{B}{2}+s+m(h_{中}-h_{下})\end{aligned}\right\}$$

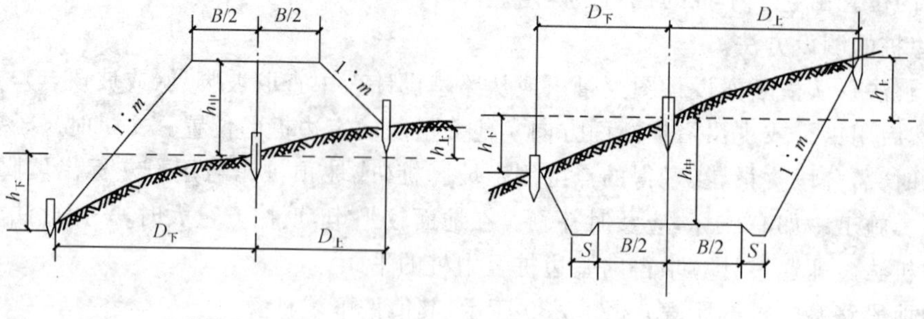

(a)路堤边桩至中桩的距离　　(b)路堑边桩至中桩的距离

图 3-41　路堤边桩

上面两个公式中，B、s、m 为已知，$h_{中}$ 为中桩的填挖高度，也为已知。$h_{上}$、$h_{下}$ 为斜坡上、下侧边桩与中桩的高差，在边桩未定出之前则为未知数。因此，在实际工作中采用渐近法测设边桩。首先根据地面实际情况参照路基横断面图，估计边桩位置。然后测出估计位置与中桩地面间的高差，按此高差可推算出与其对应的边桩位置。若计算值与估计值不等，则重新估计边桩位置。重复上述工作，直至计算值与估计值基本相符便可确定边桩的位置。

3)坡脚尺放样法。图 3-42(a)中，欲放样路堤坡脚桩，先在中桩 O 下侧，以水平距离 $\frac{B}{2}+mH$ 在地面上定 A 点，测得中桩 O 与 A 点的高差 AA'，则 A' 点在尺上的位置可确定，在 A' 点放坡脚尺(1∶m)定出下侧坡脚点。在中桩 O 上侧，以水平距离 $\frac{B}{2}+m\times(H-h)$ 在地面上定 B 点，h 为取定高度，要使 B' 点高于坡脚桩，测出 B 点与中桩 O 的高差，BB' 等于 h 减去 B、O 两点高差，则 B' 点在尺上位置可确定，在 B' 点放坡脚尺(1∶m)定出上侧坡脚点。

图 3-42(b)中，欲放路堑坡顶桩，按上述方法也可定出坡顶桩的位置。

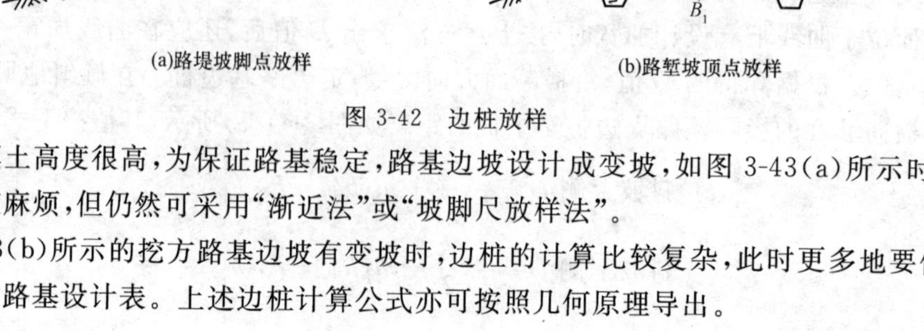

(a)路堤坡脚点放样　　(b)路堑坡顶点放样

图 3-42　边桩放样

如果填土高度很高，为保证路基稳定，路基边坡设计成变坡，如图 3-43(a)所示时，边桩的放样则比较麻烦，但仍然可采用“渐近法”或“坡脚尺放样法”。

图 3-43(b)所示的挖方路基边坡有变坡时，边桩的计算比较复杂，此时更多地要依靠横断面设计图或路基设计表。上述边桩计算公式亦可按照几何原理导出。

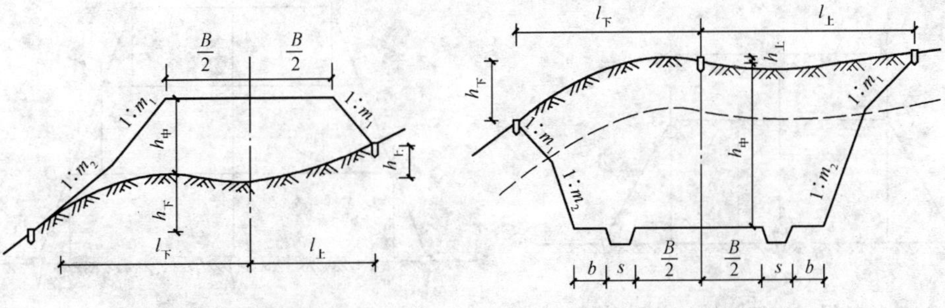

(a)有变坡路堤坡脚点放样　　(b)有变坡路堑坡顶点放样

图 3-43　边桩的计算示意图

坡脚或开口桩位确定后，把沿线道路两侧的各桩位连接起来，撒上白灰线条，便完成了路基放样工作。

(2)边桩放样的注意事项。

1)在计算测设边桩距离时，要注意路基设计的尺寸和要求，如路基是否有加宽等。对挖方地段，要注意边沟的设计尺寸及是否有护坡平台，以免边桩放样时漏掉，造成返工事故。

2)在地形复杂路段，最好用仪器进行边桩放样；在曲线段，更应注意使横断面方向与路中线的切线方向垂直。

3)放完一段边桩后，要进行复核。地面平坦或地面横坡一致时，边桩连线应为一直线或圆缓的曲线，如有个别边桩凸出来或凹进去，就说明有问题。

4)在施工过程中，应及时加固保护边桩，并作好明显的标记。

2. 路基边坡放样

测设出边桩后，为了保证路基填挖边坡能按设计要求进行施工，应把设计边坡在实地标定出来。路基边坡放样见表 3-9。

表 3-9　路基边坡放样

项　目	内　容
用竹杆绳索进行边坡放样	当路堤填土不高时，可用一次挂线。如图 3-44 所示，设 O 为中桩，A、B 为路基边桩，C、D 为坡顶桩位，CO 及 DO 的水平距离均为路基设计宽度的一半。放样时，在 C、D 处竖立竹杆，在其上等于填土高度处做记号 C'、D'，用绳索连接 AC' 及 BD'，即得设计边坡放样线。 当路堤填土较高时，可采用分层挂线。如图 3-45 所示，在每层挂线前都应当标定中线并对杆面 $C'—D'$ 适当抄平
用边坡样板放样	首先按照设计边坡坡度做好边坡样板，施工时按边坡样板放样。图 3-46 所示为活动边坡尺测设边坡，当边坡样板上的水准尺气泡居中时，边坡尺上斜边指示的方向即为设计边坡，借此可指示路堤的填筑或路堑施工，并可用边坡尺对填筑的路堤或开挖的路堑边坡进行检验。 路堑边坡样板放样，如图 3-47 所示，先在坡顶边桩外侧按设计边坡度设立固定样板，施工时可用 3 m 直尺靠线随时指导开挖及修整边坡、检验坡度

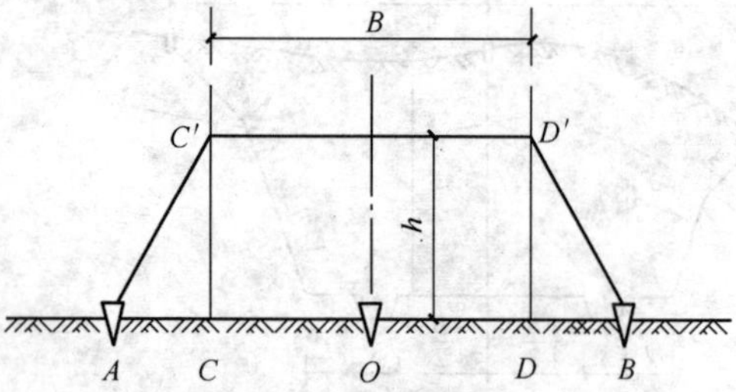

图 3-44 竹杆绳索边坡放样(一次挂线)

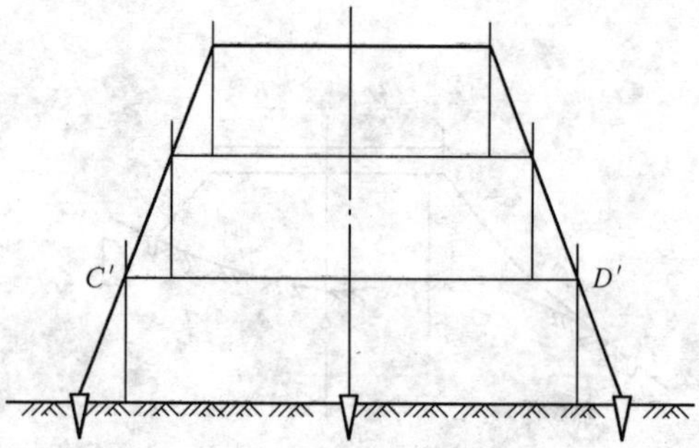

图 3-45 分层挂线边坡放样

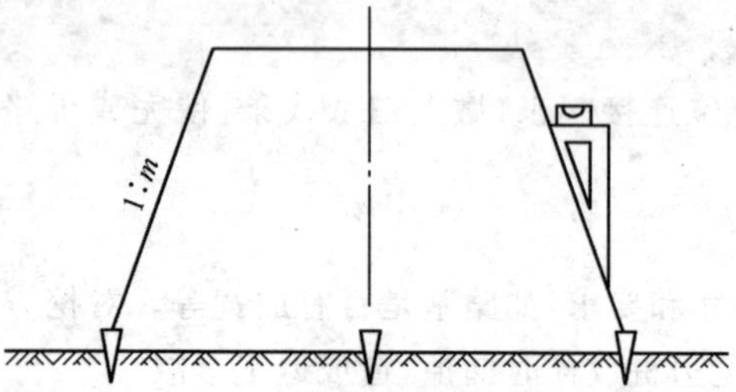

图 3-46 路堤边坡放样

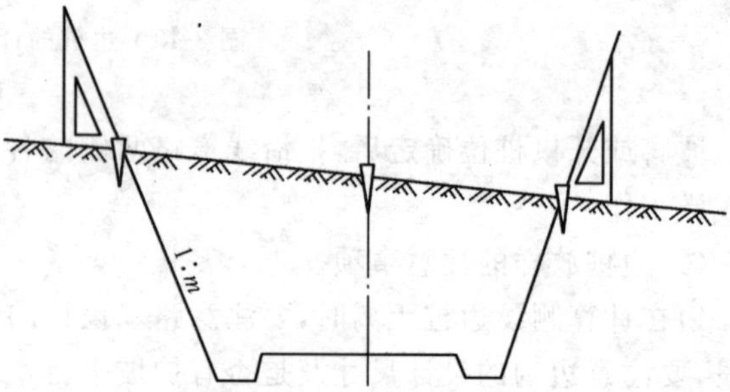

图 3-47 路堑边坡放样

第三节 路面基层测量

一、路面基层中桩和边桩的测设

根据道路两侧的施工控制桩，按照施工控制桩钉桩的记录和设计路面宽度，推算出施工控制桩距路面边线(侧石内侧边线)和路面中心的距离，然后自施工控制桩沿横断面方向分别量出中线至路面边线的距离，即可钉出路面边桩和道路中桩，如图 3-48 所示。同时可按路面设计宽度尺寸复测路面边桩到路中线的距离，对边桩和中桩进行校核。上面是定中桩和边桩的常用方法，使用全站仪则一次便可确定所需桩位。

在公路路面施工中，有时不放中桩而直接根据设计图上边桩的坐标放出路面边桩。

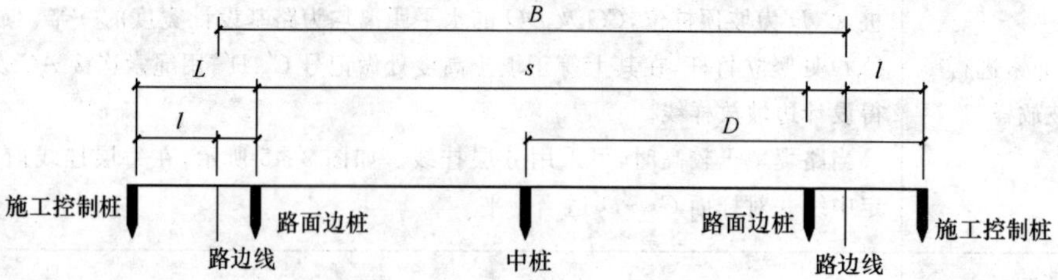

图 3-48 中桩和边桩的测设

图中 B——路基设计宽度；

l——施工控制桩距路边线的距离；

s——路面设计宽度；

L——施工控制桩到路面边桩的距离；

D——施工控制桩到中桩的距离。

二、路拱放样

路拱放样见表 3-10。

表 3-10 路拱放样

项 目	内 容
直线形路拱的放样	如图 3-49 所示，路拱矢高按下式计算，路拱任一点纵距按下式计算。 $$h=\frac{B}{2}\times i$$ $$y=x\times i$$ 式中 B——路面宽度； h——路拱矢高(为路拱中心高出路面边缘的高度)； i——设计路面横坡度(%)； x——横距； y——纵距，O 为原点(一般取路面中心点)。 直线形路拱放样步骤如下： (1)计算中桩填挖值，即中桩桩顶实测高程与路面各层设计高程之差。 (2)计算路面边线桩填挖值，即边线桩桩顶实测高程与路面基层设计高程之差。 (3)根据计算成果，分别在中、边桩上标定挂线，即得到路面基层的横向坡度。如果路面较宽，可在中间加点。 施工时，为了使用方便，应预先将各桩号断面的填挖值计算好，以表格形式列出，称为平单，供放样时直接使用
抛物线形路拱的放样	如图 3-50 所示，路拱(无设计依据时)可用下式按抛物线形路拱计算。 $$y=\frac{4h}{B^2}\times x^2$$ 抛物线形路拱放样步骤如下： (1)根据施工需要、精度要求选定横距 x 值，并按路拱公式计算出相应的纵距 y 值； (2)在边桩上定出路面基层中心设计标高，并在路两侧挂线，此线就是基层路面中心高程线； (3)自路中心向左、右分别量取 x 值，自路中心标高水平线向下量取相应的 y 值，就可得到横断面方向路面结构层的高程控制点。 施工时，可采用“平砖”法控制路拱形状。即在边桩上依路中心高程挂线后，按路拱曲线大样图所注的尺寸，如图 3-51(a)所示，以及路面结构大样图，如图 3-51(b)所示，在路中心两侧一定距离处，例如图 3-51(c)所示，在距路中心 150 cm、300 cm 和 450 cm 处分别向下量 5.8 cm、8.2 cm、11.3 cm，放置平砖，并使平砖顶面正处在拱面高度，铺撒碎石时，以平砖为标志就可找出设计的拱形。实施施工中使用更多的是路拱样板，随时可检测路拱误差。 在曲线部分测设路面边桩和下平砖时，应根据设计图样做好内侧路面加宽和外侧路拱超高的测设工作

续上表

项　　目	内　　容
抛物线形路拱的放样	由于抛物线形路拱的坡度其拱顶部分过于平缓，不利于排水；边缘部分过于陡峭，不利于行车。为改善此种情况，可采用变方抛物线计算，以适应各种宽度。常用的有改进的二次抛物线形、半立方抛物线形、改进的三次抛物线形几种计算方式。 改进的二次抛物线形路拱采用下式计算。 $y=\frac{2h}{B^2}x^2+\frac{h}{B}x$ 半立方抛物线形路拱采用下式计算。 $y=h\times(\frac{2x}{B})^{\frac{3}{2}}$ 改进的三次抛物线形路拱采用下式计算。 $y=\frac{4h}{B^3}x^3+\frac{h}{B}x$ 在一般道路设计图样上均绘有路拱大样图和给定的路拱计算公式

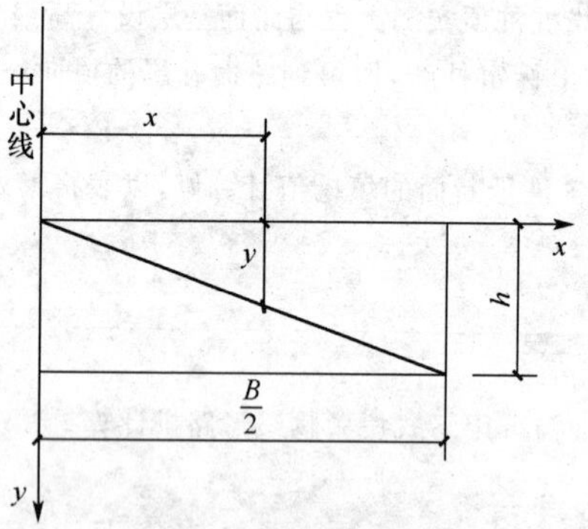

图 3-49　直线形路拱的放样

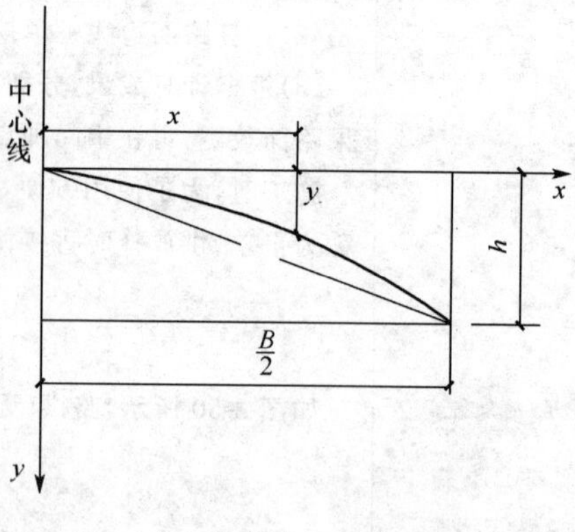

图 3-50　抛物线形路拱的放样

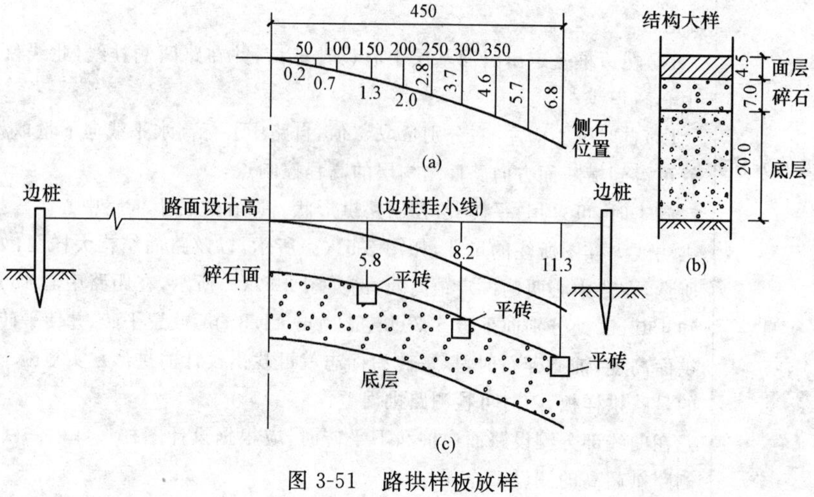

图 3-51　路拱样板放样

三、路面基层放样的精度要求

路面放样的精度要求，应按照各地建设主管部门颁布的规定执行。其主要技术指标见表3-11和表3-12。

表 3-11　水泥稳定粒料基层和底基层放样的精度要求

序　号	检查项目	基　层		底基层	
		高速或一级	其他公路	高速或一级	其他公路
1	中线平面偏位(mm)	±50		±50	
2	纵断高程(mm)	—	+5 −15	+5 −15	+5 −20
3	宽度(mm)	不小于设计值		不小于设计值	
4	横坡(%)	—	±0.5	±0.3	±0.5

表 3-12　石灰土基层和底基层放样的精度要求

序　号	检查项目	基　层		底基层	
		高速或一级	其他公路	高速或一级	其他公路
1	中线平面偏位(mm)	±50		±50	
2	纵断高程(mm)	+5 −10	+5 −15	+5 −15	+5 −20
3	宽度(mm)	不小于设计值		不小于设计值	
4	横坡(%)	±0.3	±0.5	±0.3	±0.5

第四节　沥青面层施工测量

一、沥青面层的放样

沥青面层的放样内容仍然是恢复中线、测量边线和放样高程，方法与路面基层相同。

二、沥青面层施工的精度要求

沥青面层施工的精度要求见表3-13。

表 3-13 沥青面层施工的精度要求

序　号	检查项目		沥青贯入式面层	沥青表面处治面层
1	中线平面偏位(mm)		±30	±30
2	纵断高层(mm)		±20	±20
3	宽度(mm)	有侧石	±30	±30
		无侧石	不小于设计值	不小于设计值

续上表

序　　号	检查项目	沥青贯入式面层	沥青表面处治面层
4	横坡(%)	±0.5	±0.5

注:表中数据为规定值或允许偏差。

三、沥青面层的施工放样精度要求

沥青面层的施工放样精度要求见表3-14。

表3-14　沥青面层的施工放样精度要求

<table>
<tr><th rowspan="2">序号</th><th rowspan="2" colspan="2">检查项目</th><th colspan="2">沥青混凝土面层和沥青碎(砾)石层面</th></tr>
<tr><th>高速或一级</th><th>其他公路</th></tr>
<tr><td>1</td><td colspan="2">中线平面偏位(mm)</td><td colspan="2">±20</td></tr>
<tr><td>2</td><td colspan="2">纵断高程(mm)</td><td>±15</td><td>±20</td></tr>
<tr><td rowspan="2">3</td><td rowspan="2">宽度(mm)</td><td>有侧石</td><td>±20</td><td>±30</td></tr>
<tr><td>无侧石</td><td>不小于设计值</td><td>不小于设计值</td></tr>
<tr><td>4</td><td colspan="2">横坡(%)</td><td>±0.5</td><td>±0.5</td></tr>
</table>

注:表中数据为规定值或允许偏差。

第五节　水泥混凝土路面施工测量

一、水泥混凝土路面施工的测量方法

水泥混凝土路面施工的测量方法详见本章第三节。

二、水泥混凝土路面施工放样的精度要求

水泥混凝土路面施工放样的精度要求见表3-15。

表3-15　水泥混凝土路面施工放样的精度要求

<table>
<tr><th rowspan="2">序号</th><th rowspan="2" colspan="2">检查项目</th><th colspan="2">混凝土面层</th></tr>
<tr><th>高速或一级</th><th>其他公路</th></tr>
<tr><td>1</td><td colspan="2">中线平面偏位(mm)</td><td colspan="2">±20</td></tr>
<tr><td>2</td><td colspan="2">纵断高程(mm)</td><td>±10</td><td>±15</td></tr>
<tr><td rowspan="2">3</td><td rowspan="2">宽度(mm)</td><td>有侧石</td><td rowspan="2" colspan="2">±20</td></tr>
<tr><td>无侧石</td></tr>
<tr><td>4</td><td colspan="2">横坡(%)</td><td>±0.15</td><td>±0.25</td></tr>
</table>

注:表中数据为规定值或允许偏差。

第四章　村镇道路路基施工

第一节　路基施工前的准备

一、组织准备

1. 设立程序

设立项目经理部时应从项目管理的目标出发明确事项，因事设立机构定编制，按编制设岗位定人员，以职责定制度授权力，组织机构设立程序，如图 4-1 所示。

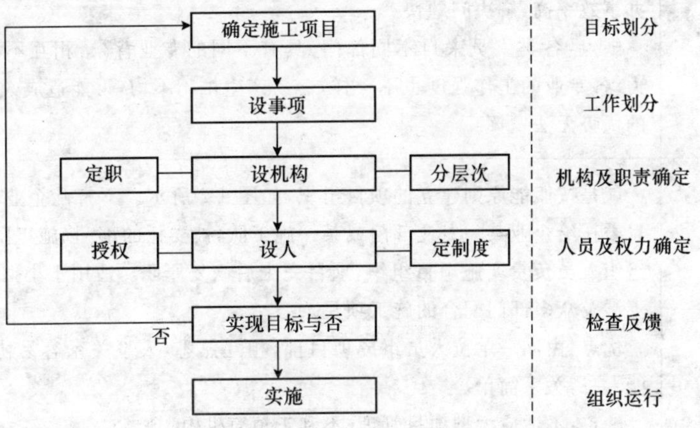

图 4-1　组织机构设立程序图

2. 管理跨度和分层

管理跨度亦称管理幅度，是指一个管理人员直接管理的下属人员的数量。跨度大，管理人员接触的关系增多，处理人与人之间关系的数量随之也增多。

跨度太大时，领导者及下属常会出现应接不暇的情况。组织结构设计中，必须使跨度适当。跨度大小与层次多少有关，层次多，跨度会小，层次小，跨度就会大。

项目经理部一般分为三个层次见表 4-1。

表 4-1　项目经理部层次

项　　目	内　　容
决策层	项目经理部的决策层为以项目经理为首，有项目副经理、三总师（总工程师、总经济师、总会计师）参加的领导班子。 施工项目在实施过程中的一切决策行为都集中于决策层，其中项目经理是领导核心
管理层	管理层是指在项目经理的直接领导下的项目经理部中的各个职能部门或部门负责人。管理层是施工项目具体实施的直接指挥者，并对劳务作业层按劳务分包合同进行监督管理

续上表

项　　目	内　　容
业务实施层	业务实施层是由各职能部门经理直接指挥的部门专业人员，是项目的底层管理者

3. 组织结构形式

项目经理部的组织结构形式见表 4-2。

表 4-2　项目经理部的组织结构形式

结构形式	内　　容
工作队式	主要由某一部门抽出施工力量组成施工项目作业层的组织方式，比较适合小型的、专业性较强的施工项目。 优点：项目经理权力集中，运权的干扰少，决策及时，指挥灵活；减少了项目与企业职能部门的结合部，项目与企业的职能部门关系弱化，易于协调关系，减少行政干预，项目部工作易于开展；各专业人才集中在现场办公，减少了扯皮和等待时间，办事效率高，解决问题快。 缺点：各类人员来自不同部门，具有不同的专业背景，相互不熟悉，难免配合不力；各专业的工作强度也不一样，容易产生忙闲不均，可能造成人力浪费；职能部门的优势无法发挥
部门控制式	就是按职能原则建立的项目组织，如图 4-2 所示。不打乱企业现有的机制，把项目委托给企业某一专业部门或某一施工队，被委托的部门(施工队)领导，在本单位组织人员负责实施项目组织，项目完工后恢复原职。适用于小型的、专业性较强且不涉及众多部门配合的施工项目。 优点：由同一单位人员组成项目部，相互熟悉，人事关系容易协调；职责明确，职能专一，关系简单。 缺点：不适应大型项目管理；不利于精简机构
矩阵制组织	项目管理人员由企业有关职能部门派出并进行业务指导，同时受项目经理的直接指导，其形式如图 4-3 所示。 矩阵中的每个成员或部门，接受原部门负责人和项目经理的双重领导。但部门的控制力度大于项目的控制力，部门负责人有权根据不同项目的需要和忙闲程度，在项目之间调配本部门的人员。一个专业人员可同时为几个项目服务。特殊人才可以充分发挥作用避免人才在一个项目中闲置而在另一个项目中短缺，大大提高人才的使用效率。 适用范围：同时承担多个项目管理的企业，各项目对专业技术人员和管理人员都有需求且总数量大；大型、复杂的施工项目。 优点：它兼有部门控制式和工作队式两组织形式的优点，解决了传统模式中企业组织和项目组织相互矛盾的状况，把职能原则和对象原则融为一体，求得了企业长期例行性管理和项目一次性管理的一致性；能以尽可能少的人力，实现多个项目管理的高效率；有利于人才的全面培养，可以使不同知识背景的人在合作中相互取长补短，在实践中拓宽知识面，发挥纵向专业优势，可以使人才成长有深厚的专业训练基础。

续上表

结构形式	内　容
矩阵制组织	缺点：人员来自各部门，仍受职能部门控制，项目的管理力量减弱，往往使项目组织的作用发挥受到影响；管理人员管理多个项目，难免顾此失彼；管理人员接受项目经理和部门负责人的双重领导，有时领导意见不一致，乃至矛盾，使当事人无所适从；对企业管理水平、项目管理水平、领导者的素质、组织机构的办事效率、信息沟通渠道的畅通等要求较高
事业部门式	组成项目管理班子，该项目管理班子对企业外部是具有独立法人资格的项目管理组织，具有相对独立的经营权，可以是一个独立单位，对内是职能部门，如图 4-4 所示。事业部门式适用于大型经营性企业的工程承包，特别适用于远离公司本部的工程承包。 优点：有利于延伸企业的经营职能，扩大企业的经营业务，便于开拓企业的业务领域，还有利于企业适应环境变化以加强项目管理。 缺点：企业对项目部的管理约束减弱，协调指导的机会减少
直线职能制	直线职能制是指结构形式呈直线状且没有职能部门或职能人员的组织，每个成员只接受一位直接领导人指挥。一般比较适合于大规模综合性的施工项目任务，其现场组织形式，如图 4-5 所示。 优点：有利于实现专业的管理和统一指挥，有利于集中各方面专业管理力量，积累经验，强化管理。 缺点：信息传递缓慢和不易进行适应环境变化的调整

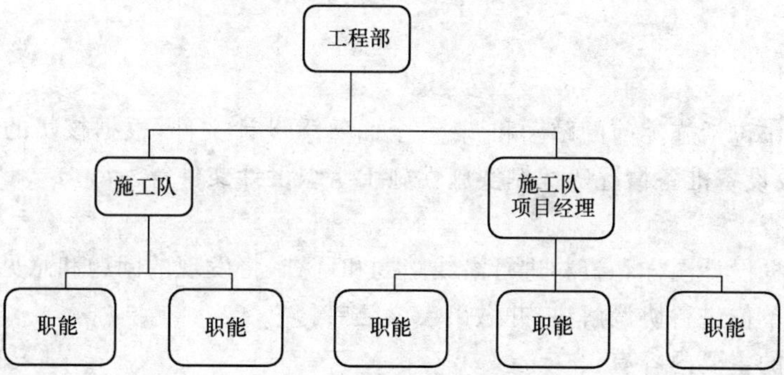

图 4-2　部门控制式组织结构图

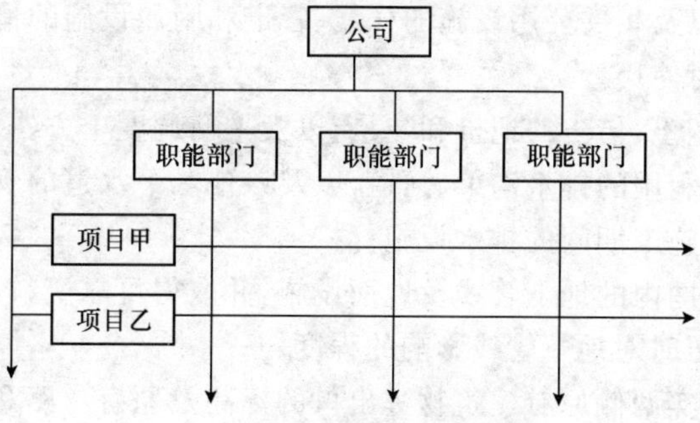

图 4-3　矩阵制组织结构图

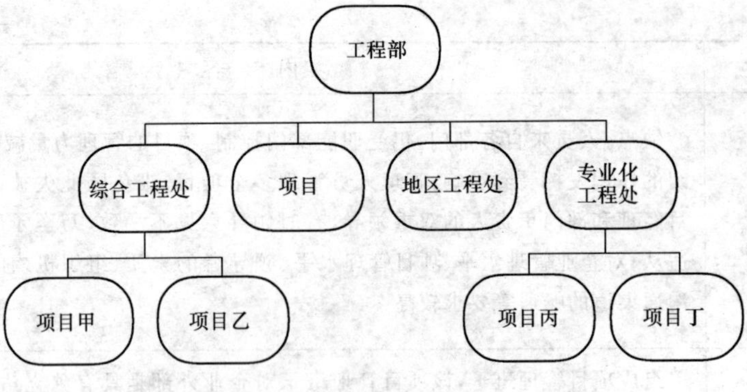

图 4-4　某企业的事业部门式组织结构图

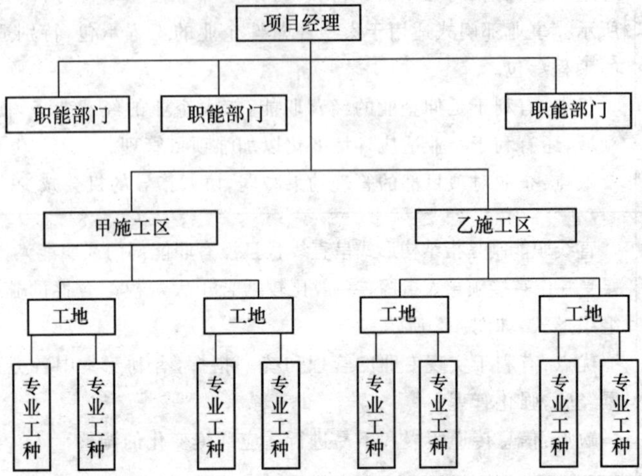

图 4-5　直线职能制组织形式

二、技术准备

技术准备工作包括施工前的踏勘和调查，全面熟悉设计文件，根据核实的工程数量、工地特点、工期要求及设备准备情况等编制实施性施工组织设计文件等。

1. 踏勘和调查

开工前应根据设计图样和资料进行沿线踏勘和调查，将发现的问题和意见逐一标明，会同设计单位和建设单位进行协调解决，并做出会议纪要。

踏勘和调查的主要内容有：

(1)核实工程范围。明确对工程有影响和需要征购的土地、拆迁的各种建筑物或构筑物的确切位置、结构和数量，以及相关公用设施的杆线、管道和附属设施的情况，并了解上述设施与场地有无可能供施工临时使用。

(2)确定沿线填土、挖土、借土的地价和数量，以及平衡调度土方。

(3)摸清沿线附近可利用的排水沟渠、河道，以及该地区下水道的管径、流向和以往暴雨后的集水情况等，以便考虑施工期间的排水设施。

(4)认真核实施工范围内的地下管线及地面设施，并取得可靠资料，在地面标出明显标志，以正确估计路基施工碾压时对地下管线影响的程度。

(5)改建工程必须核实两侧原有建筑物进出口的标高及原有道路和人行道的结构类型；

(6)需翻挖的部分，应开挖样洞，并核实原工程结构。

2. 全面熟悉设计文件

熟悉、审核施工图样是领会设计意图，明确工程内容，掌握工程特点的重要环节，其主要内容有：

(1)进行施工前的现场调查，核对设计计算是否符合实际情况，工程质量能否保证，施工是否有足够的可靠性，对保证安全施工有无影响。

(2)核对设计是否符合施工条件，如需采用特殊施工方法和特定技术措施时，技术上和设备条件上有无困难。

(3)结合生产工艺和使用上的特点核对有哪些技术要求，施工能否满足设计规范规定的标准。

(4)核对有无特殊的材料要求，这些材料的品种、规格、数量能否解决。

(5)核对图样说明有无矛盾，规定是否明确、齐全。

(6)核对图样中各构造物的主要尺寸、位置、标高有无错误。

(7)核对土建工程与设备安装有无矛盾，施工中如何交叉衔接。

(8)通过熟悉设计图样，明确在施工中场外所需材料和构件等制备工程项目的安排。

(9)通过熟悉设计文件，确定与施工有关的组织、物质、技术等各方面的准备工作项目。

3. 编制施工组织设计文件

施工组织设计是整个工程施工的指导性文件，亦是其他各项工作的依据。它包括选择施工方案，确定施工方法，布置施工现场(施工总平面布置)，编制施工进度计划，调节劳动力分布密度，安排材料机具供应，控制施工设备进场情况，拟定关键工程的技术措施，项目风险管理，信息管理等。抓住施工组织设计这一环节，对加强施工管理和保证工程质量均有重要意义。

三、物质准备

物质准备工作可保证施工组织计划的顺利实施。例如，土方挖掘和运输中，应合理选用机械，最大限度发挥机械施工的功率和功能。常用的土方机械有：推土机、铲运机、平地机、松土机、挖土机等。这些机械常用的作业方式和适用范围见表 4-3。

表 4-3　常用土方机械的作业方式和适用范围表

机械名称	适用的作业项目		
	施工准备工作	基本土方作业	施工辅助作业
推土机	(1)修筑临时道路。 (2)推倒树木，拔除树根。 (3)铲除草皮。 (4)清除积雪。 (5)清理建筑碎屑。 (6)推缓陡坡地形。 (7)翻挖回填井、坟、穴	(1)高度 3 m 以内的路堤和路堑土方工程。 (2)运距 10～100 m 以内的土方挖运与铺填及压实。 (3)傍山坡的半填半挖路基土方	(1)路基缺口土方的回填。 (2)路基面粗平。 (3)取土坑及弃土堆平整工作。 (4)配合铲运机作业。 (5)斜坡上推挖台阶
拖式铲运机	—	运距 60～700 m 以内土方挖运、铺填及碾压作业	(1)路基面及场地粗平。 (2)取土坑及弃土堆整理工作

续上表

机械名称	适用的作业项目		
	施工准备工作	基本土方作业	施工辅助作业
自动平地机	(1)铲除草皮。 (2)清除积雪。 (3)疏松土壤	(1)修筑0.75 m以下的路堤及0.6 m以下的路堑土方。 (2)傍山坡半填半挖路基土方	(1)开挖排水沟及山坡截水沟。 (2)平整场地及路基。 (3)修刮边坡
拖式松土机	(1)翻松旧路的路面。 (2)清除树根小树墩及灌木丛	—	(1)在含砾石及坚硬的Ⅲ～Ⅳ类土中作疏松工作。 (2)破碎及揭开0.5 m以内的冻土层
正铲拖斗挖土机	—	(1)半径为7 m以内的土壤挖掘。 (2)配合自卸车运土	(1)开挖沟槽及基坑。 (2)水下捞土

第二节　路基施工

一、挖方路基施工

1. 土方开挖

路堑的开挖施工应根据放样桩和分界线、坡度及高程自上而下分层开挖，并将挖掘出来的土石按施工计划尽可能运至填土段或指定的地点堆放，做到边挖边填、边压实。确需弃土时，弃土堆应置于路堤坡脚或路堑两端，弃土堆边坡不应陡于1∶1.5。

不得乱挖、超挖，严禁掏洞取土。当路堑挖至接近设计边坡时，宜采用人工修整；接近路床设计高程时，应根据土质情况预留一定厚度的土层作保护、调平、碾压路床之用，并保持一定的排水坡度，雨季预留厚度宜为20～50 cm，冬季视当地冻土深度确定。

施工期间应保证截水沟及临时排水设施的排水通畅。路堑组织施工的方法，应根据其深度及纵向长度，采用横挖法、纵挖法及纵横混合法组织施工。

(1)横挖法。横挖法按横断面全宽沿道路纵向开挖，此法适用于短而深的路堑。掘进时逐段成形向前推进，运土由相反方向送出，此方法可以获得较高的挖掘深度，但工作面较窄。当路堑过深时，可分成台阶同时掘进，以增加工作面，加快施工进度。每一台阶应有单独的运土出路和排水沟渠，以免相互干扰，影响功效，造成事故。人工开挖台阶高度宜为1.5～2 m，机械开挖台阶高度宜为3～4 m。各层台阶应有独立的运土通道，人工运土通道宽度不宜小于2 m，机械运土单车通道不应小于4 m，双车通道宽度不宜小于8 m。挖土纵坡可取2%～3%。全断面掘进示意图，如图4-6所示，分台阶掘进示意图，如图4-7所示。

(2)纵挖法。沿路堑纵向将高度分成不大的层次依次开挖，称为纵挖法。纵挖法适用于较长的路堑。

当路堑的宽度和深度都不大，可以按横断面全宽纵向逐层挖掘，称为分层纵挖法，如图4-8所示。挖掘的地表应向外倾斜，以利排水。此方法适用于铲运机和推土机施工。

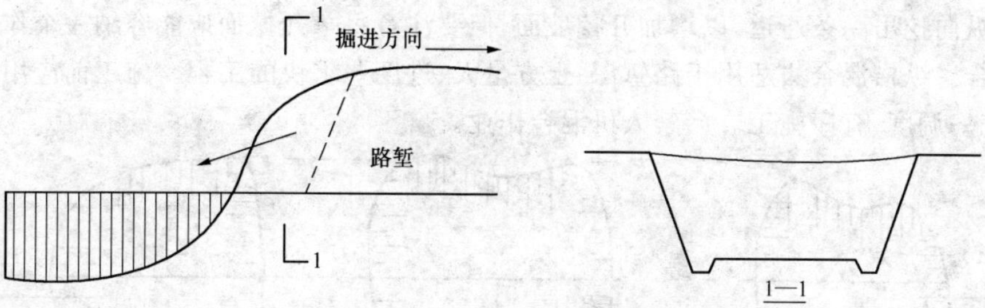

图 4-6 全断面掘进示意图

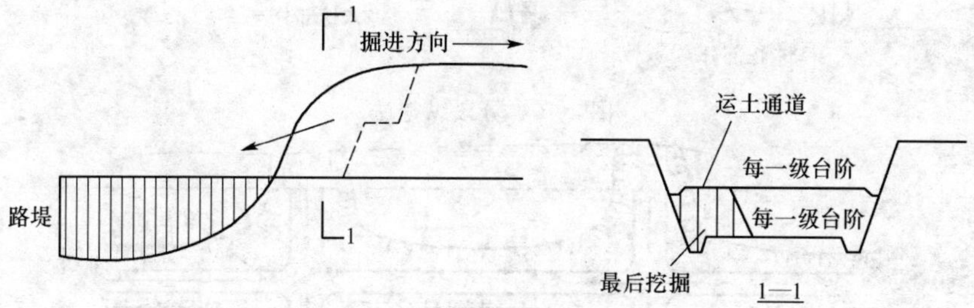

图 4-7 分台阶掘进

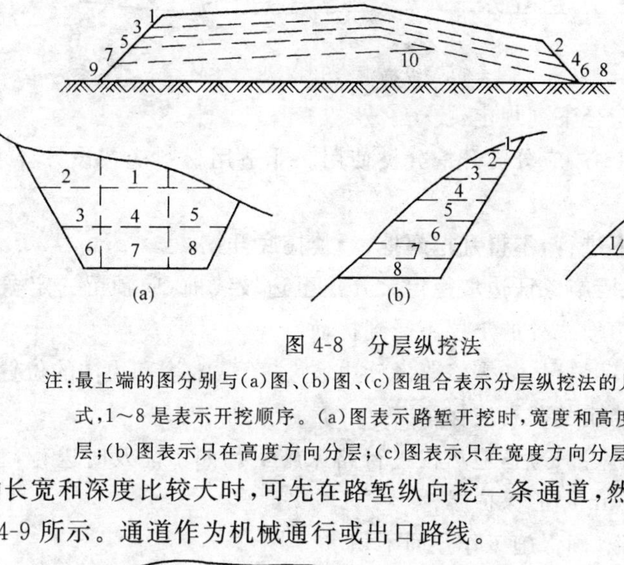

图 4-8 分层纵挖法

注：最上端的图分别与(a)图、(b)图、(c)图组合表示分层纵挖法的几种不同组织方式，1～8 是表示开挖顺序。(a)图表示路堑开挖时，宽度和高度方向都进行分层；(b)图表示只在高度方向分层；(c)图表示只在宽度方向分层。

当路堑的长宽和深度比较大时，可先在路堑纵向挖一条通道，然后向两侧开挖，称为通道纵挖法，如图 4-9 所示。通道作为机械通行或出口路线。

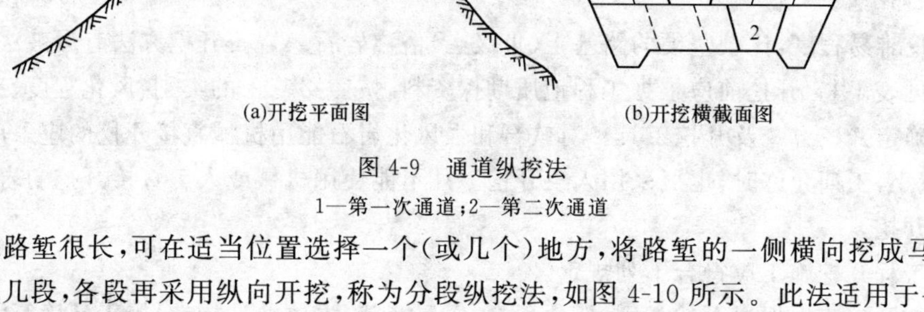

图 4-9 通道纵挖法

1—第一次通道；2—第二次通道

如果路堑很长，可在适当位置选择一个(或几个)地方，将路堑的一侧横向挖成马口，把长路堑分成几段，各段再采用纵向开挖，称为分段纵挖法，如图 4-10 所示。此法适用于一侧堑壁不厚不深的傍山长路堑。

(3)纵横混合法。纵横混合法是将横挖法、通道纵挖法混合使用的方法，如图 4-11 所示，先由路堑纵向挖出一条通道，以增加开挖坡面，但要注意每一开挖面应能容纳一个作业组或一台机械组合。纵横混合法适用于路堑深、土方量大、进度要求快的工程。施工前应用统筹法合理安排、统一调度、有序施工。严禁人机混合作业。

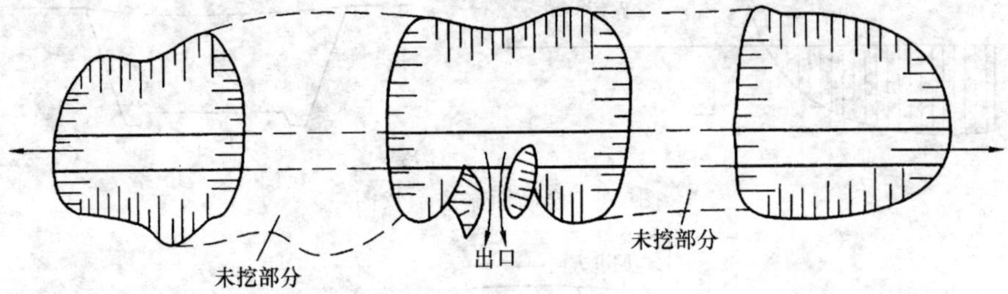

图 4-10　分段纵挖法

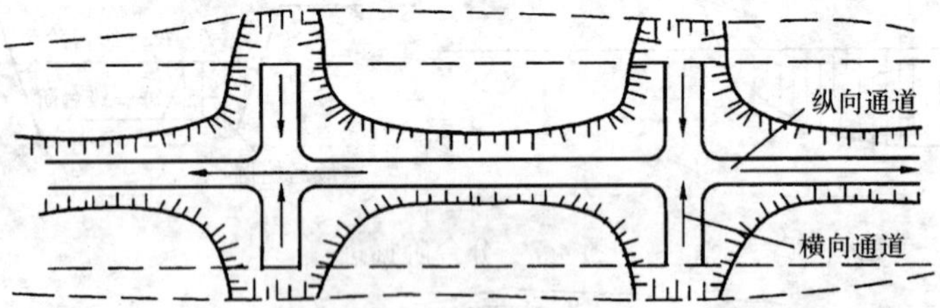

图 4-11　纵横混合开挖法

土方工程开挖施工应符合下列规定：

1)可作为路基填料的土方，应分类开挖分类使用。非适用材料应按设计要求或作为弃方按规定处理。

2)土方开挖应自上而下进行，不得乱挖超挖，严禁掏底开挖。

3)开挖过程中，应采取措施保证边坡稳定。开挖至边坡线前，应预留一定宽度，预留的宽度应保证刷坡过程中设计边坡线外的土层不受到扰动。

4)路基开挖中，基于实际情况，如需修改设计边坡坡度、截水沟和边沟的位置及尺寸时，应及时按规定报批。边坡上稳定的孤石应保留。

5)开挖至零填、路堑路床部分后，应尽快进行路床施工。如不能及时进行，宜在设计路床顶标高以上预留至少 300 mm 厚的保护层。

6)应采取临时排水措施，确保施工作业面不积水。

7)挖方路基路床顶面终止标高，应考虑因压实而产生的下沉量，其值通过试验确定。

2. 岩石开挖

按开挖难易程度，比较坚硬的路基土(Ⅲ级土)俗称岩石。岩石开挖方法有爆破法、松土法或破碎法见表 4-4。开挖前应根据工程地质勘探资料，按照路基土的类别、风化程度、节理发育程度等来确定开挖方式及开挖工具。对软石和强风化岩石能用机械直接开挖的应采用机械开挖；石方量小，工期允许时，也可采用人工开挖。凡不能使用机械或人工直接开挖的岩石，应采用爆破法开挖。

石方工程开挖施工应符合下列规定。

1)石方开挖应根据岩石的类别、风化程度、岩层产状、岩体断裂构造、施工环境等因素确定开挖方案。

2)深挖路基施工，应逐级开挖，逐级按设计要求进行防护。

表 4-4 岩石开挖方法

项目	内容
爆破法开挖	即用炸药在瞬间产生的爆炸力来破碎和抛掷岩石。凡采用爆破法开挖的路段，应根据施工范围内外的架空缆线的位置、高度，地下管线的位置、埋深，建筑物的结构类型、距离，在确保安全的前提下制定爆破开挖方案。并根据国家《爆破安全规程》(GB 6722—2003)的规定编制爆破材料的购买、运输、储存、保管、工作面划分与布置起爆、除危、清渣等规章制度
松土法开挖	即充分利用岩体自身存在的各种裂面和结构面，用推土机牵引的松土器将岩体翻碎，再用推土机或装载机与自卸汽车配合，将翻松的岩块搬运出去。松土法避免了爆破法所具有的危险性，而且有利于开挖边坡的稳定及附近建筑物的安全，作业效率也高
破碎法开挖	即用破碎机凿碎岩块，再挖运出去。适用于岩体裂缝较多、岩块体积较小、抗压强度低于100 MPa的岩石，但其工作效率较低

3)爆破作业必须符合《爆破安全规程》(GB 6722—2003)。爆破施工组织设计应按相关规定报批。

4)石方开挖严禁采用峒式爆破，近边坡部分宜采用光面爆破或预裂爆破。

5)爆破法开挖石方，应先查明空中缆线、地下管线的位置、开挖边界线外可能受爆破影响的建筑物结构类型、居民居住情况等，然后制定详细的爆破技术安全方案。

6)爆破开挖石方宜按以下程序进行：爆破影响调查与评估→爆破施工组织设计→培训考核、技术交底→主管部门批准→清理爆破区施工现场的危石等→炮眼钻孔作业→爆破器材检查测试→炮孔检查合格→装炸药及安装引爆器材→布设安全警戒岗→堵塞炮孔→撤离施爆警戒区和飞石、震动影响区的人、畜等→爆破作业信号发布及作业→清除盲炮→解除警戒→测定、检查爆破效果(包括飞石、地震波及对施爆区内构造物的损伤、损失等)。

7)边坡整修及检验：

①挖方边坡应从开挖面往下分段整修，每下挖 2～3 m，宜对新开挖边坡刷坡，同时清除危石及松动石块；

②石质边坡不宜超挖；

③石质边坡质量要求：边坡上无松石、危石。

8)路床清理及验收：

①欠挖部分必须凿除。超挖部分应采用无机结合料稳定碎石或级配碎石填平碾压密实，严禁用细粒土找平。

②石质路床底面有地下水时，可设置渗沟进行排导，渗沟宽度不宜小于 100 mm，横坡不宜小于 0.6%。渗沟应用坚硬碎石回填。

③石质路床的边沟应与路床同步施工。

二、路基填方

路基施工应做好施工期临时排水总体规划和建设，临时排水设施应与永久性排水设施综合考虑，并与工程影响范围内的自然排水系统相协调。

1. 路基填料

(1)含草皮、生活垃圾、树根、腐殖质的土严禁作为填料。

(2)泥炭、淤泥、冻土、强膨胀土、有机质土及易溶盐超过允许含量的土，不得直接用于填筑路基；确需使用时，必须采取技术措施进行处理，经检验满足设计要求后方可使用。

(3)液限大于50%、塑性指数大于26、含水量不适宜直接压实的细粒土，不得直接作为路堤填料；需要使用时，必须采取技术措施进行处理，经检验满足设计要求后方可使用。

(4)粉质土不宜直接填筑于路床，不得直接填筑于冰冻地区的路床及浸水部分的路堤。

(5)填料强度和粒径应符合表4-5的规定。

表4-5　路基填料最小强度和最大粒径要求

填料应用部位(路面底标高以下深度，m)		填料最小强度(CBR)(%)			填料最大粒径(mm)
		高速公路一级公路	二级公路	三、四公路	
路堤	上路床(0～0.30)	8	6	5	100
	下路床(0.30～0.80)	5	4	3	100
	上路堤(0.80～1.50)	4	3	3	150
	下路堤(>1.50)	3	2	2	150
零填及挖方路基	(0～0.30)	8	6	5	100
	(0.30～0.80)	5	4	3	100

注：1. 表列强度按《公路土工试验规程》(JTG E40—2007)规定的浸水96 h的CBR试验方法测定。

2. 三、四级公路铺筑沥青混凝土和水泥混凝土路面时，应采用二级公路的规定。

3. 表中上、下路堤填料最大粒径150 mm的规定不适用于填石路堤和土石路堤。

2. 路堤施工

(1)施工取土。

1)路基填方取土，应根据设计要求，结合路基排水和当地土地规划、环境保护要求进行，不得任意挖取。

2)施工取土应不占或少占良田，尽量利用荒坡、荒地，取土深度应结合地下水等因素考虑，利于复耕。原地面耕植土应先集中存放，以利再用。

3)自行选定取土方案时，应符合下列技术要求：

①地面横向坡度陡于1∶10时，取土坑应设在路堤上侧。

②桥头两侧不宜设置取土坑。

③取土坑与路基之间的距离，应满足路基边坡稳定的要求。取土坑与路基坡脚之间的护坡道应平整密实，表面设1%～2%向外倾斜的横坡。

④取土坑兼作排水沟时，其底面宜高出附近水域的常水位或与永久排水系统及桥涵出水口的标高相适应，纵坡不宜小于0.2%，平坦地段不宜小于0.1%。

⑤线外取土坑等与排水沟、鱼塘、水库等蓄水(排洪)设施连接时，应采取防冲刷、防污染的措施。

4)对取土造成的裸露面，应采取整治或防护措施。

(2)选择施工机械，应考虑工程特点、土石种类及数量、地形、填挖高度、运距、气候条件、工期等因素，经济合理地确定。填方压实应配备专用碾压机具。

(3)土质路基压实度应符合表4-6的规定。

表4-6　土质路基压实度标准

填挖类型		路床顶面以下深度(m)	压实度(%)		
			高速公路一级公路	二级公路	三、四级公路
路堤	上路床	0～0.30	≥96	≥95	≥94
	下路床	0.30～0.80	≥96	≥95	≥94
	上路堤	0.80～1.50	≥94	≥94	≥93
	下路堤	>1.50	≥93	≥92	≥90
零填及挖方路基		0～0.30	≥96	≥95	≥94
		0.30～0.80	≥96	≥95	—

注：1. 表列压实度以《公路土工试验规程》(JTG E40—2007)重型击实试验法为准。

2. 三、四级公路铺筑水泥混凝土路面或沥青混凝土路面时，其压实度应采用二级公路的规定值。

3. 路堤采用特殊填料或处于特殊气候地区时，压实度标准根据试验路在保证路基强度要求的前提下可适当降低。

4. 特别干旱地区的压实度标准可降低2%～3%。

(4)压实度检测应符合以下规定：

1)用灌砂法、灌水(水袋)法检测压实度时，取土样的底面位置为每一压实层底部；用环刀法试验时，环刀中部处于压实层厚的1/2深度；用核子仪试验时，应根据其类型，按说明书要求办理。

2)施工过程中，每一压实层均应检验压实度，检测频率为每1 000 m^2 至少检验2点，不足1 000 m^2 时检验2点，必要时可根据需要增加检验点。

(5)路堤填筑至设计标高并整修完成后，其施工质量应符合表4-7的规定。

表4-7　土质路堤施工质量标准

检查项目	允许偏差			检查方法或频率
	高速公路、一级公路	二级公路	三、四级公路	
路基压实度	符合规定	符合规定	符合规定	施工记录
弯沉	不大于设计值	不大于设计值	不大于设计值	—
纵断高程(mm)	+10 −15	+10 −20	+10 −20	每200 m测4断面
中线偏位(mm)	50	100	100	每200 m测4点弯道加HY、YH两点
宽度	不小于设计值	不小于设计值	不小于设计值	每200 m测4处
平整度(mm)	15	20	20	3 m直尺：每200 m测2处×10尺

续上表

检查项目	允许偏差			检查方法或频率
	高速公路、一级公路	二级公路	三、四级公路	
横坡(%)	±0.3	±0.5	±0.5	每200 m测4个断面
边坡坡度	不陡于设计坡度	不陡于设计坡度	不陡于设计坡度	每200 m抽查4处

3. 土质路堤

(1)地基表层处理应符合下列规定。

1)二级及二级以上公路路堤基底的压实度应不小于90%;三、四级公路应不小于85%。路基填土高度小于路面和路床总厚度时,基底应按设计要求处理。

2)原地面坑、洞、穴等,应在清除沉积物后,用合格填料分层回填分层压实。

3)泉眼或露头地下水,应按设计要求,采取有效导排措施后方可填筑路堤。

4)地基为耕地、土质松散、水稻田、湖塘、软土、高液限土等时,应按设计要求进行处理,局部软弹的部分也应采取有效的处理措施。

5)地下水位较高时,应按设计要求进行处理。

6)陡坡地段、土石混合地基、填挖界面、高填方地基等都应按设计要求进行处理。

(2)路堤填筑应符合下列规定:

1)性质不同的填料,应水平分层、分段填筑,分层压实。同一水平层路基的全宽应采用同一种填料,不得混合填筑。每种填料的填筑层压实后的连续厚度不宜小于500 mm。填筑路床顶最后一层时,压实后的厚度应不小于100 mm。

2)对潮湿或冻融敏感性小的填料应填筑在路基上层。强度较小的填料应填筑在下层。在有地下水的路段或临水路基范围内,宜填筑透水性好的填料。

3)在透水性不好的压实层上填筑透水性较好的填料前,应在其表面设2%~4%的双向横坡,并采取相应的防水措施。不得在由透水性较好的填料所填筑的路堤边坡上覆盖透水性不好的填料。

4)每种填料的松铺厚度应通过试验确定。

5)每一填筑层压实后的宽度不得小于设计宽度。

6)路堤填筑时,应从最低处起分层填筑,逐层压实;当原地面纵坡大于12%或横坡陡于1∶5时,应按设计要求挖台阶,或设置坡度向内并大于4%、宽度大于2m的台阶。

7)填方分几个作业段施工时,接头部位如不能交替填筑,则先填路段,应按1∶1坡度分层留台阶;如能交替填筑,则应分层相互交替搭接,搭接长度不小于2 m。

4. 填石路堤

(1)填料应符合以下规定。

1)膨胀岩石、易溶性岩石不宜直接用于路堤填筑,强风化石料、崩解性岩石和盐化岩石不得直接用于路堤填筑。

2)路堤填料粒径应不大于500 mm,并不宜超过层厚的2/3,不均匀系数宜为15~20。路床底面以下400 mm范围内,填料粒径应小于150 mm。

3)路床填料粒径应小于100 mm。

(2)基底处理应符合以下规定。

1)承载力应满足设计要求。

2)在非岩石地基上，填筑填石路堤前，应按设计要求设过渡层。

(3)填筑应符合以下规定。

1)路堤施工前，应先修筑试验路段，确定满足表 4-8 中孔隙率标准的松铺厚度、压实机械型号及组合、压实速度及压实遍数、沉降差等参数。

2)路床施工前，应先修筑试验路段，确定能达到最大压实干密度的松铺厚度、压实机械型号及组合、压实速度及压实遍数、沉降差等参数。

3)二级及二级以上公路的填石路堤应分层填筑压实。二级以下砂石路面公路在陡峻山坡地段施工特别困难时，可采用倾填的方式将石料填筑于路堤下部，但在路床底面以下不小于 1.0 m 范围内仍应分层填筑压实。

4)岩性相差较大的填料应分层或分段填筑。严禁将软质石料与硬质石料混合使用。

5)中硬、硬质石料填筑路堤时，应进行边坡码砌，码砌边坡的石料强度、尺寸及码砌厚度应符合设计要求。边坡码砌与路基填筑宜基本同步进行。

6)压实机械宜选用自重不小于 18 t 的振动压路机。

7)在填石路堤顶面与细粒土填土层之间应按设计要求设过渡层。

(4)填石路堤施工质量应符合以下规定。

1)上下路堤的压实质量标准见表 4-8。

表 4-8　填石路堤上、下路堤压实质量标准

分区	路面底面以下深度(m)	硬质石料孔隙率(%)	中硬石料孔隙率(%)	软质石料孔隙率(%)
上路堤	0.8～1.50	≤23	≤22	≤20
下路堤	>1.50	≤25	≤24	≤22

2)填石路堤施工过程中的每一压实层，可用试验路段确定的工艺流程和工艺参数，控制压实过程；用试验路段确定的沉降差指标检测压实质量。

3)填石路堤填筑至设计标高并整修完成后，其施工质量应符合表 4-9 的规定。

表 4-9　填石路堤施工质量标准

检测项目	允许偏差		检查方法或频率
	高速公路、一级公路	其他公路	
压实度	符合试验路确定的施工工艺		施工记录
	沉降差不大于试验路确定的沉降差		水准仪：每 40 m 检测一个断面，每个断面检测 5～9 点
纵面高程(mm)	+10 −20	+10 −30	水准仪：每 200 m 测 4 个断面
弯沉	不大于设计值		—
中线偏位(mm)	50	100	经纬仪：每 200 m 测 4 点 弯道加 HY、YH 两点
宽度	不小于设计值		米尺：每 200 m 测 4 处

续上表

检测项目		允许偏差		检查方法或频率
		高速公路、一级公路	其他公路	
平整度(mm)		20	30	3 m直尺:每200 m测4点×10尺
横坡(%)		±0.3	±0.5	水准仪:每200 m测4个断面
边坡	坡度	不陡于设计值		每200 m抽查4处
	平顺度	符合设计要求		

4)填石路堤成型后的外观质量标准:路堤表面无明显孔洞。大粒径石料不松动,铁锹挖动困难。边坡码砌紧贴、密实,无明显孔洞、松动,砌块间承接面向内倾斜,坡面平顺。

5. 土石路堤

(1)填料应符合以下规定:

1)膨胀岩石、易溶性岩石等不宜直接用于路堤填筑,崩解性岩石和盐化岩石等不得直接用于路堤填筑。

2)天然土石混合填料中,中硬、硬质石料的最大粒径不得大于压实层厚的2/3;石料为强风化石料或软质石料时,其CBR值应符合表4-5的规定,石料最大粒径不得大于压实层厚。

(2)在陡、斜坡地段,土石路堤靠山一侧应按设计要求,做好排水和防渗处理。

(3)填筑应符合以下规定:

1)压实机械宜选用自重不小于18 t的振动压路机。

2)施工前,应根据土石混合材料的类别分别进行试验路段施工,确定能达到最大压实干密度的松铺厚度、压实速度及压实遍数、沉降差等参数。

3)土石路堤不得倾填,应分层填筑压实。

4)碾压前应使大粒径石料均匀分散在填料中,石料间孔隙应填充小粒径石料、土和石渣。

5)压实后透水性差异大的土石混合材料,应分层或分段填筑,不宜纵向分幅填筑;如确需纵向分幅填筑,应将压实后渗水良好的土石混合材料填筑于路堤两侧。

6)土石混合材料来自不同料场,其岩性或土石比例相差较大时,宜分层或分段填筑。

7)填料由土石混合材料变化为其他填料时,土石混合材料最后一层的压实厚度应小于300 mm,该层填料最大粒径宜小于150 mm,压实后,该层表面应无孔洞。

8)中硬、硬质石料的土石路堤,应进行边坡码砌,码砌边坡的石料强度、尺寸及码砌厚度应符合设计要求。边坡码砌与路堤填筑宜基本同步进行。软质石料土石路堤的边坡按土质路堤边坡处理。

(4)中硬、硬质石料土石路堤质量应符合以下规定:

1)施工过程中的每一压实层,可用试验路段确定的工艺流程和工艺参数,控制压实过程;用试验路段确定的沉降差指标,检测压实质量。

2)路基成型后质量应符合表4-9的规定。

(5)土石路堤的外观质量标准:路基表面无明显孔洞;大粒径填石无松动,铁锹挖动困难;中硬、硬质石料土石路基边坡码砌紧贴、密实,无明显孔洞、松动,砌块间承接面应向内倾斜,坡面平顺。

6. 高填方路堤

(1)高填方路堤填料宜优先采用强度高、水稳性好的材料,或采用轻质材料。受水淹、浸的部分,应采用水稳性和透水性均好的材料。

(2)基底处理应符合下列规定:

1)基底承载力应满足设计要求。特殊地段或承载力不足的地基应按设计要求进行处理。

2)覆盖层较浅的岩石地基,宜清除覆盖层。

(3)高填方路堤填筑应符合下列规定:

1)施工中应按设计要求预留路堤高度与宽度,并进行动态监控。

2)施工过程中宜进行沉降观测,按照设计要求控制填筑速率。

3)高填方路堤宜优先安排施工。

三、路基压实

1. 一般土路基的压实

路基压实施工的要点包括选择压实机具、压实方法,确定压实度,确定填料的含水量,采用正确方法压实,检查路基压实质量等。

(1)选择压实机具。为了保证路基压实度的要求,一般采用机械压实,选择压实机具应综合考虑路基土性质、工程量的大小、施工条件和工期气候条件以及压实机具的效率等。常用压实机械的技术特性见表 4-10。

表 4-10 常用压实机械的技术特性

机具类型	适用范围	最佳压实厚度(cm)		压实遍数	
		黏质土	非黏质土	黏质土	非黏质土
人工夯	黏质或非黏质土	10	10	3～4	2～3
拖式光面碾	黏质或非黏质土	15～25	15～25	8～12	3～5
5 t 自行光面碾	黏质或非黏质土	10～15	10～15	10～12	6～9
拖式中型羊足碾	黏质土	15～20	—	10～12	—
拖式光面碾	黏质或非黏质土	20～30	—	8～10	—
拖式光面碾	黏质或非黏质土	30～40	35～40	6～8	2～3
拖式光面碾	黏质或非黏质土	80～120	120～150	2～4	2～4
拖式光面碾	黏质或非黏质土	—	35～40	—	2～3
拖式光面碾	黏质或非黏质土	20	20	6～8	6～8

填方路基的压实填筑路堤要求分层铺筑,分层碾压密实,各种土质适宜的碾压机械见表 4-11。

表 4-11 各种土质适宜的碾压机械

土的类型 / 机械名称	细粒土	砂粒土	砾类土	巨粒土	适用情况
6～8 t 光轮压路机	A	A	A	A	预压整平
12～18 t 光轮压路机	A	A	A	A	常用加压

续上表

机械名称 \ 土的类型	细粒土	砂粒土	砾类土	巨粒土	适用情况
25～30 t 轮胎压路机	A	A	A	A	常用加压
羊足碾	A	CB	C	C	须光轮压路机配合使用
振动压路机	B	A	A	A	常用
手扶式振动压路机	B	A	A	C	用于狭窄地
振动平板夯	B	A	A	BC	用于狭窄地
夯锤	A	A	A	A	夯击影响深度最大
推土机、铲运机	A	A	A	A	用于推平土层和预压
振动冲击夯	A	A	A	C	用于狭窄地

注：表中 A 代表适用；B 代表无适当机械时可用；C 代表不适用。

(2)确定路基压实度。粉煤灰路堤压实度标准见表 4-12。

表 4-12　粉煤灰路堤压实度标准

填挖类型		路床顶面以下深度(m)	压实度(%)			注意事项
			高速公路 一级公路	二级公路	三、四级公路	
路堤	上路床	0～0.30	≥96	≥95	≥94	特别干旱或潮湿地区的压实度标准可降低1%～2%
	下路床	0.30～0.80	≥96	≥95	≥94	
	上路堤	0.80～1.50	≥94	≥94	≥93	
	下路堤	>1.50	≥93	≥92	≥90	
零填及挖方路基		0～0.30	≥96	≥95	≥94	
		0.30～0.80	≥96	≥95	—	

(3)确定填料的含水量。铺土前应做标准击实试验确定填料的最佳含水量和最大干密度。碾压应在接近最佳含水量时迅速进行，一般控制在最佳含水量误差 2%以内压实。当含水量过大须翻松、晾干或呛灰处理。对过干土可以均匀加水使其达到最佳含水量，需要的加水量可按下式计算。加水宜在前一天均匀喷洒于土堆或取土坑表面，使其渗入土中。喷洒后要适当拌和均匀，以防止干湿不均。

$$m=(w-w_0)Q/(1+w_0)$$

式中　m——所需加水量(kg)；

w_0——土原来的含水量(以小数计)；

w——土的压实最佳含水量(以小数计)；

Q——需要加水的土的总质量(kg)。

(4)采用正确方法压实。道路土基填方，要特别控制压实松铺土厚度，不应使其大于30 cm。宜做试验路段，并按试验结果确定松铺土厚度。

机械填筑整平压实，可用铲运机、推土机配合自卸汽车推运土料填筑路堤，分层填土，且自中线向两边设置2%～4%的横向坡度，及时碾压。雨期施工更应注意设置较大横坡和随铺随压，保证当班填铺的土层达到规定压实度。

经检查填土松铺厚度、平整度及含水量，符合要求后进行碾压。压路机碾压路基时，应遵循先轻后重、先稳后振、先低后高、先慢后快以及轮迹重叠等原则，根据现场压实度试验提供的松铺厚度和控制压实遍数进行压实。若控制压实遍数超过10遍，应考虑减少填土层厚，经检验合格后，方可转入下道工序，以防止填土层底部达不到规定压实度。

采用振动压路机碾压时，第一遍应不振动静压，然后由慢到快、由弱到强进行压实。各种压路机开始碾压时，均应慢速，最快不要超过4 km/h。碾压直线段由边到中，小半径曲线段由内侧向外侧，纵向进退进行。碾压轮迹重叠1/3以上，纵、横向碾压接头必须重叠，并压至填土层表面平整，无松散、发裂，无明显轮迹即可取样检验压实度。

(5)检查路基压实质量。压实度K是工地实测干密度γ与室内标准击实试验得到的最大干密度γ_0之比，其值按下式计算。压实度K应满足表4-6的要求。

$$K=\frac{\gamma}{\gamma_0}\times 100\%$$

2.路堑及其他部位填土的压实

(1)路堑压实。路堑、零填路基的路床表面30 cm内的土质必须符合规范对土质的要求，否则要换填符合要求的土。土质合格的也要经过压实，检验压实度。

(2)桥涵及其他构筑物处填土压实见表4-13。

表4-13　桥涵及其他构筑物处填土压实

项　目	内　容
桥涵两侧填土	填土底部与桥台基础距离应不小于2 m，桥台顶部距翼墙端部应不小于桥台高度加2 m；拱桥的桥台填土顶部宽度应不小于台高的3～4倍；涵洞顶部填土每侧不小于2倍的孔径。桥涵两侧、挡土墙后背及修建在路基范围内的其他构筑物周边，宜采用砂类土、砾石类土等透水性能好的填料填筑；也可采用粉煤灰、石灰土填筑，并要分层对称填筑。主干路松铺厚度应不大于15 cm，其他等级道路松铺厚度宜小于20 cm。桥台填土宜与锥坡填土同时进行
挡土墙填土	挡土墙的填料、分层应与桥涵填土相同，填土层顶部应做成向外倾斜的横坡。设有泄水孔的挡土墙，孔周反滤层施工应与填土同步进行
收水井周边、管沟填土	宜采用细粒土或粗中砂回填。细粒土松铺厚度宜为15 cm左右，中粗砂宜为20 cm一层。填料中不得含有大于5 cm的石块、砖碴。填筑时，在井和管沟两边应对称进行

项　目	内　容
检查井周填土	检查井周 40 cm 范围内，不宜采用细粒土回填，而应采用砂、砂砾土或石灰土回填。砂、砂砾土的松铺厚度不宜大于 20 cm，石灰土的松铺厚度宜为 15 cm 左右。填筑应沿井室中心对称进行

3. 填石路基的压实

填石(土石)路堤应采用 18 t 以上的重型振动压路机或 25 t 以上的轮胎压路机碾压。水中填石高出水面 50 cm 左右宜先用 2.5 t 以上的夯锤先夯击，再用振动压路机碾压。场地狭窄处，半填路段的砂砾料，宜采用手扶振动压路机或振动夯，分层(每层 15～20 cm)压(夯)实。

(1)路基压实前，应用大型推土机将石料摊铺平整，个别不平处，应人工配合用石屑进行调平碾压。

(2)填石(土石)路基压实，应按先两侧后中间的方法进行，压实路线应纵向平行，碾压行进速度、压轮重叠宽度与土路基压实相同，经反复碾压至无下沉、顶面无明显高低差为止。

(3)当采用重锤夯击时，以落锤锤击不下沉且发生弹跳为度。下一锤位置应与原夯击面重叠 40～50 cm，相邻区段应重叠 1～1.5 m。

4. 高填方路堤的压实

高填方路堤的施工除要满足一般路堤的施工技术要求外，还要注意基底的承载力、路堤的沉降和路堤稳定性。当路基松软虽经碾压仍不能满足设计要求的承载强度和回弹模量时，必须进行加固处理。

四、特殊土路基施工要求

1. 湿黏土路基

(1)基底为软土时，应按设计要求进行处治。

(2)不同类的填料，不得填筑在同一压实层上。

(3)路堤填筑时，每层宜设 2%～3%的横坡。当天的填土，宜当天完成压实。

(4)填筑层压实后，应采取措施防止路基工作面曝晒失水。

(5)水稻田地段路基施工，应符合下列规定：

1)水稻田地段路基施工，不得影响农田排灌。

2)施工前应采取措施排除公路用地范围内的地表水。疏干地表水确有困难时，应按设计要求进行处治。

3)二级及二级以上公路路堑段，应在边坡顶适当距离外，筑埂并挖截水沟；土质、风化岩石边坡，应浆砌护墙或护坡；路堑路段宜加大边沟尺寸并采用浆砌。

(6)河、塘、湖地段路堤施工应符合以下规定：

1)受水浸、润作用的路堤部分，宜用水稳性好、塑性指数不大于 6、压缩性小、不易风化的透水性填料填筑。

2)在洪水淹没地段的路堤两侧不得取土；三、四级公路，特殊情况下，可在下游侧距路堤安全距离外取土。

3)两侧水位差较大的河滩路堤，根据具体情况，宜放缓下游一侧边坡、设滤水趾和反滤层、在基底设隔渗墙或隔渗层。

4)防洪工程应在洪水期前完成，施工期间应注意防洪。

(7)多雨潮湿地区路基施工应符合下列规定：

1)多雨潮湿地区施工，应注意排水。机具停放地、库房、生活区域应选在地势较高不易被水淹的地点，并有完善的排水防洪设施。

2)多雨潮湿地区，应按设计要求对基底过湿土层进行处理。

2. 软土地区路基

(1)软土地基处治前，应复核处治方案的可行性，编制实施性施工组织设计。

(2)软土地基处治材料的选用及处治方案，宜因地制宜、就地取材。

(3)浅层处治。

1)换填施工应符合下列规定：

①换填料应选用水稳性或透水性好的材料；

②回填应分层填筑、压实。

2)抛石挤淤施工应符合下列规定：

①应选用不易风化的片石，片石厚度或直径不宜小于 300 mm。

②软土地层平坦、软土成流动状时，填筑应沿路基中线向前成三角形方式投放片石，再渐次向两侧全宽范围扩展。当软土地层横坡陡于 1∶10 时，应自高侧向低侧填筑，并在低侧坡脚外一定宽度内同时抛填形成片石平台。

③片石抛填出软土面后，应用较小石块填塞垫平，并碾压密实。

(4)砂(砾)垫层。

1)垫层材料宜采用无杂物的中、粗砂，含泥量应小于 5%；也可采用天然级配砂砾料，其最大粒径应小于 50 mm，砾石强度不低于四级。

2)垫层宜分层摊铺压实，碾压到规定的压实度。垫层采用砂砾料时，应避免粒料离析。

3)垫层宽度应宽出路基边脚 500～1 000 mm，两侧宜用片石护砌或采用其他方式防护。

(5)土工合成材料。

1)土工合成材料技术、质量指标应满足设计要求。土工合成材料在存放以及铺设过程中应避免长时间曝晒或暴露。与土工合成材料直接接触的填料中严禁含强酸性、强碱性物质。

2)土工合成材料施工应符合以下规定。

①下承层应平整，摊铺时应拉直、平顺，紧贴下承层，不得扭曲、折皱。在斜坡上摊铺时，应保持一定松紧度。

②铺设土工合成材料，应在路堤每边各留一定长度，回折覆裹在已压实的填筑层面上，折回外露部分应用土覆盖。

③土工合成材料的连接，采用搭接时，搭接长度宜为 300～600 mm；采用缝接时，缝接宽度应不小于 50 mm，缝接强度应不低于土工合成材料的抗拉强度；采用粘结时，黏合宽度应不小于 50 mm，黏合强度应不低于土工合成材料的抗拉强度。

④施工中应采取措施防止土工合成材料受损，出现破损时应及时修补或更换。

⑤双层土工合成材料上、下层接缝应错开，错开长度应大于 500 mm。

(6)袋装砂井。

1)中、粗砂中大于 0.6 mm 颗粒的含量宜占总重的 50%以上，含泥量小于 3%，渗透系数大于 5×10^{-2} mm/s。砂袋的渗透系数应不小于砂的渗透系数。

2)袋装砂井施工应符合以下规定：

①砂袋露天堆放时应有遮盖，不得长时间曝晒。

②砂袋应垂直下井，不得扭结、缩颈、断裂、磨损。

③拔钢套管时如将砂袋带出或损坏，应在原孔位边缘重打；连续两次将砂袋带出时，应停止施工，查明原因并处理后方可施工。

④砂袋在孔口外的长度，应能顺直伸入砂垫层至少 300 mm。

3)袋装砂井施工质量应符合表 4-14 的规定。

表 4-14　袋装砂井施工质量标准

项目	允许偏差	检查方法和频率
井距(mm)	±150	抽查 3%
井长	不小于设计值	查施工记录
井径(mm)	+10 0	挖验 3%
竖直度(%)	1.5	查施工记录
灌砂率(%)	+5 0	查施工记录

(7)塑料排水板。

1)塑料排水板技术、质量指标应符合设计要求。露天堆放应有遮盖，不得长时间曝晒。

2)塑料排水板施工应符合以下规定：

①现场堆放的塑料排水板，应采取措施防止损坏滤膜。

②塑料排水板超过孔口的长度应能伸入砂垫层不小于 500 mm，预留段应及时弯折埋设于砂垫层中，与砂垫层贯通，并采取保护措施。

③塑料排水板不得搭接。

④施工中防止泥土等杂物进入套管内，一旦发现应及时清除。

⑤打设形成的孔洞应用砂回填，不得用土块堵塞。

3)塑料排水板施工质量应符合表 4-15 规定。

表 4-15　塑料排水板施工质量标准

检查项目	允许偏差	检查方法和频率
板距(mm)	±150	抽查 3%
板长	不小于设计值	抽查 3%
竖直度(%)	1.5	查施工记录

(8)真空预压、真空堆载联合预压。

1)垫层材料宜采用中、粗砂，泥土杂质含量小于 5%，严禁砂中混有尖石等尖利硬物。

2)密封膜厚度宜为 0.12～0.17 mm，密封膜每边长度应大于加固区相应边 3～4 m。薄膜加工后不得存在热穿、热合不紧等现象，不宜有交叉热合缝。

3)每个加固区用 2～3 层密封膜，具体层数可根据密封膜性能确定。

4)滤管应不透砂。滤管距泥面、砂垫层顶面的距离均应大于 50 mm。滤管周围必须用砂填实，严禁架空、漏填。

5)密封沟与围堰：

①沿加固边界开挖密封沟，其深度应低于地下水位并切断透水层，内外坡应平滑。沟底宽度应大于 400 mm，密封膜与沟底黏土之间应进行密封处理。

②密封沟回填料应为不含杂质的纯黏土，不得损害密封膜。

③筑堰位置应跨密封沟的外沟沿，堰体应密实牢固。

④铺膜前，应把出膜弯管与滤管连接好，并培实砂子，同时处理好出口的连接。

6)真空表测头应埋设于砂垫层中间，每块加固区不少于 2 个真空度测点，真空管出口须防止弯折或断裂。

7)抽真空：

①抽真空持续时间应符合设计要求，设计无规定可持续 2～5 个月。

②覆盖厚度宜为 200～400 mm，膜下真空压力应持续稳定在 80 kPa 以上。

③应注意观察负压对其相邻结构物的影响。

8)真空堆载联合预压：

①路堤填筑宜在抽真空 30～40 天后开始进行，或按设计规定开始堆载；

②路堤填筑速率应符合设计规定；

③路堤填筑期间，应保持抽真空；

④路堤填筑高度达到设计标高(考虑沉降)后，应继续抽真空，路堤沉降值(或地基固结度)达到设计要求后方可停止抽真空。

9)施工监测：

①预压过程中，应进行孔隙水压力、真空压力、深层沉降量及水平位移等预压参数的监测。真空压力每隔 4h 观测一次，表面沉降每 2 d 测一次。

②当连续五昼夜实测地面沉降小于 0.5 mm/d、地基固结度已达到设计要求的 80%时，经验收，即可终止抽真空。

③停泵卸荷后 24 h，应测量地表回弹值。

(9)砂桩。

1)材料要求：采用中、粗砂，大于 0.6 mm 颗粒含量宜占总重的 50%以上，含泥量应小于 3%，渗透系数大于 5×10^{-2} mm/s。也可使用砂砾混合料，含泥量应小于 5%。

2)砂桩施工应符合以下规定：

①采用单管冲击法、一次打桩管成桩法或复打成桩法施工时，应使用饱和砂；采用双管冲击法、重复压拔法施工时，可使用含水量为 7%～9%的砂；饱和土中施工可用天然湿砂。

②地面下 1～2 m 土层应超量投砂，通过压挤提高表层砂的密实程度。

③成桩过程应连续。

④实际灌砂量未达到设计用量时，应进行处理。

3)砂桩施工质量应符合表 4-16 的规定。

表 4-16 砂桩施工质量标准

检查项目	允许偏差	检查方法和频率
桩距(mm)	±150	抽查 3%
桩长	不小于设计值	查施工记录
桩径	不小于设计值	抽查 3%

续上表

检查项目	允许偏差	检查方法和频率
竖直度(%)	1.5	查施工记录
灌砂量	不小于设计值	查施工记录

(10)碎石桩。

1)材料要求:未风化碎石或砾石,粒径宜为19～63 mm,含泥量应小于10%。

2)施工前应按规定做成桩试验。

3)根据试桩成果,严格控制水压、电流和振冲器在固定深度位置的留振时间。

4)碎石桩施工质量应符合表4-17的规定。

表4-17　砂石施工质量标准

检查项目	允许偏差	检查方法和频率
桩距(mm)	±150	抽查3%
桩径	不小于设计值	查施工记录
桩长	不小于设计值	抽查2%
竖直度(%)	1.5	查施工记录
灌碎石量	不小于设计值	查施工记录

5)碎石桩密实度抽查频率为2%,用重Ⅱ型动力触探测试,贯入量100 mm时,击数应大于5次。

(11)加固土桩。

1)材料要求:

①生石灰粒径应小于2.36 mm,无杂质,氧化镁和氧化钙总量应不小于85%,其中氧化钙含量应不小于80%。

②粉煤灰中二氧化硅和三氧化二铝含量应大于70%,烧失量应小于10%。

③水泥宜用普通或矿渣水泥。

2)加固土桩施工前必须进行成桩试验,桩数不宜少于5根,且符合下列要求:

①应取得满足设计喷入量的各种技术参数,如钻进速度、提升速度、搅拌速度、喷气压力、单位时间喷入量等。

②应确定能保证胶结料与加固软土拌和均匀性的工艺。

③掌握下钻和提升的阻力情况,选择合理的技术措施。

④根据地层、地质情况确定复喷范围。

3)应根据固化剂喷入的形态(浆液或粉体),采用不同的施工机械组合。

4)采用浆液固化剂时,制备好的浆液不得离析,不得停置过长。超过2 h的浆液应降低等级使用。浆液拌和均匀、不得有结块。供浆应连续。

5)采用粉体固化剂时,应符合以下规定:

①严格控制喷粉标高和停粉标高,不得中断喷粉,确保桩体长度;严格控制粉喷时间、停粉时间和喷入量。应采取措施防止桩体上下喷粉不匀、下部剂量不足、上下部强度差异大等问题,应按设计要求的深度复搅。

②当钻头提升到地面以下小于500 mm时,送灰器停止送灰,用同剂量的混合土回填。

③如喷粉量不足，应整桩复打，复打的喷粉量不小于设计用量。因故喷粉中断时，必须复打，复打重叠长度应大于 1 m。

④施工设备必须配有自动记录的计量系统。

⑤钻头直径的磨损量不得大于 10 mm。

6)加固土桩施工质量应符合表 4-18 的规定。

表 4-18　加固土桩施工质量标准

项目	允许偏差	检查方法和频率
桩距(mm)	±100	抽查桩数 3%
桩径	不小于设计值	抽查桩数 3%
桩长	不小于设计值	喷粉(浆)前检查钻杆长度，成桩 28 d 后钻孔取芯 3%
竖直度(%)	不大于 1.5	抽查桩数 3%
单桩每延米喷粉(浆)量(%)	不小于设计值	查施工记录
桩体无侧限抗压强度	不小于设计值	成桩 28 天后钻孔取芯，桩体三等分段各取芯样一个，成桩数的 3%
单桩或复合地基承载力	不小于设计值	成桩数的 0.2%，并不少于 3 根

(12)水泥粉煤灰碎石桩。

1)材料要求。

①集料：应根据施工方法，选择合理的集料级配和最大粒径。

②水泥：宜选用普通硅酸盐水泥。

③粉煤灰：宜选用袋装Ⅱ、Ⅲ级粉煤灰。

2)施工前应进行成桩试验，试桩数量宜为 5～7 根。

3)水泥粉煤灰碎石桩施工应符合以下规定：

①桩体施工应选择合理的施打顺序，避免对已成桩造成损害；

②成桩过程中，应对已打桩的桩顶进行位移监测；

③混合料应拌和均匀。

4)水泥粉煤灰碎石桩施工质量应符合表 4-19 的规定。

表 4-19　水泥粉煤灰碎石桩施工质量标准

检查项目	允许偏差	检查方法和频率
桩距(mm)	±100	抽查桩数 3%
桩径	不小于设计值	抽查桩数 3%
桩长	不小于设计值	施工记录
竖直度(%)	1	抽查桩数 3%
桩体强度	不小于设计值	取芯法，总桩数的 5%
单桩和复合地基承载力	不小于设计值	成桩数的 0.2%，并不少于 3 根

(13)Y 型沉管灌注桩。

1)粗集料宜优先选用卵石;采用碎石,宜适当增加含砂率;集料最大粒径不宜大于63 mm。混凝土坍落度宜为 80～100 mm,在运输和灌注过程中无离析、泌水。

2)桩尖、桩帽混凝土强度不宜低于 C30。

3)邻近有建筑物(构筑物)时,应采取有效的隔振措施。

4)桩基定位点及施工区附近的水准点应设置在不受桩基施工影响处。

5)群桩施工,应合理设计打桩顺序、控制打桩速度,防止影响邻桩成桩质量。

6)沉管前,宜在桩管内先灌入高 1.5 m 左右的封底混凝土,方可开始沉管。

7)灌注混凝土的充盈系数不得小于 1。

8)拔管速度应保持在 1.0～1.2 m/min,桩管埋入混凝土深度应大于 1 m。

9)Y 型沉管灌注桩施工质量应符合表 4-20 的规定。

表 4-20　Y 型沉管灌注桩质量标准

项目	允许偏差	检查方法和频率
桩距(mm)	±100	用尺量,桩数 5%
沉桩深度	不小于设计值	用尺量,桩数 20%
桩横截面积	不小于设计值	用尺量,桩数 5%
竖直度(%)	不大于 1	查沉孔记录
混凝土抗压强度	在合格标准内	每根桩 2 组,每台班至少 2 组
单桩承载力	不小于设计值	桩数的 0.2%,并不少于 3 根
桩身完整性	无明显缺陷	低应变测试,桩数 10%

(14)薄壁筒型沉管灌注桩。

1)混凝土粗集料宜优先选用卵石,卵石最大粒径为 63 mm;采用碎石,宜适当增加含砂率,碎石最大粒径为 37.5 mm。混凝土坍落度宜为 80～150 mm,在运输和灌注过程中无离析、泌水。

2)桩尖、桩帽混凝土强度不宜低于 C30。桩尖表面应平整、密实,桩尖内外面圆度偏差不得大于 1%,桩尖端头支承面应平整。

3)临近有建筑物时,应采取有效的隔振措施。

4)在软土地基上打群桩时,应合理设计打桩顺序、控制打桩速度。

5)桩基定位点及施工区附近所设的水准点应设置在不受桩基施工影响处。

6)沉管工艺应符合下列规定:

①成孔器安装时,应控制底部套筒环形空隙(即成桩壁厚)的均匀性,环隙偏差小于 5 mm 后方可固定上端法兰或缩压夹持器。

②沉孔之前,必须使桩尖与成孔器内、外钢管的空腔密封,确保在全部沉孔过程中水不会渗入空腔内。

③浇筑混凝土前,应检测孔底有无渗水和淤泥。

7)浇筑混凝土应符合下列规定:

①桩管内混凝土灌满后,先振动 5～10 s,再边振动边拔管,控制拔管速度均匀、保持管内混凝土高度不少于 2 m。穿越特别软弱土层时,拔管速度宜控制在 1.0～1.2 m/min。

②采取间歇性振动,即灌入 2 m 高度混凝土后,提升振动一次,不宜连续振动而不提升。

③在沉孔及提升成孔器时,必须控制成孔器的垂直度。

④浇注后的桩顶标高应大于设计标高 500 mm。

8)薄壁筒型沉管灌注桩施工质量应符合表 4-21 的规定。

表 4-21　薄壁筒型沉管灌注桩施工质量标准

项目	允许偏差	检查方法和频率
桩距(mm)	±100	尺量,桩数 5%
桩外径	不小于设计值	尺量,桩数 5%
沉桩深度	不小于设计值	尺量,桩数 20%
筒壁厚度	不小于设计值	尺量,桩数 5%
竖直度(%)	不大于 1	查沉孔记录
混凝土抗压强度	合格	每工作台班留 2 组试件, 每根桩至少 1 组试件
单桩承载力	不小于设计值	总桩数的 0.2%,并不少于 3 根
桩身完整性	无明显缺陷	低应变测量试,桩数 10%

(15)静压管桩。

1)管桩堆放场地,必须平整、坚实,应有排水措施,不得产生不均匀沉陷。

2)施工前检查成品桩,先张法薄壁预应力混凝土管桩应符合《先张法预应力混凝土管桩》(GB 13476—2009)的规定、《先张法预应力混凝土薄壁管桩》(JC 888—2001)的规定。采用蒸气养护时应在常温下静置 3 d 以上。

3)焊接接桩:

①接桩时,上、下节桩的中心线偏差应小于 5 mm,节点弯曲矢高不得大于桩段长度的 0.1%。

②焊接时,应采取措施减小焊接变形,焊缝连续、饱满。焊接后应自然降温,严禁用水浇降温。

③成桩过程中遇有较难穿透的土层时,接桩宜在桩尖穿过该层土后进行。

4)管桩与托板的连接:

①对于沉入到设计标高后不需要截桩的薄壁预应力混凝土管桩,与托板连接可用托板连接筋与钢筋板圈焊接后,将桩顶直接埋入托板内。连接筋和桩顶埋入托板内深度,应根据不同的工程情况,按设计要求确定。

②需要截桩的管桩与托板连接,管桩截断后,将垫块下入管内,并把连接用钢筋笼插入桩内,用与托板相同强度等级的混凝土灌注。

5)静压桩施工质量应符合表 4-22 的规定。

表 4-22　静压管桩施工质量标准

检查项目	允计偏差	检查方法和频率
桩距(mm)	±100	5%
桩长	不小于设计	吊绳量测,5%

续上表

检查项目	允许偏差	检查方法和频率
竖直度(%)	≤1	5%
单桩承载力	不小于设计	桩数的0.2%,并不少于3根
托板高度(mm)	+20 −10	钢尺量测,5%
托板长度和高度(mm)	+30 −20	钢尺量测,5%
托板位置(mm)	50	钢尺量测,5%

(16)强夯。

1)应采取隔振、防振措施消除强夯对邻近建筑物的有害影响。

2)施工前应选择有代表性并不小于500 m^2 的路段进行试夯,确定最佳夯击能、间歇时间、夯间距等参数。

3)夯击次数应按现场试夯得到的夯击次数和夯沉量关系曲线确定。

4)垫层材料应采用透水性好的砂、砂砾、石屑、碎石土等。

5)强夯施工应符合以下规定:

①施工前应检查锤重和落距,单击夯击能量应符合设计要求。

②夯击前,应对夯点放样并复核,夯完后检查夯坑位置,发现偏差或漏夯应及时纠正;施工过程中应记录每个夯点的夯沉量,原始记录应完整、齐全。

6)强夯施工完成后,应通过标准贯入、静力触探等原位测试,测量地基的夯后承载能力是否达到设计要求。

(17)强夯置换。

1)置换材料应采用级配良好的块(片)石、碎石、矿渣等坚硬的粗颗粒材料,粒径不宜大于夯锤底面直径的0.2倍,含泥量不宜大于10%,粒径大于300 mm的颗粒含量不宜大于总质量的30%。

2)垫层材料应采用水稳定性好的砂、砂砾、石屑、碎石土等。

3)应采取隔振、防震措施消除强夯对邻近建筑物的有害影响。

4)强夯置换施工前应进行试夯。

5)强夯置换施工应符合以下规定:

①标出第一遍夯点位置,测量地面高程。

②测量夯前锤底高程。

③夯击并逐击记录夯坑深度。当夯坑过深而发生起锤困难时,停夯后向坑内填料直至坑顶填平,记录填料数量,如此重复直至满足规定的夯击次数及控制标准,完成一个墩体的夯击。

④应按由内而外,隔行跳夯击打的原则完成全部夯点的施工。

⑤推平地基,用低能量进行满夯,将表层松土夯实,并测量夯后地基高程。

⑥按设计铺筑垫层,并分层碾压密实。

6)施工过程质量控制:

①单击夯击能量应符合设计要求。

②夯击前，应对夯点放样进行复核，夯完后检查夯坑位置，发现偏差或漏夯应及时纠正。

③按设计要求检查每个夯点的夯击次数和每击沉降量及夯墩的置换深度。

7)质量检验：

①动力触探试验检查置换墩着底情况及承载力。检验数量不小于墩点数1%，且不少于3点。

②置换墩直径与深度应符合设计要求。

(18)软土地区路堤施工。

1)软土地区路堤施工计划中宜考虑地基固结工期。

2)施工时不宜破坏软土地基表层硬壳层。

3)路堤压实宽度应不小于设计值，坡度应符合设计要求。

4)填筑过程中，路堤中心线地面沉降速率每昼夜应不大于10～15 mm，坡脚水平位移速率每昼夜应不大于5 mm。应结合沉降和位移发展趋势对观测结果进行综合分析。填筑速率应以水平位移控制为主，超过标准应立即停止填筑。

5)采用排水固结法施工时，桥台、涵洞、通道以及加固工程应在预压沉降完成后方可进行施工。路堤与桥台衔接部位、路堤与堆坡预压填土应同步填筑与碾压，填料宜选用透水性材料。

6)应按设计要求的预压荷载、预压时间进行预压。在预压期内，除添加由于沉降而引起的沉降补方外，严禁其他作业。

7)在软土地基上直接填筑路堤，应符合以下规定：

①水面以下部分应选择透水性好的填料，水面以上可用一般土或轻质材料填筑。

②填筑路基的土宜从取土场取用。必须在两侧取土时，取土坑距路堤坡脚的距离应满足路堤稳定的要求。

③反压护道施工宜与路堤同时填筑。分开填筑时，必须在路堤达到临界高度前完成反压护道施工。

8)吹填砂路堤施工应符合下列规定：

①吹填砂材料宜采用中、粗砂，含泥量不宜大于15%。

②吹填砂路堤用渗沟排水时，在连接砂堤的端部应设砂砾反滤层，防止砂土堵塞渗沟。排水口处两侧挡水堤应做加固处理。

③挡水堤外边坡应按设计要求进行防护。

④吹填砂路堤完工后，应及时完成封闭层。

9)矿渣路堤施工应符合下列规定：

①路堤填料应为至少放置1年以上的高炉矿渣，并有良好的级配，必要时应予破碎。

②矿渣用于水位以下或地下水位300 mm以内的路堤施工时，其最大粒径应不大于300 mm，同时粒径宜小于1/2压实厚度，通过19 mm筛孔量应不大于10%，通过0.075 mm的筛余料塑性指数应不超过6。

③每层铺筑厚度应根据试验确定。矿渣填料顶面应采用级配良好的矿渣，或者用最大粒径为75 mm的破碎矿渣或碎石进行嵌缝，其厚度应不小于100 mm。

(19)路堤施工观测。

1)观测项目、内容和频率应符合设计要求。

2)二级及二级以上公路路堤施工中，必须进行沉降和稳定的动态观测要求见表4-23。

表 4-23 沉降和稳定动态观测

观测项目	常用仪具名称	观测内容及目的
地表沉降量	地表型沉降计（沉降板）	根据测定数据调整填土速率；预测沉降趋势，确定预压卸载时间和结构物及路面施工时间；提供施工期间沉降土方量的计算依据
地表水平位移量及降起量	地表水平位移桩（边桩）	监测地表水平位移及降起情况，以确保路堤施工的安全和稳定
地下土体分层水平位移量	地下水平位移计（测斜管）	用作掌握分层位移量，推定土体剪切破坏的位置。必要时采用

3)观测仪表应在软土地基处理之后埋设，并在观测到稳定的初始值后方可进行路堤填筑。

4)地基条件差、地形变化大、实际问题多的部位和土质调查点附近应设置观测点。同一路段不同观测项目的测点宜布置在同一横断面上。

5)施工期间，应按设计要求进行沉降和稳定的跟踪观测，观测频率应与沉降、稳定的变形速率相适应，每填筑一层应观测一次。如果两次填筑间隔时间较长，每 3 天至少观测一次。路堤填筑完成后，堆载预压期间观测应视地基稳定情况而定，半月或每月观测一次，直至预压期结束。

6)如地基稳定出现异常，应立即停止加载并采取措施处理，待路堤恢复稳定后，方可继续填筑。

7)稳定性观测：

①一般路段沿纵向每 100～200 m 设置一个观测断面，同时，每一路段应不少于 3 个断面；桥头路段应设置 2～3 个观测断面；桥头纵向坡脚、填挖交界的填方端、沿河等特殊路段均应增设观测点。

②位移观测边桩，应根据需要埋设在路堤两侧坡脚或坡脚以外 3～5 m 处，并结合稳定分析，在预测可能的滑裂面与地面的切面位置布设测点，一般在坡脚以外 1～10 m 范围内设置 3～4 个位移边桩。同一观测断面的边桩应埋在同一横轴线上。边桩应埋置稳固。

③校核基点四周必须采用保护措施，并定期与工作基点桩校核。

④地面位移观测仪器要求：测距精度±5 mm。测角精度 2″。

⑤沿河、临河等凌空面大且稳定性很差的路段，必要时需进行地基土体内部水平位移的观测。

8)沉降观测：

①在施工路段的原地面上一般埋设沉降板进行高程观测。沉降板埋置于路基中心、路肩及坡趾的基底。

②沉降板观测仪器要求。往返水准测量精度 1 mm/km。

③用于观测水平位移标点桩、校核基点桩亦同时用于沉降观测，埋设于坡趾及以外的标点边桩一般兼测地面沉降。

④堆载预压期间观测应视地基稳定情况而定，一般情况下，第一个月每 3 天观测 1 次，第二、三个月每 7 天观测一次，从第四个月起每 15 天观测 1 次，直至预压期结束。

9)工作标点桩、沉降板观测标、工作基点桩、校核基点桩在观测期均必须采取有效措施加以保护。还应在标杆上有醒目的警示标志。

3. 红黏土地区路基

路堤填筑应符合下列规定：

(1)应尽量避免雨期施工。雨期施工时，应防止松土被雨淋湿。施工中应保持作业面横坡不小于3%。雨后作业面，应经晾干且重新压实合格后方可进行下道工序的施工。

(2)填料应随挖随用。摊铺后必须及时碾压，做到当天摊铺当天完成碾压。

(3)路堤填筑应连续，碾压完成后，应采取措施防止路堤作业面曝晒失水。

4. 膨胀土地区路基施工

(1)膨胀土地区路基施工，应避开雨期作业，加强现场排水，基底和已填筑的路基不得被水浸泡。

(2)膨胀土地区路基应分段施工，各道工序应紧密衔接，连续完成。路基边坡按设计要求修整，并应及时进行防护施工。

(3)膨胀土作为填料时应符合以下规定：

1)强膨胀土不得作为路堤填料；

2)中等膨胀土经处理后可作为填料，用于二级及二级以上公路路堤填料时，改性处理后胀缩总率应不大于0.7%；

3)胀缩总率不超过0.7%的弱膨胀土可直接填筑。

(4)二级及二级以上公路路堤基底处理应符合以下规定：

1)高度不足1 m的路堤，应按设计要求采取换填或改性处理等措施处治。

2)表层为过湿土，应按设计要求采取换填或进行固化处理等措施处治。

3)填土高度小于路面和路床的总厚度，基底为膨胀土时，宜挖除地表0.30～0.60 m的膨胀土，并将路床换填为非膨胀土或掺灰处理。若为强膨胀土，挖除深度应达到大气影响深度。

(5)膨胀土地区路堑施工应符合下列规定：

1)路堑施工前，先施工截、排水设施，将水引至路幅以外。

2)边坡施工过程中，必要时，宜采取临时防水封闭措施保持土体原状含水量。边坡不得一次挖到设计线，应预留厚度300～500 mm，待路堑完成时，再分段削去边坡预留部分，并立即进行加固和封闭处理。

3)路床底标高以下应按照设计要求进行处理。

4)宜用支挡结构对强膨胀土边坡进行防护。支挡结构基坑应采取措施防止曝晒或浸水，基础埋深应在大气风化作用影响深度以下。

(6)膨胀土路基填筑松铺厚度不得大于300 mm；土块粒径应小于37.5 mm。

(7)填筑膨胀土路堤时，应及时对路堤边坡及顶面进行防护。

(8)路基完成后，当年不能铺筑路面时，应按设计要求做封层，其厚度应不小于200 mm，横坡不小于2%。

(9)膨胀土路基的压实度应符合规定。

4. 黄土地区路基施工

(1)黄土地区路基施工，应做好施工期排水，将水迅速引离路基。在填挖交界处引出边沟时，应做好出水口的加固，排水设施接缝处应坚固不渗漏。

(2)路基基底处理应符合以下规定：

1)若基底为非湿陷性黄土，且无地下水时，按规定进行基底处理。

2)若地基为一般湿陷性黄土，应采取措施拦截、排除地表水。地下排水构造物与地面排水沟渠必须采取防渗措施，路侧严禁积水。

3)若地基黄土具有强湿陷性或较高的压缩性，应按设计要求进行处理。

(3)黄土填筑路堤应符合下列规定：

1)路床填料不得使用老黄土。路堤填料不得含有粒径大于 100 mm 的块料。

2)在填筑横跨沟堑的路基土方时，应做好纵横向界面的处理。

3)黄土路堤边坡应拍实，并应及时防护，防止路表水冲刷。

4)浸水路堤不得用黄土填筑。

(4)黄土路堑施工应符合以下规定：

1)路堑路床土质应符合设计要求，密实度不足时，应采取措施碾压至要求的压实度。

2)路堑施工前，应做好堑顶地表排水导流工程。路堑施工期间，开挖作业面应保持干燥。

3)路堑施工中，如边坡地质与设计不符，可提出修改边坡坡度。

(5)黄土陷穴处理可采取以下措施：

1)路基范围内的陷穴，应在其发源地点对陷穴进口进行封填，并截排周围地表水。

2)现有的陷穴、暗穴，可采用灌砂、灌浆、开挖回填、导洞和竖井等措施进行填充。

3)陷穴表面的防渗处理层厚度不宜小于 300 mm，并将流向陷穴的附近地面水引离。

4)挖方边坡顶以外 50 m 范围内、路堤坡脚以外 20 m 范围内的黄土陷穴宜进行处理。挖方边坡顶以外的陷穴，若倾向路基，应做适当处理。对串珠状陷穴应彻底进行处治。

5. 盐渍土地区路基施工

(1)盐渍土的分类。

1)盐渍土按含盐性质分类见表 4-24。

表 4-24　盐渍土按含盐性质分类

盐渍土名称	离子含量比值	
	Cl^-/SO_4^{2-}	CO_3^{2-}　HCO_3^-/Cl^-　SO_4^{2-}
氯盐渍土	＞2	—
亚氯盐渍土	1～2	—
亚硫酸盐渍土	0.3～1.0	—
硫酸盐渍土	＜0.3	—
碳酸盐渍土	—	＞0.3

注：离子含量以 1 kg 土中离子的毫摩尔数计(mmol/kg)

2)盐渍土按盐渍化程度分类见表 4-25。

表 4-25　盐渍土按盐渍化程度分类

盐渍土名称	细粒土 土层的平均含盐量(以质量百分数计)		粗粒土 (通过 10 mm 筛孔土的平均含盐量) (以质量百分数计)	
	氯盐渍土及 亚氯盐渍土	硫酸盐渍土及 亚硫酸盐渍土	氯盐渍土及 亚氯盐渍土	硫酸盐渍土及 亚硫酸盐渍土
弱盐渍土	0.3～1.0	0.3～0.5	2.0～5.0	0.5～1.5

续上表

盐渍土名称	细粒土 土层的平均含盐量(以质量百分数计)		粗粒土 (通过 10 mm 筛孔土的平均含盐量) (以质量百分数计)	
	氯盐渍土及 亚氯盐渍土	硫酸盐渍土及 亚硫酸盐渍土	氯盐渍土及 亚氯盐渍土	硫酸盐渍土及 亚硫酸盐渍土
中盐渍土	1.0～5.0	0.5～2.0	5.0～8.0	1.5～3.0
强盐渍土	5.0～8.0	2.0～5.0	8.0～10.0	3.0～6.0
过盐渍土	＞8.0	＞5.0	＞10.0	＞6.0

注:离子含量以 100 g 干土内的含盐总量计。

(2)对填料的含盐量及其均匀性应加强施工控制检测,路床以下每 1 000 m^3 填料、路床部分每 500 m^3 填料应至少作一组测试,每组 3 个土样,填方不足上列数量时,亦应做一组试件。

(3)用石膏土作填料时,应先破坏其蜂窝状结构。

(4)基底(包括护坡道)处治。

1)路堤高度小于表 4-26 的规定时,除应将基底土挖除外,并应按设计要求换填透水性较好的土。

表 4-26　盐渍土地区路堤最小高度

土质类别	高出地面(m)		高出地下水位或地表长期积水位(m)	
	弱、中盐渍土	强、过盐渍土	弱、中盐渍土	强、过盐渍土
砾类土	0.4	0.6	1.0	1.1
砂类土	0.6	1.0	1.3	1.4
黏性土	1.0	1.3	1.8	2.0
粉性土	1.3	1.5	2.1	2.3

注:1. 二级公路最小高度可为表中数值的 1.2～1.5 倍。

2. 一级公路、高速公路最小高度可为表中数值的 2 倍。

2)含水量超过液限的原地基土,应按设计要求将基底以下 1 m 全部换填为透水性材料;含水量界于液限和塑限之间时,应按设计要求换填 100～300 mm 厚的透水性材料;含水量在塑限以下时,可直接填筑黏性土。

3)地下水位以下的软弱土体应按设计要求采用透水性好的粗粒土换填,高度宜高出地下水位 300 mm 以上。

4)在内陆盆地干旱地区,路面为沥青混凝土、水泥混凝土或沥青表处时,应按设计要求在路堤下部设置封闭性隔断层。

5)地表为过盐渍土的细粒土、有盐结皮和松散土层时,应将其铲除,铲除的深度通过试验确定。地表过盐渍土层过厚时,如仅铲除一部分,则应设置封闭隔断层,隔断层宜设置在路床顶以下 800 mm 处;若存在盐胀现象,隔断层应设在产生盐胀的深度以下。

(5)盐渍土路堤应分层填筑、分层压实,每层松铺厚度不宜大于 200 mm,砂类土松铺厚度不宜大于 300 mm。碾压时应严格控制含水量,碾压含水量不宜大于最佳含水量 1 个百分点。

雨天不得施工。

(6)盐渍土路堤的施工,应从基底处理开始,连续施工。在设置隔断层的地段,宜一次做到隔断层的顶部。

(7)地下水位高的黏性盐渍土地区,宜在夏季施工;砂性盐渍土地区,宜在春季和夏初施工;强盐渍土地区,宜在表层含盐量较低的春季施工。

(8)排水。

1)施工中应及时合理设置排水设施,路基及其附近不得积水。

2)取土坑底面应高出地下水位至少 150 mm,底面向路堤外侧应有 2%～3%排水横坡。

3)在排水困难地段或取土坑有可能被水淹没时,应在取土坑外采取适当处治措施。

4)在地下水位较高地段,应加深两侧边沟或排水沟,以降低路基下的地下水位。

5)盐渍土地区的地下排水管与地面排水沟渠,必须采取防渗措施。盐渍土地区不宜采用渗沟。

6. 冻土地区路基施工

(1)季节性冻土。

1)冻胀路基施工,应根据设计要求和现场调查、核对情况,合理选择施工方法,采取合理有效的抗冻措施。

2)冻胀路基施工过程中,应经常检查冻害状况,发现冻胀、软弹、变形、纵向横向裂缝及翻浆等病害时应及时处理。

3)路基填挖交界过渡段基底,根据填、挖段不同的冻胀量进行处理,使挖方终点的冻胀量和填方段的冻胀量基本一致。

4)路基填料应符合下列规定:

①路床填料宜优先选择矿渣、炉渣、粉煤灰、砂、砂砾石及碎石等抗冻稳定性较好的材料。

②路床或上路堤采用粉土、黏土填筑时,可按设计要求使用石灰、水泥、土壤固化剂等单独或混合进行稳定处理,填料的改善或处理应根据路基抗冻胀性能要求,结合填料性质经试验确定。

③冻土、非透水性过湿土不得直接填筑下路堤。

5)挖方段路基。

①路床换填:

a. 路床地基土挖除、换填深度应符合设计要求;

b. 应分层开挖,一般宜从外侧向内侧挖掘,最后一层应从内向外挖掘;

c. 使用粗颗粒填料换填时,填料应均匀,小于 0.075 mm 的含量应不大于 5%;

d. 采用石灰、水泥对填料进行改性处理时,应掺拌均匀,改性剂的剂量应符合设计要求或经试验确定;

e. 换填应分层填筑,压实度达到规定要求。

②排水:

a. 施工前应完成截水沟,填筑拦水埂,填平坡顶的冲沟、水坑。

b. 施工中,应采取措施阻止边界外的水流入路基中;应保持排水沟通畅,将水迅速排出路基之外。

c. 填挖交界段应设置过渡边沟。

d. 在路基开挖面接近设计标高时,应及时施工地下排水构造物,尽快形成各式沟、管、井、涵等，组成完整、有效的排水系统，严禁路基完成后才进行地下排水构造物施工。

6)石质挖方、零填路段不宜超挖。超挖或清除软层后的凸凹面，严禁用挖方料和未经稳定处理的混合料回填，岩面凸出部分应凿除，超挖的坑槽及岩石凹面可用贫水泥混凝土浇筑，混凝土最小厚度应大于 80 mm。

7)非全冻路堤在冻深范围内的填筑应符合下列规定：

①冻深范围内的填土严禁混杂，冻胀性质不同的土，应分层填筑；同一类土的填筑，总厚度不宜小于 600 mm；抗冻性强的土应填在高层位；

②同一层土的含水量应基本一致，允许偏差为 2%；

③施工期间每层土顶面应设置不小于 2.5%的排水横坡。

8)全冻路堤施工前，应在路堤两侧先完成排水沟或边沟，应结合永久排水设计完成渗沟、渗井等地下排水设施。

(2)多年冻土地区。

1)施工前应核查沿线冻土情况、地面水、地下水以及有无其他的热融(湖、塘)、冰丘、冰锥等不良地质情况，结合设计要求制定施工方案。

2)施工必须严格遵循保护冻土的原则，使路基施工后仍处于热学稳定状态。

3)填方路基。

①施工过程中，应采取措施保持路基及周围冻土处于冻结状态。

②根据设计要求和实际情况对基底应采取换填、设置毛细水隔断层等措施。

③取土应符合以下规定：

a.宜设置集中取土场，取土位置宜在路堤坡脚 500 m 以外；

b.斜坡地表上的路堤，取土坑应设在上坡一侧；

c.取土坑深度不得超过当地多年冻土上限以上土层厚度的 80%，坑底应设纵横坡和排水口；

d.取土坑的外露面，应进行处理。

④填料。

a.宜选用保温、隔水性能均较好的填料，严禁使用塑性指数大于 12、液限大于 32%的细粒土和富含腐殖质的土及冻土。高含冰的土不宜用于路基填料。

b.采用黏性土或透水性不良土填筑路堤时，应控制土的含水量，碾压时含水量控制在最佳含水量±2%范围内。

c.通过热融湖(塘)的路堤，水下部分必须用透水性良好的填料填筑，填筑高度应高于最高水位 0.5 m 以上。

⑤靠近基底部位有饱冰冻土层且有可能融化时，宜设保温护道和护脚。

⑥应根据设计要求采用土工格栅等技术措施，增加路基整体性和强度。

4)挖方路基。

①地下水发育地段，路基边沟应有防渗措施。挡水堰等构造物施工应按设计要求采取加固措施。

②加固土质边坡的铺砌厚度应满足设计和保温要求。

③饱冰冻土、含土冰层地段路堑，可根据设计要求换填足够厚度的水稳性好的填料。施工应速度快，保温措施有效。

5)路基处于其他不良地质地段时，应符合下列规定：

①冰锥、冰丘地段路基施工，应按设计要求做好排水；

②松软基底两侧宜设反压护道；

③沼泽冻土地段路堤下部应按设计做好隔离层或隔温层，并保护好两侧地表植被；

④冻胀丘较重地段，应在上游主流处按设计要求做好地下渗沟，将水引到一定距离外的地面积冰场。

7. 沿河、沿溪地区路基施工

(1)沿河沿溪地区路基施工应根据设计要求和现场情况，合理选择施工方法。

(2)路基弃方应妥善处理，严禁向河中倾弃。

(3)受水位涨落影响及常水位以下路堤，宜用水稳性好、不易风化的透水性材料填筑，粒径不宜大于 300 mm。

(4)沿河、沿溪地区的高填方、半挖半填、拓宽路段的新老交界面应按设计要求采取措施保证路基稳定，峡谷地段宜采用石质填料。

8. 水库地区路基施工

(1)库区路基施工，应采取措施减少对水库水体及周围环境的污染。

(2)库区路基施工应根据设计线位与库岸的位置关系，合理选择施工方法。

(3)沿水库边缘修筑的路基，或路基离岸 10 m 以内时，应按设计要求预先对库岸进行防护。

(4)路堤填料宜选择透水性较好的材料。

(5)边坡防护材料应采用强度较高，不易风化的硬质石料。在冰冻地区的护坡采用片石防护时，应选择抗冻性好的石料。在水库上游地段，护坡基础埋深应符合设计要求。

9. 库区浸水路堤施工

(1)填料应采用不易风化的硬质石料。

(2)路堤外侧边坡的码砌厚度应满足设计要求，码砌石块粒径宜大于 300 mm，错缝台阶式砌筑，块体紧贴边坡、块体接触面向内倾斜，路堤边坡符合设计要求。

(3)路基较高且浸水较深的路段，可在靠水库库心一侧的迎水坡面护脚上设置片石石垛，石块尺寸应不小于码砌厚度。

第三节　路基季节性施工

一、一般规定

(1)冬、雨期施工应根据季节特点和施工段的地质地形条件，制定合理的施工方案。

(2)冬、雨期施工应做好临时排水，并与永久排水设施衔接顺畅。

(3)冬、雨期施工应加强安全管理，制定安全预案，加强气象信息的收集工作，避免灾害和事故发生。

(4)冬、雨期施工前必须做好各项准备工作。

二、冬期施工

(1)在反复冻融地区，昼夜平均温度在-3℃以下，且连续 10 天以上，或者昼夜平均温度虽在-3℃以上，但冻土没有完全融化时，均应按冬期施工办理。

(2)高速公路、一级公路的土质路堤和地质不良地区二级及二级以下公路路堤不宜进行冬期施工。河滩低洼地带，可被水淹没的填土路堤不宜冬期施工。土质路堤路床以下 1 m 范围内，不得进行冬期施工。半填半挖地段、挖填方交界处不得在冬期施工。

(3)冬期路基施工应采取措施，及时排放雨雪水及路堑开挖时出现的地下水。

(4)冬期施工路基基底处理应符合下列规定。

1)冻结前应完成表层清理，挖好台阶，并应采取保温措施防止冻结。

2)填筑前应将基底范围内的积雪和冰块清除干净。

3)对需要换填土地段或坑洼处需补土的基底应选用适宜的填料回填，并及时进行整平压实。

4)基底处理后应立即采取保温措施防止冻结。

5)冬期填方路堤应符合下列规定：

①路堤填料，应选用未冻结的砂类土、碎石、卵石土、石渣等透水性良好的材料。不得用含水量过大的黏性土。

②填筑路堤，应按横断面全宽平填，每层松铺厚度应比正常施工减少 20%～30%，且松铺厚度不得超过 300 mm。当天填土应当天完成碾压。

③中途停止填筑时，应整平填层和边坡并进行覆盖防冻，恢复施工时应将表层冰雪清除，并补充压实。

④当填筑标高距路床底面 1 m 时，碾压密实后应停止填筑，在顶面覆盖防冻保温层，待冬期过后整理复压，再分层填至设计标高。

⑤冬期过后必须对填方路堤进行补充压实，压实度应达到本规范相关要求。

6)冬期挖方路基施工应符合下列规定：

①挖方边坡不得一次挖到设计线，应预留一定厚度的覆盖层，待到正常施工季节后再修整到设计坡面。

②路基挖至路床顶面以上 1 m 时，完成临时排水沟后，应停止开挖，待冬期过后再施工。

7)河滩地段可利用冬期水位低，开挖基坑修建防护工程，但应采取措施保证工程质量。

三、雨期施工

(1)路基排水应符合下列规定：

1)雨期施工应综合规划、合理设置现场防排水系统，采取有效措施，及时引排地面水。

2)对施工临时挤占的沟渠、河道应采取措施保证不降低原有的排水能力。

3)路堤填筑的每一层表面应设 2%～4%的排水横坡。

4)在已填路堤路肩处，应采取设置纵向临时挡水土埂、每隔一定距离设出水口和排水槽等措施，引排雨水至排水系统。

5)雨期路堑施工宜分层开挖，每挖一层均应设置纵横排水坡，使水排放畅通。

(2)路基基底处理应符合下列规定：

1)在雨期前应将基底处理好，孔洞、坑洼处填平夯实，整平基底，并设纵横排水坡。

2)低洼地段，应在雨期前将原地面处理好，并将填筑作业面填筑到可能的最高积水位 0.5 m以上。

(3)填方路堤施工应符合下列规定：

1)填料应选用透水性好的碎(卵)石土、砂砾、石方碎渣和砂类土等。利用挖方土作填料，含水量符合要求时，应随挖随填及时压实。含水量过大难以晾晒的土不得用作雨期施工填料。

2)雨期填筑路堤需借土时，取土坑的设置应满足路基稳定的要求。

3)路堤应分层填筑，当天填筑的土层应当天或雨前完成压实。

(4)挖方路基施工应符合下列规定：

1)挖方边坡不宜一次挖到设计坡面，应预留一定厚度的覆盖层，待雨期过后再修整到设计坡面；

2)雨期开挖路堑，当挖至路床顶面以上 300～500 mm 时应停止开挖，并在两侧挖好临时排水沟，待雨期过后再施工；

3)雨期开挖岩石路基，炮眼宜水平设置。

(5)结构物基坑在雨期开挖后未能及时施工时，应采取防浸泡措施，必要时雨后应对基坑地基承载力再次检测，以确定是否满足设计要求。

(6)制定雨期施工安全预案，做好防洪抢险的准备工作。

第四节　路基防护与支挡

一、一般规定

(1)路基防护工程宜与路基挖填方工程紧密、合理衔接，开挖一级防护一级，并及时进行养护。各类防护和加固工程应置于稳定的基础或坡体上。

(2)应根据开挖坡面地质水文情况逐段核实路基防护设计方案，应尽量采用边坡自然稳定下的植物防护或不防护。

(3)坡面防护施工前，应对边坡进行修整，清除边坡上的危石及不密实的松土。坡面防护层应与坡面密贴结合，不得留有空隙。

(4)在多雨地区或地下水发育地段，路基防护工程施工中，应采取有效措施截排地表水和导排地下水。

(5)临时防护措施应与永久防护工程相结合。

二、坡面防护

1. 植物防护

(1)植被防护施工应符合下列规定：

1)植被施工，铺、种植被后，应适时进行洒水、施肥等养护管理，直到植被成活；

2)种草施工，草籽应撒布均匀，同时做好保护措施；

3)灌木(树木)应在适宜季节栽植；

4)养护用水应不含油、酸、碱、盐等有碍草木生长的成分。

(2)三维植被网防护施工应符合下列规定：

1)三维植被网中的回填土应符合设计要求，宜采用客土，或土、肥料及腐殖质土的混合物；

2)三维植被网应符合设计及有关标准；

3)三维植被网的搭接宽度不宜小于 100 mm。

(3)湿法喷播施工，喷播后应及时养护，成活率应达到 90%以上。

(4)客土喷播施工应符合下列规定：

1)喷播植草混合料的配合比(植生土、土壤稳定剂、水泥、肥料、混合草籽、水等)应根据边坡坡度、地质情况和当地气候条件确定,混合草籽用量每 1 000 m^2 不宜少于 25 kg;

2)气温低于+12℃不宜喷播作业。

2. 骨架植物防护

(1)浆砌片石(或混凝土)骨架植草防护施工应符合下列规定:

1)骨架内应采用植物或其他辅助防护措施。植草草皮下宜有 50～100 mm 厚的种植土,草皮应与坡面和骨架密贴。

2)应及时对草皮进行养护。

(2)水泥混凝土空心块护坡施工应符合下列规定:

1)预制块铺置应在路堤沉降稳定后方可施工;

2)预制块铺置前应将坡面整平;

3)预制块经验收合格后方可使用;

4)预制块应与坡面紧贴,不得有空隙,并与相邻坡面平顺。

(3)锚杆混凝土框架植物防护施工质量应符合相关规定。

3. 圬工防护

(1)喷浆防护施工应符合下列规定:

1)喷护前应采取措施对泉水、渗水进行处治,并按设计要求设置泄水孔,排、防积水;

2)喷射顺序应自下而上进行;

3)砂浆初凝后,应立即开始养护,养护期一般为 5～7 d;

4)应及时对喷浆层顶部进行封闭处理。

(2)喷射混凝土防护施工应符合下列规定:

1)作业前应进行试喷,选择合适的水胶比和喷射压力。喷射混凝土宜自下而上进行。

2)做好泄水孔和伸缩缝。

3)喷射混凝土初凝后,应立即养护,养护期一般为 7～10 d。

4)喷射混凝土防护施工质量应符合相关规定。

(3)锚杆挂网喷射混凝土(砂浆)防护施工应符合下列规定:

1)锚杆应嵌入稳固基岩内,锚固深度根据设计要求结合岩体性质确定。锚杆孔深应大于锚固长度 200 mm。

2)钢筋保护层厚度不宜小于 20 mm。

3)固定锚杆的砂浆应捣固密实,钢筋网应与锚杆连接牢固。

4)铺设钢筋网前宜在岩面喷射一层混凝土,钢筋网与岩面的间隙宜为 30 mm,然后再喷射混凝土至设计厚度。

5)喷射混凝土的厚度要均匀,钢筋网及锚杆不得外露。

6)做好泄、排水孔和伸缩缝。

7)锚杆挂网喷射混凝土(砂浆)防护施工质量应符合相关规定。

(4)干砌片石护坡施工应符合下列规定:

1)边坡为粉质土、松散的砂或粉砂土等易被冲蚀的土时,碎石或砂砾垫层厚度不宜小于 100 mm。

2)基础应选用较大石块砌筑,如基础与排水沟相连,其基础应设在沟底以下,并按设计要求砌筑浆砌片石。

3)砌筑应彼此镶紧,接缝要错开,缝隙间用小石块填满塞紧。

(5)浆砌片(卵)石护坡施工应符合下列规定:

1)砂浆终凝前,砌体应覆盖,砂浆初凝后,立即进行养生。

2)路堤边坡采用浆砌片石护坡,宜在路堤沉降稳定后施工。

3)在冻胀变化较大的土质边坡上,护坡底面应铺设 100～150 mm 厚的碎石或砂砾垫层。

4)浆砌片石护坡每 10～15 m 应留一伸缩缝,缝宽 20～30 mm。在基底地质有变化处,应设沉降缝,可将伸缩缝与沉降缝合并设置。

5)泄水孔的位置和反滤层的设置应符合设计要求。

(6)水泥混凝土预制块护坡施工应符合下列规定:

1)在寒冷地区,预制块混凝土强度不宜低于 C20;

2)路堤边坡护坡宜在路堤沉降稳定后施工;

3)铺设混凝土预制块前应将坡面平整,碎石或砂砾垫层的厚度不宜小于 100 mm;

4)预制块应错缝砌筑,砌筑坡面应平顺,并与相邻坡面顺接;

5)泄水孔的位置应符合设计要求,并保证畅通。

(7)浆砌片石护面墙施工应符合下列规定:

1)修筑护面墙前,应清除边坡风化层至新鲜岩面。对风化迅速的岩层,清挖到新鲜岩面后应立即修筑护面墙。

2)护面墙的基础应设置在稳定的地基上,地基承载能力不够,应采取加固措施,基础埋置深度应根据地质条件确定,冰冻地区应埋置在冰冻深度以下至少 250 mm。

3)护面墙背必须与路基坡面密贴,边坡局部凹陷处,应挖成台阶后用与墙身相同的圬工砌补,不得回填土石或干砌片石。坡顶护面墙与坡面之间应按设计要求做好防渗处理。

4)应按设计要求做好伸缩缝。当护面墙基础修筑在不同岩层上时,应在变化处设置沉降缝。

5)泄水孔的位置和反滤层的设置应符合设计要求。

(8)圬工防护质量。

1)石料应选用未风化的硬质石料,砌筑应紧密、错缝,严禁通缝、叠砌、贴砌和浮塞,勾缝应均匀饱满、美观,坡面应平顺。

2)干砌片石施工质量应符合表 4-27 的规定。

表 4-27　干砌片石施工质量标准

检查项目	允许偏差	检查方法和频率
厚度(mm)	±50	每 100 m^2 抽查 8 点
顶面高程(mm)	±30	水准仪:每 20 m 抽查 5 点
外形尺寸(mm)	±100	每 20 m 或自然段,长宽各测 5 点
表面平整度(mm)	50	2 m 直尺:每 20 m 测 5 点

4. 封面、捶面防护

(1)封面防护施工应符合下列规定:

1)封面防护不宜在严寒冬季和雨天施工。

2)封面前岩体表面要冲洗干净,土体表面要平整、密实、湿润。

3)封面厚度应符合设计要求，封面应分两层进行施工，底层为全厚的 2/3，面层为全厚的 1/3。封面厚度要均匀，表面光滑，封面与坡面应密贴稳固。

4)大面积封面宜每隔 5～10 m 设伸缩缝，缝宽 10～20 mm。

5)封面初凝后应立即进行养生。

6)按设计要求做好边坡封顶和排水设施。

(2)捶面护坡施工应符合下列规定：

1)嵌补填平边坡坑凹、裂缝。

2)厚度要均匀，表面光滑，捶面与坡面应密贴稳固。

3)伸缩缝设置、边坡封顶、排水、养生方法、气候要求与封面防护施工要求相同。

(3)封面、捶面防护施工质量应符合表 4-28 的规定。

表 4-28 封面、捶面防护施工质量标准

检查项目	允许偏差	检查方法和频率
厚度	+20%，-10%	每 10 m 检查 1 个断面，每 3 m 检查 2 个点

5. 膨胀土路基边坡防护

(1)边坡施工应避开雨季作业，以防边坡遇水膨胀破坏。

(2)边坡施工过程中，应注意做好防排水，顶部应及时封闭。

(3)边坡修整后，应立即防护。

三、沿河路基防护

(1)沿河路基防护工程基础应埋设在局部冲刷线以下不小于 1 m 或嵌入基岩内。

(2)导流构造物施工前，应根据现场具体情况，采取相应措施，避免冲刷农田、村庄、公路和下游路基。

(3)植物防护施工应符合下列规定：

1)经常浸水或长期浸水的路堤边坡，不宜采用种草防护。

2)沿河路堤边坡铺草皮防护，宜采用平铺、叠铺草皮的方法，坡面及基础部分的铺置应符合设计要求。基础部分的铺置层的表面应与地面齐平。

3)植树防护宜采用带状或条形。防护河岸路基或防御风浪侵蚀，宜采用横行带状；防护桥头引道路堤，宜采用纵行带状。

4)植树应选用喜水性树种，林带应由多行树木组成，乔灌木要密植。

5)植树后，应采取有效措施加以保护。

(4)砌石或混凝土防护应符合下列规定：

1)石料应选用未风化的坚硬岩石。

2)开挖基坑时，应核对地质情况，与设计要求不符时，应进行处理。基础完成后应及时用符合设计要求的材料回填。

3)铺砌层底面的碎石、砂砾石垫层或反滤层，应符合设计要求。

4)坡面密实、平整、稳定后方可铺砌。砌块应交错嵌紧，严禁浮塞。砂浆应饱满、密实，不得有悬浆。

5)每 10～15 m 宜设伸缩缝，基底土质变化处应设沉降缝，并按设计要求做好伸缩缝、沉降缝及泄水孔。

6)采用干、浆砌片石时，不得大面平铺，石块应彼此交错搭接，不得松动。采用干、浆砌河卵石时，必须长方向垂直坡面，成横行栽砌牢固。采用铺砌混凝土预制块时，应按设计规格和要求检验合格后方可铺筑。就地浇筑混凝土板时，宜采取措施提高早期强度，混凝土表面应平整、光滑。

(5)护坦防护施工中，护坦顶面应埋入计算河床以下 0.5～1.0 m。

(6)抛石防护施工应符合下列规定：

1)抛石体边坡坡度和石料粒径应根据水深、流速和波浪情况确定，石料粒径应大于 300 mm，宜用大小不同的石块掺杂抛投。坡度应不陡于抛石石料浸水后的天然休止角。

2)抛石厚度，宜为粒径的 3～4 倍；用大粒径时，不得小于 2 倍。

3)抛石石料应选用质地坚硬、耐冻且不易风化崩解的石块。

4)抛石防护除特殊情况外，宜在枯水季节施工。

(7)石笼防护施工应符合下列规定：

1)根据设计要求或根据不同情况和用途，合理选用石笼形状；

2)应选用浸水不崩解、不易风化的石料；

3)基底应大致整平，必要时用碎石或砾石垫层找平；

4)石笼应做到位置正确，搭叠衔接稳固、紧密，确保整体性。

(8)浸水挡土墙施工应符合下列规定：

1)浸水挡土墙应选用坚硬未风化且浸水不崩解的石块；

2)应注意浸水挡土墙与岸坡的衔接。

(9)土工膜袋防护施工应符合下列规定：

1)按设计要求整平坡面，放线定位，挖好边界处理沟。

2)膜袋铺展后应拉紧固定，防止充填时下滑。

3)充填材料应根据设计要求和实际情况合理选用，充填应连续。

4)需要排水的边坡，应适时开孔设置排水管。

5)膜袋顶部宜采用浆砌块石固定。有地面径流处，坡顶应采取防护措施，防止地表水侵蚀膜袋底部。

6)岸坡膜袋底端应设压脚或护脚棱体，有冲刷处应采取防冲措施。

7)膜袋护坡的侧翼宜设压袋沟。

8)膜袋与坡面间应按设计要求铺设好土工织物滤层。

四、挡土墙

(1)挡土墙施工前，应做好截、排水及防渗设施。

(2)在岩体破碎、土质松软或地下水丰富地段修建挡土墙，宜避开雨期施工。

(3)明挖基坑应符合下列规定：

1)施工过程中应对地质情况进行核对，与设计不符时，应及时处理；

2)基坑开挖宜分段跳槽进行；

3)坑内积水应随时排干；

4)采用倾斜基底时，基底标高应按设计控制，不得超挖填补。

(4)基底检验合格后，应及时进行下道工序施工。

(5)挡土墙端部伸入路堤或嵌入地层部分应与墙体同时砌筑。挡土墙顶应找平抹面或勾缝，其与边坡间的空隙应用黏土或其他材料夯填封闭。

(6)挡土墙与桥台、隧道洞门连接应协调施工，必要时应加临时支撑，确保与墙相接的填方或山体的稳定。

(7)重力式挡土墙。

基础施工应符合下列规定：

1)应将基底表面风化、松软土石清除。

2)硬质岩石基坑中的基础，宜满坑砌筑。

3)雨期在土质或易风化软质岩石基坑中砌筑基础时，应在基坑挖好后及时封闭坑底。当基底设有向内倾斜的稳定横坡时，应采取临时排水措施，辅以必要坐浆后安砌基础。

4)采用台阶式基础时，台阶与墙体应连在一起同时砌筑，基底及墙趾台阶转折处不得砌成垂直通缝，砌体与台阶壁间的缝隙砂浆应饱满。

5)基坑应随砌筑分层回填夯实，并在表面留3%的向外斜坡。

墙身施工应符合下列规定：

1)墙身要分层错缝砌筑，砌出地面后基坑应及时回填夯实，并完成其顶面排水、防渗设施。

2)伸缩缝与沉降缝内两侧壁应竖直、平齐，无搭叠；缝中防水材料应按设计要求施工。

3)泄水孔应在砌筑墙身过程中设置，确保排水畅通，并应保证墙背反滤、防渗设施的施工质量。

4)当墙身的强度达到设计强度的75%时，方可进行回填等工作。在距墙背0.5～1.0 m以内，不宜用重型振动压路机碾压。

五、边坡锚固防护

(1)破碎且不平整的边坡，必须将松散的浮石和岩渣清除，用浆砌片石填补空洞，对坡面缝隙进行封闭处理。边坡修整后应平整、密实，无溜滑体、蠕变体和松动岩体。

(2)边坡开挖和钻孔过程中，应对岩性及构造进行编录和综合分析，与设计相比出入较大时，应按规定处理。

(3)修整边坡的弃渣应按有关规定堆放，不得污染环境。

(4)钢筋制作与安装应符合《公路桥涵施工技术规范》(JTG/T F50—2011)的规定。

(5)浇筑混凝土时，模板应加支撑固定。

(6)锚杆施工应符合的规定：孔深小于3 m时，宜采用先注浆后插锚杆的施工工艺。注浆时，浆体除孔口200～300 mm外，应均匀充满全孔。锚杆插入后应居中固定。杆体外露部分应避免敲击、碰撞，3天内不得悬吊重物，3天后才可安装垫板。

(7)预应力锚索。

1)严禁使用有机械损伤、电弧烧伤和严重锈蚀的钢绞线。严禁将钢绞线及锚索直接堆放在地面或露天储存，避免受潮、受腐蚀。

2)施工前应按设计要求进行预应力锚索的锚固性能基本试验，确定施工工艺。

3)锚索束制作安装应符合下列规定：

①锚索束制作宜在现场厂棚内进行；

②下料应采用机械切割，严禁用电弧切割；

③普通锚索束必须进行清污、除锈处理；

④锚固段锚索束应按设计安装；

⑤在锚索入孔前，必须校对锚索编号与孔号是否一致，做好标记；

⑥锚索束必须顺直地安放在钻孔中心。

4)锚固端灌浆应符合下列规定：

①放入锚索束后应及时灌浆；

②无黏结锚索孔灌浆宜一次注满锚固段和自由段；

③灌浆应饱满、密实。

5)锚索张拉应按设计要求进行，并应符合下列规定：

①张拉设备必须按规定配套标定，标定间隔期不宜超过6个月。拆卸检修的张拉设备或压力表经受强烈撞击后，都必须重新标定。

②孔内砂浆的强度未达到设计强度的75%时，不得进行张拉。

③锚索张拉采用张拉力和伸长值进行控制，用伸长值校核应力，当实际伸长值大于计算伸长值的10%或小于5%时，应暂停张拉，查明原因并处理后，可继续张拉。

④锚索锁定后，在48 h内若发现有明显的预应力松弛时，应进行补偿张拉。

6)封孔应符合下列规定：

①封孔灌浆应在锚索张拉、检测合格、锁定后进行；

②封孔灌浆时，进浆管必须插到底，灌浆必须饱满；

③封孔灌浆后，锚头部分应涂防腐剂，并按设计要求及时进行封闭。

六、抗滑桩

(1)桩基开挖过程中，应随时核对滑动面情况，及时进行岩性资料编录，当其实际情况与设计不符时，应进行处理。

(2)抗滑桩施工准备应符合下列规定：

1)施工宜在旱季进行。雨期施工时，孔口应搭雨棚，做好锁口，孔口地面上加筑适当高度的围埂。

2)应备好各项工序的机具、器材和井下排水、通风、照明设施，落实人员配备、施工组织计划。

3)应整平孔口地面，设置地表截、排水及防渗设施。

4)应对滑坡变形、移动进行监测。

(3)开挖及支护应符合下列规定：

1)应分节开挖，每节高度宜为0.6～2.0 m，分节不宜过长，不得在土石层变化处和滑动面处分节，挖一节立即支护一节。

2)护壁应经过设计计算确定，应考虑到各种不利情况。护壁混凝土应紧贴围岩灌注，灌注前应清除孔壁上的松动石块、浮土。围岩较松软、破碎、有水时，护壁宜设泄水孔。

3)开挖应在上一节护壁混凝土终凝后进行，护壁混凝土模板的支撑应在混凝土强度达到能保持护壁结构不变形后方可拆除。

4)在围岩松软、破碎和有滑动面的节段，应在护壁内顺滑动方向用临时横撑加强支护，并经常观察其受力情况，及时进行加固。

5)开挖桩群应从两端沿滑坡主轴间隔开挖，桩身强度不低于75%时可开挖邻桩。

6)弃渣严禁堆放在滑坡范围内。

(4)灌注桩身混凝土应符合下列规定：

1)灌注前，应检查断面净空、清洗混凝土护壁；

2)钢筋笼搭接接头不得设在土石分界和滑动面处；

3)灌注必须连续进行。

(5)桩间支挡结构及与桩相邻的挡土、排水设施等，均应按设计要求与抗滑桩正确连接，配套完成。

(6)桩板式抗滑挡墙。

1)桩身混凝土应达到设计强度后方可安装挡土板，挡土板安装时，应边安装边回填，并作好施工板后排水设施。

2)当桩间为土钉墙或喷锚支护时，桩间土体应分层开挖、分层加固；当锚固桩上部设有多排锚索(杆)时，应待上一排锚索(杆)施工完成后，才可开挖下一层的桩前土体。

3)锚索(杆)桩板式路堤挡土墙，应严格控制墙背填土的压实度，压实时不得直接碾压锚索(杆)。

第五节 路基安全施工

一、一般规定

(1)工程开工前必须进行现场调查，根据施工地段的地形、地质、水文、气象、环境等，制定相应的安全技术和环境保护措施。施工中应及时掌握气温、雨雪、风暴、汛情等预报，做好防范工作。

(2)路基施工前，应了解施工范围内地下埋设的各种管线、电缆、光缆等情况并与相关部门联系，制定合理的安全保护措施。施工中如发现有危险品及其他可疑物品时，应即停止施工，报请有关部门处理。

(3)应按照国家有关规定配置消防设施和器材、设置消防安全标志。施工现场应设置醒目的安全、警示标志和安全防护设施。

二、安全施工

(1)路基施工应制定安全预案，具备安全生产条件，确保施工安全。

(2)施工现场的临时用电应严格执行现行《施工现场临时用电安全技术规范》(JGJ 46—2005)。夜间施工时，现场应设有保证施工安全要求的照明设施。

(3)施工便道、便桥应设立警示和交通标志，必要时应设专人维护、指挥交通。施工车辆必须遵守道路交通法规。

(4)施工作业人员，必须遵守本工种的各项安全技术操作规程。作业人员、进入现场人员必须按规定佩戴和使用劳动防护用品。由人工配合机械进行辅助作业时，作业人员应注意观察，严禁在机械正在作业的范围内进行辅助作业。

(5)多台机械同时作业时，各机械之间应注意保持必要的安全距离。机械在路基边坡、边沟、基坑边缘、不稳定体(地段)上作业时，应采取必要的安全措施。

(6)在靠近结构物附近挖土时，必须采取安全防护措施。对于在路基范围内暂时不能迁移的结构物，应留出土台，土台周围应设警示标志。

(7)结构物基坑开挖，应根据土质、水文和开挖深度等选择安全的边坡坡度或支撑防护，在施工过程中进行监测,并及时采取相应的处理措施。开挖弃土或坑边材料的堆放不得影响基坑的稳定。沟槽(基坑)开挖深度超过 2 m 时,其边缘上面作业应按高处作业要求进行安全防护并设置警告标志。开挖沟槽(基坑)位于现场通道或居民区附近时,应设置安全护栏。

(8)采用围堰法施工沿河路基防护基础时,应制定针对出现洪水、渗漏水、流砂、涌砂、围堰变形等情况的安全预案。

(9)作业高度超过 1.2 m 时,应设置脚手架,脚手架应通过专业设计,必须进行强度、刚度及稳定性等方面的验算。施工过程中,对脚手架应经常检查,发现松动、变形或沉陷应及时加固。

(10)用提升架运送石料时,应有专人指挥和操作,严禁超负荷运行。严禁使用提升架载人。临时起吊设备的制作、安装必须符合国家相关规定。

(11)砌筑作业时,脚手架下不得有人操作及停留,不得重叠作业。砌筑护坡时,严禁在坡面上行走,不得采用从上到下自由滚落的方式运输材料。

(12)喷浆作业时应密切注意压力表变化,出现异常时,应停机、断电、停风,并及时排除故障。作业区内严禁在喷浆嘴前方站人。

(13)预应力张拉时,预应力张拉设备必须安装牢固,千斤顶近旁严禁站人,无关人员不得进入现场。

(14)预制构件安装前,应根据现场条件制定详细的吊装方案,所有起重设备必须符合国家关于特种设备的安全管理规定。

(15)拆除作业应制定安全可靠的拆除方案。拆除的废弃物应运到指定地点。

(16)爆破作业。

1)进行爆破工程设计时,应制定安全技术操作规程,爆破作业应严格执行现行《爆破安全规程》(GB 6722—2003),确保爆破安全。

2)爆破作业人员必须持证上岗。进行爆破器材保管、加工、运输及爆破作业的人员,不得穿戴易产生静电的衣物。

3)爆破器材应按规定要求进行检验,失效和不符合技术条件要求的不得使用。

4)选择炮位时,炮孔应避开正对的电线、路口、结构物。严禁在残眼上打孔。

5)爆破时,应清点爆炸数与装炮数量是否相符。发生哑炮时,必须按相关规定进行处理。如发现危坡、危石等,应按规定及时处理,未处理前,应在现场设立警戒或危险标志,无关人员不得接近。

6)清方过程中,发现有哑炮、残药、雷管时,必须及时请爆破人员进行处理。

7)已装药的炮孔必须当班爆破。

8)夜间不宜进行爆破作业。遇雷雨时应停止爆破作业,所有作业人员应立即撤离爆破区。

第六节 路基整修与交工验收

一、路基整修

(1)路基交工验收前,应对外观质量和局部缺陷进行整修或处理。

(2)路基顶面表层的整修,应根据质量缺陷的具体情况采用合理的方案、工艺进行。补填的土层压实厚度应不小于 100 mm,压实后表面应平整,不得松散、起皮。

(3)整修后的坡面应顺适、美观、牢固，坡度符合设计要求。

(4)防护与支挡工程应检查石料风化情况、泄水孔是否通畅、结构物是否有变形位移等，如果有质量缺陷应进行处理。

(5)永久性排水系统的沟、槽，表面应整齐，沟底平整，排水畅通不渗漏。如有质量缺陷应进行处理。

(6)应对临时工程和设施进行合理处置，使之与原地形以及自然环境协调。

二、交工验收

(1)分项工程、分部工程、单位工程完成后，应按有关规定进行中间检查验收。

(2)交工验收前应恢复施工段内的导线点、水准点，以及验收中要求和可能需要的其他标志桩。

(3)交工验收前应按照《公路路基施工技术规范》(JTG F10—2006)及《公路工程质量检验评定标准》(JTG F80/1—2004)的要求进行自检，自检合格后，编制符合要求的交工资料，申请进行交工验收。

(4)交工验收应按照交通部《公路工程竣(交)工验收办法》和《公路工程质量检验评定标准》(JTG F80/1—2004)有关规定执行。

(5)设计文件和《公路路基施工技术规范》(JTG F10—2006)要求进行监测的项目，应按要求进行跟踪监测。

第五章　村镇道路路面基层施工

第一节　路面基层施工

一、水泥稳定土

1. 一般规定

(1)按照土中单个颗粒的粒径大小和组成，将土分为细粒土、中粒土和粗粒土三种。

(2)水泥剂量以水泥质量占全部粗细土颗粒(即砾石、砂粒、粉粒和黏粒)和干质量的百分率表示，即水泥剂量＝水泥质量/干土质量。

(3)水泥稳定土可适用于各级公路的基层和底基层，但水泥土不得用做二级和二级以上公路高级路面的基层。

(4)水泥稳定中粒土和粗粒土用做基层时，水泥剂量不宜超过6%。必要时，应首先改善集料的级配，然后用水泥稳定。在只能使用水泥稳定细粒土做基层时或水泥稳定集料的强度要求明显大于规定时，水泥剂量不受此限制。

(5)水泥稳定土结构层宜在春末和气温较高季节组织施工。施工期的日最低气温应在5℃以上，在有冰冻的地区，并应在第1次重冰冻(－3℃～－5℃)到来之前半个月到一个月完成。

(6)在雨期施工水泥稳定土，特别是水泥土结构层时，应特别注意气候变化，勿使水泥和混合料遭雨淋。降雨时应停止施工，但已经摊铺的水泥混合料应尽快碾压密实。路拌法施工时，应采取措施排除下承层表面的水，勿使运到路上的集料过分潮湿。

(7)水泥稳定土结构层施工时，应遵守下列规定。

1)土块应尽可能粉碎，土块最大尺寸不应大于15 mm。

2)配料应准确。

3)路拌法施工时水泥应摊铺均匀。

4)洒水、拌和均匀。

5)应严格控制基层厚度和高程，其路拱横坡应与面层一致。

6)应在混合料处于或略大于最佳含水量(气候炎热干燥时，基层混合料可大1%～2%)时进行碾压，直到达到下列按重型击实试验法确定的要求压实度(最低要求)。

①基层。

a.高速公路和一级公路压实度：98%。

b.二级和二级以下公路：水泥稳定中粒土和粗粒土压实度：97%；水泥稳定细粒土压实度：93%。

②底基层。

a.高速公路和一级公路：水泥稳定中粒土和粗粒土压实度：97%；水泥稳定细粒土压实度：95%。

b. 二级和二级以下公路：水泥稳定中粒土和粗粒土压实度：95%；水泥稳定细粒土压实度：93%。

c. 由于当前有多种大能量压路机，宜提高压实度：1%～2%。

7)水泥稳定土结构层应用 12 t 以上的压路机碾压。用 12～15 t 三轮压路机碾压时，每层的压实厚度不应超过 15 cm；用 18～20 t 三轮压路机和振动压路机碾压时，每层的压实厚度不应超过 20 cm；对于水泥稳定细粒土，采用能量大的振动压路机碾压时，或对于水泥稳定细粒土，采用振动羊足碾与三轮压路机配合碾压时，每层的压实厚度可以根据试验适当增加；压实厚度超过上述规定时，应分层铺筑，每层的最小压实厚度为 10 cm，下层宜稍厚。对于稳定细粒土，以及用摊铺机摊铺混合料，都应先轻型、后重型压路机碾压。

8)路拌法施工时，必须严密组织，采用流水作业法施工，尽可能缩短从加水拌和到碾压终了的延迟时间，此时间不应超过 3～4 h，并应短于水泥的终凝时间。采用集中厂拌法施工时，延迟时间不应超过 2 h。

9)水泥稳定土基层施工时，严禁用薄层贴补法进行找平。

10)必须保湿养生，不使稳定土层表面干燥，也不应忽干忽湿。

11)水泥稳定土基层上未铺封层或面层时，除施工车辆可慢速（不超过 30 km/h）通行外，禁止一切机动车辆通行。

(8)对于二级以下的公路，水泥稳定土基层和底基层可以采用路拌法施工。但对于二级公路，应采用专用的稳定土拌和机或使用集中拌和法制备混合料。

(9)对于高速公路和一级公路，直接铺筑在土基上的底基层下层可以用稳定土拌和机进行路拌法施工，当土基上层已用石灰或固化剂处理时，底基层的下层也宜用集中拌和法拌制混合料。其上的各个稳定土层都应用集中厂拌法拌制混合料，并用摊铺机摊铺基层混合料。

(10)基层分两层施工时，在铺筑上层前，应在下层顶面先撒薄层水泥或水泥净浆。

2. 材料

对于二级和二级以下的公路，水泥稳定土所用的粗粒土、中粒土、细粒土应满足如下要求。

(1)水泥稳定土用做底基层时，单个颗粒的最大粒径不应超过 53 mm①，水泥稳定土的颗粒组成应在表 5-1 所列范围内，土的均匀系数应大于 5。细粒土的液限不应超过 40，塑性指数不应超过 17。对于中粒土和粗料土，如土中小于 0.6 mm 的颗粒含量在 30%以下，塑性指数可稍大。实际工作中，宜选用均匀系数大于 10、塑性指数小于 12 的土。塑性指数大于 17 的土，宜采用石灰稳定，或用水泥和石灰综合稳定。

表 5-1　用做底基层时水泥稳定土的颗粒组成范围

筛孔尺寸(mm)	53	4.75	0.6	0.075	0.002
通过质量百分率(%)	100	50～100	17～100	0～50	0～30

注：本规范表中所列用筛均匀方孔筛。在无相应尺寸方孔筛的情况下，可先将颗粒组成在半对数坐标纸上画出两根级配曲线，然后在对数坐标上查找所需筛孔的位置或点，从此点引一垂直线向上与两根曲线相交。从此两交点画水平线与垂直坐标相交，即可得到所需颗粒尺寸的通过百分率。

(2)水泥稳定土用做基层时，单个颗粒的最大粒径不应超过 37.5 mm。水泥稳定土的颗粒组成应在表 5-2 范围内。集料中不宜含有塑性指数的土。对于二级公路宜按接近级配范围

① 指方扎筛。如为圆孔筛，则最大粒径可为所列数值的 1.2～1.25 倍，下同。

的下限组配混合料或采用表 5-3 中的 2 号级配。

(3)级配碎石、未筛分碎石、砂砾、碎石土、砂砾土、煤矸石和各种粒状矿渣均适宜用水泥稳定。碎石包括岩石碎石、矿渣碎石、破碎砾石等。

表 5-2 用做基层时水泥稳定土的颗粒组成范围

筛孔尺寸(mm)	通过质量百分率(%)	筛孔尺寸(mm)	通过质量百分率(%)
37.5	90～100	2.36	20～70
26.5	66～100	1.18	14～57
19	54～100	0.6	8～47
9.5	39～100	0.075	0～30
4.75	28～84	—	—

对于高速公路和一级公路,水泥稳定土所用的粗粒土和中粒土应满足如下要求。

(1)水泥稳定土用做底基层时,单个颗粒的最大粒径不应超过 37.5 mm。水泥稳定土的颗粒组成应在表 5-3 所列 1 号级配范围内,土的均匀系数应大于 5。细粒土的液限不应超过 40%,塑性指数不应超过 17。对于中粒土和粗粒土,如土中小于 0.6 mm 的颗粒含量在 30% 以下,塑性指数可稍大。实际工作中,宜选用均匀系数大于 10、塑性指数小于 12 的土。塑性指数大于 17 的土,宜采用石灰稳定,或用水泥和石灰综合稳定。对于中粒土和粗粒土,宜采用表 5-3 中 2 号级配,但小于 0.075 mm 的颗粒含量和塑性指数可不受限制。

(2)水泥稳定土用做基层时,单个颗粒的最大粒径不应超过 31.5 mm。水泥稳定土的颗粒组成应在表 5-3 所列 3 号级配范围内。

表 5-3 水泥稳定土的颗粒组成范围

项目		1 号级配	2 号级配	3 号级配
筛孔尺寸(mm)	37.5	100	100	—
	31.5	—	90～100	100
	26.5	—	—	90～100
	19	—	67～90	72～89
	9.5	—	45～68	47～67
	4.75	50～100	29～50	29～49
	2.36	—	18～38	17～35
	0.6	17～100	8～22	8～22
	0.075	0～30	0～7①	0～7①
液限(%)		—	—	<28
塑性指数		—	—	<9

①集料中 0.5 mm 以下细粒土有塑性指数时,小于 0.075 mm 的颗粒含量不应超过 5%;细粒土无塑性指数时,小于 0.075 mm 的颗粒含量不应超过 7%。

(3)水泥稳定土用做基层时,对所用的碎石或砾石,应预先筛分成 3～4 个不同粒级,然后配合,使颗粒组成符合表 5-3 所列级配范围。

水泥稳定粒径较均匀的砂时，宜在砂中添加少部分塑性指数小于10的黏性土或石灰土，也可添加部分粉煤灰，加入比例可按使混合料的标准干密度接近最大值确定，一般约为20%～40%。有机质含量超过2%的土，必须先用石灰进行处理，闷料一夜后再用水泥稳定。硫酸盐含量超过0.25%的土，不应用水泥稳定。普通硅酸盐水泥、矿渣硅酸盐水泥和火山灰质硅酸盐水泥都可用于稳定土，但应选用初凝时间3 h以上和终凝时间较长（宜在6 h以上）的水泥。不应使用快硬水泥、早强水泥以及已受潮变质的水泥。宜采用强度等级为32.5或42.5的水泥。综合稳定土中用的石灰应是消石灰粉或生石灰粉。凡是饮用水（含牲畜饮用水）均可用于水泥稳定土施工。

3. 施工

(1)路拌法施工。

1)路拌法施工的工艺流程宜按图5-1所示的顺序进行。

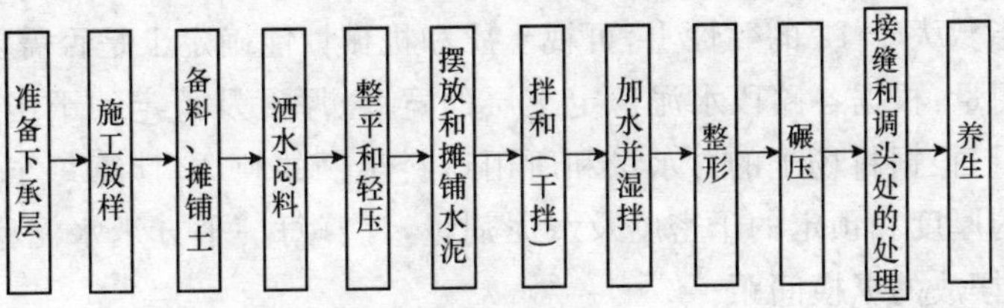

图5-1　路拌法施工水泥稳定土的工艺流程

2)准备下承层。

①水泥稳定土的下承层表面应平整、坚实，具有规定的路拱。

②当水泥稳定土用做基层时，要准备底基层；当水泥稳定土用做老路面的加强层时，要准备老路面；当水泥稳定土用做底基层时，要准备土基。

a. 对土基不论是路堤还是路堑，必须用12～15 t三轮压路机或等效的碾压机械进行3～4遍碾压检验。在碾压过程中，如发现土过干、表层松散，应适当洒水；如土过湿，发生“弹簧”现象，应采用挖开晾晒、换土、掺石灰或水泥等措施进行处理。

b. 对于底基层，应进行压实度检查，对于柔性底基层还应进行弯沉值检验。凡不符合设计要求的路段，必须根据具体情况，采用措施，使之达到规范规定的标准。

c. 对于老路面，应检查其材料是否符合底基层材料的技术要求，如不符合要求，应翻松老路面并采取必要的处理措施。

d. 底基层或老路面上的低洼和坑洞，应仔细填补及压实；搓板和辙槽应刮除；松散处，应耙松洒水并重新碾压，达到平整密实。

③在槽式断面的路段，两侧路肩上每隔一定距离（可为5～10 m）交错开挖泄水沟（或做盲沟）。

3)施工放样。

①在底基层或老路面或土基上恢复中线，直线段每15～20 m设一桩，平曲线段每10～15 m设一桩，并在两侧路肩边缘外设指示桩。

②在两侧指示桩上用明显标记标出水泥稳定土层边缘的设计高。

4)备料。

①利用老路面或土基上部材料。

a. 必须首先清除干净老路面上或土基表面的石块等杂物。

b. 每隔10～20 m挖一小洞，使洞底标高与预定的水泥稳定土层的底面标高相同，并在洞底做一标记，以控制翻松及粉碎的深度。

c.用犁、松土机或装有强固齿的平地机或推土机将老路面或土基的上部翻松到预定的深度，土块应粉碎到符合要求。

d.应经常用犁将土向路中心翻松，使预定处治层的边部成一个垂直面，防止处治宽度超过规定。

e.用专用机械粉碎黏性土。在无专用机械的情况下，也可以用旋转耕作机、圆盘耙粉碎塑性指数不大的土。

②利用料场的土（包括细粒土、中粒土和粗粒土）。

a.采集土前，应先将树木、草皮和杂土清除干净。

b.土中的超尺寸颗粒应予筛除。

c.应在预定的深度范围内采集土，不应分层采集，不应将不合格的土采集一起。

d.对于塑性指数大于12的黏性土，可视土质和机械性能确定土是否需要过筛。

e.计算材料用量：根据各路段水泥稳定土层的宽度、厚度及预定的干密度，计算各路段需要的干燥土的数量；根据料场土的含水量和所用运料车辆的吨位，计算每车料的堆放距离；根据水泥稳定土层的厚度和预定的干密度及水泥剂量，计算每一平方米水泥稳定土需要的水泥用量，并确定水泥摆放的纵横间距。

f.在预定堆料的下承层上，在堆料前应先洒水，使其表面湿润，但不应过分潮湿而造成泥泞。

g.土装车时，应控制每车料的数量基本相等。

h.在同一料场供料的路段内，由远到近将料按上述计算距离卸置于下承层表面的中间或上侧。卸料距离应严格掌握，避免有的路段料不够或过多。

i.料堆每隔一定距离应留一缺口。

j.土在下承层上的堆置时间不应过长。运送土只宜比摊铺土工序提前1～2 d。

k.当路肩用料与稳定土层用料不同时，应采取培肩措施，先将两侧路肩培好。路肩料层的压实厚度应与稳定土层的压实厚度相同。在路肩上，每隔5～10 m应交错开挖临时泄水沟。

5)摊铺土。

①应事先通过试验确定土的松铺系数。人工摊铺混合料时，其松铺系数可按表5-4选用。

表5-4 混合料松铺系数参考表

材料名称	松铺系数	备注
水泥稳定砂砾	1.30～1.35	—
水泥土	1.53～1.58	现场人工摊铺土和水泥，机械拌和，人工整平

②摊铺土应在摊铺水泥的前一天进行。摊铺长度按日进度的需要量控制，满足次日完成掺加水泥、拌和、碾压成型即可。雨期施工，如第二天有雨，不宜提前摊铺土。

③应将土均匀地摊铺在预定的宽度上，表面应力求平整，并有规定的路拱。

④摊料过程中，应将土块、超尺寸颗粒及其他杂物拣除。

⑤如土中有较多土块，应进行粉碎。

⑥检验松铺土层的厚度，应符合预计要求。

⑦除洒水车外，严禁其他车辆在土层上通行。

6)洒水闷料。

①如已整平的土(含粉碎的老路面)含水量过小,应在土层上洒水闷料。洒水应均匀,防止出现局部水分过多的现象。

②严禁洒水车在洒水段内停留和调头。

③细粒土应经一夜闷料;中粒土和粗粒土,视其中细土含量的多少,可缩短闷料时间。

④如为综合稳定土,应先将石灰和土拌和后一起进行闷料。

7)整平和轻压。对人工摊铺的土层整平后,用6～8 t两轮压路机碾压1～2遍,使其表面平整,并有一定的压实度。

8)摆放和摊铺水泥。

①计算出的每袋水泥的纵横间距,在土层上做安放标记。

②应将水泥当日直接送到摊铺路段,卸在做标记的地点,并检查有无遗漏和多余。运水泥的车应有防雨设备。

③用刮板将水泥均匀摊开,并注意使每袋水泥的摊铺面积相等。水泥摊铺完后,表面应没有空白位置,也没有水泥过分集中的地点。

9)拌和(干拌)。

①对二级及二级以上公路,应采用专用稳定土拌和机进行拌和并设专人跟随拌和机,随时检查拌和深度并配合拌和机操作员调整拌和深度。拌和深度应达稳定层底并宜侵入下承层5～10 mm,以利上下层粘结。严禁在拌和层底部留有素土夹层。通常应拌和两遍以上,在最后一遍拌和之前,必要时可先用多铧犁紧贴底面翻拌一遍。直接铺在土基上的拌和层也应避免素土夹层。

②对于三、四级公路,在没有专用拌和机械的情况下,可用农用旋转耕作机与多铧犁或平地机相配合进行拌和,但应注意拌和效果,拌和时间不能过长。先用平地机或多铧犁(四铧犁或五铧犁)将铺好水泥的土翻拌两遍,使水泥分布到土中,但不应翻犁到底,防止水泥落到底部第一遍由路中心开始,将混合料向中间翻,机械应慢速前进;第二遍应相反,从两边开始,将混合料向外侧翻。接着用旋转耕作机拌和两遍。再用多铧犁或平地机将底部料翻起。随时检查调整翻犁的深度,使稳定土层全部翻透。严禁在稳定土层与下承层之间残留一层素土,也应防止翻犁过深或过多破坏下承层的表面,通常应翻犁两遍。接着,再用旋转耕作机拌和两遍,用多铧犁或平地机再翻犁两遍。

③对于三、四级公路,在没有专用拌和机械的情况下,也可以用缺口圆盘耙与多铧犁或平地机相配合,拌和水泥稳定细粒土和中粒土,但应注意拌和效果,拌和时间不可过长。用平地机或多铧犁在前面翻拌,用圆盘耙跟在后面拌和。圆盘耙的速度应尽量快,使水泥与土拌和均匀。应翻拌四遍,开始的两遍不应翻犁到底,以防水泥落到底部;后面的两遍应翻犁到底,随时检查调整翻犁的深度。

10)加水并湿拌。

①在上述拌和过程结束时,如果混合料的含水量不足,应用喷管式洒水车(普通洒水车不适宜用作路面施工)补充洒水。水车起洒处和另一端调头处都应超出拌和段2 m以上。洒水车不应在正进行拌和以及当天计划拌和的路段上调头和停留,以防局部水量过大。

②洒水后,应再次进行拌和,使水分在混合料中分布均匀。拌和机械应紧跟在洒水车后面进行拌和,减少水分流失。

③洒水及拌和过程中,应及时检查混合料的含水量。含水量宜略大于最佳值。对于稳定

粗粒土和中粒土，宜较最佳含水量大 0.5%～1.0%；对于稳定细粒土，宜较最佳含水量大 1%～2%。

④在洒水拌和过程中，应配合人工拣出超尺寸颗粒，消除粗细颗粒"窝"以及局部过分潮湿或过分干燥之处。

⑤混合料拌和均匀后应色泽一致，没有灰条、灰团和花面，即无明显粗细集料离析现象，且水分合适和均匀。

11）整形。

①混合料拌和均匀后，应立即用平地机初步整形。在直线段，平地机由两侧向路中心进行刮平；在平曲线段，平地机由内侧向外侧进行刮平。必要时，再返回刮一遍。

②用拖拉机、平地机或轮胎压路机立即在初平的路段上快速碾压一遍，以暴露潜在的不平整。

③再用平地机进行整形，整形前应用齿耙将轮迹低洼处表层 5 cm 以上耙松，并再碾压一遍。

④对于局部低洼处，应用齿耙将其表层 5 cm 以上耙松，并用新拌的混合料进行找平。

⑤再用平地机整形一次。应将高处料直接刮出路外，不应形成薄层贴补现象。

⑥每次整形都应达到规定的坡度和路拱，并应特别注意接缝必须顺适平整。

⑦当用人工整形时，应用锹和耙先将混合料摊平，用路拱板进行初步整形。用拖拉机初压 1～2 遍后，根据实测的松铺系数，确定纵横断面的标高，并设置标记和挂线。利用锹耙按线整形，再用路拱板校正成型。如为水泥土，在拖拉机初压之后，可用重型框式路拱板（拖拉机牵引）进行整形。

⑧在整形过程中，严禁任何车辆通行，并保持无明显的粗细集料离析现象。

12）碾压。

①根据路宽、压路机的轮宽和轮距的不同，制定碾压方案，应使各部分碾压到的次数尽量相同，路面的两侧应多压 2～3 遍。

②整形后，当混合料的含水量为最佳含水量（+1%～+2%）时，应立即用轻型压路机并配合 12 t 以上压路机在结构层全宽内进行碾压。直线和不设超高的平曲线段，由两侧路肩向路中心碾时，应重叠 1/2 轮宽，后轮必须超过两段的接缝处，后轮压完路面全宽时，即为一遍。一般需碾压 6～8 遍。压路机的碾压速度，头两遍以采用 1.5～1.7 km/h 为宜，以后宜采用 2.0～2.5 km/h。采用人工摊铺和整形的稳定土层，宜先用拖拉机或 6～8 t 两轮压路机或轮胎压路机碾压 1～2 遍，然后再用重型压路机碾压。

③严禁压路机在已完成的或正在碾压的路段上调头或急刹车，应保证稳定土层表面不受破坏。

④碾压过程中，水泥稳定土的表面应始终保持湿润，如水分蒸发过快，应及时补撒少量的水，但严禁洒大水碾压。

⑤碾压过程中，如有"弹簧"、松散、起皮等现象，应及时翻开重新拌和（加适量的水泥）或用其他方法处理，使其达到质量要求。

⑥经过拌和、整形的水泥稳定土，宜在水泥初凝前并应在试验确定的延迟时间内完成碾压，并达到要求的密实度，同时没有明显的轮迹。

⑦在碾压结束之前，用平地机再终平一次，使其纵向顺适，路拱和超高符合设计要求。终平应仔细进行，必须将局部高出部分刮除并扫出路外；对于局部低洼之处，不再进行找补，可留待铺筑沥青面层时处理。

13）接缝和调头处的处理。

①同日施工的两工作段的衔接处，应采用搭接。前一段拌和整形后，留 5～8 m 不进行碾压，后一段施工时，前段留下未压部分，应再加部分水泥重新拌和，并与后一段一起碾压。

②经过拌和、整形的水泥稳定土，应在试验确定的延迟时间内完成碾压。

③应注意每天最后一段末端缝（即工作缝）的处理。工作缝和调头处可按下述方法处理：

a. 在已碾压完成的水泥稳定土层末端，沿稳定土挖一条横贯铺筑层全宽的宽约 30 cm 的槽，直挖到下承层顶面。此槽应与路的中心线垂直，靠稳定土的一面应切成垂直面，并放两根与压实厚度等厚、长为全宽一半的方木紧贴其垂直面。

b. 用原挖出的素土回填槽内其余部分。

c. 如拌和机械或其他机械必须到已压成的水泥稳定土层上调头，应采取措施保护调头作业段。一般可在准备用于调头的约 8～10 m 长的稳定土层上，先覆盖一张厚塑料布或油毡纸，然后铺上约 10 cm 厚的土、砂或砂砾。

d. 第二天，邻接作业段拌和后，除去方木，用混合料回填。靠近方木未能拌和的一小段，应人工进行补充拌和。整平时，接缝处的水泥稳定土应较已完成断面高出约 5 cm，以利形成一个平顺的接缝。

e. 整平后，用平地机将塑料布上大部分土除去（注意勿刮破塑料布），然后人工除去余下的土，并收起塑料布。在新混合料碾压过程中，应将接缝修整平顺。

④纵缝的处理。水泥稳定土层的施工应该避免纵向接缝，在必须分两幅施工时，纵缝必须垂直相接，不应斜接。纵缝应按下述方法处理：

a. 在前一幅施工时，在靠中央一侧用方木或钢模板做支撑方木或钢模板的高度与稳定土层的压实厚度相同；

b. 混合料拌和结束后，靠近支撑木（或板）的一部分，应人工进行补充拌和，然后整形和碾压；

c. 养生结束后，在铺筑另一幅之前，拆除支撑木（或板）；

d. 第二幅混合料拌和结束后，靠近第一幅的部分，应人工进行补充拌和，然后进行整形和碾压。

(2) 中心站集中厂拌法施工。

1) 水泥稳定土可以在中心站用厂拌设备进行集中拌和，对于高速公路和一级公路，应采用专用稳定土集中厂拌机械拌制混合料。集中拌和时，应符合下列要求：

①土块应粉碎，最大尺寸不得大于 15 mm；

②配料应准确，拌和应均匀；

③含水量宜略大于最佳值，使混合料运到现场摊铺后碾压时的含水量不小于最佳值；

④不同粒级的碎石或砾石以及细集料（如石屑和砂）应隔离，分别堆放。

2) 当采用连接式的稳定土厂拌设备拌和时，应保证集料的最大粒径和级配符合要求。

3) 在正式拌制混合料之前，必须先调试所用的设备，使混合料的颗粒组成和含水量都达到规定的要求。原集料的颗粒组成发生变化时，应重新调试设备。

4) 在潮湿多雨地区或其他地区的雨季施工时，应采取措施，保护集料，特别是细集料（如石屑和砂等）应有覆盖，防止雨淋。

5) 应根据集料和混合料含水量的大小，及时调整加水量。

6) 应尽快将拌成的混合料运送到铺筑现场。车上的混合料应覆盖，减少水分损失。

7) 应采用沥青混凝土摊铺机或稳定土摊铺机摊铺混合料。如下承层是稳定细粒土，应先将下承层顶面拉毛，再摊铺混合料。

8)拌和机与摊铺机的生产能力应互相匹配。对于高速公路和一级公路，摊铺机宜连续摊铺，拌和机的产量宜大于 400 t/h。如拌和机的生产能力较小，在用摊铺机摊铺混合料时，应采用最低速度摊铺，减少摊铺机停机待料的情况。

9)在摊铺机后面应设专人消除粗细集料离析现象，特别应该铲除局部粗集料"窝"，并用新拌混合料填补。

10)宜先用轻型两轮压路机跟在摊铺机后及时进行碾压，后用重型振动压路机、三轮压路机或轮胎压路机继续碾压密实。

11)在二、三、四级公路上，没有摊铺机时，可采用摊铺箱摊铺混合料，也可以用自动平地机按以下步骤摊铺混合料：

①根据铺筑层的厚度和要求达到的压实干密度，计算每车混合料的摊铺面积；

②将混合料均匀地卸在路幅中央，路幅宽时，也可将混合料卸成两行；

③用平地机将混合料按松铺厚度摊铺均匀；

④设一个 3～5 人的小组，携带一辆装有新拌混合料的小车，跟在平地机后面，及时铲除粗集料"窝"和粗集料"带"，补以新拌的均匀混合料，或补撒拌均匀的细混合料，并与粗集料拌和均匀。

12)用平地机摊铺混合料后的整形和碾压均与路拌法相同。

13)集中厂拌法施工时的横向接缝应符合下列要求：

①用摊铺机摊铺混合料时，不宜中断，如因故中断时间超过 2 h，应设置横向接缝，摊铺机应驶离混合料末端。

②人工将末端含水量合适的混合料弄整齐，紧靠混合料放两根方木，方木的高度应与混合料的压实厚度相同；整平紧靠方木的混合料。

③方木的另一侧用砂砾或碎石回填约 3 m 长，其高度应高出方木几厘米。

④将混合料碾压密实。

⑤在重新开始摊铺混合料之前，将砂砾或碎石和方木除去，并将下承层顶面清扫干净。

⑥摊铺机返回到已压实层的末端，重新开始摊铺混合料。

⑦如摊铺中断后，未按上述方法处理横向接缝，而中断时间已超过 2 h，则应将摊铺机附近及其下面未经压实的混合料铲除，并将已碾压密实且高程和平整度符合要求的末端挖成与路中心线垂直并垂直向下的断面，然后再摊铺新的混合料。

14)应避免纵向接缝。高速公路和一级公路的基层应分两幅摊铺，宜采用两台摊铺机一前一后相隔约 5～10 m 同步向前摊铺混合料，并一起进行碾压。在不能避免纵向接缝的情况下，纵缝必须垂直相接，严禁斜接，并符合下列规定：

①在前一幅摊铺时，在靠中央的一侧用方木或钢模板做支撑，方木或钢模板的高度应与稳定土层的压实厚度相同。

②养护结束后，在摊铺另一幅之前，拆除支撑木(或板)。

二、石灰稳定土

1. 一般规定

(1)按照土中单个颗粒的粒径大小和组成，将土分为细粒土、中粒土和粗粒土三种。

(2)石灰剂量以石灰质量占全部粗细土颗粒干质量的百分率表示，即石灰剂量＝石灰质量/干土质量。

(3)石灰稳定土适用于各级公路的底基层，以及二级和二级以下公路的基层，但石灰土不得用做二级公路的基层和二级以下公路高级路面的基层。

(4)在冰冻地区的潮湿路段落及其他地区的过分潮湿路段，不宜采用石灰土做基层。当只能采用石灰土时，应采取措施防止水分浸入石灰土层。

(5)石灰稳定土层应在春末和夏季组织施工。施工期的日最低气温应在5℃以上，并应在第一次重冰冻(−3℃～−5℃)到来之前一个月到一个半月完成。稳定土层宜经历半月以上温暖和热的气候养生。多雨地区，应避免在雨期进行石灰土结构层的施工。

(6)在雨期施工石灰稳定中粒土和粗粒土时，应采用排除表面水的措施，防止运到路上的集料过分潮湿，并应采取措施保护石灰免遭雨淋。

(7)石灰稳定土层施工时，应遵守下列规定。

1)细粒土应尽可能粉碎，土块最大尺寸不应大于15 mm。

2)配料应准确。

3)路拌法施工时，石灰应摊铺均匀。

4)洒水、拌和应均匀。

5)应严格控制基层厚度和高程，其路拱横坡应与面层一致。

6)应在混合料处于最佳含水量或略小于最佳含水量(1%～2%)时进行碾压，直到达到下列按重型击实试验法确定的要求压实度：

①基层期。

二级和二级以下公路：石灰稳定中粒土和粗粒土：97%；石灰稳定细粒土：93%。

②底基层。

a.高速公路和一级公路：石灰稳定中粒土和粗粒土：97%；石灰稳定细粒土：95%。

b.二级和二级以下公路：石灰稳定中粒土和粗粒土：95%；石灰稳定细粒土：93%。

7)石灰稳定土结构层应用12 t以上的压路机碾压。用12～15 t三轮压路机碾压时，每层的压实厚度不应超过15 cm；用18～20 t三轮压路机和振动压路机碾压时，每层的压实厚度不应超过20 cm；对于石灰稳定土，采用能量大的振动压路机碾压时，或对于石灰土，采用振动羊足碾与三轮压路机配合碾压时，每层的压实厚度可以根据试验适当增加。压实厚度超过上述规定时，应分层铺筑，每层的最小压实厚度为10 cm，下层宜稍厚。对于石灰土，应采用先轻型、后重型压路机碾压。

8)石灰稳定土层宜在当天碾压完成，碾压完成后必须保温养生，不使稳定土层表面干燥，也不应过分潮湿。

9)石灰稳定土层上未铺封层或面层时，禁止开放交通；当施工中断，临时开放交通时，应采取保护措施，不使基层表面遭破坏。

(8)石灰稳定土基层施工时，严禁用薄层贴补的办法进行找平。

(9)在采用石灰土做基层时，必须采取措施防止表面水透入基层，同时应经历一个月以上的温暖和热的气候养生。作为沥青路面的基层时，还应采取措施加强基层与面层的联结。

(10)石灰改善土的施工方法可按本规范执行。

(11)对于二级以下的公路，石灰稳定土基层和底基层可以采用路拌法施工。

(12)对于高速公路和一级公路，直接铺筑在土基上的底基层下层可以用专用稳定土拌和机进行路拌法施工，如土基上层已用石灰或固化剂处理，则底基层的下层也应用集中拌和法拌制混合料。其上的各个稳定土层都应用集中厂拌法拌制混合料并宜用摊铺机摊铺混合料。

2. 材料

(1)塑性指数为 15～20 的黏性土以及含有一定数量黏性土的中粒土和粗粒土均适宜于用石灰稳定。

用石灰稳定无塑性指数的级配砂砾、级配碎石和未筛分碎石时，应添加 15%左右的黏性土。塑性指数在 15 以上的黏性土更适宜于用石灰和水泥综合稳定。塑性指数在 10 以下的亚砂土和砂土用石灰稳定时，应采取适当的措施或采用水泥稳定。塑性指数偏大的黏性土，应加强粉碎，粉碎后土块的最大尺寸不应大于 15 mm。可以采用两次拌和法，第一次加部分石灰拌和后，闷放 1～2 d，再加入其余石灰，进行第二次拌和。

使用石灰稳定土时，应遵守下列规定。

1)石灰稳定土用做高速公路和一级公路和底基层时，颗粒的最大粒径不应超过37.5 mm，用做其他等级公路的底基层时，颗粒的最大粒径不应超过 53 mm。

2)石灰稳定土用做基层时，颗粒的最大粒径不应超过 37.5 mm。级配碎石、未筛分碎石、砂砾、碎石土、砂砾土、煤矸石和各种粒状矿渣等均适宜用做石灰稳定土的材料。石灰稳定土中碎石、砂砾或其他粒状材料的含量应在 80%以上，并应具有良好的级配。

3)石灰稳定土中碎石或砾石的压碎值应符合下列要求。

①基层。二级公路：不大于 30%；二级以下公路：不大于 35%。

②底基层：高速公路和一级公路：不大于 30%；二级和二级以下公路：不大于 35%。

4)硫酸盐含量超过 0.8%的土和有机质含量超过 10%的土，不宜用石灰稳定。

(2)石灰技术指标应符合表 5-5 的规定。应尽量缩短石灰的存放时间。石灰在野外堆放时间较长时，应覆盖防潮。

(3)凡饮用水(含牲畜饮用水)均可用于石灰土施工。

表 5-5　石灰的技术指标

项目＼指标＼类别	钙质生石灰			镁质生石灰			钙质消石灰			镁质消石灰		
等级	Ⅰ	Ⅱ	Ⅲ	Ⅰ	Ⅱ	Ⅲ	Ⅰ	Ⅱ	Ⅲ	Ⅰ	Ⅱ	Ⅲ
有效钙加氧化镁含量(%)	≥85	≥80	≥70	≥80	≥75	≥65	≥65	≥60	≥55	≥60	≥55	≥50
未消化残渣含量(5 mm 圆孔筛的筛余，%)	≤7	≤11	≤17	≤10	≤14	≤20	—	—	—	—	—	—
含水量(%)	—	—	—	—	—	—	≤4	≤4	≤4	≤4	≤4	≤4
细度 —	—	—	—	—	—	—	0	≤1	≤1	0	≤1	≤1
细度 —	—	—	—	—	—	—	≤13	≤20	—	≤13	≤20	—
钙镁石灰的分类界限，氧化镁含量(%)	≤5			>5			≤4			>4		

注：硅、铝、镁氧化物含量之和大于 5%的生石灰，有效钙加氧化镁含量指标，Ⅰ等≥75%，Ⅱ等≥70%，Ⅲ等≥60%；未消化残渣含量指标与镁质生石灰指标相同。

3. 施工

(1)路拌法施工。

1)路拌法施工石灰稳定土的工艺流程宜按图 5-2 所示的顺序进行。

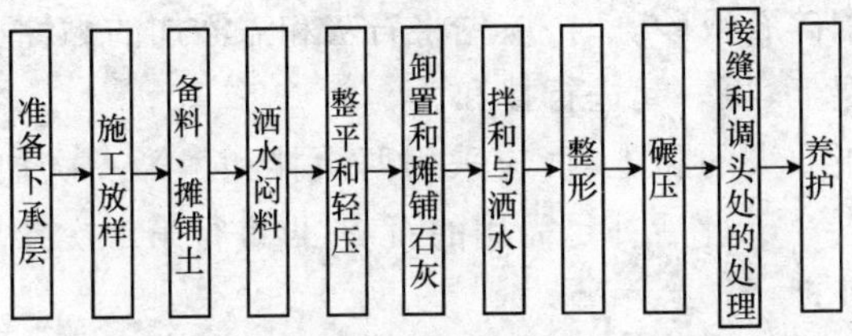

图 5-2　石灰稳定土路拌法施工的工艺流程

2)准备下承层、施工放样、洒水闷料、整平和轻压,同水泥稳定土的要求。

3)备料。除应符合水泥稳定土的要求外,还应符合下列规定:

①当需分层采集土时,应将土先分层堆放在一场地上,然后从前到后将上下层土一起装车运送到现场。

②对于塑性指数小于 15 的黏性土,机械拌和时,可视土质和机械性能确定是否需要过筛。人工拌和时,应筛除 15 mm 以上的土块。

③石灰应选择公路两侧宽敞、临近水源且地势较高的场地集中堆放。当堆放时间较长时,应覆盖封存。石灰堆放在集中拌和场地时间较长时,也应覆盖封存。

④生石灰块应在使用前 7～10 d 充分消解。消解后的石灰应保持一定的湿度,不得产生扬尘,也不可过湿成团。

⑤消石灰宜过孔径 10 mm 的筛,并尽快使用。

4)摊铺土。应事先通过试验确定土的松铺系数。人工摊铺混合料时,其松铺系数可按表 5-6 选用。

表 5-6　人工摊铺混合料松铺系数表

材料名称	松铺系数	备　注
石灰土	1.53～1.58	现场人工摊铺土和石灰,机械拌和,人工整平
	1.65～1.70	路外集中拌和,运到现场人工摊铺
石灰土砂砾	1.52～1.56	路外集中拌和,运到现场人工摊铺

5)卸置和摊铺石灰。

①按计算所得的每车石灰的纵横间距,用石灰在土层上做标记,同时划出摊铺石灰的边线。

②用刮板将石灰均匀摊开,石灰摊铺完后,表面应没有空白位置。量测石灰的松铺厚度,根据石灰的含水量和松密度,校核石灰用量是否合适。

6)拌和与洒水。

①对二级及二级以上公路,同水泥稳定土的要求,只是当使用生石灰粉时,宜先用平地机或多铧犁将石灰翻到土层中间,但不能翻到底部。

②对于三、四级公路的石灰稳定细粒土和中粒土,在没有专用拌和机械的情况下,可用农用旋转耕作机与多铧犁或平地机相配合拌和四遍。先用旋转耕作机拌和两遍,后用多铧犁或平地机将底部素土翻起,再用旋转耕作机拌和两遍,多铧犁或平地机将底部料再翻起,并随时检查调整翻犁的深度,使稳定土层全部翻透。严禁在稳定土层与下承层之间残留一层素土,但也应防止翻犁过深、过多破坏下承层的表面。也可以用缺口圆盘耙与多铧犁或平地机相配合,拌和石灰稳定细粒土、中粒土和粗粒土。同水泥稳定土要求。

③如为石灰稳定级配碎石或砂砾时，应先将石灰和需添加的黏性土拌和均匀，然后均匀地摊铺在级配碎石或砂砾层上，再一起进行拌和。

④用石灰稳定塑性指数大的黏土时，应采用两次拌和。第一次加 70%～100%预定剂量的石灰进行拌和，闷放 1～2 d，此后补足需用的石灰，再进行第二次拌和。

7)接缝和调头处的处理。

①同日施工的两工作段的衔接处，应采用搭接形式。前一段拌和整形后，留 5～8 mm 不进行碾压，后一段施工时，应与前段留下未压部分一起再进行拌和。

②拌和机械及其他机械不宜在已压成的石灰稳定土层上调头。如必须调头，应采取措施保护调头部分，使石灰稳定土表层不受破坏。

(2)人工沿路拌和法施工。

1)二级以下公路的小工程可以采用人工沿路拌和施工。

2)备料。

①将需稳定的土料按事先计算的数量运到路上分堆堆放，应每隔一定距离留一缺口。

②将消石灰按事先计算的数量运到路上，直接卸在土堆上或卸在土堆旁。

3)拌和。

①筛拌法。将土和石灰混合或交替过孔径 15 mm 的筛，筛余土块应随打碎随过筛。过筛以后，适当加水，拌和到均匀为止。

②翻拌法。将过筛的土和石灰先干拌 1～2 遍，然后加水拌和，应不少于 3 遍，直到均匀为止。

③为使混合料的水分充分均匀，可在当天拌和后堆放闷料，第二天再摊铺。

4)摊铺。将拌好的石灰土混合料按松铺厚度摊铺均匀。

三、石灰工业废渣稳定土

1. 一般规定

(1)可利用的工业废渣包括：粉煤灰、煤渣、高炉矿渣、钢渣(已经过崩解达到稳定)，及其他冶金矿渣、煤矸石等。

(2)石灰工业废渣稳定土可分为下列两大类：

1)石灰粉煤灰类。

2)石灰其他废渣类。

(3)石灰工业废渣稳定土可适用于各级公路的基层和底基层，但二灰、二灰土和二灰砂不应用做二级和二级以上公路高级路面的基层。

(4)石灰工业废渣混合料采用质量配合比计算，以石灰:粉煤灰:集料(或土)的质量比表示。

(5)石灰工业废渣稳定土宜在春末和夏季组织施工。施工期的日最低气温应在 5℃以上，并应在第一次重冰冻(－3℃～－5℃)到来之前一个月到一个半月完成。

(6)石灰工业废渣稳定土结构层施工时，应遵守下列规定。

1)配料应准确。

2)石灰应摊铺均匀。

3)洒水、拌和应均匀。

4)应严格控制基层厚度和高程，其路拱横坡应与面层一致。

5)应在混合料处于或略大于最佳含水量时进行碾压，直到达到下列按重型击实试验法确定的要求压实度。

①基层：

a. 高速公路和一级公路[1]：98%。

b. 二级和二级以下公路：稳定中粒土和粗粒土：97%；稳定细粒土：93%。

②底基层：

a. 高速公路和一级公路[1]：稳定中粒土和粗粒土：97%；稳定细粒土：95%。

b. 二级和二级以下公路：稳定中粒土和粗粒土：95%；稳定细粒土：93%。

6)石灰工业废渣稳定土应用 12 t 以上的压路机碾压。用 12～15 t 三轮压路机碾压时，每层的压实厚度不应超过 15 cm；用 18～20 t 三轮压路机和振动压路机碾压时，每层的压实厚度不应超过 20 cm。对于二灰级配集料，采用能量大的振动压路机碾压时，或对于二灰土，采用振动羊足碾与三轮压路机配合碾压时，每层的压实厚度可以根据试验适当增加。压实厚度超过上述规定时，应分层铺筑，每层的最小压实厚度为 10 cm，下层宜稍厚。对于石灰工业废渣稳定土，应采用先轻型、后重型压路机碾压。

7)必须保湿养护，不使石灰工业废渣稳定土层表面干燥。

8)石灰工业废渣稳定土基层上未铺封层或面层时，应封闭交通，保护表层不受破坏。当施工中断，临时开放交通时，必须采取保护措施。

(7)石灰工业废渣基层施工时，严禁用薄层贴补的办法进行找平。

(8)对于二级以下的公路，用石灰工业废渣做基层和底基层时，可以采用路拌法施工；对于二级公路，应采用专用的稳定土拌和机，或用集中厂拌法拌制混合料。

(9)对于高速公路和一级公路，直接铺筑在土基上的底基层下层可以用专用的稳定土拌和机进行路拌法施工，如土基上层已用石灰或固化剂处理，则底基层的下层也应用集中拌和法拌制混合料。其上的各个稳定土层都应用集中厂拌法拌制混合料，并应用摊铺机摊铺基层混合料。

2. 材料

(1)石灰工业废渣稳定土所用石灰质量应符合表 5-5 规定的Ⅲ级消石灰或Ⅲ级生石灰的技术指标，应尽量缩短石灰的存放时间，如存放时间较长，应采取覆盖封存措施，妥善保管。

(2)粉煤灰中 SiO_2、Al_2O_3 和 Fe_2O_3 的总含量应大于 70%，粉煤灰的烧失量不应超过 20%；粉煤灰的比表面积宜大于 2 500 cm^2/g(或 90%通过 0.3 mm 筛孔，70%通过 0.075 mm 筛孔)。干粉煤灰和湿粉煤灰都可以应用。湿粉煤灰的含水量不宜超过 35%。

(3)煤渣的最大粒径不应大于 30 mm，颗粒组成宜有一定级配，且不宜含杂质。

(4)宜采用塑性指数 12～20 的黏性土(亚黏土)。土块的最大粒径不应大于 15 mm。有机质含量超过 10%的土不宜选用。

(5)二灰稳定的中粒土和粗粒土不宜含有塑性指数的土。

(6)用于二级及二级以下公路的二灰稳定土应符合下列要求：

1)二灰稳定土用做底基层时，石料颗粒的最大粒径不应超过 53 mm；

2)二灰稳定土用做基层时，石料颗粒的最大粒径不应超过 37.5 mm；碎石、砾石或其他粒状材料的质量宜占 80%以上，并符合表 5-7 或表 5-8 的级配范围。

(7)用于高速公路和一级公路的二灰稳定土应符合下列要求。

1)二灰稳定土用做底基层时，土中碎石、砾石颗粒的最大粒径不应超过 37.5 mm。各种

① 由于当前有多种能量大的压路机，宜提高压实度 1%～2%。

细粒土、中粒土和粗粒土都可用二灰稳定后用做底基层。

表 5-7 二灰级配砂砾中集料的颗粒组成范围(一)

编号 通过质量百分率(%) 筛孔尺寸(mm)	1	2
37.5	100	—
31.5	85～100	100
19.0	65～85	85～100
9.50	50～70	55～75
4.75	35～55	39～59
2.36	25～45	27～47
1.18	17～35	17～35
0.60	10～27	10～25
0.075	0～15	0～10

表 5-8 二灰级配砂砾中集料的颗粒组成范围(二)

编号 通过质量百分率(%) 筛孔尺寸(mm)	1	2
37.5	100	—
31.5	90～100	100
19.0	72～90	81～98
9.50	48～68	52～70
4.75	30～50	30～50
2.36	18～38	18～38
1.18	10～27	10～27
0.60	6～20	6～20
0.075	0～7	0～7

2)二灰稳定土用做基层时,二灰的质量应占 15%,最多不超过 20%,石料颗粒的最大粒径不应超过 31.5 mm,其颗粒组成宜符合表 5-7 或表 5-8 中 2 号级配的范围①,粒径小于 0.075 mm的颗粒含量宜接近 0。

3)对所用的砾石或碎石,应预先筛分成 3～4 个不同粒级,然后再配合成颗粒组成符合表

① 表中所列级配的颗粒组成范围是根据强度高、干缩性小和抗冲刷能力强提出的。此颗粒组成范围可做改变,但改变后的二灰级配集料的强度,特别是干缩性和抗冲刷能力,应优于按表列颗粒组成范围配合的二灰级配集料的性质。

5-7 或表 5-8 所列级配范围的混合料。

(8)碎石或砾石的压碎值应符合下列要求。

①基层:高速公路和一级公路:不大于 30%;二级和二级以下公路:不大于 35%。

②底基层:高速公路和一级公路:不大于 35%;二级和二级以下公路:不大于 40%。

(9)凡饮用水(含牲畜饮用水)均可使用。

3. 施工

(1)路拌法施工。

1)备料。

①运到现场的粉煤灰,应含有足够的水分,防止扬尘。在干燥和多风季节,应使料堆表面保持湿润,或者覆盖。如在堆放过程中,部分粉煤灰凝结成块,使用时应将灰块打碎。场地集中堆放的粉煤灰,应予覆盖,避免雨淋过分潮湿。

②计算材料用量。根据各路段石灰工业废渣稳定土层的宽度、厚度及预定的干密度,计算各路段需要的干混合料质量;根据混合料的配合比、材料的含水量以及所用运料车辆的吨位,计算各种材料每车料的堆放距离。

③如路肩用料与石灰工业废渣稳定土层用料不同,应采取培肩措施,先将两侧路肩培好,路肩料层的压实厚度应与稳定土层的压实厚度相同。在路肩上,每隔 5～10 m 应交错开挖临时泄水沟。

④在预定堆料的下承层上,在堆料前应先洒水,使其表面湿润。

2)运输和摊铺。

①材料装车时,应控制每车料的数量基本相等。

②采用地灰时,应先将粉煤灰运到现场;采用二灰稳定土时应先将土运到现场。在同一料场供料的路段内,由远到近将料按计算的距离卸置于下承层上,卸料距离应均匀。

③料堆每隔一定距离应留一缺口。材料在下承层上的堆置时间不应过长。

④应通过试验确定各种材料及混合料的松铺系数。

⑤采用机械路拌时,应采用层铺法。即每种材料摊铺均匀后,宜先用两轮压路机碾压 1～2 遍,然后再运送并摊铺下一种材料。摊铺每层材料时应力求平整,并具有规定的路拱。集料应较湿润,必要时先洒少量水。

3)拌和及洒水。

①对于二级和二级以上公路,应采用专用稳定土拌和机进行拌和,并应先干拌两遍。

②用稳定土拌和机拌和时,拌和深度应直到稳定层底,并宜侵入下承层 5～10 mm(不应过多),以加强上下层粘结。应设专人跟随拌和机,随时检查拌和深度并配合拌和机操作员调整拌和深度。直接铺在土基上的拌和层宜避免素土夹层,其余各层严禁在拌和层底部留有素土夹层。通常拌和两遍以上,在进行最后一遍拌和之前,必要时先用多铧犁紧贴底面翻拌一遍。

③对于三、四级公路,在没有专用拌和机械的情况下,如为二灰稳定细粒土和中粒土,也可用旋转耕作机与多铧犁或平地机相配合先干拌四遍。先用旋转耕作机拌和两遍,后用多铧犁或平地机将底部素土翻起,再用放置耕作机拌和第二遍,用多铧犁或平地机将底部料再翻起,随时检查调整翻犁的深度,使稳定土层全部翻透。严禁在稳定土层与下承层之间残留一层素土,但也应防止翻犁过深,过多破坏下承层的表面。

④对于三、四级公路,在没有专用拌和机械的情况下,如拌和二灰稳定中粒土和粗粒土,也

可以用缺口圆盘耙与多铧犁或平地机相配合干拌。用平地机或多铧犁在前面翻拌，用圆盘耙跟在后面拌和，即采用边翻边耙的方法。圆盘耙的速度应尽量快，使二灰和集料拌和均匀。共翻拌四遍，开始的两遍不应翻犁到底，以防二灰落到底部，后面的两遍，应翻犁到底，随时检查调整翻犁的深度，要求同上款。

⑤用喷管式洒水车将水均匀地喷洒在干拌后的混合料上，洒水距离应长些，水车起洒处和另一端调头处都应超出拌和段 2 m 以上。洒水车不应在正进行拌和的以及当天计划拌和的路段上调头和停留，并防止局部水量过大。

⑥拌和机械应紧跟在洒水车后面进行拌和，尤其在纵坡大的路段上应配合紧密，以减少水分流失。

⑦在洒水拌和过程中，应及时检查混合料的含水量。水分宜大于最佳含水量 1%左右。

⑧拌和过程中，要及时检查拌和深度，要使石灰工业废渣层全深都拌和均匀。拌和完成的标志是：混合料色泽一致，没有灰条、灰团和花面，没有粗细颗粒“窝”或“带”，且水分合适和均匀。

⑨对于二灰级配集料，应先将石灰和粉煤灰拌和均匀，然后均匀地摊铺在集料层上，再一起进行拌和。

4)整形。

①平地机整形。

a. 混合料拌和均匀后，先用平地机初步整平和整形。在直线段及不设超高的平曲线段，平地机由两侧向路中心进行刮平；在设超高的平曲线段，平地机由内侧向外侧进行刮平。必要时，再返回刮一遍。

b. 用拖拉机、平地机或轮胎压路机快速碾压 1～2 遍，以暴露潜在的不平整。

c. 再用平地机按 a 所述进行整形，并用 b 所述机械再碾压一遍。整形过程中，应及时消除粗细集料离析现象。

d. 对于局部低洼处，应用齿耙将其表层 5 cm 以上耙松，并用新拌的二灰级配集料找补平整。

e. 再用平地机整形一次。

f. 每次整形都要按照规定的坡度和路拱进行，并应特别注意接缝顺适平整。

②人工整形。人工用锹和耙先将混合料摊平，用路拱板进行初步整形。用拖拉机初压1～2 遍后，根据试验确定的松铺系数，确定纵横断面的标高，并钉桩、挂线。利用锹耙按线整形，并再用路拱板校正成型。

③在整形过程中，必须禁止任何车辆通行。

④初步整形后，检查混合料的松铺厚度，必要时应进行补料或减料。二灰土的松铺系数约为 1.5～1.7；二灰集料的松铺系数约为 1.3～1.5；人工铺筑石灰煤渣土的松铺系数为 1.6～1.8；石灰煤渣集料的松铺系数为 1.4 用机械拌和及机械整形时，集料松铺系数约为1.2～1.3。

(2)中心站集中厂拌法施工。

1)石灰工业废渣混合料可以在中心站用多种机械进行集中拌和，也可用路拌机械或人工在现场进行分批集中拌和。对于高速公路和一级公路，应采用专用稳定土集中厂拌机械拌制混合料。集中拌和时，应符合下列要求：

①土块最大尺寸不应大于 15 mm；粉煤灰块不应大于 12 mm，且 9.5 mm 和 2.36 mm 筛孔的通过量应分别大于 95%和 75%；

②不同粒级的砾石或碎石以及细集料都应分开堆放；

③石灰、粉煤灰和细集料都应有覆盖，防止雨淋过湿；

④配料应准确，拌和应均匀；

⑤混合料的含水量应略大于最佳含水量，使混合料运到现场摊铺后碾压时的含水量能接近最佳值。

2)石灰工业废渣稳定土的集中拌和流程按图 5-3 进行。

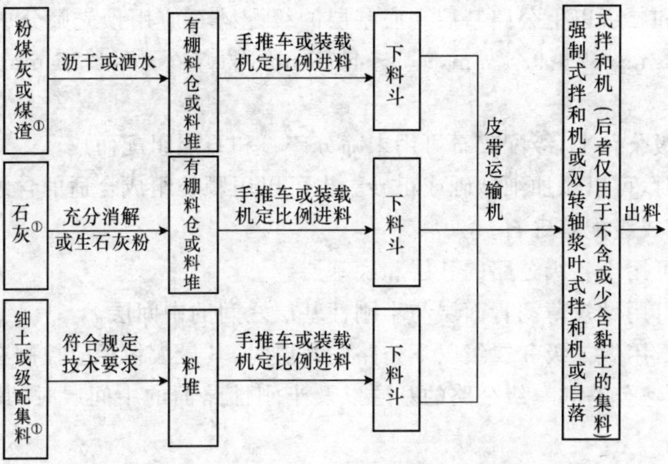

图 5-3　石灰工业废渣稳定土的集中拌和流程②

注：①进入下料斗的粉煤灰、石灰、土和细集料都不应潮湿。

②如拌制基层用二灰级配集料，则至少应有三个集料下料斗，分装粗细集料。

3)除满足水泥稳定土相关条款外，还应满足下列要求。

①拌成混合料的堆放时间不宜超过 24 h，宜在当天将拌成的混合料运送到铺筑现场，不应将拌成的混合料长时间堆放。

②关于横向接缝。如压实层末端未用方木作支撑处理，在碾压后末端成一斜坡，则在第二天开始摊铺新混合料之前，应将末端斜坡挖除，并挖成一横向(与路中心线垂直)垂直向下的断面。挖出的混合料加水到最佳含水量拌匀后仍可使用。

(3)人工沿路拌和法施工。

1)对于二级以下公路和不适宜采用机械施工的小工程，可以采用人工沿路拌和法施工。

2)备料。

①将细土或集料按事先计算的数量(或折算成体积)运到路上分堆堆放，且应每隔一定距离留一缺口。

②将粉煤灰或煤渣按事先计算的数量(或折算成体积)运到路上，直接卸在细土堆上或集料堆旁。

③将石灰按事先计算的数量(或折算成体积)运到路上，直接卸在粉煤灰或煤渣上。

3)拌和。

①筛拌法将土、粉煤灰和石灰混合或交替过孔径 15 mm 的筛，筛余土块、粉煤灰块随打碎随过筛。过筛以后，适当加水至比最佳含水量大 1%～2%，并拌和均匀。

②翻拌法将过筛的土、粉煤灰或煤渣和石灰先干拌 1～2 遍，然后加水拌和均匀，不宜少于 3 遍。

③对于二灰集料和石灰煤渣集料，应先将石灰和粉煤灰或煤渣拌和均匀，然后再与集料一起拌和均匀。

④为使混合料的水分均匀，宜在当天拌和后堆放闷料，第二天再摊铺。

4)摊铺。将拌和好的混合料按松铺厚度摊铺均匀。

四、级配碎石

1. 一般规定

(1)用于二级和二级以上公路基层和底基层的级配碎石应用预先筛分成几组不同粒径的碎石(如37.5～19 mm，19～9.5 mm，9.5～4.75 mm的碎石)及4.75 mm以下的石屑组配而成。

(2)在其他等级公路上，级配碎石可用未筛分碎石和石屑组配而成。

(3)缺乏石屑时，可以添加细砂砾或粗砂。也可以用颗粒组成合适的含细集料较多的砂砾与未筛分碎石组配成级配碎砾石。

(4)级配碎石可用于各级公路的基层和底基层。

(5)级配碎石可用做较薄沥青面层与半刚性基层之间的中间层。

(6)当级配碎石用做二级和二级以下公路的基层时，其最大粒径应控制在37.5 mm以内；当级配碎石用做高速公路和一级公路的基层以及半刚性路面的中间层时，其最大粒径宜控制在31.5 mm以下。

(7)级配碎石层施工时，应遵守下列规定。

1)颗粒组成应是一根顺滑的曲线。

2)配料必须准确。

3)塑性指数应符合规定。

4)混合料必须拌和均匀，没有粗细颗粒离析现象。

5)在最佳含水量时进行碾压，直到达到下列按重型击实试验法确定的要求压实度：中间层：100%；基层：98%；底基层：96%。

6)应使用12 t以上三轮压路机碾压，每层的压实厚度不应超15～18 cm。用重型振动压路机和轮胎压路机碾压时，每层的压实厚度可达20 cm。

7)级配碎石基层未洒透层沥青或未铺封层时，禁止开放交通，以保护表层不受破坏。

(8)级配碎石用做半刚性路面的中间层以及用做二级以上公路的基层时，应采用集中厂拌法拌制混合料，并用摊铺机摊铺混合料。

2. 材料

(1)轧制碎石的材料可以是各种类型的岩石(软质岩石除外)、圆石或矿渣。圆石的粒径应是碎石最大粒径的3倍以上；矿渣应是已崩解稳定的，其干密度和质量应比较均匀，干密度不小于960 kg/m^3。

(2)碎石中针片状颗粒的总含量应不超过20%。碎石中不应有黏土块、植物等有害物质。

(3)石屑或其他细集料可以使用一般碎石场的细筛余料，也可以利用轧制沥青表面处治和贯入式用石料时的细筛余料，或专门轧制的细碎石集料。也可以用天然砂砾或粗砂代替石屑。天然砂砾的颗粒尺寸应该合适，必要时应筛除其中的超尺寸颗粒。天然砂砾或粗砂应有较好的级配。

(4)级配碎石或级配碎砾石用做二级和二级以下公路的基层时，其颗粒组成和塑性指数应满足表5-9中1号级配的规定。级配碎石用做高速公路和一级公路的基层时，其颗粒组成和塑性指数应满足表5-9中2号级配的规定。同时，级配曲线宜为圆滑曲线。

(5)在塑性指数偏大的情况下，塑性指数与0.5 mm以下细土含量的乘积应符合下列规定。

表 5-9　级配碎石的颗粒组成范围

项目＼通过质量百分率(%)＼编号		1 号级配	2 号级配
筛孔尺寸(mm)	37.5	100	—
	31.5	90～100	100
	19.0	73～88	85～100
	9.5	49～69	52～74
	4.75	29～54	29～54
	2.36	17～37	17～37
	0.6	8～20	8～20
	0.075	0～7②	0～7②
液限(%)		<28	<28
塑性指数		<6(或 9①)	<6(或 9①)

①潮湿多雨地区塑性指数宜小于 6,其他地区塑性指数宜小于 9。

②对于无塑性的混合料,小于 0.075 的颗粒含量应接近高限。

1)在年降雨量小于 600 mm 的地区,地下水位对土基没有影响时,乘积不应大于 120。

2)在潮湿多雨地区,乘积不应大于 100。

(6)级配碎石用做中间层时,其颗粒组成和塑性指数应符合表 5-9 中 2 号级配的规定。

(7)未筛分碎石用做二级和二级以下公路的底基层时,其颗粒组成和塑性指数应符合表 5-10中 1 号级配的规定;用做高速公路和一级公路的底基层时,其颗粒组成和塑性指数应符合表 5-10 中 2 号级配的规定。

表 5-10　未筛分碎石底基层颗粒组成范围

项目＼通过质量百分率(%)＼编号		1 号级配	2 号级配
筛孔尺寸(mm)	53	100	—
	37.5	85～100	100
	31.5	69～88	83～100
	19.0	40～65	54～84
	9.5	19～43	29～59
	4.75	10～30	17～45
	2.36	8～25	11～35
	0.6	6～18	6～21
	0.075	0～10	0～10

续上表

项目 \ 编号 \ 通过质量百分率(%)	1号级配	2号级配
液限(%)	＜28	＜28
塑性指数	＜6(或9①)	＜6(或9①)

①在潮湿多雨地区,塑性指数宜小于6,其他地区塑性指数宜小于9。

(8)级配碎石或级配碎砾石所用石料的压碎值应满足下列规定。

1)基层。

①高速公路和一级公路:不大于26%;

②二级公路:不大于30%;

③二级以下公路:不大于35%。

2)底基层。

①高速公路和一级公路:不大于30%;

②二级公路:不大于35%;

③二级以下公路:不大于40%。

3. 施工

(1)路拌法施工。

1)级配碎石路拌法施工的工艺流程如图5-4所示。

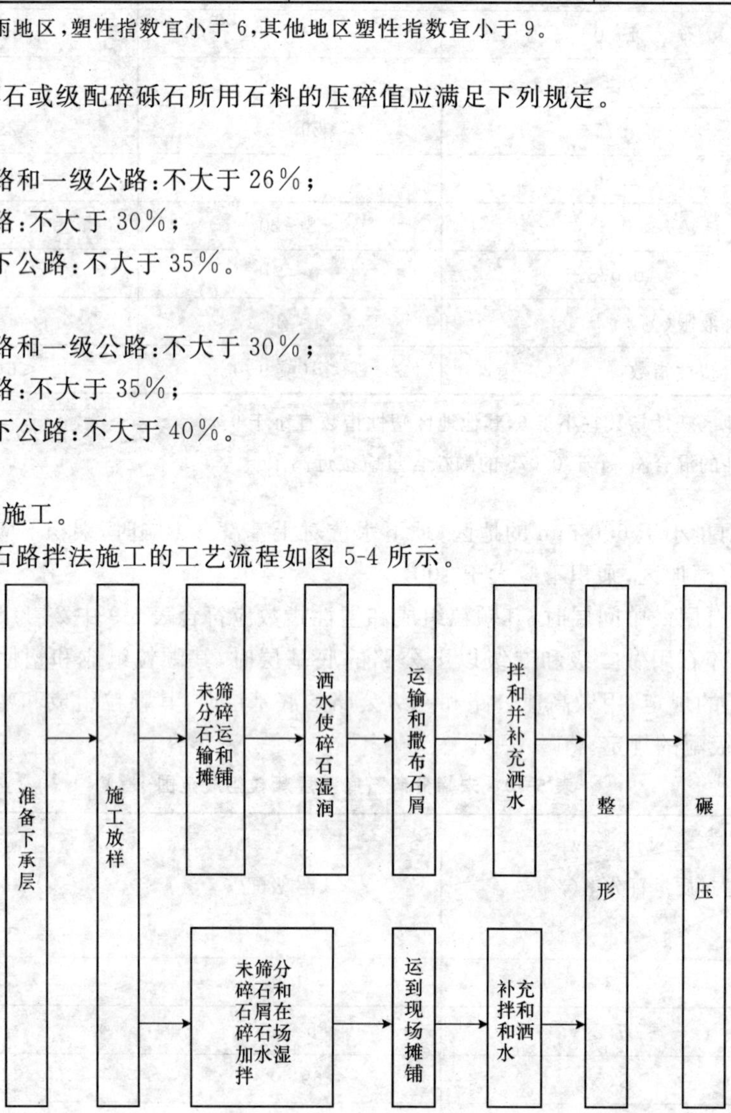

图5-4 级配碎石路拌法施工工艺流程

2)下承层不宜做成槽式断面。

3)备料。

①计算材料用量:

a.采用未筛分碎石和石屑组成级配碎石时,按表5-9的要求,计算未筛分碎石和石屑的配合比;

b. 采用不同粒级的单一尺寸碎石和石屑组成级配碎石时，按表 5-9 的要求，计算不同粒级碎石和石屑的配合比；

c. 根据各路段基层或底基层的宽度、厚度及规定的压实干密度并按确定的配合比分别计算各段需要的未筛分碎石和石屑的数量或不同粒级碎石和石屑的数量，并计算每车料的堆放距离。

②未筛分碎石的含水量较最佳含水量宜大 1%左右。

③未筛分碎石和石屑可按预定比例在料场混合，同时洒水加湿，使混合料的含水量超过最佳含水量约 1%。

4)运输和摊铺集料。

①集料装车时，应控制每车料的数量基本相等。

②在同一料场供料的路段内，宜由远到近卸置集料。卸料距离应严格掌握，避免集料不够或过多。未筛分碎石和石屑分别运送时，应先运送碎石。

③料堆每隔一定距离应留一缺口。

④集料在下承层上的堆置时间不应过长。运送集料较摊铺集料工序宜只提前数天。

⑤应事先通过试验确定集料的松铺系数并确定松铺厚度。人工摊铺混合料时，其松铺系数约为 1.40～1.50；平地机摊铺混合料时，其松铺系数约为 1.25～1.35。

⑥用平地机或其他合适的机具将料均匀地摊铺在预定的宽度上，表面应力求平整，并具有规定的路拱。应同时摊铺路肩用料。

⑦检查松铺材料层的厚度，必要时，应进行减料或补料工作。

⑧未筛分碎石摊铺平整后，在其较潮湿的情况下，将石屑按计算的距离卸置其上。用平地机并辅以人工将石屑均匀摊铺在碎石层上，并摊铺均匀。

⑨采用不同粒级的碎石和石屑时，应将大碎石铺在下层，中碎石铺在中层，小碎石铺在上层。洒水使碎石湿润后，再摊铺石屑。

5)拌和及整形。

①对于二级及二级以上公路，应采用专用稳定土拌和机拌和级配碎石。对于二级以下的公路，在无稳定土拌和机的情况下，可采用平地机或多铧犁与缺口圆盘耙相配合进行拌和。

a. 用稳定土拌和机应拌和两遍以上。拌和深度应直到级配碎石层底。在进行最后一遍拌和之前，必要时先用多铧犁紧贴底面翻拌一遍。

b. 用平地机进行拌和，宜翻拌 5～6 遍，使石屑均匀分布于碎石料中。平地机拌和的作业长度，每段宜为 300～500 m。平地机刀片的安装角度宜符合表 5-11 和图 5-5 的要求。拌和结束时，混合料的含水量应均匀，并较最佳含水量大 1%左右，同时应没有粗细颗粒离析现象。

表 5-11　平地机刀片安装角度

拌和条件	平面角 α(°)	倾角 β(°)	切角 γ(°)
干拌	30～50	45	3
湿拌	35～40	45	2

c. 用缺口圆盘耙与多铧犁相配合拌和级配碎石时，用多铧犁在前面翻拌，圆盘耙紧跟在后面拌和，即采用边翻边耙的方法，共翻耙 4～6 遍。应随时检查调整翻耙的深度。用多铧犁翻拌时，第一遍由路中心开始，将混合料向中间翻，同时机械应慢速前进。第二遍从两边开始，将

混合料向外翻。拌和过程中，应保持足够的水分。拌和结束时，混合料的含水量和均匀性应符合要求。

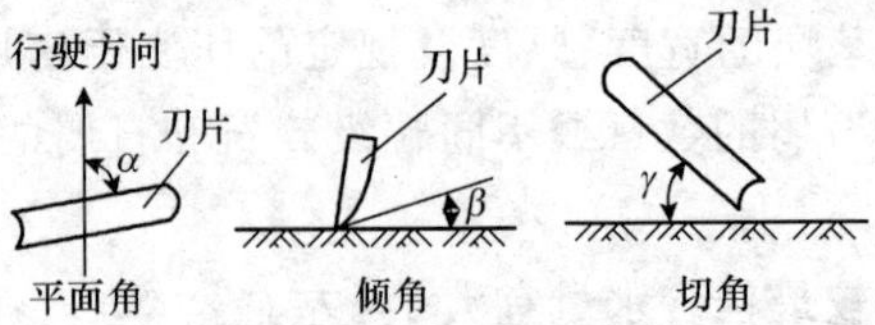

图 5-5　平地机刀片安装示意图

②使用在料场已拌和均匀的级配碎石混合料时，摊铺后混合料如有粗细颗粒离析现象，应用平地机进行补充拌和。

③用平地机将拌和均匀的混合料按规定的路拱进行整平和整形，在整形过程中，应注意消除粗细集料离析现象。

④用拖拉机、平地机或轮胎压路机在已初平的路段上快速碾压一遍，以暴露潜在的不平整。

⑤再用平地机进行整平和整形。

6)碾压。

①整形后，当混合料的含水量等于或略大于最佳含水量时，立即用 12 t 以上三轮压路机、振动压路机或轮胎压路机进行碾压。直线和不设超高的平曲线段，由两侧路肩开始向路中心碾压；在设超高的平曲线段，由内侧路肩向外侧路肩进行碾压。碾压时，后轮应重叠 1/2 轮宽；后轮必须超过两段的接缝处。后轮压完路面全宽时，即为一遍。碾压一直进行到要求的密实度为止。一般需碾压 6～8 遍，应使表面无明显轮迹。压路机的碾压速度，头两遍以采用1.5～1.7 km/h 为宜，以后用 2.0～2.5 km/h。

②路面的两侧应多压 2～3 遍。

③严禁压路机在已完成的或正在碾压的路段上调头或急刹车。

④凡含土的级配碎石层，都应进行滚浆碾压，一直压到碎石层中无多余细土泛到表面为止。滚到表面的浆(或事后变干的薄土层)应清除干净。

7)横缝的处理。两作业段的衔接处，应搭接拌和。第一段拌和后，留 5～8 m 不进行碾压，第二段施工时，前段留下未压部分与第二段一起拌和整平后进行碾压。

8)纵缝的处理。应避免纵向接缝。在必须分两幅铺筑时，纵缝应搭接拌和。前一幅全宽碾压密实，在后一幅拌和时，应将相邻的前幅边部约 30 cm 搭接拌和，整平后一起碾压密实。

(2)中心站集中厂拌法施工。

1)级配碎石混合料可以在中心站用多种机械进行集中拌和，如强制式拌和机、卧式双转轴桨叶式拌和机、普通水泥混凝土拌和机等。

2)对用于高速公路和一级公路的级配碎石基层和中间层，宜采用不同粒级的单一尺寸碎石和石屑，按预定配合比在拌和机内拌制级配碎石混合料。

3)不同粒级的碎石和石屑等细集料应隔离，分别堆放。

4)细集料应有覆盖，防止雨淋。

5)在正式拌制级配碎石混合料之前，必须先调试所用的厂拌设备，使混合料的颗粒组成和含水量都能达到规定的要求。

6)在采用未筛分碎石和石屑时，如未筛分碎石或石屑的颗粒组成发生明显变化，应重新调试设备。

7)将级配碎石用于高速公路和一级公路时，应用沥青混凝土摊铺机或其他碎石摊铺机摊铺碎石混合料。

8)摊铺机后面应设专人消除粗细集料离析现象。

9)用振动压路机、三轮压路机进行碾压。

10)级配碎石用于二级和二级以下公路时，如没有摊铺机，也可用自动平地机(或摊铺箱)摊铺混合料。

①根据摊铺层的厚度和要求达到的压实干密度，计算每车混合料的摊铺面积。

②将混合料均匀地卸在路幅中央，路幅宽时，也可将混合料卸成两行。

③用平地机将混合料按松铺厚度摊铺均匀。

④设一个三人小组跟在平地机后面，及时消除粗细集料离析现象。对于粗集料“窝”和粗集料“带”，应添加细集料，并拌和均匀；对于细集料“窝”，应添加粗集料，并拌和均匀。

11)用平地机摊铺混合料后的整形和碾压均与路拌法施工相同。

12)集中厂拌法施工时的横向接缝按下述方法处理。

①用摊铺机摊铺混合料时，靠近摊铺机当天未压实的混合料，可与第二天摊铺的混合料一起碾压，但应注意此部分混合料的含水量。必要时，应人工补充洒水，使其含水量达到规定的要求。

②用平地机摊铺混合料时，每天的工作缝按要求处理。

13)应避免纵向接缝。如摊铺机的摊铺宽度不够，必须分两幅摊铺时，宜采用两台摊铺机一前一后相隔约 5～8 m 同步向前摊铺混合料。在仅有一台摊铺机的情况下，可先在一条摊铺带上摊铺一定长度后，再开到另一条摊铺带上摊铺，然后一起进行碾压。

14)在不能避免纵向接缝的情况下，纵缝必须垂直相接，不应斜接，并按下述方法处理：

①在前一幅摊铺时，在靠后一幅的一侧应用方木或钢模板做支撑，方木或钢模板的高度与级配碎石层的压实厚度相同。

②在摊铺后一幅之前，将方木或钢模板除去。

③如在摊铺前一幅时未用方木或钢模板支撑，靠边缘的 30 cm 左右难于压实，而且形成一个斜坡，在摊铺后一幅时，应先将未完全压实部分和不符合路拱要求部分挖松并补充洒水，待后一幅混合料摊铺后一起进行整平和碾压。

五、级配砾石

1. 一般规定

(1)天然砂砾符合规定的级配要求，而且塑性指数在 6 或 9 以下时，可以直接用做基层。

(2)塑性指数偏大的砂砾，可加少量石灰降低其塑性指数，也可以用无塑性的砂或石屑进行掺配，使其塑性指数降低到符合要求，或塑性指数与细土(粒径小于 0.5 mm 的颗粒)含量的乘积符合要求。

(3)可在天然砂砾中掺加部分碎石或轧碎砾石，以提高混合料的强度和稳定性。天然砂砾掺加部分未筛分碎石组成的混合料的强度和稳定性介于级配碎石和级配砾石之间。

(4)级配砾石可适用于轻交通的二级和二级以下公路的基层以及各级公路的底基层。

(5)级配砾石层施工时，应遵守下列规定。

1)颗粒级配应符合规定。

2)配料应准确。

3)塑性指数应符合规定。

4)混合料应拌和均匀,没有粗细颗粒离析现象。

5)在最佳含水量时进行碾压,直到达到下列按重型击实试验法确定的要求压实度。

①基层:98%;

②底基层:96%。

6)级配砾石应用12 t以上三轮压路机碾压,每层的压实厚度不应超过15～18 cm。用重型振动压路机和轮胎压路机碾压时,每层的压实厚度不应超过20 cm。

7)级配砾石基层未洒透层沥青或未铺封层时,禁止开放交通,以保护表层不受破坏。

2. 材料

(1)级配砾石用做基层时,砾石的最大粒径不应超过37.5 mm;用做底基层时,砾石的最大粒径不应超过53 mm。

(2)砾石颗粒中细长及扁平颗粒的含量不应超过20%。

(3)级配砾石基层的颗粒组成和塑性指数应满足表5-12的规定,同时级配曲线应为圆滑曲线。

表5-12　级配砾石基层的颗粒组成范围

项目	通过质量百分率(%) \ 编号	1号级配	2号级配
筛孔尺寸(mm)	37.5	100	—
	31.5	90～100	100
	19.0	73～88	85～100
	9.5	49～69	52～74
	4.75	29～54	29～54
	2.36	17～37	17～37
	0.6	8～20	8～20
	0.075	0～7②	0～7②
液限(%)		<28	<28
塑性指数		<6(或9①)	<6(或9①)

①潮湿多雨地区塑性指数宜小于6,其他地区塑性指数宜小于9。

②对于无塑性的混合料,小于0.075的颗粒含量应接近高限。

在塑性指数偏大的情况下,塑性指数与0.5 mm以下细土含量的乘积应符合下列规定:

1)在年降雨量小于600 mm的中干和干旱地区,地下水位对土基没有影响时,乘积不应大于120;

2)在潮湿多雨地区,乘积不应大于100。

(4)当用于基层的在最佳含水量下制备的级配砾石试件的干密度与工地规定达到的压实干密度相同时,浸水4天的承载比值应不小于160%。

(5)用做底基层的砂砾、砂砾土或其他粒状材料的级配,应位于表5-13的范围内。液限应小于28%,塑性指数应小于9。

表 5-13　砂砾底基层的级配范围

筛孔尺寸(mm)	53	37.5	9.5	4.75	0.6	0.075
通过质量百分率(%)	100	80～100	40～100	25～85	8～45	0～15

(6)当用于底基层的在最佳含水量下制备的级配砾石试件的干密度与工地规定达到的压实干密度相同时，浸水 4 天的承载比值在轻交通道路上应不小于 40%，在中等交通道路上应不小于 60%。

(7)级配砾石用做基层时，石料的集料压碎值应满足下列规定。

1)基层。

①二级公路：不大于 30%；

②三级和四级公路：不大于 35%。

2)底基层。

①高速公路和一级公路：不大于 30%；

②二级公路：不大于 35%；

③二级以下公路：不大于 40%。

3. 施工

(1)级配砾石施工的工艺流程如图 5-6 所示。

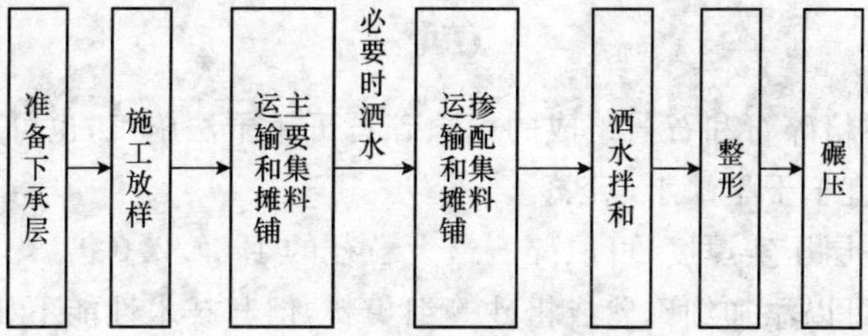

图 5-6　级配砾石施工工艺流程

(2)计算材料用量。根据各路段基层或底基层的宽度、厚度及预定的干密度，计算各段需要的集料数量。如级配砾石系用两种集料合成时，分别计算两种集料的数量；根据料场集料的含水量以及所用运料车辆的吨位，计算每车材料的堆放距离。

(3)运输和摊铺集料。

1)集料装车时，应控制每车料的数量基本相等。

2)同一料场供料的路段内，由远到近将料按计算的距离卸置于下承层上。卸料距离应严格掌握，避免料不够或过多。采用两种集料时，应先将主要集料运到路上，待主要集料摊铺后，再运另一种集料并摊铺。如粗细两种集料的最大粒径相差很多，应在粗集料处于潮湿状态下摊铺细集料。

3)料堆每隔一定距离应留一缺口。

4)集料在下承层上的堆置时间不宜过长。运送集料较摊铺集料工序宜只提前数天。

5)应通过试验确定集料的松铺系数，并确定松铺厚度。人工摊铺混合料时，其松铺系数约为 1.40～1.50；平地机摊铺混合料时，其松铺系数约为 1.25～1.35。

6)用平地机或其他合适的机具将料均匀地摊铺在预定的宽度上，表面应力求平整，并有规定的路拱。应同时摊铺路肩用料。

7)检查松铺材料层的厚度是否符合预计要求，必要时，应进行减料或补料工作。

(4)拌和及整形。

1)用平地机拌和时,每一作业段的长度宜为300~500 m。

①拌和时,平地机刀片的安装角度宜符合表5-11和图5-5的要求。一般需拌和5~6遍。拌和过程中,用洒水车洒足所需的水分。拌和结束时,混合料的含水量应均匀,较最佳含水量大1%左右。应无粗细颗粒离析现象。

②使用符合级配要求的天然砂砾时,如摊铺后混合料有粗细颗粒离析现象,应用平地机进行补充拌和。

③用平地机将拌和均匀的混合料按规定的路拱进行整平和整形。

④用拖拉机、平地机或轮胎压路机在已初平的路段上快速碾压一遍,以暴露潜在的不平整。

⑤再用平地机进行整平和整形。

2)用拖拉机牵引四铧犁或五铧犁进行拌和时,每一作业段的长度宜为100~150 m。第一遍由路中心开始,将混合料向中间翻,同时机械应慢速前进。第二遍则应从两边开始,将混合料向外翻。拌和过程中,用洒水车洒足所需的水分。拌和遍数以双数为宜,一般需拌6遍。拌和结束时,混合料含水量应均匀,并较最佳含水量大1%左右,且无离析现象。用平地机或用其他机具按规定的路拱进行整平和整形。在整形过程中,严禁任何车辆通行。

六、填隙碎石

1. 一般规定

(1)用单一粒径的粗碎石和石屑组成的填隙碎石可用干法施工,也可用湿法施工。干法施工的填隙碎石特别适宜于干旱缺水地区。

(2)填隙碎石的一层压实厚度,可取碎石最大粒径的1.5~2.0倍。

(3)缺乏石屑时,可以添加细砾砂或粗砂等细集料,但其技术性能不如石屑。

(4)填隙碎石可用于各等级公路的底基层和二级以下公路的基层。

(5)填隙碎石施工时,应遵守下列规定。

1)细集料应干燥。

2)应采用振动轮海米宽质量不小于1.8 t的振动压路机进行碾压。填隙料应填满粗碎石层内部的全部孔隙。碾压后,表面粗碎石间的孔隙应填满,但不得使填隙料覆盖粗集料而自成一层,表面应看得见粗碎石。碾压后基层的固体体积率应不小于85%,底基层的固体体积率应不小于83%。

3)填隙碎石基层未洒透层沥青或未铺封层时,禁止开放交通。

2. 材料

(1)填隙碎石用做基层时,碎石的最大粒径不应超过53 mm;用做底基层时,碎石的最大粒径不应超过63 mm。

(2)粗碎石可以用具有一定强度的各种岩石或漂石轧制①,但漂石的粒径应为粗碎石最大粒径的3倍以上;也可以用稳定的矿渣轧制,矿渣的干密度和质量应比较均匀,且其干密度不小于960 kg/m³。材料中的扁平、长条和软弱颗粒的含量不应超过15%。

(3)填隙碎石、粗碎石的颗粒组成应符合表5-14的规定。

---

① 宜用石灰岩轧制。

表 5-14　填隙碎石、粗碎石的颗粒组成　(%)

标称尺寸(mm)	筛孔尺寸(mm)							
	63	53	37.5	31.5	26.5	19	16	9.5
30～60	100	25～60	—	0～15	—	0～5	—	—
25～50	—	100	—	25～50	0～15	—	0～5	—
20～40	—	—	100	35～70	—	0～15	—	0～5

(4)采用表 5-14 中的 1 号粗集料时，填隙料的标称最大粒径可为 9.5 mm①。

填隙料宜具有表 5-15 的颗粒组成。

表 5-15　填隙料的颗粒组成

筛孔尺寸(mm)	9.5	4.75	2.36	0.6	0.075	塑性指数
通过质量百分率(%)	100	85～100	50～70	30～50	0～10	＜6

(5)粗碎石的压碎值应符合下列规定。

1)用做基层：不大于 26%；

2)用做底基层：大于 30%。

3. 施工

(1)填隙碎石的施工工艺流程如图 5-7 所示。

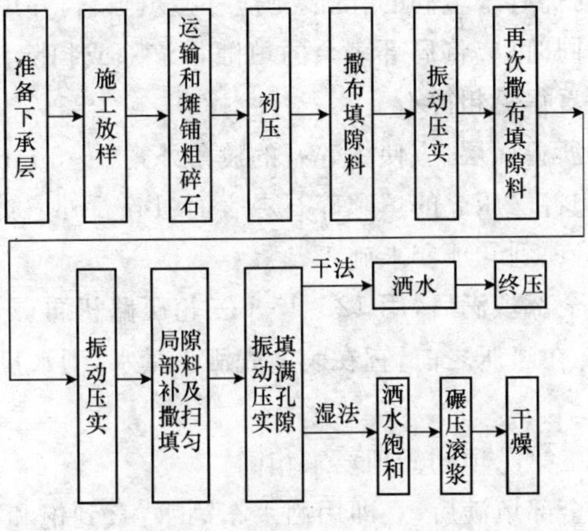

图 5-7　填隙碎石工艺流程

(2)备料。根据各路段基层或底基层的宽度、厚度及松铺系数，计算各段需要的粗碎石数量；根据运料车辆的车厢体积，计算每车料的堆放距离。填隙料的用量约为粗碎石质量的 30%～40%。

(3)运输和摊铺粗碎石。

1)碎石装车时，应控制每车料的数量基本相等。

① 宜用轧制石灰岩碎石的石屑。

2)在同一料场供料的路段内,由远到近将粗碎石按计算的距离卸置于下承层上。卸料距离应严格掌握,避免有的路段料不够或料过多。

3)料堆每隔一定距离应留一缺口。

4)用平地机或其他合适的机具将粗碎石均匀地摊铺在预定的宽度上,表面应力求平整,并有规定的路拱。应同时摊铺路肩用料。

5)检查松铺材料层的厚度是否符合预计要求,必要时,应进行减料或补料工作。

(4)撒铺填隙料和碾压。

1)干法施工。

①初压:用8 t两轮压路机碾压3～4遍,使粗碎石稳定就位。在直线和不设超高的平曲线段上,碾压从两侧路肩开始,逐渐错轮向路中心进行;在设超高的平曲线段上,碾压从内侧路肩开始,逐渐错轮向外侧路肩进行。错轮时,每次重叠1/3轮宽。在第一遍碾压后,应再次找平。初压终了时,表面应平整,并具有要求的路拱和纵坡。

②撒铺填隙料:用石屑撒布机或类似的设备将干填隙料均匀地撒铺在已压稳的粗碎石层上,松铺厚度约2.5～3.0 cm。必要时,用人工或机械扫匀。

③碾压:用振动压路机慢速碾压,将全部填隙料振入粗碎石间的孔隙中。如没有振动压路机,可用重型振动板。碾压方法同第①项,但路面两侧应多压2～3遍。

④再次撒布填隙料:用石屑撒布机或类似的设备将干填隙料再次撒铺在粗碎石层上,松铺厚度约2.0～2.5 cm。用人工或机械扫匀。

⑤再次碾压:用振动压路机按第③项进行碾压。在碾压过程中,对局部填隙料不足之处,人工进行找补。局部多余的填隙料应扫除。

⑥再次碾压后,如表面仍有未填满的孔隙,则应补撒填隙料,并用振动压路机继续碾压,直到全部孔隙被填满为止。同时,应将局部多余的填隙料铲除或扫除。填隙料不应在粗碎石表面自成一层。表面必须能看得见粗碎石。

如填隙碎石层上为薄沥青面层,应使粗碎石的棱角外露3～5 mm。

⑦当需分层铺筑时,应将已压成的填隙碎石层表面粗碎石外露约5～10 mm,然后在上摊铺第二层粗碎石,并按第①项到⑥项要求施工。

⑧填隙碎石表面孔隙全部填满后,用12～15 t三轮压路机再碾压1～2遍。在碾压过程中,不应有任何蠕动现象。在碾压之前,宜在表面先洒少量水,洒水量宜为3 kg/m^2以上。

2)湿法施工:

①开始工序与干法施工第①项到⑥项要求相同。

②粗碎石层表面孔隙全部填满后,立即用洒水车洒水,直到饱和,但应注意避免多余水浸泡下承层。

③用12～15 t三轮压路机跟在洒水车后进行碾压。在碾压过程中,将湿填隙料继续扫入所出现的孔隙中。需要时,再添加新的填隙料。洒水和碾压应一直进行到填隙料和水形成粉砂浆为止。粉砂浆应填塞全部孔隙,并在压路机轮前形成微波纹状。

④干燥:碾压完成的路段应让水分蒸发一段时间。结构层变干后,表面多余的细料以及细料覆盖层都应扫除干净。

⑤当需分层铺筑时,应待结构层变干后,将已压成的填隙碎石层表面的填隙料扫除一些,使表面粗碎石外露5～10 mm,然后在上摊铺第二层粗碎石,并按第①项到⑥项要求施工。

第二节 质量管理及检查验收

一、一般规定

(1)二级和二级以上公路工程应按本章质量管理及检查验收内容和要求执行,其他等级公路工程可参照执行。

(2)质量管理包括所用材料的标准试验、铺筑试验段、施工过程中的质量管理和检查验收(工序间)。

(3)必须建立、健全工地试验,质量检查及工序间的交接验收等项制度。试验、检验应做到原始记录齐全,数据真实可靠。

(4)工地试验室应能进行所用基层材料的各项试验,还应具备进行现场压实度和平整度检查的能力,应配备弯沉测量的仪具和路面钻机。

(5)各个工序完结后,均应进行检查验收。经检验合格后,方可进行下一个工序。凡经检验不合格的段落,必须进行补救,使其达到要求。

二、材料的标准试验

(1)在组织现场施工以前以及在施工过程中,原材料(包括土)或混合料发生变化时,必须对拟采用的材料进行规定的基本性质试验,评定材料质量和性能是否符合要求。

(2)对用做底基层和基层的原材料,应进行表 5-16 所列的试验。

表 5-16 底基层和基层原材料的试验项目

试验项目	材料名称	目的	频度	仪器和试验方法
含水量	土、砂砾、碎石等集料	确定原始含水量	每天使用前测 2 个样品	烘干法、酒精燃烧法、含水量快速测定仪
颗粒分析	砂砾、碎石等集料	确定级配是否符合要求,确定材料配合比	每种土使用前测 2 个样品,使用过程中每2 000 m^3测 2 个样品	筛分法
液限、塑限	土、级配砾石或级配碎石中 0.5 mm 以下的细土	求塑性指数,审定是否符合规定	每种土使用前测 2 个样品,使用过程中每2 000 m^3测 2 个样品	液限塑限联合测定法测液限;滚搓法塑限试验测塑限
相对毛体积密度、吸水率	砂砾、碎石等	评定粒料质量,计算固体体积率	使用前测 2 个样品,砂砾使用过程中每2 000 m^3测 2 个样品,碎石种类变化重做 2 个样品	网篮法或容积 1 000 mL以上的比重瓶法
压碎值	砂砾、碎石等	评定石料的抗压碎能力是否符合要求	同上	集料压碎值试验

续上表

试验项目	材料名称	目的	频度	仪器和试验方法
有机质和硫酸盐含量	土	确定土是否适宜于用石灰或水泥稳定	对土有怀疑时做此试验	有机质含量试验，易溶盐试验
有效钙、氧化镁	石灰	确定石灰质量	做材料组成设计和生产使用时分别测 2 个样品，以后每月测 2 个样品	石灰的化学分析
水泥标号和终凝时间	水泥	确定水泥的质量是否适宜应用	做材料组成设计时测 1 个样品，料源或标号变化时重测	水泥胶砂强度检验方法，水泥凝结时间检验方法
烧失量	粉煤灰	确定粉煤灰是否适用	做材料组成设计前测 2 个样品	烧失量试验

(3)对初步确定使用的底基层和基层混合料，包括掺配后不用结合料稳定的材料，应进行表 5-17 所列的试验。

表 5-17　底基层和基层混合料的试验项目

试验项目	目　　的
重型击实试验	求最佳含水量和最大干密度，以规定工地碾压时的合适含水量和应该达到的最小干密度，确定制备强度试验和耐久性试验的试件所应该用的含水量和干密度；确定制备承载比试件的材料含水量
承载比	求工地预期干密度下的承载比，确定材料是否适宜做基层或底基层
抗压强度	进行材料组成设计，选定最适宜于用水泥或石灰稳定的土(包括粒料)；规定施工中所用的结合料剂量；为工地提供评定质量的标准
延迟时间	对已定水泥剂量的混合料，确定延迟时间对混合料密度和抗压强度的影响，并据此确定施工允许的延迟时间

三、铺筑试验段

(1)在底基层和基层正式开工之前，应铺筑试验段。

(2)应通过铺筑无结合料的集料基层试验段，确定以下主要项目。

1)用于施工的集料配合比例。

2)材料的松铺系数。

3)确定标准施工方法：

①集料数量的控制；

②集料摊铺方法和适用机具；

③合适的拌和机械、拌和方法、拌和深度和拌和遍数；

④集料含水量的增加和控制方法；

⑤整平和整形的合适机具和方法；

⑥压实机械的选择和组合，压实的顺序、速度和遍数；

⑦拌和、运输、摊铺和碾压机械的协调和配合；

⑧密实度的检查方法，初定每一作业段的最小检查数量。

4)确定每一作业段的合适长度。

5)确定一次铺筑的合适厚度。

(3)通过铺筑水泥稳定土、石灰稳定土和石灰工业废渣稳定土基层试验段，除确定第(2)条所列者外，还应确定控制结合料数量和拌和均匀性的方法对于水泥稳定土基层，还包括通过严密组织拌和、洒水、整形、碾压等工序，缩短延迟时间，规定允许的拌和时间。

四、质量管理

(1)施工过程中的质量管理包括外形尺寸的控制和检查以及质量控制和检查。

(2)外形尺寸检查项目、频度和质量标准应符合表 5-18 的要求。

表 5-18　外形尺寸检查项目、频度和质量标准

工程类别	项目		频度	质量标准	
				高速公路和一级公路	一般公路
底基层	纵断高程(m)		二级及二级以下公路每 20 延米 1 点；高速公路和一级公路每 20 延米 1 个断面，每个断面 3～5 个点	+5 −15	+5 −20
	厚度(mm)	均值	每 1 500～2 000 m^2 6 个点	−10	−12
		单个值		−25	−30
	宽度(mm)		每 40 延米 1 处	+0 以上	+0 以上
	横坡度(%)		每 100 延米 3 处	±0.3	±0.5
	平整度(mm)		每 200 延米 2 处，每处连续 10 尺(3 m 直尺)	12	15
基层	纵断高程(m)		二级及二级以下公路每 20 延米 1 点；高速公路和一级公路每 20 延米 1 个断面，每个断面 3～5 个点	+5 −10	+5 −15
	厚度(mm)	均值	每 1 500～2 000 m^2 6 个点	−8	−15
		单个值		−10	−20
	宽度(mm)		每 40 延米 1 处	+0 以上	+0 以上
	横坡度(%)		每 100 延米 3 处	±0.3	±0.5
	平整度(mm)		每 200 延米 2 处，每处连续 10 尺(3 m 直尺)	8	12
			连续式平整度仪的标准差(mm)	3.0	—

(3)质量控制的项目、频度和质量标准应符合表5-19的要求。

表5-19　质量控制的项目、频度和质量标准

工程类别	项　目	频　度	质量标准
无结合料底基层	含水量	据观察,异常时随时试验	在《公路路面基层施工技术规范》(JTJ 034—2000)规定范围内
	级配	据观察,异常时随时试验	在《公路路面基层施工技术规范》(JTJ 034—2000)规定范围内
	拌和均匀性	随时观察	无粗细集料离析现象
	压实度	每一作业段或不大于2 000 m^2检查6次以上	96%以上,填隙碎石以固体体积率表示,不小于83%
	塑性指数	每1 000 m^2 1次,异常时随时试验	小于规定值
	承载比	每3 000 m^2 1次,据观察,异常时随时增加试验	不小于规定值
	弯沉值检验	每一评定段(不超过1 km)每车道40～50个测点	95%(二级及二级以下公路)或97.7%(高速公路和一级公路)概率的上波动界限不大于计算得的容许值①
无结合料基层	含水量	据观察,异常时随时试验	在规定范围内
	级配	每2 000 m^2 1次	在规定范围内
	拌和均匀性	随时观察	无粗细集料离析现象
	压实度	每一作业段或不大于2 000 m^2检查6次以上	级配集料基层98%,中间层100%,填隙碎石固体体积率85%
	塑性指数	每1 000 m^2 1次,异常时随时试验	小于规定值
	集料压碎值	据观察,异常时随时试验	不超过规定值
	承载比	每3 000 m^2 1次,据观察,异常时随时增加试验	不小于《公路路面基层施工技术规范》(JTJ 034—2000)规定值
	弯沉值检验	每一评定段(不超过1 km)每车道40～50个测点	95%(二级及二级以下公路)或97.7%(高速公路和一级公路)概率的上波动界限不大于计算得的容许值①

续上表

工程类别	项目		频　度	质量标准
水泥或石灰稳定土及综合稳定土	级配		每 2 000 m^2 1 次	在规定范围内
	集料压碎值		据观察，异常时随时试验	不超过规定值
	水泥或石灰剂量		每 2 000 m^2 1 次，至少 6 个样品，用滴定法或用直读式测钙仪试验，并与实际水泥或石灰用量校核	不小于设计值－1.0％
	含水量	水泥稳定土	据观察，异常时随时试验	在《公路路面基层施工技术规范》(JTJ 034—2000)规定范围内
		石灰稳定土		
	拌和均匀性		随时观察	无灰条、灰团，色泽均匀，无离析现象
	压实度	稳定细粒土	每一作业段或不大于2 000 m^2 检查 6 次以上	二级及二级以下公路 93％以上，高速公路和一级公路 95％以上
		稳定中粒土和粗粒土		二级及二级以下公路的底基层 95％，基层 97％；高速公路和一级公路的底基层 96％，基层 98％
	抗压强度		稳定细粒土，每一作业段或每 2 000 m^2 6 个试件；稳定中粒土和粗粒土，每一作业段或每 2 000 m^2 6 个或 9 个试件	符合规定要求
石灰工业废渣稳定土	延迟时间		每个作业段 1 次	不超过规定
	配合比		每 2 000 m^2 1 次	石灰剂量不小于设计值－1％(当石灰剂量少于 4％时，为不小于设计值－0.5％)以内
	级配		每 2 000 m^2 1 次	在规定范围内
	含水量		据观察，异常时随时试验	最佳含水量±1％(二灰土为±2％)
	拌和均匀性		随时观察	无粗细集料离析现象
	压实度	二灰土	每一作业段或不大于2 000 m^2 检查 6 次以上	二级及二级以下公路 93％以上，高速公路和一级公路 95％以上
		其他含粒料的石灰工业废渣		二级及二级以下公路底基层 95％或 93％，基层 97％以上；高速公路和一级底基层 97％或 95％，基层 98％以上
	抗压强度		稳定细粒土，每一作业段或每 2 000 m^2 6 个试件；稳定中粒土和粗粒土，每一作业段或每 2 000 m^2 6 个或 9 个试件	符合规定要求

①弯沉值按《公路路面基层施工技术规范》(JTJ 034—2000)附录 A 计算。

(4)对于无机结合料稳定基层，应取钻件(俗称路面芯样)检验其整体性。水泥稳定基层的龄期 7～10 d 时，应能取出完整的钻件。二灰稳定基层的龄期 20～28 d 时，应能取出完整的钻件。如果路面钻机取不出水泥稳定基层或二灰稳定基层的完整钻件，则应找出不合格基层的界限，进行返工处理。

五、检查验收

(1)检查验收的白的是判定完成的路面结构层是否满足设计文件与施工规范的要求。检查内容包括工程竣工后的外形和质量。

(2)判定路面结构层质量是否合格(即满足要求)时，以 1 km 长的路段为评定单位。采用大流水作业法施工时，也可以每天完成的段落为评定单位。

(3)检查施工原始记录，对上述检查内容进行初步评定。

(4)进行抽样检查。抽样必须是随机的，不能带有任何倾向性。

(5)竣工工程外形的检查项目、频度和质量标准值应符合表 5-20 的要求。

表 5-20　竣工工程外形的检查项目、频度和质量标准值

工程类别	项目		频度	质量标准	
				高速公路和一级公路	二级和二级以下公路
路基	高程(mm)		每 200 m 4 点	+10 −15	+10 −20
	宽度(mm)		每 200 m 4 个断面	不小于设计值	不小于设计值
	横坡度(%)		每 200 m 4 个断面	±0.5	±0.5
	平整度(mm)		每 200 m 2 处，每处连续 10 尺(3 m 直尺)	≤15	≤20
底基层	高程(mm)		每 200 m 4 点	+5 −15	+5 −20
	厚度(mm)	均值	每 200 m 每车道 1 点	−10	−12
		单个值		−25	−30
	宽度(mm)		每 200 m 4 个断面	+0 以上	+0 以上
	横坡度(%)		每 200 m 4 个断面	±0.3	±0.5
	平整度(mm)		每 200 m 2 处，每处连续 10 尺	12	15
基层	高程(mm)		每 200 m 4 点	+5 −10	+5 −15
	厚度(mm)	均值	每 200 m 每车道 1 点	−8	−10
		单个值		−15	−20
	宽度(mm)		每 200 m 4 个断面	+0 以上	+0 以上
	横坡度(%)		每 200 m 4 个断面	±0.3	±0.5
	平整度(mm)		每 200 m 2 处，每处连续 10 尺	8	12
			连续式平整度仪的标准差(mm)	3.0	—

(6)对工程质量进行检查验收应按表 5-21 的要求进行。

表 5-21　质量合格标准值

工程类别	项目		频度	质量标准：高速公路和一级公路	质量标准：二级和二级以下公路
路基	高程(mm)		每 200 m 4 点	+10 −15	+10 −20
路基	宽度(mm)		每 200 m 4 个断面	不小于设计值	不小于设计值
路基	横坡度(%)		每 200 m 4 个断面	±0.5	±0.5
路基	平整度(mm)		每 200 m 2 处，每处连续 10 尺(3 m 直尺)	≤15	≤20
底基层	高程(mm)		每 200 m 4 点	+5 −15	+5 −20
底基层	厚度(mm)	均值	每 200 m 每车道 1 点	−10	−12
底基层	厚度(mm)	单个值	每 200 m 每车道 1 点	−25	−30
底基层	宽度(mm)		每 200 m 4 个断面	+0 以上	+0 以上
底基层	横坡度(%)		每 200 m 4 个断面	±0.3	±0.5
底基层	平整度(mm)		每 200 m 2 处，每处连续 10 尺	12	15
基层	高程(mm)		每 200 m 4 点	+5 −10	+5 −15
基层	厚度(mm)	均值	每 200 m 每车道 1 点	−8	−10
基层	厚度(mm)	单个值	每 200 m 每车道 1 点	−15	−20
基层	宽度(mm)		每 200 m 4 个断面	+0 以上	+0 以上
基层	横坡度(%)		每 200 m 4 个断面	±0.3	±0.5
基层	平整度(mm)		每 200 m 2 处，每处连续 10 尺	8	12
基层	平整度(mm)		连续式平整度仪的标准差(mm)	3.0	—

注：1. 对于路基，碾压检验是最重要的。用重型压路机在准备验收的路基上错轮碾压 3～4 遍，能暴露潜在的薄弱位置，以便及时进行必要的处理。

2. 按《公路路面基层施工技术规范》(JTJ 034—2000)中附录 A 计算得的弯沉值即是极限高值。

3. 以每天完成段落为评定单位时，检查数量可取低值，以 1 km 为评定单位时，检查数量应取高值。

第六章　村镇道路沥青面层施工

第一节　沥青面层施工基层与材料

一、基　层

（1）沥青面层施工前应对基层进行检查，基层质量不符合要求的不得铺筑沥青面层。

（2）新建沥青路面的基层按结构组合设计要求，选用沥青稳定碎石、沥青贯入式、级配碎石、级配砂砾等柔性基层，水泥稳定土或粒料、石灰与粉煤灰稳定土或粒料的半刚性基层，碾压式水泥混凝土、贫混凝土等刚性基层，以及上部使用柔性基层、下部使用半刚性基层的混合式基层。

（3）半刚性基层沥青路面的基层与沥青层宜在同一年内施工，以减少路面开裂。

（4）以旧沥青路面作基层时，应根据旧路面质量，确定对原有路面修补、铣刨、加铺罩面层。旧沥青路面的整平应按高程控制铺筑，分层整平的一层最大厚度不宜超过 100 mm。

（5）以旧的水泥混凝土路面作基层加铺沥青面层时，应根据旧路面质量，确定处治工艺，确认能满足基层要求后，方能加铺沥青层。

（6）旧路面处理后必须彻底清除浮灰，根据需要并做适当的铣刨处理，洒布粘层油，再铺筑新的结构层。

二、材　料

1. 一般规定

（1）沥青路面使用的各种材料运至现场后必须取样进行质量检验，经评定合格方可使用，不得以供应商提供的检测报告或商检报告代替现场检测。

（2）沥青路面集料的选择必须经过认真的料源调查，确定料源应尽可能就地取材。质量符合使用要求，石料开采必须注意环境保护，防止破坏生态平衡。

（3）集料粒径规格以方孔筛为准。不同料源、品种、规格的集料不得混杂堆放。

2. 道路石油沥青

（1）道路石油沥青的质量应符合表 6-1 规定的技术要求。各个沥青等级的适用范围应符合表 6-2 的规定。经建设单位同意，沥青的 *PI* 值、60℃动力黏度，10℃延度可作为选择性指标。

（2）沥青路面采用的沥青标号，宜按照公路等级、气候条件、交通条件、路面类型及在结构层中的层位及受力特点、施工方法等，结合当地的使用经验，经技术论证后确定。

1）对高速公路、一级公路，夏季温度高、高温持续时间长、重载交通、山区及丘陵区上坡路段、服务区、停车场等行车速度慢的路段，尤其是汽车荷载剪应力大的层次，宜采用稠度大、60℃黏度大的沥青，也可提高高温气候分区的温度水平选用沥青等级；对冬季寒冷的地区或交通量小的公路、旅游公路宜选用稠度小、低温延度大的沥青；对温度日温差、年温差大的地区宜注意选用针入度指数大的沥青。当高温要求与低温要求发生矛盾时应优先考虑满足高温性能的要求。

表 6-1　道路石油沥青技术要求

指标	单位	等级	沥青标号																
			160号③	130号③	110号			90号					70号②					50号	30号③
针入度(25℃,5 s,100 g)	dmm		140～200	120～140	100～120			80～100					60～80					40～60	20～40
适用的气候分区⑤			注③	注③	2～1	2～2	3～2	1～1	1～2	1～3	2～2	2～3	1～3	1～4	2～2	2～3	2～4	1～4	注③
针入度指数 *PI*①		A	−1.5 +1.0																
		B	−1.8 +1.0																
软化点(R&B)，不小于	℃	A	38	40	43			45			44		46		45			49	55
		B	36	39	42			43			42		44		43			46	53
		C	35	37	41			42					43					45	50
60℃动力黏度①，不小于	Pa·s	A	—	60	120			160			140		180		160			200	260
10℃延度①，不小于	cm	A	50	50	40			45	30	20	30	20	20	15	25	20	15	15	10
		B	30	30	30			30	20	15	20	15	15	10	20	15	10	10	8
15℃延度，不小于	cm	A、B	100															80	50
		C	80	80	60			50					40					30	20
蜡含量(蒸馏法)，不大于	%	A	2.2																
		B	3.0																
		C	4.5																
闪点，不小于	℃		230					245					260						
溶解度，不小于	%		99.5																
密度(15℃)	g/cm³		实测记录																
TFOT(或 RTFOT)后④																			
质量变化，不大于	%		±0.8																
残留针入度比，不小于	%	A	48	54	55			57					61					63	65
		B	45	50	52			54					58					60	62
		C	40	45	48			50					54					58	60
残留延度(10℃)，不小于	cm	A	12	12	10			8					6					4	—
		B	10	10	8			6					4					2	—

续上表

指标	单位	等级	沥青标号						
			160号[3]	130号[3]	110号	90号	70号[2]	50号	30号[3]
残留延度（15℃）不小于	cm	C	40	35	30	20	15	10	—

①经建设单位同意，表中PI值、60℃动力粘度、10℃延度可作为选择性指标，也可不作为施工质量检验指标。

②70号沥青可根据需要要求供应商提供针入度范围为60～70或70～80的沥青，50号沥青可要求提供针入度范围为40～50或50～60的沥青。

③30号沥青仅适用于沥青稳定基层。130号和160号沥青除寒冷地区可直接在中低级公路上直接应用外，通常用作乳化沥青、稀释沥青、改性沥青的基质沥青。

④老化试验以TFOT为准，也可以RTFOT代替。

⑤气候分区见《公路沥青路面施工技术规范》(JTG F40—2004)附录A。

表6-2　道路石油沥青的适用范围

沥青等级	适用范围
A级沥青	各个等级的公路，适用于任何场合和层次
B级沥青	(1)高速公路、一级公路沥青下面层及以下的层次，二级及二级以下公路的各个层次。 (2)用作改性沥青、乳化沥青、改性乳化沥青、稀释沥青的基质沥青
C级沥青	三级及三级以下公路的各个层次

2)当缺乏所需标号的沥青时，可采用不同标号掺配的调和沥青，其掺配比例由试验决定。

(3)沥青必须按品种、标号分开存放。除长期不使用的沥青可放在自然温度下存储外，沥青在储罐中的贮存温度不宜低于130℃，并不得高于170℃。桶装沥青应直立堆放，加盖苫布。

(4)道路石油沥青在贮运，使用及存放过程中应有良好的防水措施，避免雨水或加热管道蒸汽进入沥青中。

3. 乳化沥青

(1)乳化沥青适用于沥青表面处治路面、沥青贯入式路面、冷拌沥青混合料路面，修补裂缝，喷洒透层、粘层与封层等。乳化沥青的品种和适用范围宜符合表6-3的规定。

表6-3　乳化沥青品种及适用范围

分类	品种及代号	适用范围
阳离子乳化沥青	PC－1	表处、贯入式路面及下封层用
	PC－2	透层油及基层养生用
	PC－3	粘层油用
	BC－1	稀浆封层或冷拌沥青混合料用
阴离子乳化沥青	PA－1	表处、贯入式路面及下封层用
	PA－2	透层油及基层养生用
	PA－3	粘层油用
	BA－1	稀浆封层或冷拌沥青混合料用

续上表

分类	品种及代号	适用范围
非离子乳化沥青	PN－2	透层油用
	BN－1	与水泥稳定集料同时使用(基层路拌或再生)

(2)乳化沥青的质量应符合表 6-4 的规定。在高温条件下宜采用粘度较大的乳化沥青,寒冷条件下宜使用粘度较小的乳化沥青。

表 6-4 道路用乳化沥青技术要求

试验项目		单位	品种及代号									
			阳离子				阴离子				非离子	
			喷洒用			拌和用	喷洒用			拌和用	喷洒用	拌和用
			PC－1	PC－2	PC－3	BC－1	PA－1	PA－2	PA－3	BA－1	PN－2	BN－1
			快裂	慢裂	快裂或中裂	慢裂或中裂	快裂	慢裂	快裂或中裂	慢裂或中裂	慢裂	慢裂
粒子电荷		—	阳离子(＋)				阴离子(－)				非离子	
筛上残留物(1.18 mm 筛),不大于		%	0.1				0.1				0.1	
粘度	恩格拉粘度计 E_{25}	—	2～10	1～6	1～6	2～30	2～10	1～6	1～6	2～30	1～6	2～30
	道路标准粘度计 $C_{25.3}$	S	10～25	8～20	8～20	10～60	10～25	8～20	8～20	10～60	8～20	10～60
蒸发残留物	残留分含量,不小于	%	50	50	50	55	50	50	50	55	50	55
	溶解度,不小于	%	97.5				97.5				97.5	
	针入度(25℃)	dmm	50～200	50～300	45～150		50～200	50～300	45～150		50～300	60～300
	延度(15℃),不小于	cm	40				40				40	
与粗集料的粘附性,裹覆面积,不小于		—	2/3			—	2/3			—	2/3	—
与粗、细粒式集料拌和试验		—	—			均匀	—			均匀	—	
水泥拌和试验的筛上剩余,不大于		%	—				—				—	3
常温贮存稳定性: 1 d 不大于 5 d 不大于		%	1 5				1 5				1 5	

注:1. P 为喷洒型,B 为拌和型,C、A、N 分别表示阳离子、阴离子、非离子乳化沥青。

2. 粘度可选用恩格拉粘度计或沥青标准粘度计之一测定。

3. 表中的破乳速度、与集料的粘附性、拌和试验的要求与所使用的石料品种有关,质量检验时应采用工程上实际的石料进行试验,仅进行乳化沥青产品质量评定时可不要求此三项指标。

4. 贮存稳定性根据施工实际情况选用试验时间,通常采用 5 d,乳液生产后能在当天使用时也可用 1 d 的稳定性。

5. 当乳化沥青需要在低温冰冻条件下贮存或使用时,尚需按《石油产品及润滑剂中碳、氢、氮测定法(素分析仪法)》(SH/T 0656－1998)进行－5℃低温贮存稳定性试验,要求没有粗颗粒、不结块。

6. 如果乳化沥青是将高浓度产品运到现场经稀释后使用时,表中的蒸发残留物等各项指标指稀释前乳化沥青的要求。

(3)乳化沥青类型根据集料品种及使用条件选择。阳离子乳化沥青可适用于各种集料品种，阴离子乳化沥青适用于碱性石料。乳化沥青的破乳速度、粘度宜根据用途与施工方法选择。

(4)制备乳化沥青用的基质沥青，对高速公路和一级公路，宜符合表 6-1 道路石油沥青 A、B 级沥青的要求，其他情况可采用 C 级沥青。

(5)乳化沥青宜存放在立式罐中，并保持适当搅拌。贮存期以不离析、不冻结、不破乳为度。

4. 液体石油沥青

(1)液体石油沥青适用于透层、粘层及拌制冷拌沥青混合料。根据使用目的与场所，可选用快凝、中凝、慢凝的液体石油沥青，其质量应符合表 6-5 的规定。

表 6-5　道路用液体石油沥青技术要求

试验项目		单位	快凝		中凝						慢凝					
			AL(R)−1	AL(R)−2	AL(M)−1	AL(M)−2	AL(M)−3	AL(M)−4	AL(M)−5	AL(M)−6	AL(S)−1	AL(S)−2	AL(S)−3	AL(S)−4	AL(S)−5	AL(S)−6
粘度	$C_{25.5}$		<20		<20						<20					
	$C_{60.5}$	S		5～15		5～15	16～25	26～40	41～100	101～200		5～15	16～25	26～40	41～100	101～200
蒸馏体积	225℃前	%	>20	>15	<10	<7	<3	<2	0	0						
	315℃前	%	>35	>30	<35	<25	<17	<14	<8	<5						
	360℃前	%	>45	>35	<50	<35	<30	<25	<20	<15	<40	<35	<25	<20	<15	<5
蒸馏后残留物	针入度(25℃)	dmm	60～200	60～200	100～300	100～300	100～300	100～300	100～300	100～300						
	延度(25℃)	Cm	>60	>60	>60	>60	>60	>60	>60	>60						
	浮漂度(5℃)	S									<20	<20	<30	<40	<45	<50
闪点(TOC 法)		℃	>30	>30	>65	>65	>65	>65	>65	>65	>70	>70	>100	>100	>120	>120
含水量不大于		%	0.2	0.2	0.2	0.2	0.2	0.2	0.2	0.2	2.0	2.0	2.0	2.0	2.0	2.0

(2)液体石油沥青宜采用针入度较大的石油沥青，使用前按先加热沥青后加稀释剂的顺序，掺配煤油或轻柴油，经适当的搅拌、稀释制成。掺配比例根据使用要求由试验确定。

(3)液体石油沥青在制作、贮存、使用的全过程中必须通风良好，并有专人负责，确保安全。基质沥青的加热温度严禁超过 140℃，液体沥青的贮存温度不得高于 50℃。

5. 煤沥青

(1)道路用煤沥青的标号根据气候条件、施工温度、使用目的选用，其质量应符合表 6-6 的规定。

表 6-6　道路用煤沥青技术要求

试验项目		T−1	T−2	T−3	T−4	T−5	T−6	T−7	T−8	T−9
黏度(s)	$C_{30.5}$	5～25	26～70							
	$C_{30.10}$			5～25	26～50	51～120	121～200			
	$C_{50.10}$							10～75	76～200	
	$C_{60.10}$									35～65

续上表

试验项目		T—1	T—2	T—3	T—4	T—5	T—6	T—7	T—8	T—9
蒸馏试验，馏出量(%)	170℃前，不大于	3	3	3	2	1.5	1.5	1.0	1.0	1.0
	270℃前，不大于	20	20	20	15	15	15	10	10	10
	300℃	15～35	15～35	30	30	25	25	20	20	15
300℃蒸馏残留物软化点(环球法)(℃)		30～45	30～45	35～65	35～65	35～65	35～65	40～70	40～70	40～70
水分，不大于(%)		1.0	1.0	1.0	1.0	1.0	0.5	0.5	0.5	0.5
甲苯不溶物，不大于(%)		20	20	20	20	20	20	20	20	20
萘含量，不大于(%)		5	5	5	4	4	3.5	3	2	2
焦油酸含量，不大于(%)		4	4	3	3	2.5	2.5	1.5	1.5	1.5

(2)道路用煤沥青适用于下列情况：

1)各种等级公路的各种基层上的透层，宜采用T—1或T—2级，其他等级不合喷洒要求时可适当稀释使用；

2)三级及三级以下的公路铺筑表面处治或贯入式沥青路面，宜采用T—5、T—6或T—7级；

3)与道路石油沥青、乳化沥青混合使用，以改善渗透性。

(3)道路用煤沥青严禁用于热拌热铺的沥青混合料，作其他用途时的贮存温度宜为70℃～90℃，且不得长时间贮存。

6. 改性沥青

(1)改性沥青可单独或复合采用高分子聚合物、天然沥青及其他改性材料制作。

(2)各类聚合物改性沥青的质量应符合表6-7的技术要求，其中*PI*值可作为选择性指标。当使用表列以外的聚合物及复合改性沥青时，可通过试验研究制定相应的技术要求。

表6-7 聚合物改性沥青技术要求

指标	单位	SBS类(Ⅰ类)				SBR类(Ⅱ类)			EVA、PE类(Ⅲ类)			
		Ⅰ—A	Ⅰ—B	Ⅰ—C	Ⅰ—D	Ⅱ—A	Ⅱ—B	Ⅱ—C	Ⅲ—A	Ⅲ—B	Ⅲ—C	Ⅲ—D
针入度，25℃，100 g，5 s	dmm	＞100	80～100	60～80	30～60	＞100	80～100	60～80	＞80	60～80	40～60	30～40
针入度指数*PI*，不小于		—1.2	—0.8	—0.4	0	—1.0	—0.8	—0.6	—1.0	—0.8	—0.6	—0.4
延度，5℃，5 cm/min，不小于	cm	50	40	30	20	60	50	40	—			
软化点 $T_{R\&B}$，不小于	℃	45	50	55	60	45	48	50	48	52	56	60
运动黏度[①]，135℃，不大于	Pa·s	3										

续上表

指标	单位	SBS类(Ⅰ类)				SBR类(Ⅱ类)			EVA、PE类(Ⅲ类)			
		Ⅰ—A	Ⅰ—B	Ⅰ—C	Ⅰ—D	Ⅱ—A	Ⅱ—B	Ⅱ—C	Ⅲ—A	Ⅲ—B	Ⅲ—C	Ⅲ—D
闪点,不小于	℃	230				230			230			
溶解度,不小于	%	99				99			—			
弹性恢复,25℃,不小于	%	55	60	65	75	—			—			
黏韧性,不小于	N·m	—				5			—			
韧性,不小于	N·m	—				2.5			—			
贮存稳定性②												
离析,48 h软化点差,不大于	℃	2.5				—			无改性剂明显析出、凝聚			
TFOT(或RTFOT)后残留物												
质量变化,不大于	%	1.0										
针入度比,25℃,不小于	%	50	55	60	65	50	55	60	50	55	58	60
延度,5℃,不小于	cm	30	25	20	15	30	20	10	—			

①表中135℃运动粘度可采用《公路工程沥青及沥青混合料试验规程》(JTJ 052—2000)中的"沥青布氏旋转粘度试验方法(布洛克菲尔德粘度计法)"进行测定。若在不改变改性沥青物理力学性质并符合安全条件的温度下易于泵送和拌和,或经证明适当提高泵送和拌和温度时能保证改性沥青的质量,容易施工,可不要求测定。

②贮存稳定性指标适用于工厂生产的成品改性沥青。现场制作的改性沥青对贮存稳定性指标可不作要求,但必须在制作后,保持不间断的搅拌或泵送循环,保证使用前没有明显的离析。

(3)制造改性沥青的基质沥青应与改性剂有良好的配伍性,其质量宜符合表6-1中A级或B级道路石油沥青的技术要求。供应商在提供改性沥青的质量报告时应提供基质沥青的质量检验报告或沥青样品。

(4)天然沥青可以单独与石油沥青混合使用或与其他改性沥青混融后使用。天然沥青的质量要求宜根据其品种参照相关标准和成功的经验执行。

(5)用作改性剂的SBR胶乳中的固体物含量不宜少于45%,使用中严禁长时间曝晒或遭冰冻。

(6)改性沥青的剂量以改性剂占改性沥青总量的百分数计算,胶乳改性沥青的剂量应以扣除水以后的固体物含量计算。

(7)改性沥青宜在固定式工厂或在现场设厂集中制作,也可在拌和厂现场边制造边使用,改性沥青的加工温度不宜超过180℃。胶乳类改性剂和制成颗粒的改性剂可直接投入拌和缸中生产改性沥青混合料。

(8)用溶剂法生产改性沥青母体时,挥发性溶剂回收后的残留量不得超过5%。

(9)现场制造的改性沥青宜随配随用,需作短时间保存,或运送到附近的工地时,使用前必须搅拌均匀,在不发生离析的状态下使用。改性沥青制作设备必须设有随机采集样品的取样口,采集的试样宜立即在现场灌模。

(10)工厂制作的成品改性沥青到达施工现场后存贮在改性沥青罐中,改性沥青罐中必须加设搅拌设备并进行搅拌,使用前改性沥青必须搅拌均匀。在施工过程中应定期取样检验产品质量,发现离析等质量不符要求的改性沥青不得使用。

第二节 沥青表面处治与封层

一、一般规定

(1)沥青表面处治适用于三级及三级以下公路的沥青面层。各种封层适用于加铺薄层罩面、磨耗层、水泥混凝土路面上的应力缓冲层、各种防水和密水层、预防性养护罩面层。

(2)沥青表面处治与封层宜选择在干燥和较热的季节施工,并在最高温度低于15℃到来以前半个月及雨季前结束。

二、层铺法沥青表面处治

(1)沥青表面处治可采用道路石油沥青、乳化沥青、煤沥青铺筑,沥青标号应按相关规定选用。沥青表面处治的集料最大粒径应与处治层的厚度相等,其规格和用量宜按表6-8选用;沥青表面处治施工后,应在路侧另备S12(5~10 mm)碎石或S14(3~5 mm)石屑、粗砂或小砾石(2~3)m³/1 000 m² 作为初期养护用料。

表6-8 沥青表面处治材料规格和用量

沥青种类	类型	厚度(mm)	集料(m³/1 000 m²) 第一层 规格用量	第二层 规格用量	第三层 规格用量	沥青或乳液用量(kg/m²) 第一次	第二次	第三次	合计用量
石油沥青单层	单层	1.0	S12 7~9	—	—	1.0~1.2	—	—	1.0~1.2
		1.5	S10 12~14			1.4~1.6			1.4~1.6
	双层	1.5	S10 12~14	S12 7~8	—	1.4~1.6	1.0~1.2	—	2.4~2.8
		2.0	S9 16~18	S12 7~8		1.6~1.8	1.0~1.2		2.6~3.0
		2.5	S8 18~20	S12 7~8		1.8~2.0	1.0~1.2		2.8~3.2
	三层	2.5	S8 18~20	S12 12~14	S12 7~8	1.6~1.8	1.2~1.4	1.0~1.2	3.8~4.4
		3.0	S6 20~22	S12 12~14	S12 7~8	1.8~2.0	1.2~1.4	1.0~1.2	4.0~4.6
乳化沥青	单层	0.5	S14 7~9	—	—	0.9~1.0	—	—	0.9~1.0
	双层	1.0	S12 9~11	S14 4~6	—	1.8~2.0	1.0~1.2	—	2.8~3.2
	三层	3.0	S6 20~22	S10 9~11	S12 4~6 S14 3.5~4.5	2.0~22	1.8~2.0	1.0~1.2	4.8~5.4

注:1. 煤沥青表面处治的沥青用量可比石油沥青用量增加15%~20%。

2. 表中的乳液用量按乳化沥青的蒸发残留物含量60%计算,如沥青含量不同应予折算。

3. 在高寒地区及干旱风沙大的地区,可超出高限5%~10%。

(2)在清扫干净的碎(砾)石路面上铺筑沥青表面处治时,应喷洒透层油。在旧沥青路面、水泥混凝土路面、块石路面上铺筑沥青表面处治路面时,可在第一层沥青用量中增加10%~20%,不再另洒透层油或粘层油。

(3)层铺法沥青表面处治路面宜采用沥青洒布车及集料撒布机联合作业。沥青洒布车喷洒沥青时应保持稳定速度和喷洒量,并保持整个洒布宽度喷洒均匀。小规模工程可采用机动或手摇的手工沥青洒布机洒布沥青。洒布设备的喷嘴应适用于沥青的稠度,确保能成雾状,与洒油管成15°~25°的夹角,洒油管的高度应使同一地点接受2~3个喷油嘴喷洒的沥青,不得出现花白条。

(4)沥青表面处治喷洒沥青材料时应对道路人工构造物、路缘石等外露部分作防污染遮盖。

(5)沥青表面处治施工应确保各工序紧密衔接,每个作业段长度应根据施工能力确定,并在当天完成。人工撒布集料时应等距离划分段落备料。

(6)三层式沥青表面处治的施工工艺应按下列步骤进行。

1)清扫基层,撒布第一层沥青。沥青的撒布温度根据气温及沥青标号选择,石油沥青宜为130℃~170℃,煤沥青宜为80℃~120℃,乳化沥青在常温下洒布,加温洒布的乳液温度不得超过60℃。前后两车喷洒的接槎处用铁板或建筑纸铺1~1.5 m,使搭接良好。分几幅浇洒时,纵向搭接宽度宜为100~150 mm。撒布第二、三层沥青的搭接缝应错开。

2)撒布主层沥青后应立即用集料撒布机或人工撒布第一层主集料。撒布集料后应及时扫匀,达到全面覆盖、厚度一致、集料不重叠、也不露出沥青的要求。局部有缺料时适当找补,积料过多的将多余集料扫出。两幅搭接处,第一幅撒布沥青应暂留100~150 mm宽度不撒布石料,待第二幅一起撒布。

3)撒布主集料后,不必等全段撒布完,立即用6~8 t钢筒双轮压路机从路边向路中心碾压3~4遍,每次轮迹重叠约300 mm。碾压速度开始不宜超过2 km/h,以后可适当增加。

4)第二、三层的施工方法和要求应与第一层相同,但可以采用8 t以上的压路机碾压。

(7)双层式或单层式沥青表面处治浇洒沥青及撒布集料的次数相应减少。

(8)除乳化沥青表面处治应待破乳、水分蒸发并基本成型后方可通车外,沥青表面处治在碾压结束后即可开放交通,并通过开放交通补充压实,成型稳定。在通车初期应设专人指挥交通或设置障碍物控制行车,限制行车速度不超过20 km/h,严禁畜力车及铁轮车行驶,使路面全部宽度均匀压实。

(9)沥青表面处治应注意初期养护。当发现有泛油时,应在泛油处补撒与最后一层石料规格相同的嵌缝料并扫匀,过多的浮料应扫出路外。

三、上封层与下封层

1. 上封层

(1)根据情况可选择乳化沥青稀浆封层、微表处、改性沥青集料封层、薄层磨耗层或其他适宜的材料。

(2)铺设上封层的下卧层必须彻底清扫干净,对车辙、坑槽、裂缝进行处理或挖补。

(3)上封层的类型根据使用目的、路面的破损程度选用。

1)裂缝较细、较密的可采用涂洒类密封剂、软化再生剂等涂刷罩面;

2)对二级及二级以下公路的旧沥青路面可以采用普通的乳化沥青稀浆封层,也可在喷洒道路石油沥青后撒布石屑(砂)后碾压作封层;

3)对高速公路、一级公路有轻微损坏的宜铺筑微表处；

4)对用于改善抗滑性能的上封层可采用稀浆封层、微表处或改性沥青集料封层。

2. 下封层

(1)多雨潮湿地区的高速公路、一级公路的沥青面层空隙率较大，有严重渗水可能，或铺筑基层不能及时铺筑沥青面层而需通行车辆时，宜在喷洒透层油后铺筑下封层。

(2)下封层宜采用层铺法表面处治或稀浆封层法施工。稀浆封层可采用乳化沥青或改性乳化沥青作结合料。下封层的厚度不宜小于 6 mm，且做到完全密水。

(3)以层铺法沥青表面处治铺筑下封层时，通常采用单层式，表 6-8 中的矿料用量宜为 $5\sim8\ m^3/1\ 000\ m^2$，沥青用量可采用要求范围的中高限。

四、稀浆封层和微表处

(1)微表处主要用于高速公路及一级公路的预防性养护以及填补轻度车辙，也适用于新建公路的抗滑磨耗层。稀浆封层一般用于二级及二级以下公路的预防性养护，也适用于新建公路的下封层。

(2)稀浆封层和微表处必须使用专用的摊铺机进行摊铺。单层微表处适用于旧路面车辙深度不大于 15 mm 的情况，超过 15 mm 的必须分两层铺筑，或先用 V 字形车辙摊铺箱摊铺，深度大于 40 mm 时不适宜微表处处理。

(3)微表处必须采用改性乳化沥青，稀浆封层可采用普通乳化沥青或改性乳化沥青。

(4)稀浆封层和微表处应选择坚硬、粗糙、耐磨、洁净的集料。其中微表处用通过4.75 mm 筛的合成矿料的砂当量不得低于 65%，稀浆封层用通过 4.75 mm 筛的合成矿料的砂当量不得低于 50%。细集料宜采用碱性石料生产的机制砂或洁净的石屑。对集料中的超粒径颗粒必须筛除。

(5)根据铺筑厚度、处治目的、公路等级等条件按照表 6-9 选用合适的矿料级配。

表 6-9　稀浆封层和微表处的矿料级配

筛孔尺寸(mm)	不同类型通过各筛孔的百分率(%)				
	微表处		稀浆封层		
	MS－2 型	MS－3 型	ES－1 型	ES－2 型	ES－3 型
9.5	100	100	—	100	100
4.75	95～100	70～90	100	95～100	70～90
2.36	65～90	45～70	90～100	65～90	45～70
1.18	45～70	28～50	60～90	45～70	28～50
0.6	30～50	19～34	40～65	30～50	19～34
0.3	18～30	12～25	25～42	18～30	12～25
0.15	10～21	7～18	15～30	10～21	7～18
0.075	5～15	5～15	10～20	5～15	5～15
一层的适宜厚度(mm)	4～7	8～10	2.5～3	4～7	8～10

(6)稀浆封层和微表处的混合料中乳化沥青及改性乳化沥青的用量应通过配合比设计

确定。

(7)稀浆封层和微表处混合料的配合比设计按下列步骤进行。

1)根据选择的级配类型按表 6-9 确定矿料的级配范围。计算各种集料的配合比例,使合成级配在要求的级配范围内。

2)根据以往的经验初选乳化沥青、填料、水和外加剂用量,进行拌和试验和粘聚力试验。可拌和时间的试验温度应考虑最高施工温度,粘聚力试验的温度应考虑施工中可能遇到的最低温度。

3)根据上述试验结果和稀浆混合料的外观状态,选择 1～3 个认为合理的混合料配方,按表 6-10 规定试验稀浆混合料的性能,如不符要求,适当调整各种材料的配合比例再试验,直至符合要求为止。

4)根据经验在沥青用量的可选范围内选择适宜的沥青用量。对微表处混合料,以所选择的沥青用量检验混合料的浸水 6 d 湿轮磨耗指标,用于车辙填充的增加检验负荷车轮试验的宽度变化率指标,不符要求时调整沥青用量重新试验,直至符合要求为止。

5)根据以往经验及配合比设计试验结果,在充分考虑气候及交通特点的基础上综合确定混合料配方。

(8)稀浆封层和微表处施工前,应彻底清除原路面的泥土、杂物,修补坑槽、凹陷,较宽的裂缝宜清理灌缝。在水泥混凝土路面上铺筑微表处时宜洒布粘层油,过于光滑的表面需拉毛处理。

(9)稀浆封层和微表处的最低施工温度不得低于 10℃,严禁在雨天施工,摊铺后尚未成型混合料遇雨时应予铲除。

(10)稀浆封层和微表处两幅纵缝搭接的宽度不宜超过 80 mm,横向接缝宜做成对接缝。分两层摊铺时,第一层摊铺后至少应开放交通 24 h 后方可进行第二层摊铺。

(11)稀浆封层和微表处铺筑后的表面不得有超粒径料拖拉的严重划痕,横向接缝和纵向接缝处不得出现余料堆积或缺料现象,用 3 m 直尺测量接缝处的不平整度不得大于 6 mm。对微表处不得有横向波浪和深度超过 6 mm 的纵向条纹。经养护和初期交通碾压稳定的稀浆封层和微表处,在行车作用下应不飞散且完全密水。

第三节　沥青贯入式路面

一、一般规定

(1)沥青贯入式路面适用于三级及三级以下公路,也可作为沥青路面的联结层或基层。

(2)沥青贯入式路面的厚度宜为 4～8 cm,但乳化沥青贯入式路面的厚度不宜超过 5 cm。当贯入层上部加铺拌和的沥青混合料面层成为上拌下贯式路面时,拌和层的厚度宜不小于 1.5 cm。

(3)沥青贯入式路面的最上层应撒布封层料或加铺拌和层。沥青贯入层作为联结层使用时,可不撒表面封层料。

(4)沥青贯入式路面宜选择在干燥和较热的季节施工,并宜在日最高温度降低至 15℃以前半个月结束,使贯入式结构层通过开放交通碾压成型。

二、材料规格和用量

(1)沥青贯入式路面的集料应选择有棱角、嵌挤性好的坚硬石料。沥青贯入层主层集料中大于粒径范围中值的数量不宜少于50%。表面不加铺拌和层的贯入式路面在施工结束后每1 000 m^2宜另备2～3 m^3 与最后一层嵌缝料规格相同的细集料等供初期养护使用。

(2)沥青贯入层的主层集料最大粒径宜与贯入层厚度相当。当采用乳化沥青时,主层集料最大粒径可采用厚度的0.8～0.85倍,数量宜按压实系数1.25～1.30计算。

(3)沥青贯入式路面的结合料可采用道路石油沥青、煤沥青或乳化沥青。

(4)贯入式路面各层分次沥青用量应根据施工气温及沥青标号等在规定范围内选用,在寒冷地带或当施工季节气温较低、沥青针入度较小时,沥青用量宜用高限。在低温潮湿气候下用乳化沥青贯入时,应按乳液总用量不变的原则进行调整,上层较正常情况适当增加,下层较正常情况适当减少。

三、施工准备

(1)沥青贯入式路面施工前,基层必须清扫干净。当需要安装路缘石时,应在路缘石安装完成后施工。路缘石应予遮盖。

(2)乳化沥青贯入式路面必须浇洒透层或粘层沥青。沥青贯入式路面厚度小于或等于5 cm时,也应浇洒透层或粘层沥青。

四、施工方法

(1)沥青贯入式路面的施工应按下列步骤进行。

1)采用碎石摊铺机、平地机或人工摊铺主层集料。铺筑后严禁车辆通行。

2)碾压主层集料。撒布后应采用6～8 t的轻型钢筒式压路机自路两侧向路中心碾压,碾压速度宜为2 km/h,每次轮迹重叠约30 cm,碾压一遍后检验路拱和纵向坡度,当不符合要求时,应调整找平后再压。然后用重型的钢轮压路机碾压,每次轮迹重叠1/2左右,宜碾压4～6遍,直至主层集料嵌挤稳定,无显著轮迹为止。

3)浇洒第一层沥青。采用乳化沥青贯入时,为防止乳液下漏过多,可在主层集料碾压稳定后,先撒布一部分上一层嵌缝料,再浇洒主层沥青。

4)采用集料撒布机或人工撒布第一层嵌缝料。撒布后尽量扫匀,不足处应找补。当使用乳化沥青时,石料撒布必须在乳液破乳前完成。

5)立即用8～12 t钢筒式压路机碾压嵌缝料,轮迹重叠轮宽的1/2左右,宜碾压4～6遍,直至稳定为止。碾压时随压随扫,使嵌缝料均匀嵌入。因气温较高使碾压过程中发生较大推移现象时,应立即停止碾压,待气温稍低时再继续碾压。

6)按上述方法浇洒第二层沥青、撒布第二层嵌缝料,然后碾压,再浇洒第三层沥青。

7)按撒布嵌缝料方法撒布封层料。

8)采用6～8 t压路机作最后碾压,宜碾压2～4遍,然后开放交通。

(2)沥青贯入式路面开放交通后应按要求控制交通,做初期养护。

(3)铺筑上拌下贯式路面时,贯入层不撒布封层料,拌和层应紧跟贯入层施工,使上下成为一整体。贯入部分采用乳化沥青时应待其破乳、水分蒸发且成型稳定后方可铺筑拌和层,当拌和层与贯入部分不能连续施工,且要在短期内通行施工车辆时贯入层部分的第二遍嵌缝料应增加用量(2～3)m^3/1 000 m^2，在摊铺拌和层沥青混合料前，应作补充碾压，并浇洒粘层沥青。

第四节　热拌沥青混合料路面

一、一般规定

(1)热拌沥青混合料(HMA)适用于各种等级公路的沥青路面。其种类按集料公称最大粒径、矿料级配、空隙率划分，分类见表 6-10。

表 6-10　热拌沥青混合料种类

混合料类型	密级配			开级配		半开级配	公称最大粒径(mm)	最大粒径(mm)
	连续级配		间断级配	间断级配				
	沥青混凝土	沥青稳定碎石	沥青玛琋脂碎石	排水式沥青磨耗层	排水式沥青碎石基层	沥青稳定碎石		
特粗式	—	ATB—40	—	—	ATPB—40	—	37.5	53.0
粗粒式	—	ATB—30	—	—	ATPB—30	—	31.5	37.5
	AC—25	ATB—25	—	—	ATPB—25	—	26.5	31.5
中粒式	AC—20	—	SMA—20	—	—	AM—20	19.0	26.5
	AC—16	—	SMA—16	OGFC—16	—	AM—16	16.0	19.0
细粒式	AC—13	—	SMA—13	OGFC—13	—	AM—13	13.2	16.0
	AC—10	—	SMA—10	OGFC—10	—	AM—10	9.5	13.2
砂粒式	AC—5	—	—	—	—	AM—5	4.75	9.5
设计空隙率①(%)	3～5	3～6	3～4	>18	>18	6～12	—	—

①空隙率可按配合比设计要求适当调整。

(2)各层沥青混合料应满足所在层位的功能性要求，便于施工，不容易离析。各层应连续施工并联结成为一个整体。当发现混合料结构组合及级配类型的设计不合理时应进行修改、调整，以确保沥青路面的使用性能。

(3)沥青面层集料的最大粒径宜从上至下逐渐增大，并应与压实层厚度相匹配。对热拌热铺密级配沥青混合料，沥青层一层的压实厚度不宜小于集料公称最大粒径的 2.5～3 倍，对 SMA 和 OGFC 等嵌挤型混合料不宜小于公称最大粒径的 2～2.5 倍，以减少离析，便于压实。

二、施工准备

(1)铺筑沥青层前，应检查基层或下卧沥青层的质量，不符要求的不得铺筑沥青面层。旧沥青路面或下卧层已被污染时，必须清洗或经铣刨处理后方可铺筑沥青混合料。

(2)石油沥青加工及沥青混合料施工温度应根据沥青标号及黏度、气候条件、铺装层的厚度确定。

1)普通沥青结合料的施工温度宜通过在 135℃及 175℃条件下测定的黏度—温度曲线按表 6-11 的规定确定。缺乏粘温曲线数据时，可参照表 6-12 的范围选择，并根据实际情况确定使用高值或低值。当表中温度不符实际情况时，容许作适当调整。

表 6-11 确定沥青混合料拌和及压实温度的适宜温度

黏度	适宜于拌和的沥青结合料黏度	适宜于压实的沥青结合料黏度	测定方法
表观黏度	(0.17±0.02) Pa·s	(0.28±0.03) Pa·s	T 0625
运动黏度	(170±20) mm^2/s	(280±30) mm^2/s	T 0619
赛波特黏度	(85±10)s	(140±15)s	T 0623

表 6-12 热拌沥青混合料的施工温度 （单位：mm）

施工工序		石油沥青的标号			
		50 号	70 号	90 号	110 号
沥青加热温度		160～170	155～165	150～160	145～155
矿料加热温度	间隙式拌和机	集料加热温度比沥青温度高 10～30			
	连续式拌和机	矿料加热温度比沥青温度高 5～10			
沥青混合料出料温度		150～170	145～165	140～160	135～155
混合料贮料仓贮存温度		贮料过程中温度降低不超过 10			
混合料废弃温度，高于		200	195	190	185
运输到现场温度，不低于		150	145	140	135
混合料摊铺温度，不低于	正常施工	140	135	130	125
	低温施工	160	150	140	135
开始碾压的混合料内部温度，不低于	正常施工	135	130	125	120
	低温施工	150	145	135	130
碾压终了的表面温度，不低于	钢轮压路机	80	70	65	60
	轮胎压路机	85	80	75	70
	振动压路机	75	70	60	55
开放交通的路表温度，不高于		50	50	50	45

注：1. 沥青混合料的施工温度采用具有金属探测针的插入式数显温度计测量。表面温度可采用表面接触式温度计测定。当采用红外线温度计测量表面温度时，应进行标定。

2. 表中未列入的 130 号、160 号及 30 号沥青的施工温度由试验确定。

2)聚合物改性沥青混合料的施工温度根据实践经验并参照表 6-13 选择。通常宜较普通沥青混合料的施工温度提高 10℃～20℃。对采用冷态胶乳直接喷入法制作的改性沥青混合料，集料烘干温度应进一步提高。

表 6-13 聚合物改性沥青混合料的正常施工温度范围 （单位：℃）

工序	聚合物改性沥青品种		
	SBS 类	SBR 胶乳类	EVA、PE 类
沥青加热温度	160～165		

续上表

工序	聚合物改性沥青品种		
	SBS类	SBR胶乳类	EVA、PE类
改性沥青现场制作温度	165～170	—	165～170
成品改性沥青加热温度,不大于	175	—	175
集料加热温度	190～220	200～210	185～195
改性沥青SMA混合料出厂温度	170～185	160～180	165～180
混合料最高温度(废弃温度)	195		
混合料贮存温度	拌和出料后降低不超过10		
摊铺温度,不低于	160		
初压开始温度,不低于	150		
碾压终了的表面温度,不低于	90		
开放交通时的路表温度,不高于	50		

注:当采用表列以外的聚合物或天然沥青改性沥青时,施工温度由试验确定。

3)SMA混合料的施工温度应视纤维品种和数量、矿粉用量的不同,在改性沥青混合料的基础上作适当提高。

三、混合料的拌制

(1)沥青混合料必须在沥青拌和厂(场、站)采用拌和机械拌制。

1)拌和厂的设置必须符合国家有关环境保护、消防、安全等规定。

2)拌和厂与工地现场距离应充分考虑交通堵塞的可能,确保混合料的温度下降不超过要求,且不致因颠簸造成混合料离析。

3)拌和厂应具有完备的排水设施。各种集料必须分隔贮存,细集料应设防雨顶棚,料场及场内道路应做硬化处理,严禁泥土污染集料。

(2)沥青混合料可采用间歇式拌和机或连续式拌和机拌制。高速公路和一级公路宜采用间歇式拌和机拌和。连续式拌和机使用的集料必须稳定不变,一个工程从多处进料、料源或质量不稳定时,不得采用连续式拌和机。

(3)沥青混合料拌和设备的各种传感器必须定期检定,周期不少于每年一次。冷料供料装置需经标定得出集料供料曲线。

(4)间歇式拌和机应符合下列要求。

1)总拌和能力满足施工进度要求。拌和机除尘设备完好,能达到环保要求。

2)冷料仓的数量满足配合比需要,通常不宜少于5～6个。具有添加纤维、消石灰等外掺剂的设备。

(5)集料与沥青混合料取样应符合现行试验规程的要求。从沥青混合料运料车上取样时必须在设置取样台分几处采集一定深度下的样品。

(6)集料进场宜在料堆顶部平台卸料,经推土机推平后,铲运机从底部按顺序竖直装料,减小集料离析。

(7)高速公路和一级公路施工用的间歇式拌和机必须配备计算机设备，拌和过程中逐盘采集并打印各个传感器测定的材料用量和沥青混合料拌和量、拌和温度等各种参数，每个台班结束时打印出一个台班的统计量，按《公路沥青路面施工技术规范》(JTG F40—2004)中附录G的方法，进行沥青混合料生产质量及铺筑厚度的总量检验，总量检验的数据有异常波动时，应立即停止生产，分析原因。

(8)沥青混合料的生产温度应符合要求。烘干集料的残余含水量不得大于1%。每天开始几盘集料应提高加热温度，并干拌几锅集料废弃，再正式加沥青拌和混合料。

(9)拌和机的矿粉仓应配备振动装置以防止矿粉起拱。添加消石灰、水泥等外掺剂时，宜增加粉料仓，也可由专用管线和螺旋升送器直接加入拌和锅，若与矿粉混合使用时应注意二者因密度不同发生离析。

(10)拌和机必须有二级除尘装置，经一级除尘部分可直接回收使用，二级除尘部分可进入回收粉仓使用(或废弃)。对因除尘造成的粉料损失应补充等量的新矿粉。

(11)沥青混合料拌和时间根据具体情况经试拌确定，以沥青均匀裹覆集料为度。间歇式拌和机每盘的生产周期不宜少于45 s(其中干拌时间不少于5～10 s)。改性沥青和SMA混合料的拌和时间应适当延长。

(12)间歇式拌和机的振动筛规格应与矿料规格相匹配，最大筛孔宜略大于混合料的最大粒径，其余筛的设置应考虑混合料的级配稳定，并尽量使热料仓大体均衡，不同级配混合料必须配置不同的筛孔组合。

(13)间隙式拌和机宜备有保温性能好的成品储料仓，贮存过程中混合料温降不得大于10℃且不能有沥青滴漏，普通沥青混合料的贮存时间不得超过72 h，改性沥青混合料的贮存时间不宜超过24 h，SMA混合料只限当天使用，OGFC混合料宜随拌随用。

(14)生产添加纤维的沥青混合料时，纤维必须在混合料中充分分散，拌和均匀。拌和机应配备同步添加投料装置，松散的絮状纤维可在喷入沥青的同时或稍后采用风送设备喷入拌和锅，拌和时间宜延长5 s以上。颗粒纤维可在粗集料投入的同时自动加入，经5～10 s的干拌后，再投入矿粉。工程量很小时也可分装成塑料小包或由人工量取直接投入拌和锅。

(15)使用改性沥青时应随时检查沥青泵、管道、计量器是否受堵，堵塞时应及时清洗。

(16)沥青混合料出厂时应逐车检测沥青混合料的重量和温度，记录出厂时间，签发运料单。

四、混合料的运输

(1)热拌沥青混合料宜采用较大吨位的运料车运输，但不得超载运输，或急刹车、急弯掉头使透层、封层造成损伤。运料车的运力应稍有富余，施工过程中摊铺机前方应有运料车等候。对高速公路、一级公路，宜待等候的运料车多于5辆后开始摊铺。

(2)运料车每次使用前后必须清扫干净，在车厢板上涂一薄层防止沥青粘结的隔离剂或防粘剂，但不得有余液积聚在车厢底部。从拌和机向运料车上装料时，应多次挪动汽车位置，平衡装料，以减少混合料离析。运料车运输混合料宜用苫布覆盖保温、防雨、防污染。

(3)运料车进入摊铺现场时，轮胎上不得沾有泥土等可能污染路面的脏物，否则宜设水池洗净轮胎后进入工程现场。沥青混合料在摊铺地点凭运料单接收，若混合料不符合施工温度要求，或已经结成团块、已遭雨淋的不得铺筑。

(4)摊铺过程中运料车应在摊铺机前100～300 mm处停住，空挡等候，由摊铺机推动前进开始缓缓卸料，避免撞击摊铺机。在有条件时，运料车可将混合料卸入转运车经二次拌和后向摊铺机连续均匀的供料。运料车每次卸料必须倒净，尤其是对改性沥青或 SMA 混合料，如有剩余，应及时清除，防止硬结。

(5)SMA 及 OGFC 混合料在运输、等候过程中，如发现有沥青结合料沿车厢板滴漏时，应采取措施易于避免。

五、混合料的摊铺

(1)热拌沥青混合料应采用沥青摊铺机摊铺，在喷洒有粘层油的路面上铺筑改性沥青混合料或 SMA 时，宜使用履带式摊铺机。摊铺机的受料斗应涂刷薄层隔离剂或防粘结剂。

(2)铺筑高速公路、一级公路沥青混合料时，一台摊铺机的铺筑宽度不宜超过 6 m(双车道)～7.5 m(3 车道以上)，通常宜采用两台或更多台数的摊铺机前后错开 10～20 m 成梯队方式同步摊铺，两幅之间应有 30～60 mm 左右宽度的搭接，并躲开车道轮迹带，上下层的搭接位置宜错开 200 mm 以上。

(3)摊铺机开工前应提前 0.5～1 h 预热熨平板不低于 100℃。铺筑过程中应选择熨平板的振捣或夯锤压实装置具有适宜的振动频率和振幅，以提高路面的初始压实度。熨平板加宽连接应仔细调节至摊铺的混合料没有明显的离析痕迹。

(4)摊铺机必须缓慢、均匀、连续不间断地摊铺，不得随意变换速度或中途停顿，以提高平整度，减少混合料的离析。摊铺速度宜控制在 2～6 m/min 的范围内。对改性沥青混合料及 SMA 混合料宜放慢至 1～3 m/min。当发现混合料出现明显的离析、波浪、裂缝、拖痕时，应分析原因，予以消除。

(5)摊铺机应采用自动找平方式，下面层或基层宜采用钢丝绳引导的高程控制方式，上面层宜采用平衡梁或雪橇式摊铺厚度控制方式，中面层根据情况选用找平方式。直接接触式平衡梁的轮子不得粘附沥青。铺筑改性沥青或 SMA 路面时宜采用非接触式平衡梁。

(6)沥青路面施工的最低气温应符合要求，寒冷季节遇大风降温，不能保证迅速压实时不得铺筑沥青混合料。每天施工开始阶段宜采用较高温度的混合料。

(7)沥青混合料的松铺系数应根据混合料类型由试铺试压确定。摊铺过程中应随时检查摊铺层厚度及路拱、横坡，并按《公路沥青路面施工技术规范》(JTG F40—2004)中附录 G 的方法由使用的混合料总量与面积校验平均厚度。

(8)摊铺机的螺旋布料器应相应于摊铺速度调整到保持一个稳定的速度均衡地转动，两侧应保持有不少于送料器 2/3 高度的混合料，以减少在摊铺过程中混合料的离析。

(9)用机械摊铺的混合料，不宜用人工反复修整。当不得不由人工作局部找补或更换混合料时，需仔细进行，特别严重的缺陷应整层铲除。

(10)在路面狭窄部分、平曲线半径过小的匝道或加宽部分，以及小规模工程不能采用摊铺机铺筑时可用人工摊铺混合料。人工摊铺沥青混合料应符合下列要求。

1)半幅施工时，路中一侧宜事先设置挡板。

2)沥青混合料宜卸在铁板上，摊铺时应扣锹布料，不得扬锹远甩。铁锹等工具宜沾防粘结剂或加热使用。

3)边摊铺边用刮板整平，刮平时应轻重一致，控制次数，严防集料离析。

4)摊铺不得中途停顿，并加快碾压。如因故不能及时碾压时，应立即停止摊铺，并对已卸下的沥青混合料覆盖苫布保温。

5)低温施工时,每次卸下的混合料应覆盖苫布保温。

(11)在雨季铺筑沥青路面时,应加强气象联系,已摊铺的沥青层因遇雨未行压实的应予铲除。

六、沥青路面的压实及成型

(1)压实成型的沥青路面应符合压实度及平整度的要求。

(2)沥青混凝土的压实层最大厚度不宜大于 100 mm,沥青稳定碎石混合料的压实层厚度不宜大于 120 mm,但当采用大功率压路机且经试验证明能达到压实度时允许增大到 150 mm。

(3)沥青路面施工应配备足够数量的压路机,选择合理的压路机组合方式及初压、复压、终压(包括成型)的碾压步骤,以达到最佳碾压效果。高速公路铺筑双车道沥青路面的压路机数量不宜少于 5 台。施工气温低、风大、碾压层薄时,压路机数量应适当增加。

(4)压路机应以慢而均匀的速度碾压,压路机的碾压速度应符合表 6-14 的规定。压路机的碾压路线及碾压方向不应突然改变而导致混合料推移。碾压区的长度应大体稳定,两端的折返位置应随摊铺机前进而推进,横向不得在相同的断面上。

表 6-14　压路机碾压速度　　(单位:km/h)

压路机类型	初压		复压		终压	
	适宜	最大	适宜	最大	适宜	最大
钢筒式压路机	2～3	4	3～5	6	3～6	6
轮胎压路机	2～3	4	3～5	6	4～6	8
振动压路机	2～3 (静压或振动)	3 (静压或振动)	3～4.5 (振动)	5 (振动)	3～6 (静压)	6 (静压)

(5)压路机的碾压温度应符合要求,并根据混合料种类、压路机、气温、层厚等情况经试压确定。在不产生严重推移和裂缝的前提下,初压、复压、终压都应在尽可能高的温度下进行。同时不得在低温状况下作反复碾压,使石料棱角磨损、压碎,破坏集料嵌挤。

(6)沥青混合料的初压应符合下列要求。

1)初压应在紧跟摊铺机后碾压,并保持较短的初压区长度,以尽快使表面压实,减少热量散失。对摊铺后初始压实度较大,经实践证明采用振动压路机或轮胎压路机直接碾压无严重推移而有良好效果时,可免去初压直接进入复压工序。

2)通常宜采用钢轮压路机静压 1～2 遍。碾压时应将压路机的驱动轮面向摊铺机,从外侧向中心碾压,在超高路段则由低向高碾压,在坡道上应将驱动轮从低处向高处碾压。

3)初压后应检查平整度、路拱,有严重缺陷时进行修整乃至返工。

(7)复压应紧跟在初压后进行,并应符合下列要求。

1)复压应紧跟在初压后开始,且不得随意停顿。压路机碾压段的总长度应尽量缩短,通常不超过 60～80 m。采用不同型号的压路机组合碾压时宜安排每一台压路机做全幅碾压。防止不同部位的压实度不均匀。

2)密级配沥青混凝土的复压宜优先采用重型的轮胎压路机进行搓揉碾压,以增加密水性,其总质量不宜小于 25 t,吨位不足时宜附加重物,使每一个轮胎的压力不小于 15 kN,冷态时的轮胎充气压力不小于0.55 MPa,轮胎发热后不小于0.6 MPa,且各个轮胎的气压大体相同,相邻碾压带应重叠1/3～1/2的碾压轮宽度,碾压至要求的压实度为止。

3)对粗集料为主的较大粒径的混合料,尤其是大粒径沥青稳定碎石基层,宜优先采用振动压路机复压。厚度小于30 mm的薄沥青层不宜采用振动压路机碾压。振动压路机的振动频率宜为35～50 Hz,振幅宜为0.3～0.8 mm。层厚较大时选用高频率大振幅,以产生较大的激振力,厚度较薄时采用高频率低振幅,以防止集料破碎。相邻碾压带重叠宽度为100～200 mm。振动压路机折返时应先停止振动。

4)当采用三轮钢筒式压路机时,总质量不宜小于12 t,相邻碾压带宜重叠后轮的1/2宽度,并不应少于200 mm。

5)对路面边缘、加宽及港湾式停车带等大型压路机难于碾压的部位,宜采用小型振动压路机或振动夯板作补充碾压。

(8)终压应紧接在复压后进行,如经复压后已无明显轮迹时可免去终压。终压可选用双轮钢筒式压路机或关闭振动的振动压路机碾压不宜少于2遍,至无明显轮迹为止。

(9)SMA路面的压实应符合以下要求。

1)除沥青用量较低,经试验证明采用轮胎压路机碾压有良好效果外,不宜采用轮胎压路机碾压,以防将沥青结合料搓揉挤压上浮。

2)SMA路面宜采用振动压路机或钢筒式压路机碾压。振动压路机应遵循"紧跟、慢压、高频、低幅"的原则,即紧跟在摊铺机后面,采取高频率、低振幅的方式慢速碾压。如发现SMA混合料高温碾压有推拥现象,应复查其级配是否合适。

(10)OGFC宜采用小于12 t的钢筒式压路机碾压。

(11)碾压轮在碾压过程中应保持清洁,有混合料沾轮应立即清除。对钢轮可涂刷隔离剂或防粘结剂,但严禁刷柴油。当采用向碾压轮喷水(可添加少量表面活性剂)的方式时,必须严格控制喷水量且成雾状,不得漫流,以防混合料降温过快。轮胎压路机开始碾压阶段,可适当烘烤、涂刷少量隔离剂或防粘结剂,也可少量喷水,并先到高温区碾压使轮胎尽快升温,之后停止洒水。轮胎压路机轮胎外围宜加设围裙保温。

(12)压路机不得在未碾压成型路段上转向、调头、加水或停留。在当天成型的路面上,不得停放各种机械设备或车辆,不得散落矿料、油料等杂物。

七、接　　缝

(1)沥青路面的施工必须接缝紧密、连接平顺,不得产生明显的接缝离析。上下层的纵缝应错开150 mm(热接缝)或300～400 mm(冷接缝)以上。相邻两幅及上下层的横向接缝均应错位1 m以上。接缝施工应用3 m直尺检查,确保平整度符合要求。

(2)纵向接缝部位的施工应符合下列要求。

1)摊铺时采用梯队作业的纵缝应采用热接缝,将已铺部分留下100～200 mm宽暂不碾压,作为后续部分的基准面,然后作跨缝碾压以消除缝迹。

2)当半幅施工或因特殊原因而产生纵向冷接缝时,宜加设挡板或加设切刀切齐,也可在混合料尚未完全冷却前用镐刨除边缘留下毛槎的方式,但不宜在冷却后采用切割机作纵向切缝。加铺另半幅前应涂洒少量沥青,重叠在已铺层上50～100 mm,再铲走铺在前半幅上面的混合料,碾压时由边向中碾压留下100～150 mm,再跨缝挤紧压实。或者先在已压实路面上行走碾压新铺层150 mm左右,然后压实新铺部分。

(3)高速公路和一级公路的表面层横向接缝应采用垂直的平接缝，以下各层可采用自然碾压的斜接缝，沥青层较厚时也可作阶梯形接缝，如图 6-1 所示。其他等级公路的各层均可采用斜接缝。

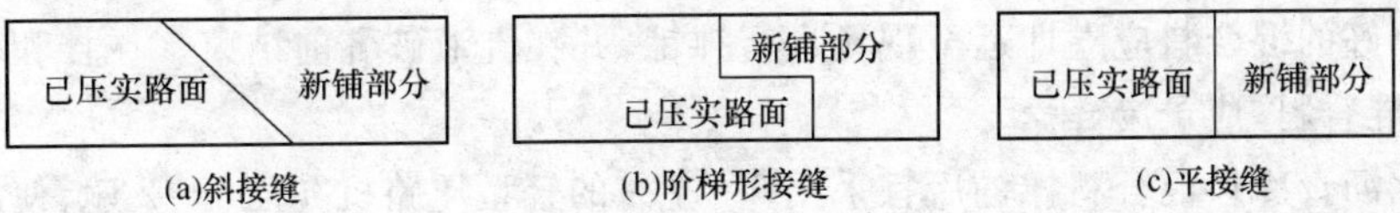

图 6-1　横向接缝的几种型式

(4)斜接缝的搭接长度与层厚有关，宜为 0.4～0.8 m。搭接处应洒少量沥青，混合料中的粗集料颗粒应予剔除，并补上细料，搭接平整，充分压实。阶梯形接缝的台阶经铣刨而成，并洒粘层沥青，搭接长度不宜小于 3 m。

(5)平接缝宜趁尚未冷透时用凿岩机或人工垂直刨除端部层厚不足的部分，使工作缝成直角连接。当采用切割机制作平接缝时，宜在铺设当天混合料冷却但尚未结硬时进行。刨除或切割不得损伤下层路面。切割时留下的泥水必须冲洗干净，待干燥后涂刷粘层油。铺筑新混合料接头应使接槎软化，压路机先进行横向碾压，再纵向碾压成为一体，充分压实，连接平顺。

八、开放交通及其他

(1)热拌沥青混合料路面应待摊铺层完全自然冷却，混合料表面温度低于 50℃后，方可开放交通。需要提早开放交通时，可洒水冷却降低混合料温度。

(2)沥青路面雨期施工应符合下列要求：

1)注意气象预报，加强工地现场、沥青拌和厂及气象台站之间的联系，控制施工长度，各项工序紧密衔接；

2)运料车和工地应备有防雨设施，并做好基层及路肩排水。

(3)铺筑好的沥青层应严格控制交通，做好保护，保持整洁，不得造成污染，严禁在沥青层上堆放施工产生的土或杂物，严禁在已铺沥青层上制作水泥砂浆。

第五节　常温沥青混合料路面

一、一般规定

(1)冷拌沥青混合料适用于三级及三级以下的公路的沥青面层、二级公路的罩面层施工以及各级公路沥青路面的基层、连接层或整平层。冷拌改性沥青混合料可用于沥青路面的坑槽冷补。

(2)冷拌沥青混合料宜采用乳化沥青或液体沥青拌制，也可采用改性乳化沥青。

(3)冷拌沥青混合料宜采用密级配沥青混合料，当采用半开级配的冷拌沥青碎石混合料路面时应铺筑上封层。

二、冷拌沥青混合料路面施工

(1)冷拌沥青混合料宜采用拌和厂机械拌和及沥青摊铺机摊铺的方式。缺乏厂拌条件时也可采用现场路拌及人工摊铺方式。冷拌沥青混合料施工应注意防止混合料离析。

(2)当采用阳离子乳化沥青拌和时，宜先用水使集料湿润，若湿润后仍难于与乳液拌和均匀时，应改用破乳速度更慢的乳液，或用1%～3%浓度的氯化钙水溶液代替水润湿集料表面。

(3)混合料适宜的拌和时间应根据实际情况调节并通过试拌确定，矿料中加进乳液后的机械拌和时间不宜超过30 s，人工拌和时间不宜超过60 s。

(4)已拌好的混合料应立即运至现场进行摊铺，并在乳液破乳前结束。在拌和与摊铺过程中已破乳的混合料，应予废弃。

(5)乳化沥青冷拌混合料摊铺后宜采用6 t左右的轻型压路机初压1～2遍，使混合料初步稳定，再用轮胎压路机或钢筒式压路机碾压1～2遍。当乳化沥青开始破乳、混合料由褐色转变成黑色时，改用12～15 t轮胎压路机碾压，将水分挤出，复压2～3遍后停止，待晾晒一段时间，水分基本蒸发后继续复压至密实为止。当压实过程中有推移现象时应停止碾压，待稳定后再碾压。当天不能完全压实时，可在较高气温状态下补充碾压。当缺乏轮胎压路机时，也可采用钢筒式压路机或较轻的振动压路机碾压。

(6)乳化沥青混合料路面的上封层应在压实成型、路面水分完全蒸发后加铺。

(7)乳化沥青混合料路面施工结束后宜封闭交通2～6 h，并注意做好早期养护。开放交通初期，应设专人指挥，车速不得超过20 km/h，不得刹车或掉头。

(8)冷拌沥青混合料施工遇雨应立即停止铺筑，以防雨水将乳液冲走。

三、冷补沥青混合料

(1)用于修补沥青路面坑槽的冷补沥青混合料宜采用适宜的改性沥青结合料制造，并具有良好的耐水性。

(2)冷补沥青混合料的矿料级配宜参照表6-15的要求执行。沥青用量通过试验并根据实际使用效果确定，通常宜为4%～6%。其级配应符合补坑的需要，粗集料级配必须具有充分的嵌挤能力，以便在未经充分碾压的条件下可开放通车碾压而不松散。

表6-15 冷补沥青混合料的矿料级配

类型	通过下列筛孔的百分率(mm)										
	26.5	19.0	16.0	13.2	9.5	4.75	2.36	1.18	0.6	0.3	0.15	0.075
细粒式 LB—10	—	—	—	100	80～100	30～60	10～40	5～20	0～15	0～12	0～8	0～5
细粒式 LB—13	—	—	100	90～100	60～95	30～60	10～40	5～20	0～15	0～12	0～8	0～5
中粒式 LB—16	—	100	90～100	50～90	40～75	30～60	10～40	5～20	0～15	0～12	0～8	0～5
粗粒式 LB—19	100	95～100	80～100	70～100	60～90	30～70	10～40	5～20	0～15	0～12	0～8	0～5

(3)冷补沥青混合料的质量宜符合下列要求：

1)制造冷补沥青混合料的集料必须符合《公路沥青路面施工技术规范》(JTG F40—2004)热拌沥青混合料集料的质量要求。

2)有良好的低温操作和易性。用于冬季寒冷季节补坑的混合料，应在松散状态下经

−10℃的冰箱保持 24 h 无明显的凝聚结块现象，且能用铁铲方便地拌和操作。

3)有良好的耐水性，混合料按水煮法或水浸法检验的抗水剥落性能(裹覆面积)不得小于 95%。

4)冷补沥青混合料应有足够的粘聚性，马歇尔试验稳定度宜不小于 3 kN。

注：①粘聚性试验方法：将冷补材料 800 g 装入马歇尔试模中，放入 4℃恒温室中 2~3 h，取出后双面各击实 5 次，制作试件，脱模后放在标准筛上，将其直立并使试件沿筛框来回滚动 20 次，破损率不得大于 40%。②冷补沥青混合料马歇尔试验方法：称混合料 1 180 g 在常温下装入试模中，双面各击实 50 次，连同试模一起以侧面竖立方式置于 110℃烘箱中养生 24 h，取出后再双面各击实 25 次，再连同试模在室温中竖立放置 24 h，脱模后在 60℃恒温水槽中养生 30 min，进行马歇尔试验。

第六节 透层、粘层

一、透 层

(1)沥青路面各类基层都必须喷洒透层油，沥青层必须在透层油完全渗透入基层后方可铺筑。基层上设置下封层时，透层油不宜省略。气温低于 10℃或大风、即将降雨时不得喷洒透层油。

(2)根据基层类型选择渗透性好的液体沥青、乳化沥青、煤沥青作透层油，喷洒后通过钻孔或挖掘确认透层油渗透入基层的深度宜不小于 5 mm(无机结合料稳定集料基层)~10 mm(无结合料基层)，并能与基层联结成为一体。

(3)透层油的粘度通过调节稀释剂的用量或乳化沥青的浓度得到适宜的粘度，基质沥青的针入度通常宜不小于 100。透层用乳化沥青的蒸发残留物含量允许根据渗透情况适当调整，当使用成品乳化沥青时可通过稀释得到要求的粘度。透层用液体沥青的粘度通过调节煤油或轻柴油等稀释剂的品种和掺量经试验确定。

(4)透层油的用量通过试洒确定，不宜超出表 6-16 要求的范围。

表 6-16 沥青路面透层材料的规格和用量表

用途	液体沥青		乳化沥青		煤沥青	
	规格	用量(L/m²)	规格	用量(L/m²)	规格	用量(L/m²)
无结合料粒料基层	AL(M)−1、2 或 3 AL(S)−1、2 或 3	1.0~2.3	PC−2 PA−2	1.0~2.0	T−1 T−2	1.0~1.5
半刚性基层	AL(M)−1 或 2 AL(S)−1 或 2	0.6~1.5	PC−2 PA−2	0.7~1.5	T−1 T−2	0.7~1.0

注：表中用量是指包括稀释剂和水分等在内的液体沥青、乳化沥青的总量。乳化沥青中的残留物含量以 50%为基准。

(5)用于半刚性基层的透层油宜紧接在基层碾压成型后表面稍变干燥但尚未硬化的情况下喷洒。

(6)在无结合料粒料基层上洒布透层油时，宜在铺筑沥青层前 1~2 d 洒布。

(7)透层油宜采用沥青洒布车一次喷洒均匀，使用的喷嘴宜根据透层油的种类和粘度选择并保证均匀喷洒，沥青洒布车喷洒不均匀时宜改用手工沥青洒布机喷洒。

(8)喷洒透层油前应清扫路面，遮挡防护路缘石及人工构造物避免污染，透层油必须洒布均匀，有花白遗漏应人工补洒，喷洒过量的立即撒布石屑或砂吸油，必要时作适当碾压。透层油洒布后不得在表面形成能被运料车和摊铺机粘起的油皮，透层油达不到渗透深度要求时，应更换透层油稠度或品种。

(9)透层油洒布后的养生时间随透层油的品种和气候条件由试验确定，确保液体沥青中的稀释剂全部挥发，乳化沥青渗透且水分蒸发，然后尽早铺筑沥青面层，防止工程车辆损坏透层。

二、粘　　层

(1)符合下列情况之一时，必须喷洒粘层油。

1)双层式或三层式热拌热铺沥青混合料路面的沥青层之间。

2)水泥混凝土路面、沥青稳定碎石基层或旧沥青路面层上加铺沥青层。

3)路缘石、雨水口、检查井等构造物与新铺沥青混合料接触的侧面。

(2)粘层油宜采用快裂或中裂乳化沥青、改性乳化沥青，也可采用快、中凝液体石油沥青，其规格和质量应符合《公路沥青路面施工技术规范》(JTG F40—2004)的要求，所使用的基质沥青标号宜与主层沥青混合料相同。

(3)粘层油品种和用量，应根据下卧层的类型通过试洒确定，并符合表6-17的要求。当粘层油上铺筑薄层大空隙排水路面时，粘层油的用量宜增加到0.6～1.0 L/m²。在沥青层之间兼作封层而喷洒的粘层油宜采用改性沥青或改性乳化沥青，其用量宜不少于1.0 L/m²。

表6-17　沥青路面粘层材料的规格和用量

下卧层类型	液体沥青		乳化沥青	
	规格	用量(L/m²)	规格	用量(L/m²)
新建沥青层或旧沥青路面	AL(R)－3～AL(R)－6 AL(M)－3～AL(M)－6	0.3～0.5	PC－3 PA－3	0.3～0.6
水泥混凝土	AL(M)－3～AL(M)－6 AL(S)－3～AL(S)－6	0.2～0.4	PC－3 PA－3	0.3～0.5

注：表中用量是指包括稀释剂和水分等在内的液体沥青、乳化沥青的总量。乳化沥青中的残留物含量以50%为基准。

(4)粘层油宜采用沥青洒布车喷洒，并选择适宜的喷嘴，洒布速度和喷洒量保持稳定。当采用机动或手摇的手工沥青洒布机喷洒时，必须由熟练的技术工人操作，均匀洒布。气温低于10℃时不得喷洒粘层油，寒冷季节施工不得不喷洒时可以分成两次喷洒。路面潮湿时不得喷洒粘层油，用水洗刷后需待表面干燥后喷洒。

(5)喷洒的粘层油必须成均匀雾状，在路面全宽度内均匀分布成一薄层，不得有洒花漏空或成条状，也不得有堆积。喷洒不足的要补洒，喷洒过量处应予刮除。喷洒粘层油后，严禁运料车外的其他车辆和行人通过。

(6)粘层油宜在当天洒布，待乳化沥青破乳、水分蒸发完成，或稀释沥青中的稀释剂基本挥发完成后，紧跟着铺筑沥青层，确保粘层不受污染。

第七节 施工质量管理与检查验收

一、一般规定

(1)沥青路面施工应根据全面质量管理的要求,建立健全有效的质量保证体系,对施工各工序的质量进行检查评定,达到规定的质量标准,确保施工质量的稳定性。

(2)高速公路、一级公路沥青路面应加强施工过程质量控制,实行动态质量管理。

(3)《公路沥青路面施工技术规范》(JTG F40—2004)规定的技术要求是工程施工质量管理和交工验收的依据。

(4)所有与工程建设有关的原始记录、试验检测及计算数据、汇总表格,必须如实记录和保存。对已经采取措施进行返工和补救的项目,可在原记录和数据上注明,但不得销毁。

二、施工前的材料与设备检查

(1)施工前必须检查各种材料的来源和质量。对经招标程序购进的沥青、集料等重要材料,供货单位必须提交最新检测的正式试验报告。从国外进口的材料应提供该批材料的船运单。对首次使用的集料,应检查生产单位的生产条件、加工机械、覆盖层的清理情况。所有材料都应按规定取样检测,经质量认可后方可订货。

(2)各种材料都必须在施工前以"批"为单位进行检查,不符合技术要求的材料不得进场。对各种矿料是以同一料源、同一次购入并运至生产现场的相同规格材料为一"批";对沥青是指从同一来源、同一次购入且储入同一沥青罐的同一规格的沥青为一"批"。材料试样的取样数量与频度按现行试验规程的规定进行。

(3)工程开始前,必须对材料的存放场地、防雨和排水措施进行确认,不符合要求时材料不得进场。进场的各种材料的来源、品种、质量应与招标及提供的样品一致,不符要求的材料严禁使用。

(4)使用成品改性沥青的工程,应要求供应商提供所使用的改性剂型号、基质沥青的质量检测报告。使用现场改性沥青的工程,应对试生产的改性沥青进行检测。质量不合格的不可使用。

(5)施工前应对沥青拌和楼、摊铺机、压路机等各种施工机械和设备进行调试,对机械设备的配套情况、技术性能、传感器计量精度等进行认真检查、标定,并得到监理的认可。

(6)正式开工前,各种原材料的试验结果,及据此进行的目标配合比设计和生产配合比设计结果,应在规定的期限内向业主及监理提出正式报告,待取得正式认可后,方可使用。

三、铺筑试验路段

(1)高速公路和一级公路的沥青路面在施工前应铺筑试验段。其他等级公路在缺乏施工经验或初次使用重大设备时,也应铺筑试验段。当同一施工单位在材料、机械设备及施工方法与其他工程完全相同时,也可利用其他工程的结果,不再铺筑新的试验路段。

(2)试验段的长度应根据试验目的确定,通常宜为100～200 m,宜选在正线上铺筑。

(3)热拌热铺沥青混合料路面试验段铺筑分试拌及试铺两个阶段,应包括下列试验内容。

1)检验各种施工机械的类型、数量及组合方式是否匹配。

2)通过试拌确定拌和机的操作工艺,考察计算机打印装置的可信度。

3)通过试铺确定透层油的喷洒方式和效果、摊铺、压实工艺,确定松铺系数等。

4)验证沥青混合料生产配合比设计,提出生产用的标准配合比和最佳沥青用量。

5)建立用钻孔法与核子密度仪无破损检测路面密度的对比关系。确定压实度的标准检测方法。核子仪等无破损检测在碾压成型后热态测定,取 13 个测点的平均值为 1 组数据,一个试验段的不得少于 3 组。钻孔法在第 2 天或第 3 天以后测定,钻孔数不少于 12 个。

6)检测试验段的渗水系数。

(4)试验段铺筑应由有关各方共同参加,及时商定有关事项,明确试验结论。铺筑结束后,施工单位应就各项试验内容提出完整的试验路施工、检测报告,取得业主或监理的批复。

四、施工过程中的质量管理与检查

(1)沥青面层施工必须在得到开工令后方可开工。

(2)施工单位在施工过程中应随时对施工质量进行自检。监理应按规定要求自主地进行试验,并对承包商的试验结果进行认定,如实评定质量,计算合格率。当发现有质量低劣等异常情况时,应立即追加检查。施工过程中无论是否已经返工补救,所有数据均必须如实记录,不得丢弃。

(3)沥青混合料生产过程中,必须对各种原材料进行抽样试验,其质量应符合技术要求。每个检查项目的平行试验次数或一次试验的试样数必须按相关试验规程的规定执行,并以平均值评价是否合格。未列入表中的材料的检查项目和频度按材料质量要求确定。

(4)沥青拌和厂必须按下列步骤对沥青混合料生产过程进行质量控制,并检查沥青混合料产品的质量,如实计算产品的合格率。单点检验评价方法应符合相关试验规程的试样平行试验的要求。

1)从料堆和皮带运输机随时目测各种材料的质量和均匀性,检查泥块及超粒径碎石,检查冷料仓有无窜仓。目测混合料拌和是否均匀,有无花白料,油石比是否合理,检查集料和混合料的离析情况。

2)检查控制室拌和机各项参数的设定值、控制屏的显示值,核对计算机采集和打印记录的数据与显示值是否一致。

3)检测沥青混合料的材料加热温度、混合料出厂温度,取样抽提、筛分检测混合料的矿料级配、油石比。抽提筛分应至少检查 0.075 mm、2.36 mm、4.75 mm、公称最大粒径及中间粒径 5 个筛孔的通过率。

4)取样成型试件进行马歇尔试验,测定空隙率、稳定度、流值,计算合格率。对 VMA、VFA 指标可只作记录。

注:沥青混合料的存放时间对体积指标有一定影响,施工质量检验的马歇尔试验以拌和厂取样后立即成型的试件为准,但成型温度和试件高度必须符合试验要求。

(5)沥青路面铺筑过程中必须随时对铺筑质量进行评定。

(6)施工厚度的检测按以下方法执行,并相互校核,当差值较大时通常以总量检验为准。

1)利用摊铺过程在线控制,即不断地用插尺或其他工具插入摊铺层测量松铺厚度。

2)利用拌和厂沥青混合料总生产量与实际铺筑的面积计算平均厚度进行总量检验。

3)当具有地质雷达等无破损检验设备时,可利用其连续检测路面厚度,但其测试精度需经标定认可。

4)待路面完全冷却后,在钻孔检测压实度的同时测量沥青层的厚度。

(7)沥青路面的压实度采取重点对碾压工艺进行过程控制,适度钻孔抽检压实度的方法。

1)碾压工艺的控制包括压路机的配置(台数、吨位及机型)、排列和碾压方式、压路机与摊铺机的距离、碾压温度、碾压速度、压路机洒水(雾化)情况、碾压段长度、调头方式等。

2)碾压过程中宜采用核子密度仪等无破损检测设备进行压实密度过程控制,测点随机选择,一组不少于 13 点,取平均值,与标定值或试验段测定值比较评定。测定温度应与试验段测定时一致,检测精度通过试验路与钻孔试件标定。

3)在路面完全冷却后,随机选点钻孔取样,如一次钻孔同时有多层沥青层时需用切割机切割,待试件充分干燥后(在第二天之后),分别测定密度。压实度计算及标准密度的确定方法应遵照《公路沥青路面施工技术规范》(JTG F40—2004)中附录 E 的规定,选用其中的 1 个或 2 个标准评定,并以合格率低的作为评定结果,但不得以配合比设计时的标准密度作为整个施工及验收过程中的标准密度使用。钻孔后应及时将孔中灰浆淘净,吸净余水,待干燥后以相同的沥青混合料分层填充夯实。为减少钻孔数量,有关施工、监理、监督各方宜合作进行钻孔检测,以避免重复钻孔。

4)测试压实度的一组数据最少为 3 个钻孔试件,当一组检测的合格率小于 60%,或平均值小于要求的压实度时,可增加一倍检测点数。如 6 个测点的合格率小于 60%,或平均值仍然达不到压实度要求时,允许再增加一倍检测点数,要求其合格率大于 60%,且达到规定的压实度要求(注意记录所有数据不得遗弃)。如仍然不能满足要求的应核查标准密度的准确性,以确定是否需要返工以及返工的范围。当所有钻孔试件检测的压实度持续稳定并符合要求时,钻孔频度可减少至每公里不少于一个孔。施工过程中钻孔的试件宜编号贴上标签予以保存,以备工程交工验收时使用。

5)压实层厚度等于或小于 3 cm 的超薄表面层或磨耗层、厚度小于 4 cm 的 SMA 表面层、易发生温缩裂缝的严寒地区的表面层、桥面铺装沥青层,以及使用改性沥青后,钻孔试样表面形状改变,难以准确测定密度时,可免于钻孔取样,严格控制碾压。

(8)压实成型的路面应按《公路路基路面现场测试规程》(JTG E60—2008)规定的方法随机选点检测渗水情况。对排水式沥青混合料,应要求水能够迅速排走。如需要测定构造深度时,宜在测定渗水的同时在附近选点测定,记录实测结果。

(9)施工过程中应随时对路面进行外观(色泽、油膜厚度、表面空隙)评定,尤其特别注意防止粗细集料的离析和混合料温度不均,造成路面局部渗水严重或压实不足,酿成隐患。如果确实该路段严重离析、渗水,且经 2 次补充钻孔仍不能达到压实度要求,确属施工质量差的,应予铣刨或局部挖补,返工重铺。

(10)施工过程中必须随时用 3 m 直尺检测接缝及与构造物的连接处平整度的检测,正常路段的平整度采用连续式平整度仪或颠簸累积仪测定。

(11)高速公路和一级公路沥青路面的施工应按《公路沥青路面施工技术规范》(JTG F40—2004)附录 F 的方法,利用计算机实行动态质量管理,并计算平均值、极差、标准差及变异系数以及各项指标的合格率。

(12)公路施工的关键工序或重要部位宜拍摄照片或进行录像,作为实态记录及保存资料的一部分。

五、交工验收阶段的工程质量检查与验收

(1)工程完工后,施工单位应将全线以 1~3 km 作为一个评定路段,每一侧车行道按规定

频度，随机选取测点，对沥青面层进行全线自检，将单个测定值与表中的质量要求或允许偏差进行比较，计算合格率，然后计算一个评定路段的平均值、极差、标准差及变异系数。施工单位应在规定时间内提交全线检测结果及施工总结报告，申请交工验收。

(2)沥青路面交工时应检查验收沥青面层的各项质量指标，包括路面的厚度、压实度、平整度、渗水系数、构造深度、摩擦系数。

1)需要作破损路面进行检测的指标，如厚度、压实度宜利用施工过程中的钻孔数据，检查每一个测点与极值相比的合格率。厚度也可利用路面雷达连续测定路面剖面进行评定。压实度验收可选用其中的1个或2个标准，并以合格率低的作为评定结果。

2)路表平整度可采用连续式平整度仪和颠簸累积仪进行测定，以每100 m计算一个测值，计算合格率。

3)路表渗水系数与构造深度宜在施工过程中在路面成型后立即测定，但每一个点为3个测点的平均值，计算合格率。

4)交工验收时可采用连续式摩擦系数测定车在行车道实测路表横向摩擦系数，如实记录测点数据。

5)交工验收时可选择贝克曼梁或连续式弯沉仪实测路面的回弹弯沉或总弯沉，如实记录测点数据(含测定时的气候条件、测定车数据等)，测定时间宜在公路的最不利使用条件下(指春融期或雨期)进行。

(3)工程交工时应对全线宽度、纵断面高程、横坡度、中线偏位等进行实测，以每个桩号的测定结果评定合格率，最后提出实际的竣工图。

(4)行人道路沥青面层的质量检查及验收与车行道相同。

六、工程施工总结及质量保证期管理

(1)工程结束后，施工企业应根据国家竣工文件编制的规定，提出施工总结报告及若干个专项报告，连同竣工图表，形成完整的施工资料档案。

(2)施工总结报告应包括工程概况(包括设计及变更情况)、工程基础资料、材料、施工组织、机械及人员配备、施工方法、施工进度、试验研究、工程质量评价、工程决算、工程使用服务计划等。

(3)施工管理与质量检查报告应包括施工管理体制、质量保证体系、施工质量目标、试验段铺筑报告、施工前及施工中材料质量检查结果(测试报告)、施工过程中工程质量检查结果(测试报告)、工程交工验收质量自检结果(测试报告)、工程质量评价以及原始记录、相册、录像等各种附件。

(4)施工企业在质保期内，应进行路面使用情况观测、局部损坏的原因分析和维修保养等。质量保证的期限根据国家规定或招标文件等要求确定。

第七章　村镇道路水泥混凝土面层施工

第一节　原材料技术要求

一、水　　泥

(1)特重、重交通路面宜采用旋窑道路硅酸盐水泥，也可采用旋窑硅酸盐水泥或普通硅酸盐水泥；中、轻交通的路面可采用矿渣硅酸盐水泥；低温天气施工或有快通要求的路段可采用R型水泥，此外宜采用普通型水泥。

(2)水泥进场时每批量应附有化学成分、物理、力学指标合格的检验证明。

(3)选用水泥时，除满足强度要求和各项化学、物理指标外，还应通过混凝土配合比试验，根据其配制弯拉强度、耐久性和工作性优选适宜的水泥品种、强度等级。

(4)采用机械化铺筑时，宜选用散装水泥。散装水泥的夏季出厂温度：南方不宜高于65℃，北方不宜高于55℃；混凝土搅拌时的水泥温度：南方不宜高于60℃，北方不宜高于50℃，且不宜低于10℃。

(5)当贫混凝土和碾压混凝土用做基层时，可使用各种硅酸盐类水泥。不掺用粉煤灰时，宜使用强度等级32.5级以下的水泥。掺用粉煤灰时，只能使用道路水泥、硅酸盐水泥、普通水泥。水泥的抗压强度、抗折强度、安定性和凝结时间必须检验合格。

二、粉煤灰及其他掺合料

(1)混凝土路面在掺用粉煤灰时，应掺用质量指标符合表7-1规定的电收尘Ⅰ、Ⅱ级干排或磨细粉煤灰，不得使用Ⅲ级粉煤灰。贫混凝土、碾压混凝土基层或复合式路面下面层应掺用符合表7-1规定的Ⅲ级或Ⅲ级以上粉煤灰，不得使用等外粉煤灰。

表7-1　粉煤灰分级和质量指标

粉煤灰等级	细度①(45 μm气流筛，筛余量)(%)	烧失量(%)	需水量比(%)	含水量(%)	Cl^-(%)	SO_3(%)	混合砂浆活性指数②	
							7 d	28 d
Ⅰ	≤12	≤5	≤95	≤1.0	<0.02	≤3	≥75	≥85(75)
Ⅱ	≤20	≤8	≤105	≤1.0	<0.02	≤3	≥70	≥80(62)
Ⅲ	≤45	≤15	≤115	≤1.5	—	≤3	—	—

①45 μm气流筛的筛余量换算为80 μm水泥筛的筛余量时换算系数约为2.4。

②混合砂浆的活性指数为掺粉煤灰的砂浆与水泥砂浆的抗压强度比的百分数，适用于所配制混凝土强度等级≥C40的混凝土；当配制的混凝土强度等级<C40时，混合砂浆的活性指数要求应满足28 d括号中的数值。

(2)粉煤灰宜采用散装灰，进货应有等级检验报告。应确切了解所用水泥中已经加入的掺合料种类和数量。

(3)路面和桥面混凝土中可使用硅灰或磨细矿渣,使用前应经过试配检验,确保路面和桥面混凝土弯拉强度、工作性、抗磨性、抗冻性等技术指标合格。

三、粗 集 料

(1)粗集料应使用质地坚硬、耐久、洁净的碎石、碎卵石和卵石,并应符合表 7-2 的规定。高速公路、一级公路、二级公路及有抗冻(盐)要求的三、四级公路混凝土路面使用的粗集料级别应不低于Ⅱ级,无抗(盐)冻要求的三、四级公路混凝土路面、碾压混凝土及贫混凝土基层可使用Ⅲ级粗集料。有抗(盐)冻要求时,Ⅰ级集料吸水率不应大于 1.0%;Ⅱ级集料吸水率不应大于 2.0%。

表 7-2　碎石、碎卵石和卵石技术指标

项目	技术要求		
	Ⅰ级	Ⅱ级	Ⅲ级
碎石压碎指标(%)	<10	<15	<20①
卵石压碎指标(%)	<12	<14	<16
坚固性(按质量损失计%)	<5	<8	<12
针片状颗粒含量(按质量计%)	<5	<15	<20②
含泥量(按质量计%)	<0.5	<1.0	<1.5
泥块含量(按质量计,%)	<0	<0.2	<0.5
有机物含量(比色法)	合格	合格	合格
硫化物及硫酸盐(按 SO_3 质量计%)	<0.5	<1.0	<1.0
岩石抗压强度	火成岩不应小于 100 MPa,变变岩不应小于 80 MPa;水成岩不应小于 60 MPa		
表观密度	>2 500 kg/m^3		
松散堆积密度	>1 350 kg/m^3		
空隙率	<47%		
碱-集料反应	经碱-集料反应试验后,试件无裂缝、酥裂、胶体外溢等现象,在规定试验龄期的膨胀率应小于 0.10%		

①Ⅲ级碎石的压碎指标,用做路面时,应小于 20%;用做下面层或基层时,可小于 25%。

②Ⅲ级粗集料的针片状颗粒含量,用做路面时,应小于 20%;用做下面层或基层时,可小于 25%。

(2)用做路面和桥面的混凝土的粗集料不得使用不分级的统料,应按最大公称粒径的不同采用 2～4 个粒级的集料进行掺配,并应符合表 7-3 合成级配的要求。卵石最大公称粒径不宜大于 19.0 mm,碎卵石最大公称粒径不宜大于 26.5 mm,碎石最大公称粒径不应大于 31.5 mm。贫混凝土基层粗集料最大公称粒径不应大于 31.5 mm,钢纤维混凝土与碾压混凝土粗集料最大公称粒径不宜大于 19.0 mm。碎卵石或碎石中粒径小于 75 μm 的石粉含量不宜大于1%。

表 7-3　粗集料级配范围

类型	级配 / 粒径	方筛孔尺寸(mm) 2.36	4.75	9.50	16.0	19.0	26.5	31.5	37.5
		累计筛余(以质量计)(%)							
合成级配	4.75～16	95～100	82～100	40～60	0～10	—	—	—	—
合成级配	4.75～19	95～100	85～95	60～75	30～45	0～5	0	—	—
合成级配	4.75～26.5	95～100	90～100	70～90	50～70	25～40	0～5	0	—
合成级配	4.75～31.5	95～100	90～100	75～90	60～75	40～60	20～35	0～5	0
粒级	4.75～9.5	95～100	80～100	0～15	0	—	—	—	—
粒级	9.5～16	—	95～100	80～100	0～15	0	—	—	—
粒级	9.5～19	—	95～100	85～100	40～60	0～15	0	—	—
粒级	16～26.5	—	—	95～100	55～70	25～40	0～10	0	—
粒级	16～31.5	—	—	95～100	85～100	55～70	25～40	0～10	0

四、细 集 料

(1)细集料应采用质地坚硬、耐久、洁净的天然砂、机制砂或混合砂,并应符合表7-4的规定。高速公路、一级公路、二级公路及有抗(盐)冻要求的三、四级公路混凝土路面使用的砂应不低于Ⅱ级,无抗(盐)冻要求的三、四级公路混凝土路面、碾压混凝土及贫混凝土基层可采用Ⅲ级砂。特重、重交通混凝土路面宜使用河砂,砂的硅质含量不应低于25%。

表 7-4　细集料技术指标

项目	技术要求 Ⅰ级	Ⅱ级	Ⅲ级
机制砂单粒级最大压碎指标(%)	＜20	＜25	＜30
氯化物(氯离子质量计%)	＜0.01	＜0.02	＜0.06
坚固性(按质量损失计%)	＜6	＜8	＜10
云母(按质量计%)	＜1.0	＜2.0	＜2.0
天然砂、机制砂含泥量(按质量计%)	＜1.0	＜2.0	＜3.0①
天然砂、机制砂泥块含量(按质量计%)	0	＜1.0	＜2.0
机制砂 MB值＜1.4或合格石粉含量②(按质量计,%)	＜3.0	＜5.0	＜7.0
机制砂 MB值≥1.4或不合格石粉含量(按质量计,%)	＜1.0	＜3.0	＜5.0
有机物含量(比色法)	合格	合格	合格
硫化物及硫酸盐(按 SO_3 质量计,%)	＜0.5	＜0.5	＜0.5
轻物质(按质量计,%)	＜1.0	＜1.0	＜1.0

续上表

项目	技术要求		
	Ⅰ级	Ⅱ级	Ⅲ级
机制砂母岩抗压强度	火成岩不应小于 100 MPa；变质岩不应小于 80 MPa；水成岩不应小于 60 MPa		
表观密度	＞2 500 kg/m³		
松散堆积密度	＞1 350 kg/m³		
空隙率	＜47％		
碱集料反应	经碱集料反应试验后，由砂配制的试件无裂缝、酥裂、胶体外溢等现象，在规定试验龄期的肿胀率应小于 0.10％		

①天然Ⅲ级砂用做路面时，含泥量应小于 3％；用做贫混凝土基层时，可小于 5％。

②亚甲蓝试验 MB 试验方法见《公路水泥混凝土路面施工技术规范》(JTG F30—2003)中附录 B 的内容。

(2)细集料的级配要求应符合表 7-5 的规定，路面和桥面用天然砂宜为中砂，也可使用细度模数在 2.0～3.5 之间的砂。同一配合比用砂的细度模数变化范围不应超过 0.3，否则，应分别堆放，并调整配合比中的砂率后使用。

表 7-5　细集料级配范围

砂分级	方筛孔尺寸(mm)					
	0.15	0.30	0.60	1.18	2.36	4.75
	累计筛余(以质量计)(％)					
粗砂	90～100	80～95	71～85	35～65	5～35	0～10
中砂	90～100	70～92	41～70	10～50	0～25	0～10
细砂	90～100	55～85	16～40	0～25	0～15	0～10

(3)路面和桥面混凝土所使用的机制砂除应符合表 7-4 和表 7-5 规定外，还应检验砂浆磨光值，其值宜大于 35，不宜使用抗磨性较差的泥岩、页岩、板岩等水成岩类母岩品种生产机制砂。配制机制砂混凝土应同时掺引气高效减水剂。

(4)在河砂资源紧缺的沿海地区，二级及二级以下公路混凝土路面和基层可使用淡化海砂，缩缝设传力杆混凝土路面不宜使用淡化海砂；钢筋混凝土及钢纤维混凝土路面和桥面不得使用淡化海砂。淡化海砂除应符合表 7-4 和表 7-5 要求外，尚应符合下述规定：

1)淡化海砂带入每立方米混凝土中的含盐量不应大于 1.0 kg；

2)淡化海砂中碎贝壳等甲壳类动物残留物含量不应大于 1.0％；

3)与河砂对比试验，淡化海砂应对砂浆磨光值、混凝土凝结时间、耐磨性、弯拉强度等无不利影响。

五、水

饮用水可直接作为混凝土搅拌和养护用水。对水质有疑问时，应检验下列指标，合格者方可使用。

(1)硫酸盐含量(按 SO_4^{2-} 计)小于 0.002 7 mg/ mm^3。

(2)含盐量不得超过 0.005 mg/ mm^3。

(3)pH 值不得小于 4。

(4)不得含有油污、泥和其他有害杂质。

六、外 加 剂

(1)外加剂的产品质量应符合表 7-6 的各项技术指标。供应商应提供有相应资质外加剂检测机构的品质检测报告，检测报告应说明外加剂的主要化学成分，认定对人员无毒副作用。

表 7-6　混凝土外加剂产品的技术性能指标

<table>
<tr><th colspan="2">试验项目</th><th>普通减水剂</th><th>高效减水剂</th><th>早强化减水剂</th><th>缓凝高效减水剂</th><th>缓凝减水剂</th><th>引气减水剂</th><th>早强剂</th><th>缓凝剂</th><th>引气剂</th></tr>
<tr><td colspan="2">减水率(%)，≤</td><td>8</td><td>15</td><td>8</td><td>15</td><td>8</td><td>12</td><td>—</td><td>—</td><td>6</td></tr>
<tr><td colspan="2">泌水率比(%)，≤</td><td>95</td><td>90</td><td>95</td><td>100</td><td>100</td><td>70</td><td>100</td><td>100</td><td>70</td></tr>
<tr><td colspan="2">含气量(%)</td><td>≤3.0</td><td>≤4.0</td><td>≤3.0</td><td><4.5</td><td><5.5</td><td>>3.0</td><td>—</td><td>—</td><td>>3.0</td></tr>
<tr><td rowspan="2">凝结时间(mm)</td><td>初凝</td><td rowspan="2">−90～+120</td><td rowspan="2">−90～+120</td><td rowspan="2">−90～+90</td><td>>+90</td><td>>+90</td><td rowspan="2">−90～+120</td><td rowspan="2">−90～+90</td><td>>+90</td><td rowspan="2">−90～+120</td></tr>
<tr><td>终凝</td><td>—</td><td>—</td><td>—</td></tr>
<tr><td rowspan="4">抗压强度比(%)，≥</td><td>1 d</td><td>—</td><td>140</td><td>140</td><td>—</td><td>—</td><td>—</td><td>135</td><td>—</td><td>—</td></tr>
<tr><td>3 d</td><td>115</td><td>130</td><td>130</td><td>125</td><td>100</td><td>115</td><td>130</td><td>100</td><td>95</td></tr>
<tr><td>7 d</td><td>115</td><td>125</td><td>115</td><td>125</td><td>110</td><td>110</td><td>110</td><td>100</td><td>95</td></tr>
<tr><td>28 d</td><td>110</td><td>120</td><td>105</td><td>120</td><td>110</td><td>100</td><td>100</td><td>100</td><td>90</td></tr>
<tr><td colspan="2">收缩率比(%)28 d，≤</td><td>120</td><td>120</td><td>120</td><td>120</td><td>120</td><td>120</td><td>120</td><td>120</td><td>120</td></tr>
<tr><td colspan="2">抗冻标号</td><td>50</td><td>50</td><td>50</td><td>50</td><td>50</td><td>200</td><td>50</td><td>50</td><td>200</td></tr>
<tr><td colspan="2">对钢筋锈蚀作用</td><td colspan="9">应说明对钢筋无锈蚀危害</td></tr>
</table>

注：1. 除含气量外，表中数据为掺外加剂混凝土与基准混凝土差值或比值。

2. 凝结时间指标"−"表示提前，"+"表示延缓。

(2)引气剂应选用表面张力降低值大、水泥稀浆中起泡容量多而细密、泡沫稳定时间长、不溶残渣少的产品。有抗冰(盐)冻要求地区，各交通等级路面、桥面、路缘石、路肩及贫混凝土基层必须使用引气剂；无抗冰(盐)冻要求地区，二级及二级以上公路路面混凝土中应使用引气剂。

(3)各交通等级路面、桥面混凝土宜选用减水率大、坍落度损失小、可调控凝结时间的复合型减水剂。高温施工宜使用引气缓凝(保塑)(高效)减水剂，低温施工宜使用引气早强(高效)减水剂。选定减水剂品种前，必须与所用的水泥进行适应性检验。

(4)处在海水、海风、氯离子、硫酸根离子环境或冬季洒除冰盐的路面或桥面钢筋混凝土、钢纤维混凝土中宜掺阻锈剂。

七、钢　筋

(1)各交通等级混凝土路面、桥面和搭板所用钢筋网、传力杆、拉杆等钢筋应符合国家有关标准的技术要求。

(2)各交通等级混凝土路面、桥面和搭板所用钢筋应顺直,不得有裂纹、断伤、刻痕、表面油污和锈蚀。传力杆钢筋加工应锯断,不得挤压切断;断口应垂直、光圆,用砂轮打磨掉毛刺,并加工成 2～3 mm 圆倒角。

八、钢纤维

(1)用于公路混凝土路面和桥面的钢纤维除应满足《混凝土用钢纤维》(YB/T 151—1999)的规定外,还应符合下列技术要求:

1)单丝钢纤维抗拉强度不宜小于 600 MPa。

2)钢纤维长度应与混凝土粗集料最大公称粒径相匹配,最短长度宜大于粗集料最大公称粒径的 1/3;最大长度宜大于粗集料最大公称粒径的 2 倍;钢纤维长度与标称值的偏差不应超过±10%。

(2)路面和桥面混凝土中,宜使用防锈蚀处理的钢纤维及有锚固端的钢纤维。不得使用表面磨损前后裸露尖端导致行车不安全的钢纤维。不宜使用搅拌易成团的钢纤维。

九、接缝材料

(1)应选用能适应混凝土面板膨胀和收缩、施工时不变形、弹性复原率高、耐久性好的胀缝板。高速公路、一级公路宜采用塑胶、橡胶泡沫板或沥青纤维板,其他公路可采用各种胀缝板。其技术要求应符合表 7-7 的规定。

表 7-7　胀缝板的技术要求

试验项目	胀缝板种类		
	木材类	塑胶、橡胶泡沫类	纤维类
压缩应力(MPa)	5.0～20.0	0.2～0.6	2.0～10.0
弹性复原率(%)	≥55	≥90	≥65
挤出量(mm)	<5.5	<5.0	<3.0
弯曲荷载(N)	100～400	0～50	5～40

注:各类胀缝板吸水后的压缩应力不应小于不吸水的 90%,木板应去除结疤,沥青浸泡后木板厚度应为[(20～25)±1]mm。

(2)填缝材料应具有与混凝土板壁粘结牢固、回弹性好、不溶于水、不渗水、高温时不挤出、不流淌、抗嵌入能力强、耐老化龟裂,负温拉伸量大,低温时不脆裂、耐久性好等性能。填缝料有常温施工式和加热施工式两种,其技术指标应分别符合表 7-8、表 7-9 的规定。常温施工式填缝料主要有聚(氨)酯、硅树脂类,氯丁橡胶、沥青橡胶类等。加热施工式填缝料主要有沥青玛琋脂类、聚氯乙烯胶泥类、改性沥青类等。高速公路、一级公路应优先使用树脂类、橡胶类或改性沥青类填缝材料,并宜在填缝料中加入耐老化剂。

表 7-8 常温施工式填缝料技术要求

试验项目	低弹性型	高弹性型
失粘(固化)时间(h)	6～24	3～16
弹性复原率(%)	≥75	≥90
流动度(mm)	0	0
(−10℃)拉伸量(mm)	≥15	≥25
与混凝土粘结强度(MPa)	≥0.2	≥0.4
粘结延伸率(%)	≥200	≥400

注:低弹性型适宜在气候严寒、寒冷地区使用;高弹性型适宜在炎热、温暖地区使用。

表 7-9 加热施工式填缝料技术要求

试验项目	低弹性型	高弹性型
针入度(0.01 mm)	<50	<90
弹性复原率(%)	≥30	≥60
流动度(mm)	<5	<2
(−10℃)拉伸量(mm)	≥10	≥15

(3)填缝时应使用背衬垫条控制填缝形状系数。背衬垫条应具有良好的弹性、柔韧性,不吸水,耐酸碱腐蚀和高温不软化等性能。背衬垫条材料有聚氨酯、橡胶或微孔泡沫塑料等,其形状应为圆柱形,直径应比接缝宽度大 2～5 mm。

第二节 施工准备

一、施工机械选择

根据公路等级的不同,混凝土路面的施工宜符合表 7-10 规定的机械装备要求。

表 7-10 与公路等级相适应的机械装备

摊铺机械装备	高速公路	一级公路	二级公路	三级公路	四级公路
滑模摊铺机	√	√	√	▲	○
轨道摊铺机	▲	√	√	√	○
三辊轴机组	○	▲	√	√	√
小型机具	×	○	▲	√	√
碾压混凝土机械	×	○	√	√	▲
计算机自动控制强制搅拌楼(站)	√	√	√	▲	○
强制搅拌楼(站)	×	○	▲	√	√

注:1. 符号含义:√应使用;▲有条件使用;○不宜使用;×不得使用。

2. 各等级公路均不得使用体积计量、小型自落滚筒式搅拌机,严禁使用人工控制加水量。

3. 碾压混凝土亦可用于高速公路、一级公路复合式路面的下面层和贫混凝土基层。

二、施工组织

(1)开工前,建设单位应组织设计、施工、监理单位进行技术交底。

(2)施工单位应根据设计图纸、合同文件、摊铺方式、机械设备、施工条件等确定混凝土路面施工工艺流程、施工方案,进行详细的施工组织设计。

(3)开工前,施工单位应对施工、试验、机械、管理等岗位的技术人员和各工种技术工人进行培训。未经培训的人员不得单独上岗操作。

(4)施工单位应根据设计文件,测量校核平面和高程控制桩,复测和恢复路面中心、边缘全部基本标桩,测量精确度应满足相关规范的规定。

(5)施工工地应建立具备相应资质的现场试验室,能够对原材料、配合比和路面质量进行检测和控制,提供符合交工检验、竣工验收和计量支付要求的自检结果。

(6)各种桥涵、通道等构筑物应提前建成,确有困难不能通行时,应有施工便道。施工时应确保运送混凝土的道路基本平整、畅通,不得延误运输时间或碾坏基层或桥面。施工中的交通运输应配备专人进行管制,保证施工有序、安全进行。

(7)摊铺现场和搅拌场之间应建立快速有效的通讯联络,及时进行生产调度和指挥。

三、搅拌场设置

(1)搅拌场宜设置在摊铺路段的中间位置。搅拌场内部布置应满足原材料储运、混凝土运输、供水、供电、钢筋加工等使用要求,并尽量紧凑,减少占地。

(2)搅拌场应保障搅拌、清洗、养生用水的供应,并保证水质。供水量不足时,搅拌场应设置与日搅拌量相适应的蓄水池。

(3)搅拌场应保证充足的电力供应。电力总容量应满足全部施工用电设备、夜间施工照明及生活用电的需要。

(4)应确保摊铺机械、运输车辆及发电机等动力设备的燃料供应。离加油站较远的工地宜设置油料储备库。

(5)水泥、粉煤灰储存和供应要求。

1)每台搅拌楼应至少配备 2 个水泥罐仓,如掺粉煤灰还应至少配备 1 个粉煤灰罐仓。当水泥的日用量很大,需要两家以上的水泥厂供应水泥时,不同厂家的水泥,应清仓再灌,并分罐存放。严禁粉煤灰与水泥混罐。

2)应确保施工期间的水泥和粉煤灰供应。供应不足或运距较远时,应储备和使用吨包装水泥或袋装粉煤灰,并准备水泥仓库、拆包及输送入罐设备。水泥仓库应覆盖或设置顶棚防雨,并应设置在地势较高处,严禁水泥、粉煤灰受潮或浸水。

(6)砂石料储备。

1)施工前,宜储备正常施工 10～15 d 的砂石料。

2)砂石料场应建在排水通畅的位置,其底部应做硬化处理。不同规格的砂石料之间应有隔离设施,并设标识牌,严禁混杂。

3)在低温天、雨天、大风天及日照强烈的条件下,应在砂石料堆上部架设顶棚或覆盖,覆盖砂石料数量不宜少于正常施工一周的用量。

(7)原材料与混凝土运输车辆不应相互干扰。搅拌楼下宜采用厚度不小于 200 mm 的混凝土铺装层,并应设置污水排放管沟、积水坑或清洗搅拌楼的废水处理回收设备。

四、摊铺前材料与设备检查

(1)在施工准备阶段,应依据混凝土路面设计要求、工程规模,对当地及周边的水泥、钢材、粉煤灰、外加剂、砂石料、水资源、电力、运输等状况进行实地调研,确认符合铺筑混凝土路面的原材料质量、品种、规格、原材料的供应量、供应强度和供给方式、运距等。通过调研优选,初步选择原材料供应商。

(2)开工前,工地实验室应对计划使用的原材料进行质量检验和混凝土配合比优选,监理应对原材料抽检和配合比试验验证,报请业主正式审批。

(3)应根据路面施工进度安排,保证及时地供给符合原材料技术指标规定的各种原材料,不合格原材料不得进场。所有原材料进出场应进行称量、登记、保管或签发。

(4)应将相同料源、规格、品种的原材料作为一批,分批量检验和储存。

五、路基、基层和封层的检测与修整

(1)路基应稳定、密实、均质,对路面结构提供均匀的支承。对桥头、软基、高填方、填挖方交界等处的路基段,应进行连续沉降观测,并采取切实有效的措施保证路基的稳定性。

(2)垫层、基层除应符合《公路路面基层施工技术规范》(JTJ 034—2000)的规定外,尚应符合下列技术要求。

1)(上)基层纵、横坡一般可与面层一致,但横坡可略大 0.15%~0.20%,并不得小于路面横坡。

2)硬路肩厚度薄于面板时,应设排水基层或排水盲沟。缘石和软路肩底部应有渗透排水措施。

3)面层铺筑前,宜至少提供足够机械连续施工 10 d 以上的合格基层。

(3)面板铺筑前,应对基层进行全面的破损检查,当基层产生纵、横向断裂、隆起或碾坏时,应采取下述有效措施彻底修复。

1)所有挤碎、隆起、空鼓的基层应清除,并使用相同的基层料重铺,同时设胀缝板横向隔开,胀缝板应与路面胀缝或缩缝上下对齐。

2)当基层产生非扩展性温缩、干缩裂缝时,应灌沥青密封防水,还应在裂缝上粘贴油毡、土工布或土工织物,其覆盖宽度不应小于 1 000 mm;距裂缝最窄处不得小于 300 mm。

3)当基层产生纵向扩展裂缝时,应分析原因,采取有效的路基稳固措施根治裂缝,且宜在纵向裂缝所在的整个面板内,距板底 1/3 高度增设补强钢筋网,补强钢筋网到裂缝端部不宜短于 5 m。

4)基层被碾坏成坑或破损面积较小的部位,应挖除并采用贫混凝土局部修复。对表面严重磨损裸露粗集料的部位,宜采用沥青封层处理。

(4)在高速公路和一级公路的半刚性上基层表面,宜喷洒热沥青和石屑(2~3 m^3/100 m^3)做滑动封层,或做乳化沥青稀浆封层。沥青封层或乳化沥青稀浆封层的厚度不宜小于 5 mm。

(5)在各交通等级有可能被水淹没浸泡路面的路段,可采用较厚的坚韧塑料薄膜或密闭土工膜覆盖基层防水。

(6)当封层出现局部损坏时,摊铺前应采用相同的封层材料进行修补,经质量检验合格,并由监理签认后,方可铺筑水泥混凝土面层。

六、贫混凝土基层铺筑与质量检验

(1)贫混凝土上基层宜采用与面板相同机械铺筑,可采用普通混凝土面层四种施工方式中的任一种。

(2)贫混凝土基层的铺筑应符合下列规定。

1)贫混凝土基层应锯切与面板接缝位置和尺寸相对齐的纵、横向接缝,切缝深度不宜小于1/4 板厚,最浅不宜小于 50 mm,并使用沥青灌缝。基层设封层时,混凝土面板的横向缩缝在行车前进方向可前错 300～500 mm。

2)贫混凝土基层纵、横向缩缝中可不设拉杆和传力杆,胀缝中应设传力杆和胀缝板,胀缝位置应与面层胀缝对齐,板顶宜与贫混凝土基层表面齐平。

3)若一块贫混凝土板上纵、横向断板缝仅为一条,可不挖除重铺,但当一块板上的断板缝多于 2 条或分叉,则应挖除重铺。

第三节　混凝土拌和物搅拌与运输

一、搅拌设备

(1)搅拌场的拌和能力配置应符合下列规定。

1)采用滑模、轨道、碾压、三辊轴机组摊铺时,搅拌场配置的混凝土总拌和生产能力可按下式计算,并按总拌和能力确定所要求的搅拌楼数量和型号。

$$M = 60\mu \cdot b \cdot h \cdot V_t$$

式中 M——搅拌楼总拌和能力(m^3/h);

b——摊铺宽度(m);

V_t——摊铺速度(m/min)(≥1 m/min);

h——面板厚度(m);

μ——搅拌楼可靠性系数,1.2～1.5,根据下述具体情况确定:搅拌楼可靠性高,μ 可取较小值,反之,μ 取较大值;拌和钢纤维混凝土时,μ 应取较大值;坍落度要求较低者,μ 应取较大值。

2)不同摊铺方式所要求的搅拌楼最小生产容量应满足表 7-11 的规定。一般可配备 2～3 台搅拌楼,最多不宜超过 4 台。搅拌楼的规格和品牌尽可能统一。

表 7-11　混凝土路面不同摊铺方式的搅拌楼最小配置容量　　(单位:m^3/h)

摊铺宽度 \ 摊铺方式	滑模摊铺	轨道摊铺	碾压混凝土	三辊轴摊铺	小型机具
单车道 3.75～4.5 m	≥100	≥75	≥75	≥50	≥25
双车道 7.5～9 m	≥200	≥150	≥150	≥100	≥50
整幅宽≥12.5 m	≥300	≥200	≥200	—	—

(2)搅拌楼的配备应符合规定,应优先选配间歇式搅拌楼,也可使用连续式搅拌楼。

二、拌和技术要求

(1)每台搅拌楼在投入生产前，必须进行标定和试拌。在标定有效期满或搅拌楼搬迁安装后，均应重新标定。施工中应每 15 d 校验一次搅拌楼计量精确度。搅拌楼配料计量偏差不得超过表 7-12 的规定。不满足时，应分析原因，排除故障，确保拌和计量精确度。采用计算机自动控制系统的搅拌楼时，应使用自动配料生产，并按需要打印每天(周、旬、月)对应路面摊铺桩号的混凝土配料统计数据及偏差。

表 7-12 搅拌楼的混凝土拌和计量允许偏差 (%)

材料名称	水泥	掺合料	钢纤维	砂	粗集料	水	外加剂
高速公路、一级公路每盘	±1	±1	±2	±2	±2	±1	±1
高速公路、一级公路累计每车	±1	±1	±1	±2	±2	±1	±1
其他公路	±2	±2	±2	±3	±3	±2	±2

(2)应根据拌和物的粘聚性、均质性及强度稳定性试拌确定最佳拌和时间。一般情况下，单立轴式搅拌机总拌和时间宜为 80～120 s，全部原材料到齐后的最短纯拌和时间不宜短于 40 s；行星立轴和双卧轴式搅拌机总拌和时间为 60～90 s，最短纯拌和时间不宜短于 35 s；连续双卧轴搅拌楼的最短拌和时间不宜短于 40 s。最长总拌和时间不应超过高限值的 2 倍。

(3)混凝土拌和过程中，不得使用沥水、夹冰雪、表面沾染尘土和局部曝晒过热的砂石料。

(4)外加剂应以稀释溶液加入，其稀释用水和原液中的水量，应从拌和加水量中扣除。使用间歇搅拌楼时，外加剂溶液浓度应根据外加剂掺量、每盘外加剂溶液筒的容量和水泥用量计算得出。连续式搅拌楼应按流量比例控制加入外加剂。加入搅拌锅的外加剂溶液应充分溶解，并搅拌均匀。有沉淀的外加剂溶液，应每天清除一次稀释池中的沉淀物。

(5)拌和引气混凝土时，搅拌楼一次拌和量不应大于其额定搅拌量的 90%。纯拌和时间应控制在含气量最大或较大时。

(6)粉煤灰或其他掺合料应采用与水泥相同的输送、计量方式加入。粉煤灰混凝土的纯拌和时间应比不掺的延长 10～15 s。当同时掺用引气剂时，宜通过试验适当增大引气剂掺量，以达到规定含气量。

(7)拌和物质量检验与控制应符合下列要求。

1)搅拌过程中，拌和物质量检验与控制应符合规定。低温或高温天气施工时，拌和物出料温度宜控制在 10℃～35℃。并应测定原材料温度、拌和物的温度、坍落度损失率和凝结时间等。

2)拌和物应均匀一致，有生料、干料、离析或外加剂、粉煤灰成团现象的非均质拌和物严禁用于路面摊铺。一台搅拌楼的每盘之间，各搅拌楼之间，拌和物的坍落度最大允许偏差为±10 mm拌和坍落度应为最适宜摊铺的坍落度值与当时气温下运输坍落度损失值两者之和。

(8)钢纤维混凝土的拌和，除应满足上述规定外，尚应符合下列规定。

1)当钢纤维体积率较高，拌和物较干时，搅拌楼一次拌和量不宜大于其额定拌和量的 80%。拌和物中不得有钢纤维结团现象。

2)钢纤维混凝土搅拌的投料次序和方法应以搅拌过程中钢纤维不产生结团和保证一定的

生产率为原则，并通过试拌或根据经验确定。宜采用将钢纤维、水泥、粗细集料先干拌后加水湿拌的方法，也可采用钢纤维分散机在拌和过程中分散加入钢纤维。

3)钢纤维混凝土的拌和时间应通过现场搅拌试验确定，并应比普通混凝土规定的纯拌和时间延长 20～30 s，采用先干拌后加水的搅拌方式中，干拌时间不宜少于 1 min。

4)钢纤维混凝土严禁用人工拌和。当桥梁伸缩缝等零星工程使用少量的钢纤维混凝土时，可采用容量较小的搅拌机拌和，每种原材料应准确称量后加入，不得使用体积计量。采用小容量搅拌机拌和时，钢纤维混凝土总拌和时间应较搅拌楼拌和时间延长 1～2 min，采用先干拌后加水的搅拌方式时，干拌时间不宜少于 1.5 min。

5)应保证钢纤维在混凝土中的分散性及均匀性，水洗法检测的钢纤维含量偏差不应大于设计掺量的±15%。

(9)碾压混凝土拌和除应满足上述有关规定外，尚应符合下列规定：

1)砂石料堆应全部覆盖防雨，堆底严禁浸水。必要时，还应对砂石料仓、粉煤灰料斗、外加剂溶液池等作防雨覆盖。在装载机料斗和料仓内的砂石料不应有明显的湿度差别，严禁雨天拌和碾压混凝土。

2)拌和时，应精确检测砂石料的含水率，根据砂石料含水率变化，快速反馈并严格控制加水量和砂石料用量。除搅拌楼应配备砂(石)含水率自动反馈控制系统外，每台班至少应检测 3 次砂石料含水率。

3)碾压混凝土的最短纯拌和时间应比普通混凝土延长 15～20 s。

三、运输车辆

(1)机械摊铺系统配套的运输车数量，可按下式计算：

$$N = 2n\left(1 + \frac{S\gamma_c m}{V_q g_q}\right)$$

式中 N——汽车辆数(辆)；

n——相同产量搅拌楼台数；

S——程运输距离(km)；

γ_c——混凝土密度(t/m^3)；

m——一台搅拌楼每小时生产能力(m^3/h)；

V_q——车辆的平均运输速度(km/h)；

g_q——汽车载重能力(t/辆)。

(2)可选配车况优良、载重量 5～20 t 的自卸车，自卸车后挡板应关闭紧密，运输时不漏浆撒料，车箱板应平整光滑。远距离运输或摊铺钢筋混凝土路面及桥面时，宜选配混凝土罐车。

四、运输技术要求

(1)应根据施工进度、运量、运距及路况，选配车型和车辆总数。总运力应比总拌和能力略有富余，确保新拌和混凝土在规定时间内运到摊铺现场。

(2)运输到现场的拌和物必须具有适宜摊铺的工作性。不同摊铺工艺的混凝土拌和物从搅拌机出料到运输、铺筑完毕的允许最长时间应符合表 7-13 的规定。不满足时应通过试验加大缓凝剂或保塑剂的剂量。

表 7-13　混凝土拌和物出料到运输、铺筑完毕允许最长时间

施工气温①(℃)	到运输完毕允许最长时间(h)		到铺筑完毕允许最长时间(h)	
	滑模、轨道	三轴、小机具	滑模、轨道	三轴、小机具
5～9	2.0	1.5	2.5	2.0
10～19	1.5	1.0	2.0	1.5
20～29	1.0	0.75	1.5	1.25
30～35	0.75	0.50	1.25	1.0

①指施工时间的日间平均气温，使用缓凝剂延长凝结时间后，本表数值可增加 0.25～0.5 h。

(3)混凝土拌和物的运输除应满足上述规定外，尚应符合下列技术要求。

1)运送混凝土的车辆装料前，应清净厢罐，洒水润壁，排干积水。装料时，自卸车应挪动车位，以防止离析。搅拌楼卸料落差不应大于 2 m。

2)混凝土运输过程中应防止漏浆、漏料和污染路面，途中不得随意耽搁。自卸车运输应减小颠簸，防止拌和物离析。车辆起步和停车应平稳。

3)超过表 7-13 规定摊铺允许最长时间的混凝土不得用于路面摊铺。混凝土一旦在车内停留超过初凝时间，则应采取紧急措施处置，严禁混凝土硬化在车厢(罐)内。

4)烈日、大风、雨天和低温天远距离运输时，自卸车应遮盖混凝土，罐车宜加保温隔热套。

5)使用自卸车运输混凝土最远运输半径不宜超过 20 km。

6)运输车辆在模板或导线区调头或错车时，严禁碰撞模板或基准线，一旦碰撞，应告知测量人员重新测量纠偏。

7)车辆倒车及卸料时，应有专人指挥。卸料应到位，严禁碰撞摊铺机和前场施工设备及测量仪器。卸料完毕，车辆应迅速离开。

8)碾压混凝土卸料时，车辆应在前一辆车离开后立即倒向摊铺机，并在机前 10～30 cm 处停住，不得撞击沥青摊铺机。然后换成空挡，并迅速升起料斗卸料，靠摊铺机推动前进。

五、混凝土面层铺筑

1. 滑模机械铺筑

(1)机械配备。

1)高速公路、一级公路施工，宜选配能一次摊铺 2～3 个车道宽度(7.5～12.5)的滑模摊铺机；二级及二级以下公路路面的最小摊铺宽度不得小于单车道设计宽度。硬路肩的摊铺宜选配中、小型多功能滑模摊铺机，并宜连体一次摊铺路缘石。滑模摊铺机可按表 7-14 的基本技术参数选择。

表 7-14　滑模摊铺机的基本技术参数表

项目	发动机功率(kW)	摊铺宽度(m)	摊铺厚度(mm)	摊铺速度(m/min)	空驶速度(m/min)	行走速度(m/min)	履带数(个)	整机自重(t)
三车道滑模摊铺机	200～300	12.5～16.0	0～500	0～3	0～5	0～15	4	57～135

续上表

项目	发动机功率(kW)	摊铺宽度(m)	摊铺厚度(mm)	摊铺速度(m/min)	空驶速度(m/min)	行走速度(m/min)	履带数(个)	整机自重(t)
双车道滑模摊铺机	150～200	3.6～9.7	0～500	0～3	0～5	0～18	2～4	22～50
多功能单车道滑模摊铺机	70～150	2.5～6.0	0～400 护栏高度 800～1 900	0～3	0～9	0～15	2,3,4	12～27
路缘石滑模摊铺机	≤80	<2.5	<450	0～5	0～9	0～10	2,3	≤10

2)滑模摊铺路面时,可配备1台挖掘机或装载机辅助布料。采用前置钢筋支架法设置缩缝传力杆的路面、钢筋混凝土路面、桥面和桥头搭板时,应选择下列适宜的布料机械:

①侧向上料的布料机;

②侧向上料的供料机;

③带侧向上料机构的滑模摊铺机;

④挖掘机加料斗侧向供料;

⑤起重机加短便桥钢凳,车辆直接卸料;

⑥起重机加料斗起吊布料。

3)可采用拉毛养生机或人工软拉槽制作抗滑沟槽。工程规模大、日摊铺进度快时,宜采用拉毛养生机。高速公路、一级公路宜采用刻槽机进行硬刻槽,其刻槽作业宽度不宜小于500 mm,所配备的硬刻槽机数量及刻槽能力应与滑模摊铺进度相匹配。

4)滑模摊铺混凝土路面的切缝,可使用软锯缝机、支架式硬锯缝机和普通锯缝机。配备的锯缝机数量及切缝能力应与滑模摊铺进度相适应。

(2)基准线设置。

1)滑模摊铺混凝土路面的施工应设置基准线。基准线设置形式有单向坡双线式、单向坡单线式和双向坡双线式三种。

2)基准线宽度除应保证摊铺宽度外,尚应满足两侧650～1 000 mm横向支距的要求。

3)基准线桩纵向间距:直线段不应大于10 m,竖、平曲线路段视曲线半径大小应加密布置,最小2.5 m。

4)线桩固定时,基层顶面到夹线臂的高度宜为450～750 mm。基准线桩夹线臂夹口到桩的水平距离宜为300 mm。基准线桩应钉牢固。

5)单根基准线的最大长度不宜大于450 m。

6)基准线拉力不应小于1 000 N。

7)基准线的设置精确度应符合表7-15规定。

8)基准线设置后,严禁扰动、碰撞和振动。一旦碰撞变位,应立即重新测量纠正。多风季节施工,应缩小基准线桩间距。

(3)摊铺准备。

表 7-15 基准线设置精确度要求

项目	中线平面偏位(mm)	路面宽度偏差(mm)	面板厚度(mm)		纵断高程偏差(mm)	横坡偏差(%)	连接纵缝高差(mm)
			代表值	极值			
规定值	≤10	≤+15	≥−3	≥−8	±5	±0.10	±1.5

1)所有施工设备和机具均应处于良好状态,并全部就位。

2)基层、封层表面及履带行走部位应清扫干净。摊铺面板位置应洒水湿润,但不得积水。

3)横向连接摊铺时,前次摊铺路面纵缝的溜肩胀宽部位应切割顺直。侧边拉杆应校正扳直,缺少的拉杆应钻孔锚固植入。纵向施工缝的上半部缝壁应满涂沥青。

(4)布料。

1)滑模摊铺机前的正常料位高度应在螺旋布料器叶片最高点以下,也不得缺料。卸料、布料应与摊铺速度相协调。

2)当坍落度在 10~50 mm 时,布料松铺系数宜控制在 1.08~1.15 之间。布料机与滑模摊铺机之间施工距离宜控制在 5~10 m。

3)摊铺钢筋混凝土路面、桥面或搭板时,严禁任何机械开上钢筋网。

(5)滑模摊铺机的施工参数设定及校准。

1)振捣棒下缘位置应在挤压板最低点以上,振捣棒的横向间距不宜大于 450 mm,均匀排列;两侧最边缘振捣棒与摊铺边沿距离不宜大于 250 mm。

2)挤压底板前倾角宜设置为 3°左右。提浆夯板位置宜在挤压底板前缘以下 5~10 mm 之间。

3)两边缘超铺高程根据拌和物稠度宜在 3~8 mm 间调整。搓平梁前沿宜调整到与挤压板后沿高程相同,搓平梁的后沿比挤压底板后沿低 1~2 mm,并与路面高程相同。

4)滑模摊铺机首次摊铺路面,应挂线对其铺筑位置、几何参数和机架水平度进行调整和校准,正确无误后,方可开始摊铺。

5)在开始摊铺的 5 m 内,应在铺筑行进中对摊铺出的路面标高、边缘厚度、中线、横坡度等参数进行复核测量。所摊铺的路面精确度应控制在表 7-15 的规定值范围内。

(6)铺筑作业技术要领。

1)操作滑模摊铺机应缓慢、匀速、连续不间断地作业。严禁料多追赶,然后随意停机等待,间歇摊铺。摊铺速度应根据拌和物稠度、供料多少和设备性能控制在 0.5~3.0 m/min 之间,一般宜控制在 1 m/min 左右。拌和物稠度发生变化时,应先调振捣频率,后改变摊铺速度。

2)应随时调整松方高度板控制进料位置,开始时宜略设高些,以保证进料。正常摊铺时应保持振捣仓内料位高于振捣棒 100 mm 左右,料位高低上下波动宜控制在±30 mm 之内。

3)正常摊铺时,振捣频率可在 6 000 r/min~11 000 r/min 之间调整,宜采用 9 000 r/min 左右。应防止混凝土过振、欠振或漏振。应根据混凝土的稠度大小,随时调整摊铺的振捣频率或速度。摊铺机起步时,应先开启振捣棒振捣 2~3 min,再缓慢平稳推进。摊铺机脱离混凝土后,应立即关闭振捣棒组。

4)滑模摊铺机满负荷时可铺筑的路面最大纵坡为:上坡 5%;下坡 6%。上坡时,挤压底板前仰角宜适当调小,并适当调轻抹平板压力;下坡时,前仰角宜适当调大,并适当调大抹平板压力。板底不小于 3/4 长度接触路表面时抹平板压力适宜。

5)滑模摊铺机施工的最小弯道半径不应小于 50 m;最大超高横坡不宜大于 7%。

6)单车道摊铺时,应视路面设计要求配置一侧或双侧打纵缝拉杆的机械装置。2 个以上车道摊铺时,除侧向打拉杆的装置外,还应在假纵缝位置配置拉杆自动插入装置。

7)软拉抗滑构造时表面砂浆层厚度宜控制在 4 mm 左右,硬刻槽路面的砂浆表层厚度宜控制在 2～3 mm。

8)养护 5～7 d 后,方可摊铺相邻车道。

(7)问题处置。

1)摊铺中应经常检查振捣棒的工作情况和位置。路面出现麻面或拉裂现象时,必须停机检查或更换振捣棒。摊铺后,路面上出现发亮的砂浆条带时,必须调高振捣棒位置,使其底缘在挤压底板的后缘高度以上。

2)摊铺宽度大于 7.5 m 时,若左右两侧拌和物稠度不一致,则摊铺速度应按偏干一侧设置,并将偏稀一侧的振捣棒频率迅速调小。

3)应通过调整拌和物稠度、停机待料时间、挤压底板前仰角、起步及摊铺速度等措施控制和消除横向拉裂现象。

4)摊铺中的滑模摊铺机停机等料最长时间超过当时气温下混凝土初凝时间的 4/5 时,应将滑模摊铺机迅速开出摊铺工作面,并做施工缝。

(8)滑模摊铺过程中应采用自动抹平板装置进行抹面。对少量局部麻面和明显缺料部位,应在挤压板后或搓平梁前补充适量拌和物,由搓平梁或抹平板机械修整。滑模摊铺的混凝土面板在下列情况下,可用人工进行局部修整。

1)用人工操作抹面抄平器,精整摊铺后表面的小缺陷,但不得在整个表面加薄层修补路面标高。

2)对纵缝边缘出现的倒边、塌边、漏肩现象,应顶侧模或在上部支方铝管进行边缘补料修整。

3)对起步和纵向施工接头处,应采用水准仪抄平并采用大于 3 m 的靠尺边测边修整。

(9)滑模摊铺结束后,必须及时清洗滑模摊铺机,进行当日保养等。并宜在第二天硬切横向施工缝,也可当天做施工横缝。应丢弃端部的混凝土和摊铺机振动仓内遗留下的纯砂浆,两侧模板应向内收进 20～40 mm,收口长度宜比滑模摊铺机侧模板略长。施工缝部位应设置传力杆,并应满足路面平整度、高程、横坡和板长要求。

2. 模板及其架设与拆除

(1)模板技术要求。

1)公路混凝土路面板、桥面板和加铺层的施工模板应采用刚度足够的槽钢、轨模或钢制边侧模板,不应使用木模板、塑料模板等其他易变形的模板。模板的精确度应符合表 7-16 的规定。钢模板的高度应为面板设计厚度,模板长度宜为 3～5 m。需设置拉杆时,模板应设拉杆插入孔。每米模板应设置 1 处支撑固定装置,如图 7-1 所示。模板垂直度用垫木楔方法调整。

表 7-16　模板(加工矫正)允许偏差

施工方式	高度偏差(mm)	局部变形(mm)	垂直边夹角(°)	顶面平整度(mm)	侧面平整度(mm)	纵向变形(mm)
三辊轴机组	±1	±2	90±2	±1	±2	±2
轨道摊铺机	±1	±2	90±1	±1	±2	±1
小型机具	±2	±3	90±3	±2	±3	±3

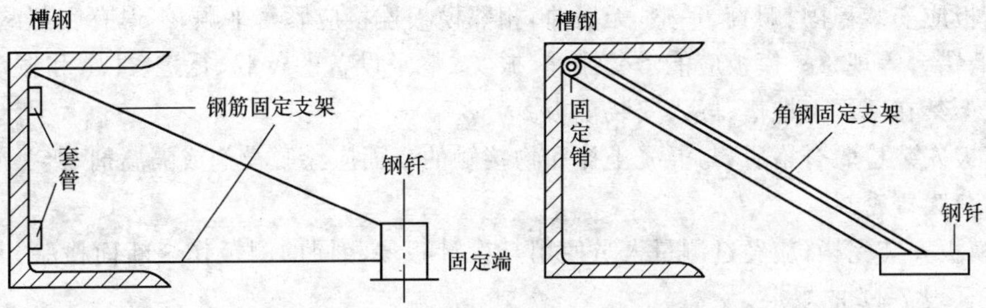

图 7-1　(槽)钢模板焊接钢筋或角钢固定示意图

2)横向施工缝端模板应按设计规定的传力杆直径和间距设置传力杆插入孔和定位套管。两边缘传力杆到自由边距离不宜小于 150 mm。每米设置 1 个垂直固定孔套。工作缝端模侧立面如图 7-2 所示。

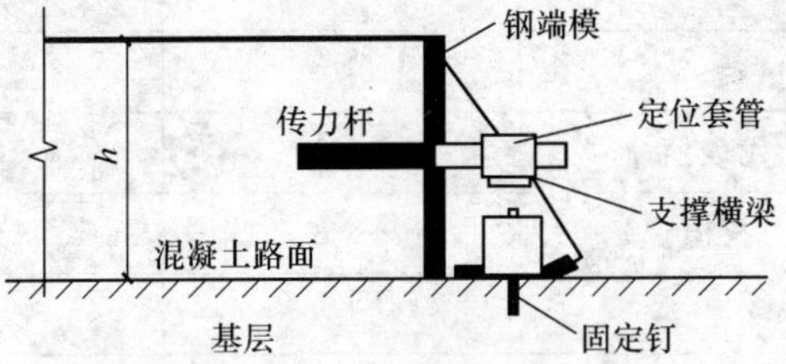

图 7-2　工作缝端模侧立面

3)模板或轨模数量应根据施工进度和施工气温确定，并应满足拆模周期内周转需要。一般情况下，模板或轨模总量不宜少于 3～5 d 摊铺的需要。

(2)模板安装。

1)支模前在基层上应进行模板安装及摊铺位置的测量放样，每 20 m 应设中心桩，每 100 m宜布设临时水准点。核对路面标高、面板分块、胀缝和构造物位置。测量放样的质量要求和允许偏差应符合相关规范的规定。

2)纵横曲线路段应采用短模板，每块模板中点应安装在曲线切点上。

3)轨道摊铺应采用长度为 3 m 的专用钢制轨模，轨模底面宽度宜为高度的 80%轨道用螺栓、垫片固定在模板支座上，模板应使用钢钎与基层固定。轨道顶面应高于模板 20～40 mm，轨道中心至模板内侧边缘距离宜为 125 mm，如图 7-3 所示。

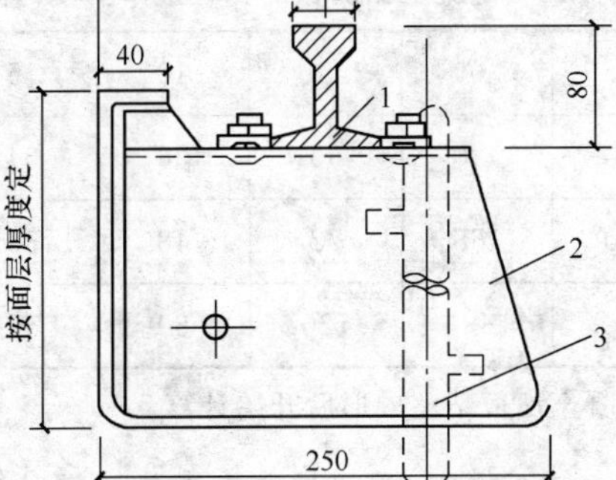

图 7-3　轨道模板(单位：mm)

1—轨道；2—模板；3—钢钎

4)模板应安装稳固、顺直、平整,无扭曲,相邻模板连接应紧密平顺,不得有底部漏浆、前后错茬、高低错台等现象。模板应能承受摊铺、振实、整平设备的负载,行进、冲击和振动时不发生位移。严禁在基层上挖槽、嵌入安装模板。

5)模板安装检验合格后,与混凝土拌和物接触的表面应涂脱模剂或隔离剂;接头应粘贴胶带或塑料薄膜等密封。

(3)模板安装完毕,应经过测量人员使用与设计板厚相同的测板作全断面检验,其安装精确度应符合表 7-17 的规定。

表 7-17　模板安装精确度要求

检测项目 \ 施工方式		三辊轴机组织	轨道撑铺机	小型机具
平面偏位(mm),≤		10	5	15
摊铺宽度偏差(mm),≤		10	5	15
面板厚度(mm),≥	代表值	−3	−3	−4
	权值	−8	−8	−9
纵断高程偏差(mm)		±5	±5	±10
横坡偏差(%)		±0.10	±0.10	±0.20
相邻板高差(mm),≤		1	1	2
顶面接槎 3 m 尺平整度(mm),≤		1.5	1	2
模板接缝宽度(mm),≤		3	2	3
侧向垂直度(mm),≤		3	2	4
纵向顺直度(mm),≤		3	2	4

(4)模板拆除及矫正。

1)当混凝土抗压强度不小于 8.0 MPa 方可拆模。当缺乏强度实测数据时,边侧模板的允许最早拆模时间宜符合表 7-18 的规定。达不到要求,不能拆除端模时,可空出一块面板,重新起头摊铺,空出的面板待两端均可拆模后再补做。

表 7-18　混凝土路面板的允许最早拆模时间　(单位:h)

昼夜平均气温(℃)	5	0	5	10	15	20	25	≥30
硅酸盐水泥、R 型水泥	240	120	60	36	34	28	24	18
道路、普通硅酸盐水泥	360	168	72	48	36	30	24	18
矿渣硅酸盐水泥	—	—	120	60	50	45	36	24

注:允许最早拆侧模时间从混凝土面板精整成形后开始计算。

2)拆模不得损坏板边、板角和传力杆、拉杆周围的混凝土,也不得造成传力杆和拉杆松动或变形。模板拆卸宜使用专用拔楔工具,严禁使用大锤强击拆卸模板。

3)拆下的模板应将粘附的砂浆清除干净,并矫正变形或局部损坏,矫正精度应符合表 7-16 的要求。

3. 三辊轴机组铺筑

(1)设备选择与配套。

1)三辊轴整平机的主要技术参数应符合表 7-19 的规定。板厚 200 mm 以上宜采用直径 168 的辊轴;桥面铺装或厚度较小的路面可采用直径为 219 mm 的辊轴。轴长宜比路面宽度长出 600～1 200 mm。振动轴的转速不宜大于 380 r/min。

表 7-19 三辊轴整平机的主要技术参数

型号	轴直径(mm)	轴速(r/min)	轴长(m)	轴质量(kg/m)	行走机构质量(kg)	行走速度(m/mim)	整平轴距(mm)	振动功率(kW)	驱动功率(kW)
5001	168	300	1.8～9	65±0.5	340	13.5	504	7.5	6
6001	219	300	5.1～10	77±0.7	568	13.5	657	17	9

2)三辊轴机组铺筑混凝土面板时,必须同时配备一台安装插入式振捣棒组的排式振捣机,振捣棒的直径宜为 50～100 mm,间距不应大于其有效工作半径的 1.5 倍,并不大于 500 mm。插入式振捣棒组的振动频率可在 50～200 Hz 之间选择,当面板厚度较大和坍落度较低时,宜使用 100 Hz 以上的高频振捣棒。该机宜同时配备螺旋布料器和松方控制刮板,并具备自动行走功能。

3)当桥面铺装厚度小于 150 mm 时,可采用振捣梁。振捣频率宜为 50～100 Hz,振捣加速度宜为 4～5 g(g 为重力加速度)。

4)当一次摊铺双车道路面时应配备纵缝拉杆插入机,并配有插入深度控制和拉杆间距调整装置。

(2)工艺流程:布料→密集排振→拉杆安装→人工补料→三辊轴整平→(真空脱水)→(精平饰面)→拉毛→切缝→养生→(硬刻槽)→填缝。

(3)铺筑作业技术要求。

1)应有专人指挥车辆均匀卸料。布料应与摊铺速度相适应,不适应时应配备适当的布料机械。坍落度为 10～40 mm 的拌和物,松铺系数为 1.12～1.25。坍落度大时取低值,坍落度小时取高值。超高路段,横坡高侧取高值,横坡底侧取低值。

2)混凝土拌和物布料长度大于 10 m 时,可开始振捣作业。密排振捣棒组间歇插入振实时,每次移动距离不宜超过振捣棒有效作用半径的 1.5 倍,并不得大于 500 mm,振捣时间宜为 15～30 s。排式振捣机连续拖行振实时,作业速度宜控制在 4 m/min 以内。具体作业速度视振实效果,可由下式计算。

$$V = 1.5\frac{R}{t}$$

式中 V——排式振捣机作业速度(m/s);

t——振捣密实所需的时间(s),一般为 15～30 s;

R——振捣棒的有效作用半径(m)。

排式振捣机应匀速缓慢、连续不断地振捣行进。其作业速度以拌和物表面不露粗集料,液化表面不再冒气泡并泛出水泥浆为准。

3)面板振实后,应随即安装纵缝拉杆。单车道摊铺的混凝土路面,在侧模预留孔中应按设计要求插入拉杆。一次摊铺双车道路面时,除应在侧模孔中插入拉杆外,还应在中间纵缝部位,使用拉杆插入机在 1/2 板厚处插入拉杆,插入机每次移动的距离应与拉杆间距相同。

4)三辊轴整平机作业。

①三辊轴整平机按作业单元分段整平,作业单元长度宜为 20～30 m,振捣机振实与三辊轴整平两道工序之间的时间间隔不宜超过 15 min。

②三辊轴滚压振实料位高差宜高于模板顶面 5～20 mm,过高时应铲除,过低时应及时补料。

③三辊轴整平机在一个作业单元长度内,应采用前进振动、后退静滚方式作业,宜分别2～3 遍。最佳滚压遍数应经过试铺确定。

④在三辊轴整平机作业时,应有专人处理轴前料位的高低情况,过高时,应辅以人工铲除,轴下有间隙时,应使用混凝土找补。

⑤滚压完成后,将振动辊轴抬离模板,用整平轴前后静滚整平,直到平整度符合要求,表面砂浆厚度均匀为止。

⑥表面砂浆厚度宜控制在(4±1) mm,三辊轴整平机前方表面过厚、过稀的砂浆必须刮除丢弃。

5)应采用 3～5 m 刮尺,在纵、横两个方向进行精平饰面,每个方向不少于两遍。也可采用旋转抹面机密实精平饰面两遍。

4. 轨道摊铺机铺筑

(1)机械选型与配套。

1)轨道摊铺机的选型应根据路面车道数或设计宽度按表 7-20 的技术参数选择。最小摊铺宽度不得小于单车道 3.75 m。

表 7-20　轨道摊铺机的基本技术参数表

项目	发动机功率(kW)	最大摊铺宽度(m)	摊铺厚度(mm)	摊铺速度(m/min)	整机质量(t)
三车道轨道摊铺机	33～45	11.75～18.3	250～600	1～3	13～38
双车道轨道摊铺机	15～33	7.5～9.0	250～600	1～3	7～13
单车道轨道摊铺机	8～22	3.5～4.5	250～450	1～4	≤7

2)轨道摊铺机按布料方式不同,可选用刮板式、箱式和螺旋式。

(2)铺筑作业。

1)布料。

①使用轨道摊铺机前部配备的螺旋布料器或可上下左右移动的刮板布料,料堆不得过高过大,亦不得缺料。可使用挖掘机、装载机或人工辅助布料。螺旋布料器前的拌和物应保持在面板以上 100 mm 左右,布料器后宜配备松铺高度控制刮板。也可使用有布料箱的轨道摊铺机精确布料,箱式轨道摊铺机的料斗出料口关闭时,装进拌和物并运到布料位置后,轻轻打开料斗出料口,待拌和物堆成“堤状”,左右移动料斗布料。

②轨道摊铺时的适宜坍落度按振捣密实情况宜控制在 20～40 mm 之间。不同坍落度时的松铺系数 K 可参考表 7-21 确定,并按此计算出松铺高度。

表 7-21　松铺系数 K 与坍落度 S_L 的关系

坍落度 S_L(mm)	5	10	20	30	40	50	60
松铺系数 K	1.30	1.25	1.22	1.19	1.17	1.15	1.12

③当施工钢筋混凝土路面时，宜选用(两台)箱型轨道摊铺机分两层两次布料，可在第一层布料完成后，将钢筋网片安装好，再进行表面第二次布料，然后一次振实；也可两次布料两次振实，中间安装钢筋网。采用双层两遍摊铺钢筋混凝土路面时下部混凝土的布料与摊铺长度应根据钢筋网片长度和第一层混凝土凝结情况而定，且不宜超过 20 m。

2)振实作业。

①轨道摊铺机应配备振捣棒组，振捣方式有斜插连续拖行及间歇垂直插入两种，当面板厚度超过 150 mm 坍落度小于 30 mm 时，必须插入振捣；连续拖行振捣时，宜将作业速度控制在 0.5～1.0 m/min 之间，并随着坍落度的大小而增减。间歇振捣时，当一处混凝土振捣密实后，将振捣棒组缓慢拔出，再移动到下一处振实，移动距离不宜大于 500 mm。

②轨道摊铺机应配备振动板或振动梁对混凝土表面进行振捣和修整，振动梁的振捣频率宜控制在 50～100 Hz，偏心轴转速调节到 2 500～3 500 r/min。经振捣棒组振实的混凝土，宜使用振动板振动提浆，并密实饰面，提浆厚度宜控制在(4±1) mm。

3)整平饰面。

①往复式整平滚筒前的混凝土堆积物应涌向横坡高的一侧，保证路面横坡高端有足够的料找平。

②及时清理因整平推挤到路面边缘的余料，以保证整平精度和整平机械在轨道上的作业行驶。

③轨道摊铺机上宜配备纵向或斜向抹平板。纵向抹平板随轨道摊铺机作业行进可左右贴表面滑动并完成表面修整；斜向修整抹平板作业时，抹平板沿斜向左右滑动，同时随机身行进，完成表面修整。

5. 小型机具铺筑

(1)小型机具性能应稳定可靠，操作简易，维修方便，机具配套应与工程规模、施工进度相适应。

(2)摊铺、振实与整平。

1)摊铺。

①混凝土拌和物摊铺前，应对模板的位置及支撑稳固情况，传力杆、拉杆的安设等进行全面检查。修复破损基层，并洒水润湿。用厚度标尺板全面检测板厚与设计值相符，方可开始摊铺。

②专人指挥自卸车，尽量准确卸料。

③人工布料应用铁锹反扣，严禁抛掷和耧耙。人工摊铺混凝土拌和物的坍落度应控制在 5～20 mm 之间。拌和物松铺系数宜控制在 $K=1.10\sim1.25$ 之间，料偏干，取较高值，反之，取较低值。

④因故造成 1 h 以上停工或达到 2/3 初凝时间，致使拌和物无法振实时，应在已铺筑好的面板端头设置施工缝，废弃不能被振实的拌和物。

2)插入式振捣棒振实。

①在待振横断面上，每车道路面应使用 2 根振捣棒，组成横向振捣棒组，沿横断面连续振捣密实，并应注意路面板底、内部和边角处不得欠振或漏振。

②振捣棒在每一处的持续时间，应以拌和物全面振动液化，表面不再冒气泡和泛水泥浆为限，不宜过振，也不宜少于 30 s。振捣棒的移动间距不宜大于 500 mm，至模板边缘的距离不宜大于 200 mm。应避免碰撞模板、钢筋、传力杆和拉杆。

③振捣棒插入深度宜离基层 30～50 mm。振捣棒应轻插慢提，不得猛插快拔，严禁在拌和物中推行和拖拉振捣棒振捣。

④振捣时，应辅以人工补料，应随时检查振实效果、模板、拉杆、传力杆和钢筋网的移位、变形、松动、漏浆等情况，并及时纠正。

3)振动板振实。

①在振捣棒已完成振实的部位，可开始振动板纵横交错两遍全面提浆振实，每车道路面应配备 1 块振动板。

②振动板移位时，应重叠 100～200 mm，振动板在一个位置的持续振捣时间不应少于 15 s。振动板须由两人提拉振捣和移位，不得自由放置或长时间持续振动。移位控制以振动板底部和边缘泛浆厚度(3±1)mm 为限。

③缺料的部位，应辅以人工补料找平。

4)振动梁振实。

①每车道路面宜使用 1 根振动梁。振动梁应具有足够的刚度和质量，底部应焊接或安装深度 4 mm 左右的粗集料压实齿，保证(4±1) mm 的表面砂浆厚度。

②振动梁应垂直路面中线沿纵向拖行，往返 2～3 遍，使表面泛浆均匀平整。在振动梁拖振整平过程中，缺料处应使用混凝土拌和物填补，不得用纯砂浆填补；料多的部位应铲除。

5)整平饰面。

①每车道路面应配备 1 根滚杠(双车道两根)。振动梁振实后，应拖动滚杠往返 2～3 遍提浆整平。第一遍应短距离缓慢推滚或拖滚，以后应较长距离匀速拖滚，并将水泥浆始终赶在滚杠前方。多余水泥浆应铲除。

②拖滚后的表面宜采用 3 m 刮尺，纵横各 1 遍整平饰面，或采用叶片式或圆盘式抹面机往返 2～3 遍压实整平饰面。抹面机配备每车道路面不宜少于 1 台。

③在抹面机完成作业后，应进行清边整缝，清除粘浆，修补缺边、掉角。应使用抹刀将抹面机留下的痕迹抹平，当烈日暴晒或风大时，应加快表面的修整速度，或在防雨篷遮荫下进行。精平饰面后的面板表面应无抹面印痕，致密均匀，无露骨，平整度应达到规定要求。

(3)真空脱水工艺要求。

1)小型机具施工三、四级公路混凝土路面，应优先采用在拌和物中掺外加剂，无掺外加剂条件时，应使用真空脱水工艺，该工艺适用于面板厚度不大于 240 mm 混凝土面板施工。

2)使用真空脱水工艺时，混凝土拌和物的最大单位用水量可比不采用外加剂时增大 3～12 kg/m^3。拌和物适宜坍落度：高温天 30～50 mm；低温天 20～30 mm。

3)真空脱水机具。

①真空度稳定、有自动脱水计量装置，有效抽速不小于 15 L/s 的脱水机。

②真空度均匀、密封性能好、脱水效率高、操作简便、铺放容易、清洗方便的真空吸垫。每台真空脱水机应配备不少于 3 块吸垫。

4)真空脱水作业

①脱水前，应检查真空泵空载真空度不小于 0.08 MPa，并检查吸管、吸垫连接后的密封性，同时应检查随机工具和修补材料是否齐备。

②吸垫铺放应采取卷放，避免皱折；边缘应重叠已脱水的面板 50～100 mm。

③开机脱水，真空度应逐渐升高，最大真空度不宜超过 0.085 MPa。脱水量应经过脱水试验确定。

④最短脱水时间不宜短于表 7-22 的规定。当脱水达到规定时间和脱水量要求后(双控),应先将吸垫四周微微掀起 10～20 mm,继续抽吸 15 s,以便吸尽作业表面和吸管中的余水。

表 7-22 最短脱水时间 (单位:min)

面板厚度 h(mm)	昼夜平均气温 T(℃)					
	3～5	6～10	11～15	16～19	10～25	>25
18	26	24	22	20	18	17
22	30	28	26	24	22	21
25	35	32	30	27	25	24

5)真空脱水后,应采用振动梁、滚杠或叶片、圆盘式抹面机重新压实精平 1～2 遍。

6)真空脱水整平后的路面,应采用硬刻槽方式制作抗滑构造。

7)真空脱水混凝土路面切缝时间可比规定时间适当提前。

第四节 安全生产及施工环保

一、一般规定

(1)应根据机械化施工特点,做好安全生产工作。施工前,施工单位应对员工进行安全生产教育,树立安全第一的思想,落实安全生产责任制度。

(2)路面施工期间应加强施工环保的教育,增强环保意识,并加强施工现场地环境卫生管理、监督和检查。

二、安全生产

(1)施工安全。

施工过程中,应制定搅拌楼、发电(机)站、运输车、滑模摊铺机、轨道摊铺机、沥青摊铺机、三辊轴机组等大型机械设备及其辅助机械(具)的安全操作规程,并在施工中严格执行。

1)在搅拌楼的拌和锅内清理粘结混凝土时,无电视监控的搅拌楼必须有两人以上方可进行,一人清理,一人值守操作台。有电视监控的搅拌楼,必须打开电视监控系统,关闭主电机电源,并在主开关上挂警示红牌。搅拌楼机械上料时,在铲斗及拉铲活动范围内,人员不得逗留和通过。

2)运输车辆应鸣笛倒退,并有人指挥和查看车后。

3)施工中,布料机、滑模摊铺机、轨道摊铺机、沥青摊铺机、三辊轴机组、拉毛养生机等机械设备严禁非操作人员登机。夜间施工,在布料机、摊铺机、拉毛养生机上均应有照明设备和明显的警示标志。

4)施工中严禁所有机械设备的机手擅离操作台,严禁用手或工具触碰正在运转的机件。

(2)交通安全。

1)施工现场必须做好交通安全工作。交通繁忙的路口应设立标志,并有专人指挥。夜间施工,路口、模板及基准线桩附近应设置警示灯或反光标志,专人管理灯光照明。

2)摊铺机械停放在通车道路上,周围必须设置明显的安全标志,正对行车方向应提前 200 m引导车辆转向,夜间应以红灯示警。

(3)施工机电设备应有专人负责保养、维修和看管，施工现场的机电、电线、电缆应尽量放置在无车辆、人、畜通行部位，确保用电安全。

(4)现场操作人员必须按规定佩戴防护用具。使用有毒、易燃的燃料、填缝料、外加剂、水泥或粉煤灰时，其防毒、防火、防尘等应按有关规定严格执行。

(5)所有施工机械、电力、燃料、动力等操作部位，严禁吸烟和有任何明火。摊铺机、搅拌楼、储油站、发电站、配电站等重要施工设备上应配备消防设施，确保防火安全。

(6)停工或夜间必须有专人值班保卫，严防原材料、机械、机具及零件等失窃。

三、施工环境保护

(1)在搅拌场、生活区、路面施工段应经常清理环境卫生，排除积水，并及时整治运输道路和停车场地，做到文明施工。

(2)污染物处理排放应符合下列规定：

1)搅拌楼、运输车辆和摊铺机的清洗污水不得随处排放。每台搅拌楼宜设置清洗污水的沉淀池或净化设备，车辆应在有污水沉淀或净化设备的清洗场进行清洗。

2)废弃的水泥混凝土、基层残渣和所有机械设备的修理残渣和油污等废弃物应分类集中堆放或掩埋。

(3)搅拌场原材料和施工现场临时堆放的材料均应分类、有序堆放。施工现场的钢筋、工具、机械设备等应摆放整齐。

第八章　村镇道路养护

第一节　路基养护

一、一般规定

公路路基养护应符合要求：

(1)通过日常巡查，发现病害及时处治，保持良好稳定的技术状况。

(2)路肩无病害，边坡稳定。

(3)排水设施无淤塞、无损坏，排水畅通。

(4)挡土墙等附属设施良好。

(5)加强不良地质中期边坡崩塌、滑坡、泥石流等灾(病)害的巡查、防治、抢修工作。

二、路肩与边坡

(1)公路路肩应保持平整、坚实，横坡适顺，排水顺畅。土路肩或草皮路肩的横坡应略大于路面横坡，硬路肩与路面同坡。硬路肩产生病害应参照同类型路面病害处治。

(2)路基边坡应保持平顺、坚实，遇有缺口、坍塌、高边坡碎落、侧滑等病害，应分别针对具体情况采取各种相应的加固整修措施。

三、排水设施

(1)路基排水设施应保持排水畅通。如有冲刷、堵塞和损坏，应及时疏通、修复或加固。

(2)路基排水设施断面尺寸和纵坡应符合原设计标准规定。

(3)对暗沟、渗沟等隐蔽性排水设施，应加强检查，防止淤塞，如有淤塞，应及时修理、疏通。

(4)原有排水设施不能满足使用要求时，应适时增设和完善。

(5)新增排水设施时，其设计、施工应符合《公路路基施工技术规范》(JTG F10—2006)的有关规定。

四、挡 土 墙

(1)对挡土墙应加强检查，发现病害应查明原因，并观察其发展趋势，采取相应的修复、加固等措施，损坏严重时，可考虑全部或部分拆除重建。

(2)应保持挡土墙的泄水孔畅通，定期检查和维修，清理伸缩缝、沉降缝，使其正常发挥作用。

(3)重建或增建挡土墙，应根据公路所在地区地形及水文地质等条件合理选择挡土墙类型，并应符合《公路路基施工技术规范》(JTG F10—2006)有关规定。

五、透水路堤

(1)透水路堤透水层及设置于其内的泄水管应保持稳定和良好的透水(泄水)性能,若有损坏应及时修复。

(2)透水路堤的上、下游底铺砌应保持平整密实,若有损坏应及时修复。

(3)透水路堤的透水层,若失去透水性能影响路堤稳定且无法修复时应考虑改建为桥涵。

六、特殊地区路基

(1)特殊地区主要指盐渍土地区、黄土地区、沙漠地区、多年冻土地区、泥沼和软土地区等。

(2)盐渍土地区公路受水流侵袭后,路基出现坍塌或溶陷,应加强排水并采取相应的加固措施。

(3)黄土地区路基遇水容易发生沉陷、坍塌、边沟冲深和蚀宽、边坡松散等病害,应根据各种病害特征采取相应的处治措施。

(4)沙漠地区路基养护应采取"固、阻、输、导"等措施进行综合治理。公路两侧的固沙植物应加强管护。

(5)多年冻土地区的路基养护,应遵循"保护冻土"的原则,填土路基坡脚 20 m 范围内不得破坏原地貌,取土坑应设在坡脚 20 m 以外。

(6)多年冻土地区路基应注意加强排水,填土路基上方 20 m 以外、路堑坡顶 5 m 以外应设置截水沟,将雨雪水引到路基以外。

(7)对有涎流冰产生的路段,应适当提高路基高度,保持路基高于涎流冰最大壅冰高度加 0.5 m。

(8)泥沼和软土地区路基应加强排水,改善排水条件,采取适当的技术措施稳固路基。

七、路基翻浆与沉陷处治

(1)路基翻浆主要发生在季节性冰冻地区的春融时节,以及盐渍土、泥沼、水网、软土等地区。路基翻浆根据导致其发生的水类来源和翻浆时路面的变形破坏程度,可分为五种类型和三个等级见表 8-1、表 8-2。

表 8-1　翻浆分类

翻浆类型	导致翻浆的水类来源
地下水类	受地下水的影响,土基经常处于潮湿状态,导致翻浆。地下水包括上层滞水、潜水、层间水裂隙水、泉水、管道漏水等。潜水多见于平原区,层间水、裂隙水、泉水多见于山区
地表水类	受地表水的影响,土基潮湿,导致翻浆。地表水主要指季节性积水,也包括路基、路面排水不良而造成的路旁积水和路面积水
土体水类	因施工遇雨或用过湿的土填筑路堤,造成土基原始含水量过大,在负温度作用下上部含水量显著增加导致翻浆
气态水类	在冬季强烈的温差作用下,土中水主要以气态形式向上运动,聚积于土基顶部和路面结构层内,导致翻浆

续上表

翻浆类型	导致翻浆的水类来源
混合水类	受地下水、地表水、土体所或所态水等两种以上水类综合作用产生的翻浆。此类翻浆需根据水源主次定名

表 8-2 翻浆分级

翻浆等级	路面变形破坏程度
轻	路面龟裂、潮湿、车辆行驶时有轻微弹簧
中	大片裂纹、路面松散、局部鼓包、车辙较浅
重	严重变形、翻浆冒泥、车辙很深

(2)路基发生翻浆病害时，应根据翻浆的类型和级别(翻浆程度)采取相应的防治措施。

(3)当由于软土地基沉降、路基翻浆等病害，引起桥头跳车、路基沉陷时，应采取相应的技术措施进行处治。

八、路基局部改建

(1)当中期的局部改建在维持通车的情况下进行时，宜采取半幅施工、半幅养护通车的方式交替施工。施工长度不宜过长。

(2)路基局部改建的设计和施工应符合《公路路基施工技术规范》(JTG F10—2006)有关规定。

第二节 路面养护

一、一般规定

(1)路面养护应符合下列要求：

1)经常清扫路面，及时清除杂物、清理积雪积冰，保持路面整洁，做好路面排水；

2)加强路况巡查，发现病害，及时进行维修、处治。

(2)定期对路面的技术状况进行调查和评定。应以路面管理系统分析结果为依据，科学制订公路养护维修计划。

(3)路面技术状况各分项指标低于规定值时，应采取相应措施恢复或提高。

(4)路面损坏分类、技术状况抽查方法和频率，应按现行《公路技术状况评定标准》(JTG H20—2007)执行。

(5)改建工程、大中修工程的路面结构、施工工艺、材料、质量指标应符合现行有关设计、施工技术规范的规定。大交通量路段应制定科学合理的交通组织方案，以减少对通行车辆的影响。

二、沥青路面

(1)公路沥青路面养护应符合下列要求。

1)对沥青路面应进行预防性、经常性和周期性养护，加强路况巡查，掌握路面的使用状况，根据路面的实际情况制定日常小修保养和经常性、预防性、周期性养护工程计划。对于较大范围路面损坏和达到或超过设计使用年限的路面，应及时安排大中修或改建工程。

2)应及时掌握路面的使用状况，加强小修保养，及时修补各种破损，保持路面处于整洁、良好的技术状况。

3)沥青路面养护工程使用的沥青、粗集料、细集料和填料的规格、质量要求、技术指标、级配组成及大修、中修、改建工程的设计、施工、质量控制，均应符合现行《公路沥青路面设计规范》(JTG D50—2006)和《公路沥青路面施工技术规范》(JTG F40—2004)的有关规定。

(2)对沥青路面采取中修、大修、改建时，除遵守《公路养护技术规范》(JTG H10—2009)的相关技术规定外，还应遵守现行《公路沥青路面施工技术规范》(JTG F40—2004)、《公路路基施工技术规范》(JTG F10—2006)、《公路路面基层施工技术规范》(JTJ 034—2000)的有关规定。

(3)沥青路面养护质量的评定等级分为优、良、中、次、差5个等级，按现行《公路技术状况评定标准》(JTG H20—2007)评定，并应按以下情况分别采取各种养护对策。

1)在满足强度要求的前提下，当高速公路及一级公路的路面损坏状况指数(PCI)评价为优、良，或者二级及二级以下公路的路面损坏状况指数评价为优、良、中时，以日常养护为主，并对局部破损进行小修；当高速公路及一级公路的路面损坏状况指数评价为中及中以下，或者二级及二级以下公路的路面损坏状况指数评价为次及次以下时，应采取中修罩面措施。

2)在强度不能满足要求时，应采取大修补强措施以提高其承载能力。

3)当高速公路及一级公路的路面行驶质量指数(RQI)评价为优、良，或者二级及二级以下公路路面行驶质量指数评价为优、良、中时，以日常养护为主；当高速公路及一级公路的路面行驶质量指数评价为中及中以下，或者二级及二级以下公路的路面行驶质量指数评价为次及次以下时，应采取罩面等措施改善路面的平整度。

4)高速公路及一级公路的抗滑能力不足(SFC＜40)的路段，或二级及二级以下公路抗滑能力不足(SFC＜35.5)的路段，应采取加铺罩面层等措施提高路表面的抗滑能力。

5)当路面不适应现有交通量或荷载的需要时，应通过提高现有路面的等级或通过加宽等改建措施提高公路的通告能力和服务质量。

6)大、中修及改建工程的结构类型和厚度，可根据公路等级、交通量、当地经济条件和已有经验，通过设计确定。对项目及的养护维修对策，可根据公路网的资金分配情况和养护工作计划安排，结合各路况分项评价结果和本地区成熟的养护经验，选择具体的养护维修措施。

(4)沥青路面的初期养护应按下列规定进行。

1)摊铺、压实后的热拌沥青混合料路面，待摊铺层自然冷却，混合料表面温度低于50℃后方可开放交通。开放交通初期，应控制行驶车辆限速在20 km/h以下，视表面成型情况，逐步恢复到设计时速。乳化沥青路面路面(含稀浆封层和微表处)的初期稳定性差，应设专人管理，按实际破乳情况，封闭交通2～6 h。在未破乳的路段上，严禁一切车辆、人、畜通过。开放交通初期，应控制车速不超过20 km/h，并不得抽动和掉头。

2)沥青贯入式路面及层铺法施工的沥青表面处治路面，应及时将行车驱散的面料回扫，扫匀、压实，以形成平整密实的上封层。

(5)沥青路面日常养护应按下列规定进行。

1)加强路况巡查，及时发现病害，研究分析病害产生的原因，并有针对性地时对病害进行维修处治。

2)路面清扫应按下列规定进行：

①巡查过程中，发现路面上有杂物，应及时清扫，保持路面整洁。

②路面的日常清扫，应根据实际情况，采用机械或人工的方法进行。高速公路和一级公路应以机械清扫为主，其他等级可以机械和人工相结合进行清扫。

③二级和二级以上公路路面的清扫作业频率宜不少于1次/天，其他等级公路可根据路面污染程度、交通量大小及其组成、气候及环境等因素而定，但不宜少于1次/周。路面分隔带内的杂物清理宜不少于1次/月。长隧道内和大型桥梁的清扫频率应适当增加。

④清扫时，应防止产生扬尘而污染环境，危及行车安全，并及时清除和处理路面油类或化工类等沾污物。

3)雨后路面积水应及时排除。

4)在春融期，特别是汛期，应对排水设施进行全面检查并疏通。

5)冬季降雪天气应及时除雪除冰，并采取必要的路面防滑措施。

6)加强经常性和预防性的日常养护，以保障路面及沿线设施良好的技术状况。

7)严禁履带车和铁轮车在沥青路面上直接行驶，如必须行驶，应采取相应的保护措施。

(6)沥青路面病害的维修应符合下列要求。

1)对各种路面病害应分析其产生的原因，并根据路面的结构类型，设计使用年限，维修季节、气温等实际情况，及时采取相应维修处治措施，防止病害扩大，并应符合沥青路面养护标准。

2)高速公路和一级公路路面病害的维修应采用机械作业，所使用的沥青混合料宜集中厂拌，并采取保温措施，其他等级的公路应逐步提高维修作业的机械化水平。

3)对病害的维修事先应有周密的计划，做好材料准备，保证工序之间的衔接，对坑槽、沉陷、车辙等需将原路面面层挖除后进行机械修补作业的病害，宜当日开挖当日修补，并设置警示标志保障行车安全。

4)修补面积应大于病害的实际面积，修补范围的轮廓线应与路面中心线平行或垂直，并在病害面积范围以外100～150 mm。应采取措施使修补部分与原路面联结紧密。

5)在病害的处治中，凡需重新做面层的，其技术要求应符合现行《公路沥青路面施工技术规范》(JTG F40—2004)的规定；凡需重新做基层的，其技术要求应符合现行《公路路面基层施工技术规范》(JTJ 034—2000)的规定。

(7)公路沥青路面罩面应符合下列要求。

1)罩面类型沥青路面罩面按其功能划分为普通型罩面(简称罩面)、防水型罩面(简称封层)和抗滑层罩面(简称抗滑层)三种。

2)适用范围。

①罩面主要适用于消除破损，恢复原有路面平整度，改善路面性能的修复工作。

②封层主要适用于提高原有路面的防水性能、平整度和抗滑性能的修复工作。

③抗滑层主要适用于提高路面抗滑能力的修复工作。

3)材料要求。

①罩面的沥青结合料宜使用性能较好的黏稠型道路石油沥青、乳化石油沥青、改性乳化沥青、改性沥青。

②矿料应选用耐磨、强度高、水稳定性好的石料。

③所采用的沥青结合料、矿料规格、各项技术指标应符合现行《公路沥青路面施工技术规范》(JTG F40—2004)和其他有关规范的规定。

(8)厚度要求。

1)罩面。

①罩面厚度应根据路段的交通量、公路等级、路面状况、使用功能等综合考虑确定。

②当路面损坏状况指数、行驶质量指数在中、良等级,路面仅有轻度网裂时,可采用较薄的罩面层(厚 10～30 mm)。

③当路面破损、平整度、抗滑三项指标都在中等以下,要求恢复到优、良等级时,应采用较厚的罩面层(厚 30～50 mm)。

④一般情况下,高速公路、一级公路罩面宜采用 40～50 mm 的厚度;其他公路可采用较薄的罩面层(厚 10～40 mm)。

⑤各级公路的罩面厚度不得小于最小施工层厚度。

2)封层。

①交通量较大、重型车较多的路段宜采用厚约 10 mm 的封层。

②在中午交通量路段宜采用厚约 7 mm 的封层。

3)抗滑层。

①用于高速公路、一级公路时宜采用不小于 40 mm 的厚度。

②用于二级公路时,宜采用中粒式、细粒式沥青混凝土结构,也可采用热拌沥青碎石或沥青表面处治结构,厚度不得小于最小施工层厚度。

③用于三级、四级公路时可采用乳化沥青封层结构,厚度可为 5～10 mm。

(9)公路沥青路面翻修与再生利用应符合下列要求。

1)路面破损严重,采用罩面等措施不能使路面恢复良好的工作状态时,为保证必要的服务功能,应进行翻修并对旧沥青面层尽可能予以再生利用。

2)翻修前,应对需要翻修路段的路面结构、路基土特性和交通量进行调查分析,并按路面补强设计要求或现行《公路沥青路面设计规范》(JTG D50—2006)的规定进行结构厚度设计。

3)如因路基软弱导致路面损坏时,应对软弱路基采取有效措施处治达到质量标准后再修筑基层、面层。

4)热拌和冷拌再生沥青混合料一般运用于翻修养护工程,可用于高速公路和一级、二级、三级公路的中、下面层,以及四级公路的面层。对于一级、二级及三级的上面层,以及高速公路中、下面层,必须经试验、总结、评定合格后才能使用。

5)再生沥青混合料的运输、施工和质量管理等技术要求应符合现行《公路沥青路面施工技术规范》(JTG F40—2004)的规定。

(10)公路沥青路面补强应符合下列要求。

1)补强设计在现有公路等级不变的情况下,沥青路面因损坏严重、路面结构强度指数(PSSI)不符合要求,应进行路面补强。补强也适用于提高公路等级而进行的改建工程。

①补强设计应综合考虑由补强厚度导致的纵坡与横坡的调整,以及与沿线结构物的联结等的相互协调,使纵坡线形符合现行《公路工程技术标准》(JTG B01—2003)的要求,否则应改建线形,使其符合标准后再进行补强设计。

②补强设计中应考虑补强结构层与原路面结构的联结问题。

2)沥青路面补强层材料的类型及结构形式的选择。

①沥青路面补强层材料类型应按现行《公路沥青路面设计规范》(JTG D50—2006)的规定选取。

②路面补强结构形式应注意按如下情况进行选择:高速公路和一级、二级公路宜采用半刚性、热拌或冷拌沥青碎石混合料、沥青贯入式碎石基层加沥青混合料面层的补强结构形式;三级公路在不提高公路等级的情况下,可采用单层或多层补强结构,当需提高公路等级时,宜采用半刚性基层加沥青混合料面层的补强结构形式;四级公路可采用单层或多层的补强形式。

3)补强前,应对原有公路的技术状况进行详细调查。

①调查原有公路路况,如路面破损及病害的情况和程度、路表排水(积水)状况、积雪(砂)状况,路肩采用的加固措施等。

②调查原有路面设计、施工、养护的技术资料,及从使用开始至改建的间隔时间、使用效果等。

③调查年平均双向日交通量、交通组成和交通量增长率等。

④调查路基和路面(行车道)的宽度、路线纵坡、路面横坡、平曲线半径等。

⑤原有公路的分段及弯沉调查按现行《公路沥青路面设计规范》(JTG D50—2006)的有关规定进行。

4)补强前,应对原有公路进行适当处治。

①公路路拱不符合现行《公路工程技术标准》(JTG B01—2003)时,应结合补强设计对路拱进行调整,使其符合规定。

②对原路面的病害,应视其层位、严重程度和范围,按有关规定进行处治。

5)当基层需补强时,其结构的选择应根据公路等级、交通量大小、材料种类、路基干湿类型、现有路况,以及施工季节、施工机械配备和工期要求等因素综合考虑后确定。补强设计应符合现行有关设计规范的规定。

6)路面的补强应注意与桥涵的良好衔接。

①路面补强路段内若有桥涵等构造物,在补强前应对其铺装层进行检查。若原有铺装层出现破损,应及时修复。

②为保证路面与桥涵顶面的纵坡顺适,应综合考虑和重新设计路线纵坡。

7)补强设计中,补强层材料设计参数按新建路面材料设计参数的选择方法进行,并应符合现行《公路沥青路面设计规范》(JTG D50—2006)的有关规定。

(11)公路沥青路面加宽应符合下列要求。

1)路面加宽前,应对原有路面做全面的调查。

2)加宽方案应根据原有公路等级、线形及交通量等确定。当原有公路线形不需改善,且路基较宽,加宽后路肩宽度符合现行《公路工程技术标准》(JTG B01—2003)时,可在原公路的基础上直接加宽,否则应首先改善和加宽路基;如原有公路因线形较差而需改善,设计时应尽可能利用原有的沥青路面。

3)路基、路面加宽的设计应按《公路沥青路面设计规范》(JTG D50—2006)的规定进行。

4)加宽时应处理好新路面与原有路面的纵横向衔接。由于路基宽度不足需对路基尤其是高路堤路基加宽时,还应对加宽部分路基进行加固,避免加宽路面出现不均匀沉降。

5)当路基加宽宽度小于1 m时,加宽的路面或基层压实质量不易控制,宜采用单侧加宽时应调整原有路面的路拱横坡。双侧加宽宜采用两侧相等的加宽方式。当不能采用两侧相等加宽的路面,如两侧加宽宽度差在1 m以下时,不必调整横坡;当两侧加宽宽度差超过1 m时,应调整路拱横坡。

6)若加宽路面处于路线平曲线处,则应按现行《公路工程技术标准》(JTG B01—2003)规定设置相应的超高和加宽。

7)加宽路面的基层和面层材料应按规定进行试验和配合比设计。

8)当路基路面同时加宽时,路基应加至应有宽度。为使路面边缘坚实,基层宜比面层宽出200～250 mm,或埋设路缘石。

三、水泥混凝土路面

(1)水泥混凝土路面养护应符合下列要求:

1)做好预防性、经常性的保养和破损修补,保持路面处于良好的技术状况与服务水平;

2)应保持路容整洁,定期进行清扫保洁。

(2)水泥混凝土路面的接缝应保持良好,表面平顺。

1)填缝料凸出板面的高度,高速公路及一级公路不得超过 3 mm,其他等级公路不得超过5 mm。

2)填缝料局部脱落、缺损时,应及时灌缝填补;填缝料老化、接缝渗水严重时,应及时进行整条接缝的填缝料更换。填缝料更换前,应清除原接缝内的填缝料和杂物。新灌注填缝料时,应做到饱满、密实、黏结牢固。

(3)水泥混凝土路面应加强日常巡查,并做好定期检查。

(4)日常巡查是对水泥混凝土路面外观状况进行的日常巡视检查。主要检查拱起、沉陷、错台等病害,以及路面油污、积水、结冰等诱发病害的因素和可能妨碍交通的路障。

1)巡查频率应不小于 1 次/d。雨季、冰冻季节和遇台风暴雨等灾害性气候,应加强日常巡查工作。

2)日常巡查可以车行为主,采用观察、目测及人工计量,定性与定量观测相结合,重要情况应予摄影或摄像。

3)发现妨碍交通的路障应及时清除,一时无法清除的,应采取相应的安全措施。

4)日常巡查结果应及时做好记录。

(5)定期检查是按一定周期对水泥混凝土路面的基本技术状况进行全面检查。主要检查内容按现行《公路技术状况评定标准》(JTG H20—2007)执行。

(6)水泥混凝土路面的养护质量评定等级分优、良、中、次、差 5 个等级。评定方法按现行《公路技术状况评定标准》(JTG H20—2007)执行。

(7)水泥混凝土路面的养护应符合现行《公路技术状况评定标准》(JTG H20—2007)有关规定。

(8)水泥混凝土路面的养护对策。

1)高速公路及一级公路的路面损坏状况指数评价为优和良,二级及二级以下公路的路面损坏状况指数评价为中及中以上时,可采取日常养护和局部或个别板块修补措施。

2)高速公路及一级公路的路面损坏状况指数评价为中及中以下,二级及二级以下公路的路面损坏状况指数评价为次及次以下时,就采取全路段修复或改善措施。

3)高速公路及一级公路的路面行驶质量指数、抗滑性能指数评价为中及中以下,二级及二级以下公路的路面行驶质量指数、抗滑性能指数评价为次及次以下时,应分别采取措施,改善路面平整度,提高路表面的抗滑能力。

4)路面结构承载能力不满足现有交通的要求时,应采取铺筑沥青混凝土或水泥混凝土加铺层措施,提高其承载能力。

(9)采用整块板更换和板的局部更换处治,应符合下列要求。

1)处治好基层或垫层,并设置横向排水设施。

2)原有拉杆、传力杆应保持顺直、有效。

3)重新浇筑的水泥混凝土强度不应低于原设计强度。

4)重新浇筑的水泥混凝土材料要求、配合比、施工工艺、标准等应符合有关设计与施工规范的规定。

5)修复后的路面平整度,包括接缝在内,用三米直尺检测,高速公路、一级公路应不大于3 mm,其他等级公路应不大于5 mm。

(10)采用灌浆法和条带罩面法处治裂缝,应符合下列要求。

1)灌浆法处治裂缝主要有压注灌浆、扩缝灌浆、直接灌浆等,应根据病害程度和施工条件等因素进行选择。

2)灌浆材料应具有较好防水性能和足够的强度与湿度稳定性,并应通过试验确定。

3)当采用条带罩面法时,裂缝两侧的切缝应平等于横缝(或纵缝),且距裂缝距离不小于150 mm,凿除的混凝土深度以70 mm为宜。

(11)采用注浆法处治板底脱空,应符合下列要求。

1)根据检查结果,确定空隙部位,合理布置注浆孔。

2)注浆材料应具有足够的强度和耐久性,采用沥青类材料时,灌浆压力控制在200~400 kPa,水泥类材料控制在1.5~2.0 MPa,待其抗压强度达到3 MPa时,方能开放交通。

3)注浆效果检查可采取钻孔取芯、超声波或雷达检测等方法。

4)注浆结束后,应将注浆孔及检查孔用水泥砂浆封填密实。

(12)水泥混凝土路面板发生拱起、胀起、坑洞等病害时,应及时采取措施进行处治。

(13)采用机械刻槽法恢复水泥混凝土路面表面功能,应符合下列要求。

1)刻槽深度3~5 mm,槽宽3~5 mm,槽距10~20 mm。

2)纵向刻槽时,应平等于纵缝;横向刻槽时,应平行于横缝。

3)刻槽深度应逐步推进,不求一蹴而就,以免刻槽边缘碎裂。

(14)采用在旧水泥混凝土路面上直接加铺,应符合下列要求。

1)旧水泥混凝土路面上直接加铺的路面种类主要有:素混凝土、钢筋混凝土、钢纤维混凝土、沥青混凝土等,应根据检查、检测结果,针对外部环境和交通量发展状况,按照经济、合理的原则,选择相应的路面加铺层类型。

2)高速公路及一级公路的路面损坏状况指数和行驶质量指数应在良及良以上;二级及二级以下公路的路面损坏状况指数和行驶质量指数应在中及中以上。

3)无论采用何种路面类型,均应对旧路面的病害进行修复处治。

4)新旧路面之间应设隔离层,一般用沥青混凝土、土工布、油毡等。

5)加铺层的路面百度应通过计算确定,普通水泥混凝土不小于180 mm,钢纤维混凝土不小于120 mm,钢筋混凝土不小于140 mm,沥青混凝土不小于70 mm。

6)路面加铺层的纵、横缝位置应与旧水泥混凝土面板一致。

7)路面加铺层的设计与施工,按照相关路面的设计、施工规范规定执行。

(15)采用在旧水泥混凝土路面上分离加铺,应符合下列要求。

1)旧水泥混凝土路面的损坏状况指数和行驶质量指数在中或中以下。

2)旧水泥混凝土板块应充分破碎,或压裂,并稳定无脱空,必要时可采用乳化沥青、水泥浆压注稳定。

3)在旧水泥混凝土板破碎或压裂时,应做好涵洞、地下管道、电缆、排水管等设施的保护。

4)基层的厚度应通过结构设计确定,且不小于最小结构厚度。

5)加铺的基层与面层的设计与施工,按照相关设计、施工规范规定执行。

(16)旧水泥混凝土再生利用时,应符合下列要求。

1)旧水泥混凝土被破碎以后,作为再生混凝土集料使用,其强度应达到二级标准及以上,且最大粒径应为 40 mm,小于 20 mm 的粒料不能再作为混凝土集料,应筛除。

2)作为基层集料使用,其强度应达到三级标准且集料含量以 80%～85%为宜。

3)用做底基层时,应将混凝土板块充分破碎或压裂,并做到稳定,无松动、碎块。

(17)水泥混凝土路面的加宽,应符合下列要求。

1)路基加宽应符合公路路基设计、施工规范的有关规定。

2)基层加宽时,新加宽的基层强度不得低于原有水泥混凝土路面的基层强度,并宜采用台阶法搭接。

3)两侧新加宽的水泥混凝土路面宽度差大于 1 m 和单侧加宽时,应调整路拱。如条件许可,应尽可能采取双侧相等加宽方式。

4)在平曲线处,应按现行《公路工程技术标准》(JTG B01—2003)规定设置超高、加宽,原来漏设的,应予补设。

5)路面板加宽处的纵缝应设置拉杆。

6)加宽水泥混凝土面板的强度、厚度、路拱、横缝均应与原设计相同。

7)加宽水泥混凝土路面的施工,应符合相关施工规范规定。

四、砌块路面

(1)砌块路面分为水泥混凝土预制块路面及块石路面两大类,其养护应符合下列要求。

1)砌块路面的填缝料应无散失、损坏。

2)砌块路面应保持平整,无严重破碎块。

3)砌块路面应排水良好,无积水。

4)砌块路面应定期清扫保洁。

(2)砌块路面的养护标准应符合表 8-3 规定。

表 8-3　砌块路面养护标准

项目	允许值	说明
平整度(mm)	≤10	用三米直尺量测
相邻块顶面高度差(mm)	≤5	用钢尺量测,取最大值
最大缝宽(mm)	≤10	用楔形塞尺量测,取最大值
横坡度(%)	±0.5	用水准仪测量
破损率(%)	≤1	量测每 1 000 m^2 中破损块的面积

(3)砌块路面的填缝料修复应符合下列要求。

1)用水泥砂浆做填缝料的，可采用快硬早强砂浆，砂浆强度未达到设计强度的不得开放交通。

2)用砂做填缝料的，应填筑密实，并及时添补。

(4)砌块路面的局部损坏维修，应符合下列要求：

1)破碎砌块应按原材料和原尺寸补换；

2)基层和垫层应压实处治；

3)重铺的砌块宜高出原路面 5 mm；

4)缝隙内的填料应保持密实、饱满。

(5)砌块路面的破损率大于15%时，应予翻修。砌块路面翻修时，应对路基土、路面结构、排水、地下水以及交通量等进行详细调查，并据此进行设计。

(6)砌块路面翻修施工，应符合下列要求。

1)水泥混凝土预制块和石块强度指标应达到设计要求。

2)原有的各种病害应彻底处治。

3)砂垫层厚度以 30 mm 为宜，砂的含泥量不应大于 3%。

4)砌块路面两侧应预告设置坚固的边缘约束。

5)应按设计形式铺好第一排砌块，随后的铺砌应与前一排砌块稳固、紧密相靠。

6)约束边缘与砌块间的空隙，应按设计要求镶嵌。不得采用小而薄的切割块填塞。

7)边缘内孔隙镶嵌完毕，应采用平板振动器全面振压砌块表面。振动板的面积宜为 0.35～0.5 m^2；振动频率以 75～100 Hz 为宜。振压后应的铺砌面上撒砂，用砂填充缝隙，并继续振压 2～3 遍，即可开放交通。

8)当用水泥砂浆做填缝料时，砌块周边应干净无浮尘，坐浆饱满、密实。水泥砂浆强度未达到设计强度的不得开放交通。

五、砂石路面

(1)砂石路面养护应符合下列要求。

1)保持路面平整坚实，防止和修复路面的破损和变形，保持排水良好。

2)养护材料应尽可能就地取材以降低养护成本。

3)路面磨耗层和保护层应保持良好，发现波浪、坑槽、车辙等病害应及时维修。

4)路面与路肩连接处，应保持平整坚实，高差(错台)不得大于 20 mm。路面与桥涵衔接应平顺，防止跳车。

5)当原有路面磨耗过甚，强度或宽度不足，不能满足交通量增长的需要时，应对路面采取加宽、加厚或翻修措施，提高通过能力。

(2)砂石路面的日常养护工作，主要是保护层的养护(铺砂、扫砂、匀砂)，磨耗层的小面积修补，排除路面积水，保持路面整洁。冬季扫雪、除冰时，应注意防止损坏路面结构。

(3)砂石路面出现磨耗层破损、坑槽、车辙、松散、波浪等病害时，应及时修复。

(4)当砂石路面保护层(含松散保护层和稳定保护层)出现大面积损坏或飞散、减薄，磨耗层损坏、松散时，应及时加铺磨耗层和保护层。

(5)当砂石路面强度不足，出现坑槽、车辙既深且多，或破坏面积大，且深达基层，或路面沉陷过剧、路基翻浆严重等时，应进行或整段大修。在大修前应分析破坏原因，调查路基稳定性，以确定大修方案。

(6)交通量增大或重型车辆增多,原有路面宽度、厚度已不能满足行车要求时,可加宽、加厚原路面。加宽、加厚路面,应根据原有路况及所用材料,做好综合调查,通过设计确定方案。

(7)砂石路面加宽应符合下列要求。

1)应按原路面厚度、材料和操作方法铺筑。

2)根据路基情况,因地制宜,视路肩宽容确定双边或单边加宽。如路基过窄,则在加宽路基后,再加宽路面。新加宽的路基达到要求的压实度后才能加铺路面。

(8)砂石路面加厚应符合下列要求。

1)按设计要求加厚。加厚层的压实厚度最小不得小于 80 mm,否则应将旧路表面挖松后与加厚部分一并拌和压实。超过 120 mm 时,应分层铺筑,其上层厚度宜为全部加厚层的 40%。

2)加厚部分与原路面的接头处,宜采用 5～10 m 长的缓坡搭接。

(9)砂石路面同时加宽、加厚应符合下列要求。

1)先进行综合调查,并做好设计。

2)先加宽,后加厚。新加厚的路面,可采用同样结构类型。要求做到路面横坡适宜,并做好新旧部分的结合。

3)加宽、加厚的路段稳定后,及时铺筑磨耗层和保护层。

4)加强初期养护,使其早日达到稳定、密实、平整,保证工程质量,特别应注意加宽部分与路肩接合处保持平整,排水顺畅。

(10)在有足够强度和平整度的砂石路面上,为改善路面技术状况,可加铺一层厚度为10～15 mm 的沥青磨耗层。其施工方法可参照现行标准《公路沥青路面施工技术规范》(JTG F40—2004)的有关规定执行。

第三节　公路养护作业安全

一、一般规定

(1)公路养护维修作业必须保障养护维修作业人员和设备的安全,以及车辆的安全运行。在进行养护维修作业前,应制定安全保障方案。

(2)公路养护维修作业单位应建立安全管理制度,实施对养护维修作业人员的安全培训和教育。养护维修作业人员必须接受安全技术教育,遵守各项安全技术操作规程。

(3)公路养护维修作业单位或经营单位应加强养护维修作业安全的管理。各级公路管理机构应加强对养护维修作业安全的监督和检查。

(4)养护维修作业的安全设施在未完成养护维修作业之前应保持完好,任何人不得随意撤除或改变安全设施的位置,扩大或缩小控制区范围,以保证养护维修作业控制区的安全。

二、养护作业安全

(1)凡在公路上进行养护维修作业和管理的人员必须穿着带有反光标志的桔红色工作服装。

(2)公路路面养护维修作业应按作业控制区交通控制标准设置相关的渠化装置和标志,必要时应指派专人负责维持交通。在可能发生山体滑坡、塌方、泥石流及高路堤、陡边坡等路段养护维修作业，必要时应设专人观察险情，严防安全事故发生。

(3)养护维修作业人员应在控制区内作业和活动，养护机械或材料不得堆放于控制区外。

(4)公路桥梁、涵洞、隧道养护现场，应专门设置养护维修作业的交通标志。在桥梁栏杆外侧和桥梁墩台进行养护维修作业时，必须设置有效的安全防护设施，作业人员必须系安全带。

(5)在隧道内进行养护作业应遵守以下规定：

1)养护施工路段内的照明应满足要求，并设置必要的安全设施；

2)注意观察和控制隧道内的有害气体浓度，做好通风工作；

3)隧道内禁止存放易燃易爆物品，严禁烟火；

4)电子设施等对维护安全有特别要求的，应按相关安全规程执行。

(6)特殊条件下的养护维修作业应符合下列要求。

1)高温季节实施养护作业，应按劳动保护规定，采取防暑降温措施，并适当调整作息时间，尽量避开高温时段。

2)冬季养护维修作业时应采取保温防冻等安全防护措施，作业时应加强交通管制，并对作业人员、作业机械加强防滑措施。

3)雨季养护作业应做好防洪排涝工作，加强防水、防漏电、防滑、防坍塌等措施。

4)大雾天不宜进行养护维修作业，当必须进行抢修作业时，应采取封闭交通，并在安全设施上设置黄色施工警告灯号等安全设施。

5)夜间养护维修作业，现场必须设置符合操作要求的照明设备。

(7)山区养护维修作业时，应遵守下列规定。

1)在视距条件较差或坡度较大的路段进行养护维修作业，必要时应设专人指挥交通，作业控制区应增加有关交通安全设施。

2)控制区的施工标志应与急弯标志、反向标志或连续弯标志等并列设置。

3)在同一弯道不得同时设置两个或两个以上养护维修作业控制区。

4)养护维修作业人员在作业时应戴安全帽。

(8)清扫、绿化养护及道路检测作业，应遵守下列规定。

1)严禁在能见度差(如夜间无照明设施、大雾天)的条件下进行人工清扫。

2)高速公路和一级公路路面清扫应以路面清扫车进行机械清扫路面为主，二级及二级以下公路路面清扫可以机械清扫和人工清扫相结合，当进行人工清扫路面时，应采取安全防护措施。

3)凡需占用车道进行绿化作业时，必须按作业控制区布置要求设置有关标志。

4)高速公路、一级公路中央分隔带、边坡绿化浇水作业时，浇水车辆尾部应安装发光可变标志或按移动养护维修作业控制区布置。

5)道路检测车、路面清扫车、护栏清洗车等在高速公路、一级公路进行道路性能检测和作业时，凡先进速度低于 50 km/h 时，应按临时定点或移动养护维修作业控制区布置，或在设备尾部安装发光可变标志。

(9)加强养护维修机具的操作安全防范和维修保养。养护机械的操作、维修和保养按有关规定执行。

(10)养护维修作业控制区由警告区、上游过渡区、缓冲区、工作区、下游过渡区和终止区组成。各项养护维修作业控制区的布置和长度应保证公路养护维修作业人员、设备和过往车辆的安全。

(11)养护维修作业安全设施的设置与撤除应遵守以下程序:当进行养护维修作业时,应顺着交通流方向设置安全设施;当作业完成后,应逆着交通流方向撤除为养护维修作业而设置的有关安全设施,恢复正常交通。

参考文献

[1] 中华人民共和国住房和城乡建设部．CJJ 1—2008 城镇道路工程施工与质量验收规范[S]. 北京：中国建筑工业出版社，2008.
[2]夏连云，赵卫平．路基路面工程[M]. 北京：人民交通出版社，2004.
[3]侯军．建设工程制图图例及符号大全[M]. 北京：中国建筑工业出版社，2004.
[4]郭忠印，李立寒．沥青路面施工与养护技术[M]. 北京：人民交通出版社，2003.
[5]何勇，等．道路交通安全技术[M]. 北京：人民交通出版社，2007.